周蓓 主編

專題史叢書

許同莘 著

河南人民出版社

公牘學史・牘髓

本書系關于中國文書學歷史與理論的專著，論述自上古三代至清代文書及文書工作的歷史，對研究中國文書學和檔案學具有重要參考價值

圖書在版編目（CIP）數據

公牘學史·牘髓／許同莘著．—鄭州：河南人民出版社，2016．10（2017.7 重印）
（專題史叢書／周蓓主編）
ISBN 978-7-215-10451-8

Ⅰ．①公… Ⅱ．①許… Ⅲ．①文書學-歷史-中國-古代 Ⅳ．①C931.46-092

中國版本圖書館 CIP 數據核字（2016）第 256579 號

河南人民出版社出版發行
（地址：鄭州市經五路 66 號　郵政編碼：450002　電話：65788063）
新華書店經銷　　河南新華印刷集團有限公司印刷
開本 710 毫米×1000 毫米　1／16　印張 23.75
字數 312 千字
2016 年 10 月第 1 版　　2017 年 7 月第 2 次印刷

定價：160.00 圓

出版前言

中國現代學術體系是在晚清西學東漸的大潮中逐步形成的。至民國初建，中央政治權威進一步分散和削弱，加之新文化運動帶給國人思想上的空前解放，新學的啓蒙，新知識分子的産生，民國學術如草長鶯飛，進入一個自由而蓬勃的時代。中國傳統學科乃中國學術之根基與菁華所在，民國學人采用『取今復古，别立新宗』之方法，引入西方的學術觀念，積極改造，使史學、文學等學科向現代學術方向轉型。此外，大力推介西方社會科學的新學科和自然科學，在學習、借鑒乃至移植西方現代學術話語和研究範式的過程中，逐漸建立中國現代學科，使中國的學科門類迅速擴展。一時間，新舊更迭，中西交流，百花齊放，萬壑争流，開創了中國現代學術的源頭。

伴隨知識轉型和研究範式轉换而來的，還有學術著作撰寫方式的創新。中國古代的著作向來以單篇流傳，經後人整理匯編後，方以成册成集的面目出現并持續傳播。直到十九世紀末，東西方的歷史編撰體裁不外乎多卷本的編年體、紀傳體和紀事本末體等，章節體的出現標志着近代西方學術規範的産生和新史學的興起。章節體具有依時間順序，按章節編排；因事立題，分篇綜論；既分門别類，又綜合通貫的特點。以章、節搭建起論述之框架，結構分明，邏輯清晰，較傳統的撰寫體裁容量大、系統性强。它的傳入，使中國現代學術體系從内容到形式被納入了全球化的軌道。民國時期專題史的研究、譯介、編纂、出版恰恰是在這樣的背景下欣欣而發，是學術的實驗場，也是歷史的記録儀。編選『民國專題史』叢書的初衷正是爲了從一個側面展示中國學術從傳統向現代過渡的歷史進程。

專題史是對一個學科歷史的總結，是學科入門的必備和學科研究的基礎，也是對一個時代艱深新鋭問題的解答，是學術研究的高點。民國專題史著作中，既包含通論某一學科全部或一時代（區域、國别）的變化過程的，又囊括對一時代或一問題作特殊研究的，還有少部分是對某一專題的史料進行收集的。原創與翻譯并重，翻譯的底本大多選擇該學科的代表著作或歐美大學普及教本，兼顧權威性和流行性，其中日本學者的論著占據了相當比重。日本與中國同屬東亞儒家文化圈，他們在接納西方學術思想和研究模式時，已作了某種消化與調適，從思維轉換的角度看，更便于中國借鑒和利用，他們的著作因而被時人廣泛引進。

與當代學術研究日趨專業化、專門化、專家化的『窄化』道路迥乎不同的是，中國傳統學術崇尚『學問主通不主專，貴通人不尚專家』的通識型治學門徑，處于過渡轉型期的民國學術在不同程度上保留了這種特徵。民國學術大師諸學科貫通一脉、上千年縱横捭闔之功力自不待冗言，外交家著倫理政治史、文學家著哲學史、化學家著戰争史等亦不乏其人，民國專題史研究呈現出開放、融通、跨界撰述的特點。與此同時必須看到，自晚清以來，中國的命運就在外侮屢犯、内亂頻仍的窘境中跌宕彷徨，民族存亡仿若命懸一綫。這股以創建學科、總結經驗、解决問題爲指歸的專題史出版風潮背後，包裹着民國學人企望以西學爲工具拯民族于衰微的探索精神，及以學術救亡的愛國之心。梁任公曾言：『史學者，學問之最博大而最切要者也，國民之明鏡也，愛國心之源泉也。』這種位卑未敢忘憂國的歷史使命感和國民意識是今人無法漠視和遺忘的。

『民國專題史』叢書收録的範圍包括現代各個學科，不僅限于人文社會科學，學科分類以《民國總書目》的分科爲標準，計有哲學、宗教、社會、政治、法律、軍事、經濟、文化、藝術、教育、語言文字、中國文學、外國文學、中國歷史、西方史、自然科學、醫學、工業、交通共19個學科門類。本叢書分輯整理出版，内不分科，單本發行，方便讀者按需索驥。既可作爲大專院校圖書館、學術研究機構館藏之必備資源，也可滿足個人研讀或興趣之收藏。

與目前市場已有的一些專題史叢書相比，『民國專題史』叢書具有規模大、學科全、選本精、原版影印的特點。本叢書選目首重作者的首創、權威和著作影響力，尤其注重選本的稀見性。所謂稀見，即建國後没有再版，且多數圖書館没有收藏，或即便有收藏，也是歸于非公開的珍本之列予以保存，普通讀者難以借閲。部分圖書雖有電子版，但作爲學術研究的經典原著讀本，紙質版本更利于記憶和研究之用。本叢書精揀版本最早、品相最佳的原版圖書作爲底本，因而還具有很高的版本收藏價值。

『民國專題史』的著作是民國學者對于那個時代諸問題之探究，往往有獨到之處，無論其資料、觀點短長得失如何，要之在中國現代學術史的構建與發展進程中，自有其開宗立論之地位。

公牘学史

附牘髓

許同莘著

楊序

唐宋以来。人才出于二途。曰郎曹。曰幕職。尚書六部。受百司之会要。以周知万民之利害。而施諸政令。节鎮諸使。布政令于万民。視其便不便告于上。而弛張損益之。尚書六部之事。分掌于郎曹。节鎮諸使之事。分掌于幕职。其講求也悉。其体驗也亲。以故非常卓犖幹济之才。恒出于其間。同邑許孝廉溯伊。为靜山京卿之犹子。濡染家学。才藻冠时。早岁入張文襄公幕府。参与机宜文字。旋官譯曹。君出入內外。明于当世之务。又習聞名公巨卿之議論。郎曹幕职之选。君实兼之。余与君家締交数十年。讀君詩文淸剛儁上。始以君为文人。及观君所为論牘之書。鉤析条流。苞綜巨細。言公牘而推本于經史源流。学术正变。宏裁精識。幷世罕儔。余始媿向者識君之淺也。君之言曰。政事学术不可分。微言大义。学也。胥吏之所傳習。亦学也。学不知擇术而政坏。故言牘必自辨学始。又曰。治牘如治史然。学以树本。識以燭理。才以应务。故善为公牘者。必具三長。又曰。吾生平游名山大川。引覽前人陈迹。而知故書之不可尽信。夫山川有形者也。考之不审。訛謬相承。而莫之察也。况于政事变迁。文字得失。析之于毫厘。即之于冥漠。而謂其言之果可信乎。余平日持論。往往与君相合。窃以为公牘之学。世但視为刀笔筐篋俗吏之所为。不知关系国計民生利害者。至深且巨。詞以明潔为主。意以精密为归。拙者为之。則膚泛而不切事情。曼衍而不知体要。文人学士。鄙为末务。或終身未涉其樊。簿書之吏。虽習文法。而罕明其理。是書出。而后人知政事文章为一貫。用以究古今之流变。观政学之会通。豈徒抱牘操觚者禀为程式而已哉。至其剌取前人之説。与今世風尚或有異同。要不歧于所向。君子立言。非为一时而已。君不以余为不文。屬为之序。余学識譾陋。視君百不逮一。而生平履涉。与君略同。讀君之書。深服其用心之苦。致力之勤。而信其書之必傳于后也。故乐得而道之如此。詩有之。風雨如晦。鷄鳴不已。君之为此書也。其有鷄鳴風雨之思乎。年世愚弟楊寿枬序。

自序一

岁己亥。同荦始游武昌。从会稽施先生治法家言于督署。是时距曾胡諸公之歿三四十年。幕中諸先生时时誦其文章。道其軼事。而督部張文襄公視草严。掾吏兢兢。無或敢一字苟者。既而服官京曹。伯父靜山先生屢以言事詣闕下。伯父尝受知閣文介公丁文誠公。从容話当日事。深宵侍坐。不知其倦也。己酉冬。始輯文襄遺書。發篋而尽讀之。得具知治事之要。尝以为前人論詩文以逮制义楹联。皆有撰述。而公牘無之。欲裒所聞見为一書。曰公牘叢話。多事卒卒未能也。比岁来天津。邦人君子有政事学术研究之会。不自揆度。取向所聞于父师及覽观所得者。条举而詳說之。名曰公牘詮义。以質会中諸君子。虽罣一漏万。然于諸君子会通政学之意。庶有合焉。屬稿甫竟。体例多未安者。流变辞命二篇。論古今因革之故。他日当别为一帙。許同莘記。

自序二

曩者不佞为論牘之書。剌取前人章奏文移与夫决事而交鄰者。推究其異同得失之故。曰公牘詮义。覽者以为有益于治事。未之非也。然其書草創。疏漏牴牾。往往而有。既已为之。不忍終棄。

乃增損改定。析以为二編。其論源流者曰牘史。論指要者曰牘髓。然后其書稍稍可观。序曰。文無古今。無正变。蕲致于实用一也。書契肇兴。前民利用三代制作。六經刪述。皆以垂教扶世。不为空文。是故古無公牘之名也。别公牘于文章。后世学术之敝为之也。汉之章句。六朝之玄言。唐宋之明經帖括。明清之制义。举一世之士。相率为支离杳眇迂闊之辞。試之行事而輒敗。則流俗非笑之。懲其失者。或才疏意广。虑患不深。則以为純盗虛声。材廓落而無用。何則。用非所学。学而不知通变故也。君子知其然也。学以裕之。識以济之。才以应之。其为言也。尽而不煩。直而不絞。密察而不苛。疏通而不杂。犹惧其言之而無当也。平心以处之。积誠以赴之。犹惧其言之而無益也。迎机以导之。罕譬以喻之。夫是以膏澤下于民而忠信格于上。生民以来。治日少而乱日多。撥乱世而返之于治者。君子之志也。直道不易行。而枉道不可以为治。則其为言也益难。是故直言之而不可。則为巽言。为諷諫。夫豈不知容嘿之便于私計哉。誠以求济于世。而有所不得已也。及賤丈夫为之。貌中庸而言模稜。害中于隐微而不之觉。有狷狂者起而矯之。危言駭論。刺譏当世。則朋党之說作。其禍極于破国亡家而不可救。悲夫。吾求其故而思衷之于先正。則取前人之言比而观之。以为前世立言之君子。其为道不同。要之必以明学术达事理为本。于是探其本源。旁其流失。著于篇。世有知言者。以吾書为可信。推其說而广之。以吾言为未审。别申一說以正之。均所望也。若夫明程式。应时用。則有时賢之書在。不具論云。

凡例

一　是編之作。將以溝通政事学术。公牘文章。凡所取材。不拘一格。要以發明此义为主。

一　人才兼政事文学之長者。一代不过数人。是編論文而及其人。并及其时势。以見文之風气。世之理乱。胥以人才为樞紐。其旁見側出以为文之佐証者。不在斯例。

一　公牘之文。出于学术。学术积于平时。而致用始于仕进。故是編于学者致力之基。进取之路。言之較詳。观其所由。得失自見。

一　是編引前人之說。取之奏議書牘者。十之八九。意在以公牘之言。明治牘之法。取則不远。言近易知。触类引申。俟之讀者。

一　是編取便讀者。故以笔談詩話之体为之。議論事实。錯綜成文。其脉絡則前后相承。以期一貫。

一　文書程式。非此編所注重。惟征引諸書。自史傳別集。以逮碑版文字。多取其格式完备者。每卷之末。間及考証。有猝不可解者。并詳說之。

一　外交辞令。为文書之一种。此体自昔所尚。今日尤要。故别为二卷。附于編末。

目　录

楊序

自序

凡例

卷一

上古三代……一

文字始于号令　八卦为施行政教之具　說文釋用字之义　結繩以后書契以前文字　書契为决事而作　黃帝書言决事者　黃帝正名百物　黃帝史官　孔甲作盤盂書　書契刻木为之　簡牘之别　簡牘为諸子百家之發源　礼文在簡牘中　尙書六礼　夏書　商書　周書　周初文告与东周有别　象刑　五刑始于苗　周礼賅夏商典制　周初詞訟已繁　君民皆受法令約束　約剂　唐虞以前已有档案　周人断獄用殷时成案　周公九刑　呂刑　孔疏論三代用法輕重　文献通考論周礼不可行　讀書奏　讀法

春秋战国……一五

春秋無世官之守　春秋賴人才轉移时世　管子書中号令之辞　管仲論薦人

才之辞　管仲用权谋出于不得已　子产治国之文　孔子論政必先正名
魯侯命孔子之辞　春秋时告君与告同僚文式　墨子为名家　淮南子論書契
之流失　方望溪論祀失之故　勾踐誓国人之辞　商鞅变法令　苏秦張仪
書檄　苏秦上書用韻語　荀卿書牘創賦体　春秋簡牘用籀文篆文隶書

卷二……一四

秦……一四

文字專制始于秦　李斯为秦文之樞紐　李斯請除文学詩書百家議　李斯議
論反复　文章政事分途自李斯始　秦法亦有得古人遺意者　秦上書有章表
奏駁四品　文書抬行始于秦　隶書草書

汉……一七

汉文書訓辞深厚　汉武非尽罢百家之言　公孙弘請置博士弟子議　举五經
博士狀　史記三王世家备章奏格式　魏相言汉故事　汉文有諷諫之遺
刘歆移書过亢　汉書所載移檄牒教　王充論儒生文吏得失　东汉文章致用
盛于明章以后　东汉以牋奏試孝廉　經生試章句之無益　汉公牘之有关風
教者　掾吏有經明行修之士　条教之务虛伪者　讖記之害　孔疏釋經論
及汉法　史書令史　文字謬誤　說文　許沖进說文解字奏　汉儒說經
引当代事　汉碑备奏牒狀各体者　刀笔吏　蔡邕独断言章奏之式　王充
論衡言移書之式　奏記　詔記　符檄　尺一　獄辞　署諾　尺牘

卷三……四九

書公文用刻印　上書不書姓　露布　文書盛之以囊　宋人所得汉簡
近人所得汉簡　函檢封泥　章程　版簡縑紙四种　条教刻石

魏晋六朝……四九

曹操敗坏風气　荀彧陈群之匡救　九品中正　山濤啓事　清談　門第
婚姻　沈約彈文　礼賢下士之文　議礼之文　六朝人深于礼学　賀循
父在为出母服議　袁准內表不可婚議　六朝文用散体者　文笔之分　記
室之繁　文体总論　文心雕龙書記篇疏証　宋書礼志文書仪注　牋仪
符仪　关事仪　外上事內处报下令仪　令書自內出下外仪　板文籤記
諮陈辞列辞　仪注令式之書　跳行　文称中謝　称具札称綱紀　称
死罪

南北朝……六八

北魏之初文書疏簡　崔浩上五寅元曆表　迁洛后文染华風　北学深燕
北魏法严　崔亮停年格　判　教　牓　列辞　北朝亦有文笔之分
宇文綽大誥　苏綽制文案程式計帳戶籍　顏之推論次文体　行押　黄白
紙　赤籍鉛軸

卷四……七七

隋……七七

隋文体屡变　牛弘請开献書之路　刘炫論吏事得失　隋人矯空疏之敝
刘炫自狀　何妥疏言时弊　隋制兼南北之遺

唐……七九

唐初文兼华实　秦王告少林寺文　秦王置文館学士敎　唐詔書义正詞腴
唐奏議多浮辞　房杜文笔不能救时　姚宋少华詞而乏骨幹　韓愈奏狀如其
文　进平淮西碑表　論淮西事宜狀　薦樊宗师狀　論新注学官牒韓柳
政績略同　韓柳公牘优劣　韓文不能挽当时風气　刘晏文可取刘晏
与兄載書　禁隔断練湖狀　刘晏理財之术　杜佑通典成于居幕府时
唐科举程文　举業不切于政事　杜甫文不如詩　詩賦取士胜于經义
元結舂陵行与奏免科率狀　白居易詩意　諷諭詩与請贖魏征宅奏　唐詩
人不諱言时政　唐幕府能得士　晚唐幕府文不足取　唐牋啓开宋四六之先
唐判詞用駢語　能吏不善判詞　顔真卿判詞　唐六典言文書之制　少林
寺柏谷庄碑　公牘有批始于唐　下官上行之文有用批者　言上行下　判
可判問　公文平出闕字　文有应用之名　記文書格式之書　八行

五代……一〇五

五代文沿唐人余波　五代文人多韜晦　李襲吉文可法　李襲吉答晋王問
牛希济表章論　罗隐应用集　五代判詞　馮道　南唐文　后周停廢
金用法慘酷　金末風俗　赵秉文德运議　金末牒文之一

佛寺牒
卷五……………………………………………………一〇九
宋（金附）…………………………………………一〇九
宋太祖开国规模　宋君臣講家法而不闇于时势　宋宰相廢坐論之禮　宋太
宗振起文教　徐鉉进說文表　中書門下刻說文牒　宋初古文未振　赵普
田錫諸人論边事　范仲淹举欧陽修充掌書紀奏　范仲淹呂夷簡議建都　欧
文論事有冗長处　欧陽修論契丹侵界狀　文人不知兵事　王安石制置条例
議　熙宁新法利害　刘摯乞复錢禁疏　熟边事当求之幕职官　游师雄乞
罢造船劄子　宋幕职官成就不如汉唐　宋宰执受事例有条奏　宋台諫与宰
相並峙　包拯奏議簡明　議論煩为积弱之因　科举之法愈改而愈敝　道
学非迂腐　朱熹劝諭救荒事宜　劝农文　洞学牓　劝立社倉牘　申免
移軍治狀　陆九淵乞筑城劄子　陆九淵事業　永嘉事功之学　薛季宣与
王樞密劄子　陈傅良告諭百姓牓文　黃震論社倉　更革社倉事宜申省狀
南宋史事綜練　講学裨于国事　宋末学者务实际　宋四六用途之广
宋判詞不用四六　宋判詞及榜文　用四六者　榜文用四言五言者
考詞　貼黃　小貼子劄子　諮报　司馬温公書仪　称案呈　称当职
公文結銜有姓無名自書　劄奏　代判　檄牌　人戶陈狀式　公人
家狀式　粉壁榜示用楷書　坊刻文告之書　自編判牘　辽金紀載闕漏

卷六……一五四
元……一五四
元人植基不固　元公牘不可以常理論　元詔令譯自蒙古文者　元詔旨出汉人秉笔者　中書省文奉旨通行者　姚樞陈治平及救时之要　許衡議中書大事疏　許衡辭免京兆提学狀　元人論許魯齋　元各路官司朔望講学　各路儒学刻書　浙西廉訪司刻詩文牒　元人立法尽心民事　龙兴路設社長牒　元立法为具文　元立法注重技术　元牘議論警闢者　經世大典　元人論公牘之敝　文献之家　袁桷修辽金宋三史搜訪遺書狀　元制用夷变夏　元轄境广漠而記載有闕　用人論根脚　元行省長官用蒙古人色目人　試士法　貢吏法　元官文書程式
卷七……一七三
明……一七三
明循元制而失精意　明初科举之法　制义銷磨人才　太学敎士承上命　汉唐經术至明而尽变　八股程文之害　明牘为八股文变体　明初人文集不存奏疏　宋訥守边策略　刻奏議始見于王恕　王恕与人書　丘濬进大学衍义补奏　丘濬諸疏能持大体　邵宝請祀先儒狀　李夢陽等倡复古文　李夢陽等議論屑廓　王守仁講学不重讀書　王守仁褒崇陆氏子孙文　南赣乡約　归有光以古文为公移　归有光九县告示　海瑞文字之激　海瑞稟

巡按揭帖·海瑞文如八股者　呂坤風宪約　呂坤文有八股格調　东林党禍之始　高攀龙劾貪污御史疏　复社声气　明屡申文学浮汎之禁　嘉隆以后章奏之繁　明季公牘文字愈杂　批判亦以八股为之　八股出于元人杂劇　八股文貽害之故　明人論时文之害　明公牘可取者　李化龙牌行鑄銅鼎銘文　明会典所載　文書程式　文移紙式

卷八……二〇二

清……二〇二

清初文革晚明之敝　清初禁刻墨卷程文　王士禎施閏章判詞　清初学者不为徇俗之論　清公牘受学术影响　孙其逢之学　魏象樞陈教化根本疏　顔李之学　李塨論治牘之法　湯文正論学派及修志刻書文牘　理学眞伪　于成龙詳川撫查采楠木文　陆隴其申直隶学院文　尹会一考察州县分社文　宋学家之敝　顧黃之学　徐乾学用古錢議及除三藩虐政疏　考据輯佚　朱筠請开館校書摺子　阮元进十三經注疏校勘記摺子　孙星衍复河南布政司辨伏羲陵文　經学今文古文之爭　刘逢祿張貞女獄議　汉学家之敝　历史地理之学　李兆洛言水利書　史地家偏見　义理考据辞章会通之学　姚鼐　曾国藩　曾国藩批牘得礼学精意　論善政不主社倉　軍旅之学　胡林翼札鲍超文　張文襄論学貴通　張文襄禁餽送文　辨認欽州老界摺　張文襄調無停新旧之說　学堂章程保存国粹　清文不受八股之害

清初能变風气之故　禁朋党　幕友佐治　靳輔用陈潢　田文鏡用
鄔先生　幕友多紹兴人之故　幕友無秘本　幕友著聞者　資治新書
例案　陈璧請除書吏奏　洋务　施炳燮　清初題奏本字数限制　清末
改題为奏　会典行文之式　督責之法　电报
卷九……二四二
辞命上……二四二
辞命之源　辞命掌于祝史　会盟主以王人　盟辞有副本　大夫九能
孔子論辞命　辞命不貴直笔　史通論聘問之辞　春秋列国盟辞　成言要
言　要盟　孔子折冲之辞　盟誓不足恃　人臣無外交　对外托之民意
措辞渾涵（以上春秋列国）
战国权变　齐湣王遺楚怀王書　秦昭襄王遺楚怀王書　战国人根柢淺薄
（以上战国）
兩汉無外交　汉与匈奴盟約（以上汉）
蜀陈震移吳关候書　蜀吳盟文（以上三国）
南北朝使者不知大体　南北朝互致侮嫚之辞　魏太武帝与宋太祖書　宋兗
州刺史移魏平南府文　魏宁南將軍移宋豫州書及宋豫州刺史答移（以上南北
朝）
唐和蕃名义特严　唐武宗賜回鶻可汗書　唐与吐蕃盟文　蛮書載唐与百济

南詔会盟事　劍南节度使与南詔書（以上唐季）
契丹尊視南唐　契丹致南唐書　五代交鄰之事不足道　李襲吉为李克用致
朱温書（以上南唐五代）
卷十……二五九
辭命下……二五九
宋君臣不知边事　宋眞宗与契丹誓書　寇准　富弼　庆历誓書胜于澶淵
之役　宋回契丹通問国書　宋回契丹告哀国書　华戎魯衛信录　宋使者
多失职　宋接待契丹西夏高丽使人之别　宋时甄視边界文移　宋时奸民私
运書籍出境　宋时应付外人入境　宋徽宗与金国誓書　金太祖回宋誓書
南宋初年有制胜之势　秦檜諸人誤国之罪　金史持平之論　汉人秉笔金
廷者之悖　北行日記　金末乞粮于宋（以上宋辽金）
滿洲老档　明清辽东定界誓辭　袁崇煥答議和書　七大恨　明人議辽事
顛倒是非　多尔袞致史可法書　史可法答多尔袞書　滿蒙通好　滿洲蒙
古誓辭　清初与俄罗斯立約（以上明清之际）
中外通商　同治間始知有万国公法　总署致布魯士公使照会　总署旧档即
史料　条約之为全局樞紐者　馬关条約之害　李鴻章远虑　通商口岸之
解釋　洋商在口岸机制土貨　任便課税为空言　条約須于無字句处着眼
交涉文牘称謂之变迁　曾国藩劄法国总領事論教案文　庚子保护东南电文

致各国外部照会文法　洋文入奏摺　用洋文亦須雅馴（以上清季）

牘髓目次

卷一　內編……一八五
积学第一　晓事第二　立誠第三
得中第四　养耻第五　去忍第六
卷二　外編……三一九
述指第一　法后第二　通俗第三
酌雅第四　甄微第五　虑远第六
附录　治牘須知……三六七

卷一

上古三代

公牘之起也。自生民知治其群始也。民之初生。其臥徐徐。其覚于于。飢則求食。飽則棄余。当此之时。無所謂生令政敎也。有睿知者出。为之君長焉。为之号令焉。有君長。有号令。則非口舌語言。可以偏喻而尽曉也。于是文字生焉。文字者。古人所以为临民治事之具者也。

易系辞。八卦以象告。聖人立象以尽意。設卦以尽情伪。伏羲画卦立象。即又告之始也。近人华石斧釋卦为圭。羲敎鉤沉云。卦名謂之象。盖因燧皇固有之名物圖画制成一能完全达意之象。以行其政。以敎其民。所以卦名多为合文。且有二三字者。八卦之卦字当作圭。圭。瑞玉也。为行政至要之符信。刻木結繩之制。起自燧人。而用玉代木。取其坚而經久。大事則用之。羲皇創圭制。象即刻之圭上之文。一事用一圭。八圭实为八种之政敎。累世因革。所謂改步改玉也。又云。卦画自卦画。卦象自卦象。截然兩事。卦象既为圭瑑。在羲皇时各圭所瑑各事。为施行政敎之具。奉行既久。習而不察。又以文字变迁。先后各異。遂將行政之信符。視为承襲祀器。甚至固有之圭名。亦以用变加卜为卦。在三代时羲象之譌誤已如此。無怪后世視圭卦为二事也。又云。史記文帝二年九月。初与郡国守相为虎符。張晏曰。符以代古之圭璋。今所見古璋。其上有兆瑑。瑑作卌形。即所爻謂。所謂契也。华氏此論。發前人所未發。其釋卌为爻。釋爻为契。乃契字之确解。易大象言政教不言吉凶。則卦象必非空文。八卦以象告。錯綜为六十四卦以尽情伪。而治民之具在于是矣。雷介庵（学洪）云。易者明用之書也。故象爻之言用者綦詳。凡天經地义。民彝物理。以及神奇蕃变。不可穷詰。不可思議之情狀。無一不具于此。古聖神之全体大用。所以輔世牖民者。亦無一不具于此（介庵經說）。此与华氏之說。可以互証。

說文用字下云。可施行也。从卜从中。从卜从中者既卜其吉。又得其中。然則兆吉而理失中。犹不可行也。凡政令可施行者。必得事理之中。伏羲画卦。变化錯綜。本涵时中之义。作書契者合卜中兩字以成文。一用字也。而揭全經之旨。此文周演易以前之微言大义也。

由結繩以至書契。盖历时甚久。其間必别有記事之法。說文有丰㓞栔三字。叔重釋之曰。丰。艸蔡也。讀若介。㓞。巧㓞也。栔。刻也。朱駿声曰。上古未有書契。列齿于竹木以記事。丨象竹木。三象齿形。㓞疑即契字之古文。字亦作挈。詩。爰契我龟。以契为之。按丰㓞栔三字。意义相承。結繩以后。書契以前。有此一种似字非字之法以記事。造立書契。則其进于文明者也。今时出土之甲骨文。正类于是。玩詩爰契我龟語。則周初尚有此法。甲骨之文。刻画入細。以刀刻骨而作此形。即契法也。艸蔡者。蔡为草名。以說文之例求之。丰艸二字当連讀。言丰艸即蔡草也。蔡盖蓍草之屬。草之坚韌者。楚辞蓍蔡幷称。未刻竹木之先。刻此草以記事。虽不如竹木之經久。其視結繩之易于敗坏者。固有进矣。此法上承圭玉。下啓甲骨。乃一段重要史料。后人名大龟曰蔡。則本义之引申。自丰丰二字不見經典。而古义晦矣。

古人創造文字。本以致用。非尙空文。易系辞。上古結繩而治。后世聖人易之以書契。百官以治。万民以察。盖取諸夬。夬者。决也。造立書契。所以决断万事（說本孔穎达正义）。張怀瓘書断亦云。大道衰而有書。利害萌而有契。契者。决断万事。故知書契之兴。为百官治事而作。其后流衍而为学术文章。詩歌辞賦。则固前民之所不及料也。慎子曰。書契。所以立公信也。立公信句。其义甚精。既公且信。可以立国于天地間矣。

上古决事之文。其例若何。今不可見。六韜虎韜篇。有神农之禁。周書王会篇有伊尹四方之令。其書晚出。难可依据。惟汉書賈誼傳。誼上疏策治安。引黄帝語。有曰。日中必熭。操刀必割。义取当机立断。不失其时。与决断之义合。所謂言之决断。若金之斬割也。語見洪范孔疏高五王傳。召平曰。道家之言。当断不断。反受其乱。道家祖述黄帝。其言必有所本。汉初伪書尚少。賈召二氏所引。当是上古傳誦之辞。黄帝治事精神。即此已見。

汉書胡建傳。建守軍正丞。时监軍御史为奸。建斬之。上奏曰。黄帝李法曰。壁壘已定。穿窬不繇路。是謂奸人。奸人者杀。李即理。李法。謂治獄之法也。此黄帝法令之仅存者。亦以决断为义。

礼記祭法。黄帝正名百物。以明民共財。物字之义。古訓作事。名字之义。古訓作字。正名百物者。正百事之文字。因事之文。無所加損。而著之于文字。謂之正名。黄帝以前。盖名实淆乱。文無定义。民無定向。黄帝因事立名。因文見义。有此事即有此名。無可移易。直書其事。而名义以定。故曰明民。孙希旦曰。百物之名定。则民之視听不惑。故俗定事成。財用給足(礼記正义)。黄帝之治天下。非清淨無为者也。史記五帝本紀。言黄帝劳动心力耳目。节用水火材物。然則立綱陈紀。其道多端。而正名为之始。倉頡之造書契。在黄帝时。造書契者。非造字之謂。謂就已有之字而整齐别異之。故造字不必始于倉頡。而字义则自倉頡而始正。倉頡之正字。即黄帝之正名也。汉人言清淨無为之治。托于黄老。老子貴清淨。黄帝何尝以清淨为治哉。(揚雄說疊字。以为古理官决罪。三日。得其宜。乃行之。故其字从晶从宜。說文疊字。引用其說。此古治獄之法也。）

汉書艺文志。孔甲盤盂二十九篇。田蚡傳。学孔甲盤盂諸書。应劭曰。黄帝史孔甲所作也。凡二十九篇。書盤盂中。所以为法戒也。黄帝之时。書法戒之辞于盤盂。是上古鑴刻金文。意在警惕身心。不以称述功德。欲其經久不坏。故不刻于牘而刻于盤盂之中。

書契者。刻木为之。陆德明經典釋文云。書者。文字。契者。刻木而書其側。故曰書契。郑康成注周易釋書契二字云。以書書木边言其事。刻其木。謂之書契。据此。則上古决事之辞。刻之于木。犹后世之書于簡牘也。

書契之用。由官府而及于人民。周官。司市之职。以質剂結信而止訟。質人之职。凡卖櫝者質剂焉。大市以質。小市以剂。掌稽市之書契。郑康成注云。質剂者。謂兩書一札而別之。此即今之合同也。民間日用。以書契为最要。契字沿用至今。人人習知習見。此上古文書行用至今之最广者。

刻木为契。其法甚拙。人事日繁。治理日密。刻字于木。不足以应無穷之用。而中古無造笔造紙之法。故易之以为簡牘。杜預春秋左傳序曰。周礼有史官。掌邦国四方之事。达四方之志。諸侯亦各有国史。大事書之于策。小事簡牘而已。說文曰。簡。牒也。牘。書版也。孔穎达左傳正义曰。簡之所容。一行字耳。牘乃方版。版广于簡。可以并容数行。一行可尽者。書之于簡。数行可尽者。書之于方。方所不尽者。乃書于策。

曰公信。曰簡牘。此为公牘二字之濫觴。古人但云簡牘。不云公牘者。后世私人笔札。亦謂之牘。故加公字以别之。古人治事。有公而無私。凡書于牘書者。其事皆公事。其言皆公言。言牘則公字之义已具。不待言也。

簡牘为官府治事之文。亦諸子百家發源之所自。凡事物之始。制作之原。沿革变迁之故。惟世典其职者。父兄之所詔告。僚吏之所研求。耳聞目見。具有本末。乃能推衍引申。旁通曲暢。若夫白屋之士。編戶之氓。足不入官府之門。目不睹圖籍之守。即偶得傳鈔之本。殘編断簡。能有几何。故孔子慨杞宋文献之無征。孟子嘆周室祿籍之已去。而孔子一生。問礼于老聃。学琴于师襄。問官于郯子。所踵門請業者。大率世官典职之人。而孟子之所师資。則又孔門傳授之緒余也。惟其如是。故九流之学。皆出于王官之守。此犹今人办地方事务。必向衙署考查成案。修郡邑志書。必向官府調閱旧卷也。

章实齋曰。古人之学。不遺事物。盖亦治教未分。官师合一。而后为之較易。治教未分云者。教民之道。即寓于治民之中。当时之政教号令。即后世所謂大經大法也。秦始皇焚詩書百家語。欲学法令者。以吏为师。以吏为师。与古义本不相背。特为吏者不复習詩書百家語。而惟法令之是务。遂为世詬病耳。自政教分离。而后政事与学术判然为二。自学术日疏。而公牘与文章又判然为二。至目此为俗吏。为刀笔。一为文人学士。即不屑研究及此。而治書定簿之流。亦往往借口于一行作吏。此事遂廢。不复自求深造。嗚呼。此吏道之所以猥杂歟。

戴記有言。治人之道。莫急于礼。上古治人之道。非于簡牘之外。別有所謂礼者在也。簡牘治事之言。后人守之勿失。而礼之名以起。礼非一时所創。上古虽文字簡質。而在上者發号施令。寥寥数語。皆有精意存乎其間。孔子不云乎。文武之政。布在方策。方策者。典册也。积簡牘以为典册。国家經制。具在于此。于是礼文遂燦然大备。古人之言礼。即后人之言法。古人之言法。則后人之言律也。礼之为用。定亲疏。决嫌疑。別同異。明是非。亲疏之辨。同異之別。其用寓于节文度数。至于决嫌疑。明是非。而其义精矣。

礼書自仪礼外。原文已亡。大小戴所記。只后儒誦習之言。不能据此以征当时簡牘之体。其为原文而可据者。則非礼家之言。而为史官之記。史官所記者。則尙書今文是已。刘歆七略曰。書以决断。断者。义之証也。以决断説書。乃探原之論。其文义之猝不可曉者。則当以尔雅釋之。汉書艺文志序。書者。古之号令。号令于众。其言不立具。則听受者弗曉。古文讀应尔雅。古文者。孟坚所見之古文尙書。而伏生所傳之今文也。凡古文之不可解者。以尔雅訓詁讀之。則無不可曉。古文者。古代之通俗文字也。

書有六体。曰典。謨。訓。誥。誓。命。六經之中。惟書为古史記言。乃后世公牘之体之所自出。今本尙書。自伏生所傳二十九篇外。皆出晋人伪托。其伪者不必論。伏生二十九篇。虞書上取堯事。下終禪禹。以至舜終。皆为舜史。其体兼备后世之实录宝訓政要时政記諸类。禹别九州。随山浚川。任土作貢。其書經緯分明。可以后世史表旁行斜上之例譜之。洛誥顧命諸篇。合記事記言为一体。呂刑則后世之律例。酒誥梓材則家人父子之言。其例近于后世之家訓。今論公牘之体。無煩博引。姑就伏生書之文字簡短詁訓易曉者。略举数篇。稍加詮釋如下。

夏書甘誓

大战于甘。乃召六卿。王曰。嗟。六事之人。（郑康成曰。六事之人者。变六卿言。軍吏已下及士卒也。）予誓告汝。有扈氏威侮五行。怠棄三正。（郑康成曰。五行。四时盛德所行之政也。威侮。暴逆之。三正。天地人之正道。）天用剿絶其命。（剿。説文作剿。剿。絶也。广雅釋言曰。剿。天也。）今予惟恭行天之罰。左不攻于左。汝不恭命。右不攻于右。汝不恭命。御非其馬之政。汝不恭命。（郑康成曰。攻。犹治也。孔穎达曰。言汝諸士众在車左者。不治理于車左之事。是汝不奉我命。在車右者。不治理于車右之事。是汝不奉我命。御車者。非其馬之正。令馬进退違戾。是汝不奉我命。）用命賞于祖。弗用命戮于社。（摯虞曰。古者帝王出征伐。以齐車載迁庙之主及社主以行。故甘誓曰。用命賞于祖。不用命戮于社。）予則孥戮汝。（孥。史記夏本記作奴。广雅曰。戮辱也。）

右为夏初誓师之辞。后世出师告天。登壇誓众。以及飞書馳檄之文。皆屬于此类。首二句史臣記事。威侮五行二句。申有扈之罪。恭行天罰句。申明出师之意。以下則皆申軍紀以誓众。文止数十言。而包举無遺。古書簡要如是。此篇書序以为夏后啓所作。而墨子明鬼篇引此文作禹誓。故后儒有疑为夏禹所作者。

商書湯誓

王曰。格（史記殷本紀作来）尔众庶。悉听朕言。非台（尔雅釋詁。台。我也。）小子。敢行称乱。有夏多罪。天命殛之。今尔有众汝曰。我后不恤我众。舍我嗇事而割正夏。（史記。正。作政。無夏字。广雅釋言。害。割也。孙星衍曰。言舍我嗇事而为害民之政者。桀时重斂。民無盖藏也。）予維聞汝众言。夏氏有罪。予畏上帝。不敢不正。今汝其曰。夏罪其如台。（史記。夏罪作有罪。如台作奈何。）夏王率遏众力。率割夏邑。有众率怠弗协。（史記遏作止。割作奪。协作和。孙星衍曰。止众力。即上文舍嗇事也。奪其收斂。則害于耕作。弗协者。言多怨言。）曰。时（史記作是）日曷丧。予及汝皆亡。（郑康成曰。桀見民欲叛。乃自比于日。曰。是日何尝丧乎。日亡。我与汝亦皆丧亡。引不亡之征。以胁恐下民也。）夏德若兹。今朕必往。尔尚輔予一人。

致天之罰。予其大賚汝。尔無不信。朕不食言。尔不从誓言。予則孥戮汝。罔有攸赦。

右为商初誓师之辞。甘誓只七十八字。而此篇至一百四十四字。甘誓数有扈之罪。只威侮五行怠棄三正二語。此則反复其辞。可見文字由漸而繁。然数桀之罪。皆述民庶怨憤口气。以見伐夏救民。出于万不得已。無所利于其間。湯之于桀。固未以惡声相加也。末以反言作結。凡誓众之辞多如此。今时文告。輒云。如敢故違。定行依法严懲。决不寬貸。其例本此。

周書牧誓

时甲子昧爽。王朝至于商郊牧野。乃誓。王左杖黄鉞。右秉白旗以麾。曰。逖矣西土之人。王曰。嗟。我友邦冢君。御事司徒司馬司空。亞旅师氏千夫長百夫長。及庸蜀羌髳微盧彭濮人。称尔戈。（尔雅釋言。称。举也。）比尔干。立尔矛。予其誓。王曰。古人有言曰。牝鷄無晨。牝鷄之晨。惟家之索。（釋名。索。素也。詩毛傳。素。空也。）今商王受。惟妇言是听。昏棄厥肆祀弗答。（史記周本記。作自棄其先祖肆祀不答。郑康成曰。肆。祭名。答問也。）昏棄厥遺王父母弟不迪。（史記作昏棄其家国。遺其王父母弟不用。）乃惟四方之多罪逋逃。是崇是長。是信是使。是以为大夫卿士。俾暴虐于百姓。以奸宄于商邑。今予發。惟恭行天之罰。今日之事。不愆于六步七步。乃止齐焉。（郑康成曰。好整好暇。用兵之术。）夫子勗哉。不愆于四伐五伐六伐七伐。乃止齐焉。（郑康成曰。伐。謂击刺也。一击一刺曰一伐。始前就敌。六步七步当止齐。正行列。及兵相接。少者四伐。多者五伐。又当止齐。正行列也。）勗哉夫子。尚桓桓。（尔雅釋訓。桓桓。威也。）如虎如貔。如熊如羆。于商郊。（尔雅釋詁。于。往也。）弗迓克奔。以役西土。（史記作不御克犇。郑康成曰。御。彊御。謂彊暴也。克。杀也。

不得暴虐。杀紂师之奔走者。以为周之役也。）勗哉夫子。尔所不勗。其于尔躬有戮。

右为周初誓师之辞。又較湯誓为繁。夏桀虐政淫荒。嬖于妹喜。而湯不直斥其事。武王伐紂。乃首数紂用妇言。可見商周风俗。于此已有厚薄之分。史臣先叙軍容之盛。后述武王申严号令。至再至三。較湯誓气象規模亦異。自此以后。历代起义之师。皆有傳檄之文。隋祖君彦为李密討煬帝檄。数其十罪。至云罄南山之竹。書罪無穷。决东海之波。流惡难尽。古人忠厚之意。于是尽矣。

有国有家者。廢兴存亡。自有确乎不易之理。而当时之事。則当局者固各有是非。啓伐有扈。后人但知有扈为無道之国而已。而淮南子齐俗訓云。昔有扈氏为义而亡。高誘注。有扈。夏啓之庶兄也。以堯舜举賢。禹独与子。故伐啓。啓亡之。据此則有扈之君。亦明成祖之流亞。其兴师伐啓。安知無誓众之辞。湯武之事。在商周之臣子。以为应天順人。自桀紂观之。則固叛逆之臣也。使桀紂誓师声討。方且詞严义正。笔挾風霜。然千載以后。不傳有扈桀紂之文者。有扈昧于天与人归之义。桀紂湛于酣歌恒舞之中。果有其辞。亦用为后人唾棄。固不足登之簡册也。（夏字古音讀戶。今吳音犹然。有扈有夏。皆一音也。疑有扈即有夏。故淮南作有扈氏。当时啓兄称兵。以有夏氏之名。号召天下。事敗以后。夏史改夏为扈。又削去氏字耳。）

东周以降。王室衰微。其文告之辞。义正而詞婉。以視开国之初。閎深肃括者。迥不侔矣。而列国載書盟誓。陈义宣風。乃堂堂正正。別为一格。兹以載書盟誓之辞。入辞命类。而录王朝文告一首于此。以覘世变。

周敬王使大夫如晋請城成周命（左氏昭公二十三年傳）

天子曰。天降禍于周。俾我兄弟。竝有乱心。以为伯父憂。（杜預曰。兄弟。謂子朝也。伯父。謂晋侯。）我一二亲暱甥舅。不遑啓处。于今十年。勤戍五年。余一人無日忘之。閔閔焉如农夫之望岁。惧以待时。伯父若肆大惠。复二文之業。弛周室之憂。（杜預曰。肆。展放也。二文。謂文侯仇文公重耳。弛。犹解也。）徼文武之福以固盟主。宣昭令名。則余一人有大願矣。昔成王合諸侯城成周。以为东都。崇文德焉。今我欲徼福假灵于成王。修成周之城。俾戍人無勤。諸侯用宁。蝥賊远屏。晋之力也。其委諸伯父。使伯父实重圖之。無征怨于百姓。而伯父有荣施。先王庸之。（杜預曰。庸。功也。先王之灵。以为大功。）

右为东周極乱之时文告之辞。自武王灭殷以后。历二百五十七年而有犬戎之难。平王东遷。又二百三十五年而王子朝与子猛爭立。京师喋血。典籍蕩然。敬王賴諸侯之力。即位于流离顚沛之余。欲謀繕完保聚。而請諸侯兴徒役以筑王城。晋为盟主。又伯叔之国。故遣使致王命于晋侯。此在成周盛时。王畿之民。自有力役之征。發夫征役。刻期可畢。即有資于諸侯之助。朝命一下。誰敢抗者。而敬王此命。乃委婉謙謹若此。則时势为之也。曰复二文之業。曰固盟主。昭令名。曰伯父有荣施。皆歆动晋侯之詞。意为自保。而其言若为晋侯設策。此立言之妙。

虞書。象以典刑。又曰。方施象形惟明。象形。謂画象而不施刑。孙淵如曰。今文之义。直以五帝时象刑为画象。而無肉刑大辟之法。其說出自先秦子書。太平御覽引愼子云。有虞氏之誅。以蒙巾当墨。以草纓当劓。以菲履当刖。以艾韠当宮。有衣無領当大辟。荀子正义篇云。古無肉刑而有象刑。墨黥慅嬰共艾畢。菲对屨。杀赭而不純。北堂書鈔引尚書大傳。其說略同愼子。此先秦所傳之言。汉人多用其义。汉書文帝紀。元光元年。詔曰。朕聞昔在唐虞画象而民不犯。新序节士篇。引書旁施象刑惟明。下云及禹不能。是言肉刑始于夏也。五刑大辟。兴自苗民。大傳云。苗民用刑而兴犯渐。禹因不能廢而制其中。其自夏刑三千条。决关梁踰城郭而略盗者。其刑臏。男女不以义交者。其刑宫。触易君命。革輿服制度。奸軌盗攘傷人者。其刑劓。非事而事之。出入不以道义而誦不詳之辞者其刑墨。降畔寇賊。劫略夺攘矯虔者。其刑死。皋陶制肉刑大辟。不于唐虞之世而于禹时。盖时变使然。汉武梁祠画象云。夏禹退为肉刑。班固詠史詩云。三王德弥薄。惟后用肉刑。汉人为今文之学者。其説俱如是。按夏刑触易君命。革輿服制度者。罪止于劓。而劫掠攘夺者其罪至死。則夏刑君輕而民重。犹有唐虞禪讓遺意。迄秦汉而此义亡矣。出入不以道义而誦不詳之辞。盖即礼記之辯言乱政。周制此条死罪。而夏刑止于黔面。則夏周之士風学术。醇疵不同。义各有当。观者可以推古人立法之意。

夏商之法。不可得而詳已。周制监于二代而損益之。則周官三百六十屬之职掌。必兼有夏商之制在。士师之职掌士之八成。賈公彦疏曰。凡言成者。皆旧有成事品式。后人依而行之。此八成皆是獄官断事成式。案此即今所謂成案也。周公之时。开国草創。成案有限。此所謂成事品式者。必兼殷代言之。孟子言周公思兼三王以施四事。其有不合者。仰而思之。夜以繼日。周公所视为不合者。盖即三王相承之法。而不适于当时者也。举例明之。唐虞三載考績。至三考而后黜陟以明。是不称职之人。犹得竊祿于三年之内。而为黜陟之所不及。周制則不然。日有成。月有要。岁有会。遞积而总为三年之考。何其密也。周官职掌。其文曰稽。曰察。曰糾。曰詰。曰禁。曰誅。曰警戒。何其严也。小宰之职。正岁。帅治官之屬而观治众之法。徇以木鐸。曰。不用法者。国有常刑。又令于百官府曰。各修乃职。考乃法。待乃事。以听王命。其有不共。則国有大刑。一命以上。受祿于朝。則尽职是其本分。乃犹一再申警若是。吾以是知成周之盛。不能無闒冗疲玩之徒。

濫厠其間。稽察考核。周公之不得已。而非以不肖待人也。

謂周初風俗淳厚。亦不尽然。以刑獄言之。以肺石达民情。而远近惸独老幼之欲有复于上而其長弗达者。必先立于肺石三日。惟納束矢鈞金者。不在此例。束矢鈞金。犹今之先繳保証金。然后受理也。貧民力不足以办此。謂宜随到随訊。以免拖延。而必待之三日以后者。人情好逸而惡劳。立三日而不去。則其困苦已甚。苟非确有冤誣。必不出此。周公之为此法。必当时有健訟之人。遇事生風。如后世之圖准不圖审者。若一一为之受理。不胜其煩。且适墮其术中。故不得已而立为限制。又如布宪之职。凡攘獄者。遏訟者。以告而誅之。攘獄。謂有罪而官司追攝。抗不受命。遏訟。謂人欲見訟而阻遏之。則拒捕抗官。恃势淩人。皆当日習見之事。又如約剂之法。司盟掌民之犯命者。詛其不信者。凡民之有約剂者。其貳在司盟。貳。謂副本也。当时簡牘繁重。必甚不便。而不得不然者。詐伪萌生。獄訟多有。故立法以为之防。嗚呼。民之徇其私而思軼于范圍也久矣。立一法則一弊生。詩曰。君子屢盟。乱是用長。盟誓將以遏乱也。而适以長乱。此周公所不及料也。（訝士之职。有乱獄則往而成之。郑注。乱獄。謂君臣宣淫。成康之世。何至有此。盖周公监前代諸侯有此事。故豫为之防。）

秋官掌囚。凡杀其亲者焚之。郑注。亲。緦麻以内也。易曰。焚如死如棄如。王昭禹曰。焚之者不存其形。按此后世所謂剉骨揚灰也。爻辞亦周公所作。盖自古相承。有此重典。以懲惡逆之人。周公演易引之。制官礼时遂仍而不廢。此亦古制之存于周者。

約剂之法。不仅施之于听訟也。治神人。和上下。凡君民之間所以互相維系者。莫不有約剂之义在。秋官司約。掌邦国及万民之約剂。治神之約为上。治民之約次之。治地之約次之。治功之約次之。治器之約次之。治摯之約次之。大約剂書于宗彝。小約剂書于丹圖。神約謂郊社群望之祀。凡上之所命。則諸侯守之勿失。民約謂征税迁移解讎息訟之类。地約。謂經界所至及授田之类。功約謂爵賞。器約謂器服度数。逾格許其服用者。摯約謂玉帛禽鳥相与往来。此非民間相授受而亦謂之約者。行庆施惠。国家所以旌有功。王者操此权以馭群下。謂之公器則可。謂之私恩則不可。無故而予之。無故而夺之。皆理之所不許。有約束之义焉。訓誥之辞。依据典章。申明法制。皆所以示国家大信。則亦約而已矣。書之宗彝。可以告祖宗。書之丹圖。可以示天下。丹圖即丹書。謂冊籍也。王者与其臣民共此国家。分有尊卑而义别無悬隔。故剖符立券。彼此共之。苟有逾越。則为背礼。君臣上下。皆約剂中之一人。非在上者可以縱恣于約剂之外也。是故好惡同民。謂之我后。残賊仁义。謂之独夫。是故悬法象魏。布誥四方，無論为法律。为文辞。其原皆出于約剂。約剂之名可变。而其义則不可易。約剂之别名曰傅别。曰别券。又謂之判書。見周礼士师注。而通謂之書契。小宰之职。听取予以書契。郑康成曰。書契謂出予入受之凡要。凡簿書之最目。獄訟之受辞。皆曰契。書契之名。盖文書之可以为証据者皆屬之。其文書之总称。則謂之官書。宰夫八职。其六曰史。掌官書以贊治。郑注。贊治。若今起文書草也。后世称文書曰官文書。始此。

書康誥。外事。汝陈时臬。司师茲殷罰有倫。疏曰。外事。以獄事正于州牧之官。汝当布陈刑法。司牧其众。衛居殷墟。又周承于殷后。刑書相因。故兼用其有理者。若今律無條求故事之比也。按此可与周官士师八成句互相發明。唐律断罪無正条。則用比附加减之法。唐之比附加减。乃就唐律引伸。此則用前代成案以为比附。又寬于唐律矣。

左氏文公十八年傳太史克曰。周公作誓命曰。毁則为賊。竊則为盜。盜器为姦。主藏之名。賴姦之用。为大凶德。有常無赦。在九刑不忘。按主藏盗器。謂儥盗国用。后世所謂典守自盗也。九刑之目不詳。盖皆奸惡之尤者。故峻法以防之。乃穆王时。吕侯为司寇。作吕刑。訓減于旧。吕刑疏曰。此經变周用夏。改重从輕。周公聖人。相时制法。刑罰太重。穆王改易之者。穆王远取夏法。殷刑必重于夏。夏承堯舜之后。民淳易治。故治刑近輕。輕則民慢。故殷刑稍重。自湯以后。世漸苛酷。紂作炮烙之刑。明知刑罰益重。周承暴虐之后。虽減輕犹重于夏法。成康之間。刑措不用。下及穆王。民犹易治。故吕侯度时制宜。劝王改从夏法。聖人之法。非不善也。而不以經远。吕侯之智。非能高也。而法可以适时。刑罰世輕世重。为此故也。按吕刑減輕之法。非指贓吏而言。孔疏泛論得失。亦就大体立論。吕刑之文曰。惟齐非齐。有倫有要。言刑罰虽权变是适。齐之以不齐。至其倫要所在。有截然不可紊者。

馬端临曰。周礼者。三代之法也。其事虽似繁。而不見其为法之弊者。盖世守其地。世撫其民。則自不容不視为一体。故姦弊無由生。自封建变而为郡县。为守令者。率三岁而更。封域既广。則志慮有所不能周。長吏数易。則設施有所不及竟。于是法立而姦生。令下而詐起。处以簡靜。犹或庶几。稍涉繁苛。則不胜其瀆乱矣。昔子产听郑国之政。其所設施曰都鄙有章。上下有服。田有封洫。廬井有伍。此俱周官之法也。然一年而輿人謗之。三年而后誦之。郑国土地褊小。其在后世。則一郡耳。以子产之賢者。而当一郡守之任。其精神必足以知情伪。究得失。周制之在当时。亦未尽隳也。然稍欲更張。則未能遽当于人心。必俟摩以岁月。然后謗讟者轉而为謳歌耳。是知周礼所載。凡法制之瑣碎煩密者。可行于封建之时。而不可行于郡县之后。周官义疏总辨云。周官之法。委曲繁密。管夷吾治齐。一变而为簡节疏目。而有識者以为得周官之遺意。

周官。凡四方之事書。內史讀之。郑注。若今尚書入省事。陆德明釋文。諸侯凡有事書奏白于王。內史讀示王。汉法奏事讀之。故举以况之也。按四方書奏必以簡牘。其冊籍繁重。王不能一一覽观。故內史讀之。汉人讀奏事。則进奏者自讀之。与諸侯奏事異。郑注举以为况。非也。周时以讀文書为恒事。州長党正族师閭胥。岁首月吉皆讀法。所讀者敎治政令之法也。政令虽有頒布明文。而民未必尽曉。故亲民之官讀之。总緣古無印書之术。不能人手一編耳。

晋書刘实傳。实以世多进趣。廉遜道缺。著崇讓論以矯之。曰。人臣初除。皆通表上聞。名之謝章。所由来尚矣。原謝章之本意。欲进賢能以謝国恩也。昔舜以禹为司空。禹拜稽首。讓于稷契咎繇。使益为虞官。讓于朱虎熊羆。使伯夷典三禮。讓于夔龙。唐虞之时。众官初除。莫不皆讓也。謝章之义。盖取于此。季世不能讓賢。虛謝見用之恩而已。相承不变。習俗之失也。

春秋战国

文王之治岐也。仕者世祿而不世官。仕者虽不世官。而世其祿秩。則典章文物之守。犹在世家。堂構相承。盖未替也。东周以降。公室有世卿。而士大夫不能保其世祿。則官师之守。世業綿延者仅矣。左氏采列国史記以为內外傳。自卿大夫以至一命之士。有能述旧聞誦国故者。必广記而备言之。由今以观。固賴其人之博物多聞。俾古事存什一于千百。然使当时在位者。人人皆習故事。皆讀故書。亦何須一二人繁征博引若是。以是知春秋之世。卿大夫空疏者多。博洽者少。故其賢者能敎詩說禮而鮮能考献征文。良由世官之守既亡。簡策繁难。傳習不易。韓起如魯。观書于太史氏。而始見易象与魯春秋。見聞之隘可想。孔門講習。从博学于文入手。乃救时之要义。致用之先务也。

春秋極乱之世。而中国犹能支持至二百数十年之久者。賴前后有列国人才而已。列国人才。得所借手。本所学以轉移时势者。不过数人。其尤著者。管仲子产而已。管子書今存者七十六篇。其書眞伪参半。惟牧民乘馬輕重諸篇。見于太史公書。其言具有本末。又封禪篇言古封泰山禪梁父者七十二家。夷吾所記者十有二。管仲不惟負济时之才。其稽古之勤。盖不可及。若子产者。閎覽多聞。一时無兩。左傳記其征朝之对。作壇之对。以至釋汾神之祀。拒玉环之請。皆源源本本。如朝章国故。遺聞軼事。脫口而出。用以折冲尊俎。宏济艰难。嗚呼。宰相須用讀書人。豈不然哉。吾为此論。非謂秉国鈞者当以博聞强記見長。特春秋而下。政学分离。功業不能及远。其大病類由于根柢淺薄。平时無切实功夫。故發此义。以明政事必由于学术。学术必要于通博。若夫經生呫嗶之論。华士不根之談。抱高头講章。拾他人余唾。而乃侈陈大略。自命經綸。其始自欺。其終誤国。非所語于此也。

管子書無簡牘之辞。其大略則可于輕重篇覘之。桓公之令。即管仲之謀也。

管子輕重篇

今齐有渠展之鹽。請君伐菹薪。煮沸水为鹽。正而积之。桓公曰。諾。成鹽三万六千鍾。桓公問曰。安用此鹽而可。管子对曰。农事且起。北海之众。毋得聚庸而煮鹽。若此則鹽必坐長而十倍。以令糶之梁赵宋衛濮陽。彼尽饋食之也。国無鹽則腫。守御之国。用鹽独甚。桓公曰。諾。乃以令使糶之。得成金万一千余斤。桓公問曰。安用金而可。管子对曰。請以令使賀献。出正籍必以金。金坐長而百倍。运金之重以衡万物。尽归于君。

桓公問曰。寡人之国。五分而不能操其二。以是与天子提衡爭秩于諸侯。为之有道乎。管子对曰。惟籍于号令为可耳。請以令發师。置屯籍农。十鍾之家不行。百鍾之家不行。千鍾之家不行。行者不能百之一。千之十。而困窮之数。皆見于上矣。君按困窮之数。令之曰。国貧而用不足。請以平价取之子。皆案困窮而不能挹損焉。君直幣之輕重以决其数。使無券契之責。則积藏困窮之数皆归于君矣。故九州無敌。境上無患。令曰。罢归农。無所用之。管子曰。天下有兵。則积藏之粟。足以备其粮。天下無兵。則以賜貧甿。若此則菹菜鹹鹵斥澤山間堺壘之壤。無不發草。此之謂籍于号令。

桓公曰。吾欲杀正商賈之利。而益农夫之事。为此有道乎。管子对曰。重粟之价。則田野大辟而农夫劝其事矣。請以令与大夫城藏。使卿諸侯藏千鍾。令大夫藏五百鍾。列大夫藏百鍾。富商蓄賈藏五十鍾。內可以为国。外可以益农夫之事。桓公曰。然。下令卿諸侯。令大夫城藏。农夫辟其五谷。三倍其价。

右輕重之令三。皆損益均平之事。謀之甚深。而行之無迹。国操輕重之柄。而人民有乐利之資。此之謂陰王。此之謂霸業。

礼記杂記下。管仲遇盗。取二人焉。上以为公臣。曰。其所与游辟也。可人也。其所与游二句。孔疏以为管仲荐此盗人之辞。言此盗交游邪辟之人。故犯法为盗。其人才性可用。管仲之文。經典惟傳此二語。拔擢人才。不以陷于邪家辟而棄之。亦权道也。

管仲之学。非専以权謀治国者。以权謀治国。管仲之不得已也。牧民篇开宗明义。以礼义廉耻为四維。而为之說曰。一維絕則傾。二維絕則危。三維絕則复。四維絕則灭。四維之中。以耻字为尤要。其言精矣。又曰。不为不可成。不求不可得。不处不可久。不行不可复。不为不可成者。量民力也。不求不可得者。不强民以其所惡也。不处不可久者。不偸取一世也。不行不可复者。不欺其民也。不偸取一世。不欺其民。此王道而非霸术。立論最純。然事業設施。則異于是。輕重令之糴监。得金。献金出籍。是偸取一世也。發师籍农以知困窮之数。既知其数而又罢兵归农。是欺其民也。故孔子以为器小。

左傳記子产为政。有定識。有定力。不襲故常而能扶危济变。魯襄公三十年。子产始秉国政。使都鄙有章。上下有服。田有封洫。廬井有伍。大人之忠倹者。从而与之。泰侈者。因而斃之。丰卷將祭而請田。弗許。曰。唯君用鮮。众給而已。子皙与子南爭室。子产数子南之罪而逐之。謂其不畏威。不听政。不尊貴。不事長。不养亲。既而子皙謀乱。又数其罪而戮之。自是当国二十年。內抑巨室。外抗强鄰。其措詞壹以循法守礼为主。子产盖深于礼学而能神明运用者。礼之可以定內乱。振国势。輯邦交。自子产用之而始見。左傳詳其事实而不著其文辞。吾意子产之文。必閎深肃括。审势揆情。而不拘于一成之法。此观于治子南子皙之獄而可知。自子产亡而此意微矣。宜孔子之聞而出涕也。

孔子之刪詩書。定礼乐。贊周易。修春秋。皆言治之事也。孔子論政之言多矣。曰政者。正也。子帅以正。孰敢不正。曰。其身正。不令而行。其身不正。虽令不从。曰若不正。則言不順。言不順。則事不成。孔子言为政之道。以正己正人名正言順为先务。即黄帝正名之精义。与正名相反者。謂之乱名。乱名者杀。見于王制。为其惑民听而淆国是也。政之本在于礼。礼之用。时为大。故孔子之道主于时中。时者。通变宜民。因时損益。然必立定根本。而后可以言时。孔子論人。有可与立而未可与权者。权亦时中之一事。孔子非不能行权。而孔子絕不肯为。陈恒弑其君。孔子朝服而請討。宋儒以为弑君之賊。人人得而誅之。孔子可先發兵而后聞于哀公。如宋儒之言。是責孔子以不能行权。孔子可先發魯国之兵而后入告乎。义之所不可行。即时之所不許。惟守正而不行权。乃所以为孔子。

孔子宰中都。制为养生送死之节。長幼異食。强弱異任。男女别塗。路無拾遺。器不彫伪。凡此者皆納民于軌物之中。子产之都鄙有章。上下有服。此物此志也。子路問衛政所先。孔子曰。必欲正名乎。孔子之言正名。其大义則君君。臣臣。父父。子子。其节目則礼乐政刑。無所不包。为政必先正名。乃孔門微言大义。自名法之言出。托于先民。而辯言乱政。于是大义乖。微言絕矣。（孔子簡牘之辞傳于后者。惟夾谷盟辞二句。其收效亦以正名之故。說見下辞命篇。）

左傳。襄公二十九年。公在楚。还及方城。季武子取卞。使公冶問壐書。追而与之。曰。聞守卞者將叛。臣帅师徒以討之。既得之矣。敢告。魯国之卿。正書于其君。其式如此。季氏乘君出境之时。發兵取卞。名之不正甚矣。然詭辞以告。則犹不敢公然逆命。昭公五年傳。舍中軍。卑公室也。以書告叔孙之殯曰。子固欲毀中軍。既毀之矣。故告。不数年而季氏之跋扈至此。履霜坚冰至。豈不然哉。国語記取卞事略同。使公冶問。国語作季冶逐追而予之壐書。文意較明。韋注。古者大夫之印亦称壐。壐書。壐封書也。按壐字从土不从玉。其从玉者。秦汉以后之名也。文書出疆長途易于損坏。故書于簡牘而以壐封之。于君称敢告。于同僚称故告。唐人称謹牒故牒。盖本于此。定哀之时。周礼之在魯者仅矣。而文字犹存典則。韓詩外傳。孔子为魯司寇。其命辞曰。宋公之子弗甫何孙魯孔丘。命尔为司寇。言宋公之子。明其先为宋之公族。言弗甫何孙。明其为宗子。言魯。明其为宋人而适于此。一語而周制具焉。由此以推。則当日魯之卿大夫。其授官必有命辞。其辞必称道其先人。所謂食旧德之名氏者也。周礼。侯国卿大夫皆命于天子。魯侯不請命于王朝。此周末王綱不振之故。又当别論。

班孟坚艺文志序。言名家出于礼官。法家出于理官。非也。名家之言出于礼。法家之言出于名。名家之言。明是非。别同異。其說与儒家相出入。而宗旨与儒家迥殊。儒家之言。亲亲而尊賢。仁民而爱物。有等差。有先后。是之謂正名。名家首推墨子。而墨子以兼爱尙同为主。則礼之大本已失。晋魯胜注墨辯。其序曰。墨子著書。作辯法以立名本。惠施公孙龙祖述其学。以正刑名显于后（序見晋書隐逸傳）。是刑名之言。出于墨子也。刑从名出。故曰刑名。艺文志列惠子公孙龙子于法家。乃沿其流。非溯其源。淮南子曰。蒼頡之初作書。以辯治百官。領理万事。愚者得以不忘。智者得以志远。至其衰也。为奸刻伪書。以解有罪。以杀不辜。天地之道。極則反。盈則損。故易之失鬼。乐之失淫。詩之失愚。書之失拘。礼之失忮。春秋之失訾。六者。聖人兼用而財制之。失本則乱。得本則治。其美在調。其失在权（泰族訓）。淮南之言。可謂明于得失之故矣。蒼頡造書契。孔子作春秋。皆正名之事。及墨者为之。則务为坚白同異之辯以胜人。此孟坚所以有鈎鈲析乱之嘆也。非孟子辞而辟之。則析言乱名。而礼为乱首矣。

方望溪曰。三代之礼。緣情依性。故能經緯人道。規矩無所不貫。上自宮寢郊庙朝廷之礼。既有以正君身。統百官。下逮黎庶宮室車服飲食嫁娶丧祭。各授以节而适其立。所以宰制万物而人力無所庸者此也。礼之失。自春秋始。極于战国。至秦有天下。遂杂采六国之仪而尽廢三代之礼。蓋將極情縱欲。凡勢力之所能逞。則恣焉。而深惡夫古礼之大为之防也。汉太初所定。不过改正朔。易服色。封泰山。以及宗庙百官之仪。而下逮黎庶者無聞焉。自是天下安于秦仪。而不知三代所損益为何物矣（望溪文集書史記礼書序后）。

春秋之季。王室衰微。列国亦分崩离析。而吳越崛起东南。一时号令。踔厉風發。勾踐徇軍誓众。尤純乎霸气。良由偏方僻处。無王官世守之傳。范蠡文种之流。本非学問中人。遭时艰苦。以功名自奋。遂于殷質周文之外。别开境界。国語言勾踐說于国人。乃致其父母昆弟而誓之。其辞具在。兹录于左。

越王勾踐誓国人辞

寡人聞古之賢君。四方之民归之。若水之归下也。今寡人不能。將帅二三子夫妇以蕃。令壮者無取老妇。令老者無取壯妻。女子十七不嫁。其父母有罪。丈夫二十不娶。其父母有罪。將免者以告。公医守之。（韋昭曰。免。免乳也。公医。乳医也。）生丈夫。二壶酒。一犬。生女子。二壶酒。一豚。生三人。公与之母。生二人。公与之餼。当室者死。（韋昭曰。当室适子也。礼。为嫡子丧三年。）三年釋其政。支子死。三月釋其政。必哭泣葬埋之。如其子。令孤子寡妇疾疹貧病者。納官其子。（韋昭曰。官。仕也。仕其子。）其达士。絜其居。美其服。飽其食。而摩厉之于义。四方之士来者。必庙礼之。（韋昭曰。礼之于庙。告先君也。）

战国縱横之辯。波譎云詭。異軍特起。以視定哀之世。較然别矣。然短長之言。不尽施于簡牘。故秦孝公下令国中。求宾客群臣有能出奇計彊秦者。其文醇厚。犹有左国之遺。至商君变法。以刑名之言。施于国本。則慘刻少恩。千載后讀之。犹覚不寒而慄。勾踐之誓国人。有其綜覈。無其肅杀。秦之与越。風馬牛不相及也。而戾气感应。衍而余烈。不待秦政燒詩書百家語。而文武方策。固已扫地而無余矣。

商鞅变法令（史記商君列傳）

令民为什伍而相收司連坐。不告奸者腰斬。告奸者与斬敵者同賞。匿奸者与降敌同罰。民有二男以上不分異者倍其賦。有軍功者。各以卒受上爵。为私斗者。各以輕重被刑。大小僇力本業。耕織致粟帛多者。复其身。事末利及怠而貧者。举以为收孥。宗室非有軍功論。不得为屬籍。明尊卑。爵秩等級各以差次。名田宅臣妾衣服以家次。有功者显荣。無功者虽富無所芬华。

右商君变法令。盖史公删节之以入本傳。故上下文語气。与文告不类。然其大要必是商君原文。故严銕桥輯三代文殿于周末。

商鞅变法。其意有公而無私。虽以此杀身而不之悔。故其書犹能成一家之言。（史記。商君列傳。鞅筑冀闕。索隐。冀闕。即魏闕。冀。記也。記列教令。首于此門闕。鞅之变法。必布告于人民。犹有象魏悬書之意。）至苏秦为合从之謀。以取卿相之尊。官成而嘆。以为人生世上。势位富厚。盖不可忽。則况而愈下矣。然其分金贍族。無德不报。犹有豪俠之風。及張仪出而人品愈卑。仪貧时。从楚相飲。楚相亡璧。执而笞之。及貴显于秦。为文檄告楚相曰。始吾从若飲。我不盗而璧。若笞我。若善守汝国。我顧且盗而城。張仪此檄。純乎恩怨之私。卑鄙無耻。于斯而極。此孟子所謂賤丈夫者也。

苏秦上秦惠王書。后有韵語。曰。言語相結。天下为一。合从連横。兵革不藏。文士并飲。諸侯乱惑。万端俱起。不可胜理。科条既备。民多伪态。書策稠濁。百姓不足。上下相愁。民無所聊。明言章理。甲兵愈起。辨言偉服。战功不息。繁称文辞。天下不治。云敌耳聾。不見成功。行义約信。天下不亲。愁与聊为韵。服与息为韵。皆古音也。后此則荀卿在赵。以書謝春申君。書之后綴賦一段。亦称佹詩。其辞曰。宝珍隋珠。不知佩兮。褘衣与絲。不知異兮。閭姝子奢。莫知媒兮。嫫母求之。又甚喜之兮。以瞽为明。以聾为聪。以是为非。以吉为凶。嗚呼上天。曷惟其同。庄諸杂出。遂开文字之变。

春秋时簡牘。盖犹以古文書之。魯史因諸侯簡策以为春秋。孔子修春秋。而魯恭王壞孔子宅得春秋古文。是簡策所書皆古文也。吳愙齋以鐘鼎文証篆籀而多相同。知大篆与古文無甚差異。至战国而漸不同文。篆籀而外。有参用隶体者。水經注云。人有發古冢。其棺前和題齐太公六代孙胡公之墓。惟三字是古文。余皆隶字。盧文弨序隶韵。据此以証自周以来。隶已与篆竝行。不可归咎于程邈。是周室东迁以前。齐已篆隶竝用。則战国时可知。杜光庭辨隶書所起云。隶書之兴。兴于周代。犹与古文相参。自秦程邈以来。乃廢古文。全行隶体。杜氏之說。与水經注相同。文字異形。至战国而益甚耳。

卷二

秦

文字專制。三代之所無也。專制而及于文字。則自秦始。古者上下自称皆曰朕。大夫見于国君。則国君拜其辱。秦法皇帝自称曰朕。群臣上書曰昧死。尊君抑臣。堂廉隔絕。其失一。古者安不忘危。治不忘乱。秦刻石之辞曰。常治無極。輿舟不傾。灾害絕息。永偃戎兵。以朽索为天維。以复舟为衽席。其失二。詩人忠爱。托之詠歌。寿考万年。子孙千億。善頌善禱。若斯而已。嬴氏刻石。頌德紀功。述教化則延及無穷。奋武威則振动四極。侈詞夸心。穷高極广。其失三。孤寡不谷。謙尊而光。具曰予聖。滄胥以敗。秦刻石之辞曰。皇帝躬聖。聖法初兴。承順聖意。祗誦聖烈。周青臣之頌曰。陛下神灵明聖。傳之万世。諛言日至。居之不疑。其失四。（大禹謨。乃聖乃神。乃武乃文。此晋人伪撰。古無此語。）凡此四失。历代相循。爰迄近世。仍而不革。嗚呼。民之与国。臣之与君。相視如胡越。而漠然無与于己。复亡相屬。以至于今者。秦人之罪也。

秦有天下。三十余年。而前此数千年之典章文物。扫地以尽。其樞紐在李斯一人。李斯者。年少时为郡小吏。既而从荀卿学帝王之术。以为詬莫大于卑賤。悲莫甚于穷困。西說秦王。用其計謀。竟幷天下（史記李斯列傳）。李斯从学于荀卿而耻居貧賤。非能得荀卿之学也。托于荀卿以洗小吏之耻而已。既以計謀自結于秦王。則不得不排異己以固祿位。于是因周青臣有事不师古之諫。

而悍然請除文学詩書百家語。

李斯請除文学詩書百家議

古者天下散乱。莫能相一。是以諸侯并作。語皆道古以害今。飾虛言以乱实。人善其所私学。乃非上所建立。今陛下并有天下。辯黑白而定一尊。而私学乃相与非法教之制。聞令下。即各以私学議之。入則心非。出則巷議。非主以为名。異趣以为高。率群下以造謗。如此不禁。則主势降乎上。党与成乎下。禁之便。臣請諸有文学詩書百家語者。蠲除去之。令到滿三十日弗去。黥为城旦。所不去者。医藥卜筮种树之書。若有欲学者。以吏为师。

李斯所以惡夫詩書百家語者。为異己者之有所挾持也。文学亦自詩書百家出。則并文学之書而去之。于是天下無复讀書之人矣。文学詩書百家廢而乃明法度。定律令。則所謂法度律令者。惟取其便于一人。而人民之疾苦利害。非所問矣。便于一人者。自私自利之謂也。自私自利之極。則何事不可为。故胡亥可以杀扶苏。趙高可以賊二世。

除詩書百家語。其立論犹能强詞夺理。至李斯上二世書。則公然以蔽聰塞明为請。措詞愈謬。操术愈卑。其言曰。儉节仁义之人立于朝。則荒肆之乐輟矣。諫說論理之臣开于側。則流漫之志絀矣。烈士死节之行显于世。則淫乐之虞廢矣。凡賢主者。必將能拂世摩俗。而廢其惡。立其所欲。然后能灭仁义之塗。掩馳說之口。困烈士之行。塞聰掩明。內独视听。故外不可傾以仁义烈士之行。而內不可夺以諫說忿爭之辨。故能犖然独行恣睢之心。而莫之敢逆。然后可謂能以申韓之术而修商君之法（本傳）。顛倒是非。一至于此。与指鹿为馬何異。（荀子臣道篇。事暴君者。有补削。無撟拂。迫脅于乱时。穷居于暴国。而無所避之。則崇其美。揚其善。違其惡。隐其敗。言其所長。不称其短。李斯之于二世。盖用此术。荀卿之說。阿諛以取容。李斯济之以礉刻。則荀卿之所不及料也。)

史記乐書。郑晋兴起。流沔沈佚。二世尤以为娛。李斯进諫曰。放棄詩書。極意声色。祖伊所以懼也。輕积細过。恣心長夜。紂所以亡也。放棄詩書。作俑者誰乎。其自相矛盾又若是。

任法以馭下。而謂下惟吾法之是从。不可得也。董仲舒曰。秦师申商之法。行韓非之說。憎帝王之道。以貪狠为俗。誅名而不察实。百官皆飾空言虛辞而不顧实。造伪飾詐。趣利無耻。申韓之学。綜覈名实。至秦則师申韓而不貴实。然則幷申韓之精意而失之。以此为治。虽衡石程書。庸有济乎。

所惡于秦法者。为其深刻也。然秦时擇吏之法。則有可取者。汉書蕭何傳。以文無害为沛主吏掾。何为掾时尚在始皇之季年。刘奉世曰。持法者或以己意私怨陷人。謂之害。故貴于文無害。盖其时擇吏之一事也。王先謙曰。索隐引韋昭云。有文理不伤害。訓文为有文理是也。訓毋害为無伤害非也。汉律有無害都吏。犹今言公平吏。又本傳言。何給泗水卒史事第一。秦御史欲入言征何。何固請。得毋行。此即后世行取之法。而秦时已有之。又韓信傳。家貧無行。不得推擇为吏。沈欽韓曰。管子小匡篇。乡長修德进賢。名之曰三选。罢士無伍。庄子达生篇。孙休宾于乡里。逐于州部。韓非問田篇。公孙亶回。圣相也。而关于州部。楚策。汗明曰。僕之不肖。阨于州部。此战国以来选举之法。信以無行。故不得推擇也。按秦法虽变古。犹有乡举里选之遺。战国人才。亦不專取之于养士。秦之用人。明法而兼采文行。又寄其权于守令。使推擇之。是立法亦有深意。惟家貧而不得推擇。則必有行賄以应选擇者。秦法之敝以此。

李斯初入秦时。有逐客之令。斯上書言其不可。層層設喻。語特隽妙。其后鄒陽枚乘之徒。上書祖之。联珠之体所由昉也。太史公称其比物連类。有足悲者。文章政事。画然兩途。盖始于此。

文选卷三十七表上。李善注。表者。明也。标也。言标表事序。明白以曉主上。三王已前。謂之敷奏。秦改为表。总有四品。謝恩曰章。陈事曰表。劾験政事曰奏。推复平論有異事进之曰駁。六国及秦汉。兼謂之上書。据此。則章表奏駁皆始于秦。而史文祗存奏駁兩体。其称上書。盖即表也。

周时鍾鼎文字。凡王曰惟王某月等辞句。不提行亦不空格。君臣一体。不以直書为嫌。此古义也。秦权拓本称皇帝制詔。二世詔称始皇帝亦然。惟琅邪刻石。二世詔書。及李斯等奏文。始皇帝成功盛德制曰可皆提行。此后世頌聖之体。自暴秦創为此制。而后世变本加厉。且以文字失檢为大不敬矣。

許愼說文解叙。秦大發隶卒。兴役戍官。獄职务繁。初有隶書。以趣約易。而古文由此絕矣。隶体不始于秦。說見上卷。特秦时始有隶書之名耳。秦时不独用隶書以应戍役。且用草書以赴急。蔡邕云。秦时諸侯爭長。簡檄相傳。望烽走驛。以篆隶之难。不能救速。遂作赴急之書。盖今草書是也。按草書解散隶体为之。是隶書远在草書以前。而秦时已行草法。文字之变。可云剧矣。

漢

汉之初兴。犹襲秦法。而其文气象寬博。与秦人迥殊。高祖入关。約法三章。孝惠繼統。除挾書律。省法令妨吏民者。訓辞深厚。不待文景而后見也。迄于孝武。潤色鴻業。广厉学官。号令文章。煥焉可述。即位之元年。詔郡国舉賢良方正。丞相衛綰請罢所举賢良治申商韓非苏秦張仪之言者。后人以罢黜百家为孝武病。不知孝武所罢者。申商韓非苏張之言。非尽罢百家之言也。是岁公孙弘以賢良征为博士。因武帝詔礼官劝学兴礼。而上書請置博士弟子。令郡国举文学之士。詣太常受業。补文学掌固。其补官者必通一艺以上。于是选举之法以兴。学者致用之途。亦異于上古矣。

（方望溪曰。子長序儒林曰。余讀功令。至于广厉学官之路。未尝不廢書而嘆。盖嘆儒术自是而变也。弘之兴儒术也。誘以利祿。而曰以文学礼义为官。使試于有司。以聖人之經为艺。以多誦为能通。而比于掌故。由是儒之道汙。礼义亡。而所号为文学者。亦與古異矣。子長所讀功令。即弘所請之辞也。）

公孙弘請置博士弟子議

丞相御史言。制曰。盖聞导民以礼。風之以乐。婚姻者。居室之大倫也。今礼廢乐崩。朕甚愍焉。故詳延天下方正博聞之士。咸登諸朝。其令礼官劝学。講議洽聞。举遺兴礼。以为天下先。太常議与博士弟子。崇乡里之化。以厉賢材焉。謹与太常臧博士平等議曰。聞三代之道。乡里有教。夏曰校。殷曰序。周曰庠。其劝善也。显之朝廷。其懲惡也。加之刑罰。故教化之行也。建首善自京师始。繇內及外。今陛下昭至德。开大明。配天地。本人倫。劝学修礼。崇化厉賢。以風四方。太平之原也。古者政教未洽。不备其礼。請因旧官而兴焉。为博士置弟子五十人。复其身。太常擇民年十八以上仪狀端正者。补博士弟子。郡国县道。邑有好文学。敬長上。肃政教。順乡里。出入不悖所聞者。令相長丞上屬所二千石。二千石謹察可者。当与計偕。詣太常。得受業如弟子。一岁皆輒試。能通一艺以上。补文学掌故缺。其高第可以为郎中者。太常籍奏。即有秀才異等。輒以名聞。其不事学若下材及不能通一艺。輒罢之。而請諸不称者罰。臣謹按詔書律令下者。明天人分际。通古今之义。文章尔雅。訓辞深厚。恩施甚美。小吏淺聞。不能究宣。無以明布。諭下以治礼。掌故文学礼义为官迁留滯。請选擇其秩比二百石以上及吏百石通一艺以上。补左右内史大行卒史。比百石以上补郡太守卒史。皆各二人。边郡一人。先用誦多者。若不足。擇掌故以补中二千石屬。文学掌故补郡屬备員。請著功令。佗如律令。

右公孙弘議一篇。首引制詔。次述古昔。次陈所見。次議獎励之法。史記汉書儒林傳序。俱载此篇。以此举开一代風气也。后汉書朱浮傳注。引汉官仪曰。武帝初置五經博士。后增至十四人。太常差选有聪明威重一人为祭酒。总領綱紀。其举狀云云。此与公孙弘議相表里。

举五經博士狀（武帝建元五年）

生事愛敬。丧沒如礼。通易尚書孝經論語。兼綜載籍。穷微闡奥。隐居乐道。不求聞达。身無金痍痼疾。世六屬不与妖惡交通。王侯賞賜。行应四科。經任博士。下言某官某甲保举。

右汉人荐举博士狀式。魏晋人之行狀。即本于此。其文多以四字为句。此今人所謂考語也。史傳載章奏。或节采精要語。或直录全篇。無兼及上下文格式者。史例然也。惟史記三王世家及淮南厉王傳。具詳其式。而世家录奏疏六篇。此外不著一字。于史傳为变例。今以叙次先后考之。大司馬去病以三月乙亥奏請定皇子位。制下御史。丞相御史即于次日丙子复奏。請如去病議。立皇子为諸侯王。制令更議。以列侯家之。越二日戊寅。丞相御史复奏。仍执前議。不許。四月癸未。丞相御史复申前請。留中不下。丙申。又疏請令史官擇吉日具礼仪上。御史奏地圖。制可其議。其翼日。奏吉日。进輿地圖。請所立国名。礼仪别奏。制詔立皇子閎为齐王。旦为燕王。胥为广陵王。癸卯。御史大夫湯下丞相。丞相下中二千石。二千石下郡太守諸侯相。丞書从事下当用者。如律令。此事之本末曲末如此。盖即汉时掌固所藏之全文。犹今时之档案也。原文累数千言。兹不备录。录霍去病疏。以存其式。

霍去病請立皇子奏

大司馬臣去病昧死再拜上疏皇帝陛下。陛下过听。使臣去病待罪行間。宜專边塞之思慮。暴骸中野無以报。乃敢惟他議以干用事者。誠見陛下憂劳。天下哀憐百姓以自忘。亏膳贬乐。損郎員。皇子賴天。能胜衣趋拜。至今無号位师傅官。陛下恭讓不恤。群臣私望。不敢越职而言。臣窃不胜犬馬心。昧死願陛下詔有司。因盛夏吉时定皇子位。惟陛下幸察。臣去病昧死再拜以聞皇帝陛下。

三王世家。即以章奏制詔之辞为正文。其贊曰。燕齐之事。無足采者。然封立三皇。天子恭讓。群臣守义。文采爛然。甚可观也。是以附之世家。褚少孙欲此外别求所謂世家。而終不可得。不知史公即以此为世家。未尝别有撰述也。东坡表忠观碑。直叙赵抃奏疏。不复更著一字。其例本此。史記此篇之末。有封三王策文。汉書武帝紀是年初作誥。故賜策仿訓誥为之。前人言三策皆武帝自制。其文摹拟訓誥。非汉时通行之式也。

汉書魏相傳。相奏曰。高皇帝所述書。天子所服第八。曰。大謁者臣章受詔長乐宫。曰。令群臣議天子所服。以安治天下。相国臣何。御史大夫臣昌。謹与將軍臣陵。太子太傅臣通等議云云。臣請法之。中謁者赵尧举春。李舜举夏。兒湯举秋。貢禹举冬。四人各职一时。大謁者襄章奏。制曰。可。此汉初章奏之式。謁者。以尧舜禹湯为名。高帝侮嫚儒生之辞也。魏相所見書。盖后世宫中則例之类。

汉書魏相丙吉傳贊曰。近观汉相。高祖开基。蕭曹为冠。孝宣中兴。丙魏有声。蕭曹起家刀笔吏。魏相少为卒史。（元帝时郡置五經百石卒史。魏相为卒史在孝武初。知非五經卒史也。）丙吉少为獄吏。皆非有經世之才。惟魏相明易經。有师法。好观汉故事。及便宜章奏。以为古今異制。方今务在奉行故事。則能識时宜。而規模亦狭。不能开学术風气也。开汉人学术風气者。不在蕭曹内魏而在楚元王。元王。高帝之弟。少受学于浮丘伯。浮丘者。荀卿門人也。及封国于楚。韋孟为之傅。韋孟習魯詩。元王之子郢。又与韋孟俱卒学于申公。元王有詩傳。五世至向。而以經术冠于当世。韋孟至五世孙賢。世傳詩学。賢称鄒魯大儒。然則嬴秦焚書而書种不絕者。实自汉之宗室倡之。韋賢之子玄成为宰相。上奏議郡国勿修太上皇庙。議勿修孝文太后孝昭太后寢祠园。議太上孝惠庙皆亲尽宜毀。其文識力坚定。不随时俗。若刘向之諫起昌陵。言外家对事。原本經术。深切著明。其为洪范五行傳論列女傳新序說苑諸書。皆以陈得失。寓劝戒。不直陈时政而托于故事以为規諫。比于韋孟諫詩如驂之靳。論西汉文章骨幹。宜在于是。汉人惟明于此义。故文章与政事不分。其著書述事。如前此之陆賈新語賈誼新書。后此之桓譚新論王符潛夫論。大率有为而作。即諷一而劝百。如長楊羽獵之辞賦。犹有諷諫之遺焉。嗚呼。言豈一端而已。明于斯义者。可以讀汉人經国之文。

章奏移檄。皆公牘也。汉人移文。莫著于刘歆移書太常博士。責博士不肯立左氏春秋毛詩逸礼古文尙書学官。檄文莫著于司馬相如喩巴蜀檄。歆書譏五經博士之陋。有云。往者綴学之士。不思廢絕之闕苟。因陋就寡。分文析字。煩言碎辞。学者罢老。且不能究其一艺。信口說而背傳記。是末师而非往古。至于国家將有大事。若立辟雍封禪巡狩之仪。則幽冥而莫知其原。犹欲抱残守缺。挾恐見破之私意。而無从善服义之公心。或怀妒嫉。不考情实。雷同相从。随声是非（汉書刘歆傳）。武帝之設五經博士。欲其講議洽聞。而博士既設以后。乃因陋就寡。煩言瑣碎。至为刘歆所詆。讀書而不曉事。汉之博士不得辞其責矣。汉廷議以三家列于学官。由今言之。只是增設額缺。添授科目。刘歆奉詔就商。苟以委婉出之。宜無不可者。何至措詞峻厉若是。古文尙書因不立学官而亡。与其謂諸儒偏执。毋宁謂为刘歆所誤。其后賈逵奏立左氏学。責刘歆不先暴論大义。而輕移太常。詆挫諸儒。遂为重仇。乃确論也。刘歆为刘向之子。以貴公子而居禁近。此書措詞倨傲。与乃父之忠誠悃款。絕不相同。凡厉于色者。必荏于內。則歆之作伪書。事新莽。硯然为之。無足怪已。相如諭蜀。蜀之父老。疲于鑿山通道。而犹責以不能教誨子弟。更非由衷之言。刘歆之移。相如之檄。皆不可以为法。

西汉人治事之言。大别有二。一为通經之文。一为明法之文。韋玄成刘向之章奏。通經之文也。薛宣朱博之移檄。明法之文也。移檄見于汉書薛宣朱博傳。移檄之外。有教有牒。其体略同。各录一首于此。

薛宣移書責櫟陽令

告櫟陽令。吏民言令治行煩苛。适罰作使千人以上。賊取錢財数十万。給为非法卖买。听任富吏賈数不可知。証驗以明白。欲遣吏考案。恐負举者。耻辱儒士。故使掾平鐫令。孔子曰。陈力就列。不能者止。令詳思之。方調守。

薛宣下賊曹掾敎

蓋礼貴和人。道尙通至。吏以令休。所由来久。曹虽有公职事。家亦望私恩意。掾宜从众归。对妻子。設酒肴。請鄰里。壹笑相乐。斯亦可矣。（薛宣傳。至日休吏。賊曹掾張扶独不肯休。坐曹治事宣出敎云云。以上薛宣傳。）

薛宣手目牒書封与櫟陽令楊湛（顏师古曰。牒書謂書于簡牒也。）

吏民条言君如牒。或議以为疑于主守盜。馮翊敬重令。又念十金法重。不忍相暴章。故密以手書相曉。欲君自圖进退。可复伸眉于后。即無其事。复封还記。得为君分明之。

朱博檄姑幕令

府告姑幕令丞。言賊發不得有書。檄到。令丞就职。游徼王卿力有余。如律令（以上朱博傳）。

薛宣朱博。皆不能以功名終。汉書傳贊。譏其苛察失名。不师道德。以为器誠有極。則明法之吏。固有不足以登三事者。非宰相之不当明法。乃明法而不通經之不可以为宰相也。本傳备著兩人移檄之文云。薛宣朱博。皆起家佐史。宣所居皆有条教可記。汉書諸傳不拘一格。魏相以奉行故事著。則存其謁者举四时所服奏。韋孟以陈詩著。則存其諫詩。薛宣以条教著。則存其条教。故讀之而可想見其精神面目。汉公卿起家佐史者。不止宣博兩人。而他傳鮮此例者。其文不傳。或虽傳而其事不足書也。后世史官。載高文典册。連篇累牘。而此等文字。概从屏削。失史意矣。

汉儒以春秋决獄。禹貢行河。洪范弭灾。月令占異。后人美其通經致用。固已。而經生之不習吏事。則亦为当世詬病。王充論衡云。論者多謂儒生不及文吏。儒生淺短。文吏深長。謂文吏更事。儒生不習。可也。謂文吏深長。儒生淺短。妄矣。儒生有闕。俗共短之。文吏有过。俗不敢訾。夫儒生非下于文吏。又非所習之業非所当为也。然世俗共短之者。文吏理煩。儒生不能当剧。宦不及其身也。今世之將相不責己之不能。而賤儒者之不習。是以选举取常故。察吏取無害。其高志妙操之人。意疏不密。奏記言事。触諱犯忌。故世俗輕之。文吏薄之。將相賤之。是以世俗学問者。不肯竟明經学。深知古今。一家章句。义理略具。超学史書。讀律諷令。治作情奏。徇今不顧古。竞进不案礼。是以古經廢而不修。旧学闇而不明。大儒生务忠良。文吏趋理事。生儒能为文吏之事。文吏不能立儒生之学。夫能知大聖之意。曉細民之情。孰者为难。故东海相宗叔犀。广召幽隐。一府員吏。儒生什九。陈留太守陈子瑀。开广儒路。列曹掾史。皆能教授。簿書之吏。什置一二。知道事之理。曉多少之量也（程材篇）。王充生于东汉初年。其著論衡。在明章之际。正东都設学造士之时。而当时風气。重文吏而輕儒生若是。盖大乱之后。典章缺失。儒生新进。知古而不知今。不得不恃文吏以理煩治劇。文吏之才不可少。而文吏之学又不足語于文章志节。則惟有培养而激厉之。其激厉之道。則荐举孝廉是已。东汉人才。培养于光武孝明。而收效則在明章以后。自明章而下。文吏而通諸經明家法者甚众。国学博士弟子而外。諸儒家居教授。著籍弟子常数千百人。不必以專門名家。而仕郡县为曹掾者。多能自树声迹。故建初以下之文吏。盛于建武永平。以經生亦出于其間。而辟举之途广也。

郡国举孝廉。良法也。而明帝初年。樊儵上言。郡国举孝廉。率取年少能报恩者。耆儒大賢。多見廢棄。宜勅郡国。簡用良俊（后汉書樊儵傳）。順帝初。左雄为尚書令。疏曰。郡国孝廉。古之貢士。出則宰民。宜协風教。若其面牆。則無所施用。請自今孝廉年不滿四十。不得察举。皆先詣公府。諸生試家法。文吏課牋奏。練其虛实。以观異效。若有茂才異行。不拘年齿。于是陈蕃李膺陈球等三十余人得拜郎中。范蔚宗曰。古者諸侯貢士。升之司馬。辯論其才。論定。然后官之。任官。然后祿之。故王者得其人。进仕劝其行。汉初。詔举賢良方正。州郡察孝廉秀才。斯亦貢士之遺也。中兴以后。复增敦朴有道賢能直言独行高节質直清白敦厚之屬。荣路既广。觖望难裁。窃名伪服。請謁繁兴。自左雄任事。限年試才。虽頗有不密。固亦因識时宜。故雄在尚書。天下不敢妄选。称为得人（左雄傳）。左雄此法。开后世科举之途。西汉之策賢良而得董仲舒。东汉之課孝廉牋奏而得陈蕃李膺。（陈蕃李膺皆由郡吏而举孝廉。故知所試为牋奏。）皆千古科名冠冕。先乎此者。胡广举孝廉。試章奏为天下第一。盖取其練达故事。若論風裁識鑒。广不足当第一之目也。

广傳載秦議兩篇。一阿附梁貴人。一駁左雄此議。其識解視陈蕃李膺有霄壤之別。經生文吏判为兩途者。汉自立十四經博士。弟子各守师說。故各以师法試之。然自此以后。漸流于支离破碎。（試家法者。凡博士及甲乙試从其家章句。开五十难以試之。解釋多者为上策。引文明者为高說。惟論語但通章句不以射策。見后汉書徐防傳。其法与唐宋明經帖括同。盖取其記誦章句而已。）惟明經而不为章句者。超出儕輩。其入仕以后。类能有所建明。政事之与文学。至是而有分离之势矣。东汉文章气节之士。起于掾吏者多。即經学如許叔重。亦以郡吏而举孝廉。然則以經术为文章。必佐以明習吏事。不習吏事而言經学。習吏事而不明經。皆不足以圖深規远也。

論东汉公牘之文。当取其有关風教者。伏湛为平原太守。倉卒兵起。天下惊扰。湛独宴然教授不廢。移書屬县。不得相侵陵。天生蒸民。为立君。非久乱也。且养老育幼。以待眞主（伏湛傳）。郑玄教授于乡。孔融在北海。告高密县特立一乡。曰。昔齐置士乡。越有君子軍。皆異賢之意也。郑君好学。实怀明德。昔太史公廷尉黃公謁者僕射邓公。皆汉之名臣。又南山四皓有园公夏黃公。潜光隐曜。世加其高。皆悉称公。然則公者。仁德之正号。不必三事大夫也。今郑君乡宜曰郑公乡。昔东海于公仅有一节。犹或戒乡人侈其門閭。矧乃郑公之德。而無駟牡之路。可广开門衢。令容高車。称为通德門（郑玄傳）。此二事者、一在建武之初。一在中平之末。巨儒名德。显晦異而物望同。孔文举負天下重名。傾倒于郑君若此。所以主持風教者至矣。

东汉循良之治。由于守令之妙选掾佐。史書記經明行修之士应州郡辟举者。項背相望。如王堂为汝南太守。搜才礼士。不苟自專。敎掾史曰。古人劳于求賢。逸于任事。故能化清于上。事緝于下。其宪章朝右。簡覈才职。委功曹陈蕃。匡政理务。拾遺补闕。任主簿应嗣。庶循名責实。察言观效（王堂傳）。又如孔融为北海相。下敎。选計当任公卿之才。乃以郑玄为計掾。彭璆为計吏。邴原为計佐（三国志邴原傳注）。計职之选而用公卿之才。大丈夫扫除天下。固当自攬轡登車始矣。

东汉守令多循良。而亦有虛名無实。其条敎似是而非者。如曹褒为圉令。他郡盜徒五人入界。吏捕得之。褒敕吏曰。夫絕人命者。天亦絕之。皋陶不为盜制死刑。管仲遇盜而升諸公。今承旨而杀之。是逆天心順府意也。其罰重矣。如得全此人命而身坐之。吾所願也。遂不为杀（曹褒傳）。昏墨賊杀为皋陶之刑。明見左傳。管仲遇盜而升諸公。为其因交游陷累。人实可用。明見禮記。曹褒不審本末而以概之凡为盜者。無識甚矣。又如法雄为南郡太守。郡多虎狼之暴。前太守賞募張捕。反为所害者甚众。雄移書屬县曰。凡虎狼之在山林。犹人之居城市。古者至治之世。猛獸不扰。皆由恩信寬澤。仁及飞走。太守虽不德。敢忘斯义。記到。其毁坏檻穽。不得妄捕山林（法雄傳）。虎狼之性。非仁恩可格。法雄不务除害而欲以德化之。直同兒戏。应劭風俗通义。已正其失。范史言是后虎患稍息。人以获安。未可信也。又如欧陽歙为汝南太守。請郅惲为功曹。十月讌飲。歙敎曰。西部督郵繇延。天資忠貞。禀性公方。摧破奸凶。不严而治。望与众儒共論延功。显之于朝。太守敬嘉厥休。牛酒养德。惲前曰。延資性貪邪。外方內員。罔上害人。怨讟並作。明府以惡为善。惲敢再拜奉觥。歙曰。实歙罪也。請奉觥。惲归府称病。延亦自退（郅惲傳）。欧陽歙在儒林傳。政称異迹。此敎文义炳然。無郅惲之言。誰复燭其伪者。然則文敎不足憑。而異迹不足信也。孔融高談敎令。盈溢官曹。辞气温雅。可玩而誦。論事考实。难可施行（三国志崔琰傳注）。敎令議論过高。不切事实。自孔文举即犯此病。左雄論吏治之敝。其疏曰。汉初至今。三百余載。俗浸雕敝。巧伪滋萌。下飾其前。上肆其殘。典城百里。轉动無常。监司观政于亭傳。責成于期月。言善不称德。論功不据实。虛誕者获誉。拘檢者离毁。臣愚以为守相長吏惠和有显效者。可就增秩。勿使移徙。非父祖丧不得去官。乡部亲民之吏。皆用儒生清白任从政者。寬其負算。增其秩祿。吏职滿岁。宰府州郡乃得辟举。則虛伪之端絕。循理之吏。得成喜化（左雄傳）。观左雄此疏。則东汉之守相長吏。及乡部亲民官有虛誕而获誉者。是故汉之吏治。以崇尚經术而醇。亦以緣飾經术而伪。伪非經术之害也。利祿之途所在。托于美名。以此为捷徑尔。

学术之純疵。視乎上之所向。設学官。試师法。其迹也。吏民之窺其微者。則有在矣。光武中兴。自以名应圖讖。功成治定。篤信讖記之言。于是張純議辟雍明堂而引七經讖明堂圖。曹褒議封禪而引尚書璇璣鈐河圖括地象。受詔条正礼制。依准旧典。杂以五經讖記之文。賈逵請立左氏傳。而謂五經家皆無以証圖讖明刘氏为堯后者。惟左氏独有明文。五經家皆言顓頊代黃帝。惟左氏以为少昊代黃帝。即圖讖所謂帝宣也（以上皆見本傳）。此三人者。汉之名儒。而不惜曲学以申其說。自是以后。儒者爭学圖緯。兼复附以妖言（張衡傳）。及永初三年。海賊張伯路等三千余人冠赤幘。服絳衣。自称將軍。寇海濱九郡（法雄傳）。建康元年。陰陵人徐鳳馬勉等寇郡县。杀略吏民。鳳衣絳衣。帶黑綬。自称無上將軍。勉黃衣。帶玉印。自称皇帝。皆用兵累年而始定（滕撫傳）。时距建武之季。不过五六十年。而妖賊已接踵而起。及乎末造。張角自称黃天。以部帅三十六方。著黃巾同日反叛。曹操乘之。遂移汉祚。豈非讖記之言阶之厉哉。

郡县之天下。不可以封建之法治之。左昭六年傳。郑人鑄刑書。叔向遺子产書。曰。先王議事以制。不为刑辟。注。临事制刑。不豫設法。疏曰。秦汉以来。天下为一。長吏以时代迁。其民非复己有。懦弱則为殿負。强猛則为称职。且疆域闊远。戶口滋多。豪横者陵蹈邦邑。桀健者雄張閭里。故汉世酷吏。專任刑誅。或乃肆情好杀。違众用己。至有积骸滿穽。流血丹野。若复任其杀伐。任其縱貪。必將喜怒变常。爱憎改意。不得不作法以齐之。宜众以令之。所犯当条。則断之以律。疑不能决。則讞之上府。聖人制法。非不善也。古不可施于今。遭世制宜。謂此道也。引經折獄。可以偶一为之。立国自有画一之規。孔疏釋經。申論及此。其言良允。

汉律。学僮年十七以上。諷籀書九千字。乃得为吏。又以大篆。小篆。刻符。虫書。摹印。署書。殳書。隶書八体試之。岁終試于郡。郡守移于太史。幷課最者。乃得为尚書省御史台史書令史。史書令史者。若今之書記官。其秩二百石。又謂之給事。則今所称办事員也。吏民上書。字或不正。則令史举劾之。光武詔書。令丞相察吏。凡不便習官事。書疏不端正。有司奏罪名。幷正举者（續汉志补注引汉官仪）。吳仁杰曰。汉时奏牘。皆当用史書。严延年傳称其善史書。所欲誅杀。奏成于手中。貢禹傳。亦言郡国便巧史書者。以为右職。王尊傳。司隶遣假佐。苏林謂取内郡善史書佐。給諸府。則外之郡国。內之諸府。皆有史書吏。以备制奏（兩汉書刊誤补遺）。史書。謂史籀之書。即大篆也。其时于文字雅俗之别。精严若是。在今日虽專門名家。容有未逮。而汉之学僮書吏能之。其匡正文字之功。盖不在表章六籍以下。然立法如是。事实則未必然。馬援傳注。援上書曰。臣所假伏波將軍印。書伏字犬外向。成皋令印。皋字为白下羊。丞印四下羊。尉印白下人。人下羊。即一县長吏印文不同。恐天下不正者多。符印所以为信也。所宜齐同。荐曉古文字者。汉印宜無謬誤。而篆法錯出。有如此者。許慎說文解字叙云。尉律。試学僮。諷籀書如千字。乃得为吏。今虽有尉律。小学不修。莫达其說久矣。世人詭更正文。乡壁虛造不可知之書。变乱常行。以耀于世。猥曰。馬头人为長。人持十为斗。廷尉說律。至以字断法。苛人受錢苛。止句也。

其迷誤不倫。豈不悖哉。当时廷尉說律。以不达小学。至于遈𢡟武断。則下此者可知。又云。倉頡初造書契。百工以乂。万品以察。盖取諸夬。夬。揚于王庭。言文者。宣明教化于朝廷。君子所以施祿及下。居德則忌也。秦燒灭經書。滌除旧典。大發吏卒。兴役戍官。獄职务繁。初有隶書。以趣約易。而古文由此絕矣。許君太息痛恨于秦之改篆为隶。灭絕古文。盖均見文字不正之害。必至名不正。言不順。而政治之原。不能合于道术。余見今之治文書者务趋簡便。至于改易文字。名实乖違（如轂作谷竈作皂之类）。其始奴隶賤役为之。寖假而書吏为之。寖假而号称士大夫者亦复为之。習为因循苟且。乃知文字不正。其害不小。故說文之作。理群类。解謬誤。將以为万事根本。匪仅供經生占畢之具而已。說文之書成。而許君之子冲上書进之。汉人以私家所述自进于上者。此为仅見。其書載說文卷末全文具存。即吏民上書之式也。（光緒元年。国子监司業汪鳴鑾奏請以汉南閣祭酒許慎从祀文庙。有云汉人說經喜用纖緯。虽大儒犹或不免。惟說文一書。不杂纖緯家言。解性情二字独主性善之說。与孟子董仲舒之言相表里。）

許冲上書进說文解字孝經古文說

召陵万岁里公乘草莽臣冲稽首再拜上書皇帝陛下。臣伏見陛下神明盛德。承遵聖業。上考度于天。下流化于民。先天而天不違。后天而奉天时。万国咸宁。神人以和。犹复深惟五經之妙。皆为汉制。博采幽远。穷理尽性。以至于命。先帝詔侍中騎都尉賈逵修理旧文。殊艺異术。王教一耑。苟有可以加于国者。靡不悉集。易曰。穷神知化。德之盛也。書曰。人之有能有为。使羞其行而国其昌。臣父故太尉南閣祭酒慎。本从逵受古学。盖聖人不空作。皆有依据。今五經之道。昭炳光明。而文字者。其本所由生。自周礼汉律。皆当学六書。貫通其意。想巧說衺辟。使学者疑。慎博問通人，考之于逵。作說文解字。六艺群書之詁。皆訓其意。而天地鬼神。山川草木。鳥獸蚰虫。杂物奇怪。王制礼仪。世間人事。莫不畢載。凡十五卷。十三万三千四百四十一字。慎前以詔書校書东观。教小黃門孟生李喜等。以文字未定。未奏上。今慎已病。遣臣齎闕。慎又学孝經孔氏古文說。古文孝經者。孝昭帝时。魯国三老所献。建武时議郎衛宏所校。皆口傳。官無其說。謹撰具一篇幷上。臣冲誠惶誠恐頓首頓首死罪死罪。臣稽首再拜以聞皇帝陛下。

建光元年九月己亥朔二十日戊午上。

郑康成注經引汉律。許叔重說文字。亦引汉律。汉儒言古文古义。往往以今事証之。故有义据深通之目。謂义理考据精深貫通也。汉人之学。論其末流則支离破碎。論其大体則古今不偏廢。言古义則証以今制。言今事則証以古义。凡章奏移檄皆然。故其文朴茂淵懿。即文吏耳濡目染。造語亦有合于詁訓者。此非可以倉卒取办。康成未受学馬融之先。为乡嗇夫。嗇夫之职。掌听訟。收賦稅。盖注經之功。实得力于練習故事。然則学人留心簿籍。正可为講学著書之助。六朝以后人鄙为塵俗。不屑措意。何哉。

欲考东汉时章奏文移之式。当于汉碑拓本中求之。曲阜聖庙。有元嘉三年奏置百石卒史碑。一碑之中。各体具备。洪氏隶釋有樊毅請复华山下民租田口算碑。文中引屬吏書語。以上达于尚書。亦备二体。幷录于下。

孔庙置守庙百石卒史碑

司徒臣雄。司空臣戒。稽首言。魯前相瑛書言。詔書崇聖道。勉学艺。孔子作春秋。制孝經。删述五經。演易系辞。經緯天地。幽贊神明。故特立庙。褒成侯四时来祠。事已即去。庙有礼器。無常人掌領。請置百石卒史一人。典主守庙。春秋饗礼財出王家錢。給大酒直。須报謹聞太常祠曹掾馮牟史郭□辞对故事辟雝礼未行祠先聖师侍祠者。孔子子孙太宰太祝令各一人。皆备爵太常丞监。祠河南尹給牛羊豕鷄□□各一。大司农給米祠。臣愚以为如瑛言。孔子大聖。則象乾坤。为汉制作。先世所尊。祠用众牲。長吏备爵。今□加寵子孙。敬恭明祀。傳于罔極。可許臣請。魯相为孔子庙置百石卒史一人。掌領礼器。出王家錢。給大酒直。他如故事。臣雄臣戒愚戇誠惶誠恐頓首死罪死罪。臣稽首以聞。

制曰可。

元嘉三年三月廿七日壬寅奏雒陽宮

元嘉三年三月丙子朔廿七日壬寅。司徒雄。司空戒。下魯相丞書从事下当用者。选其年卌以上。經通一艺。杂試通利。能奉弘 先聖之礼。为宗所归者如詔書。書到言。

永兴元年六月。甲辰朔。十八日。辛酉。魯相平。行長史事卞守長。擅叩头死罪。敢言之司徒司空府。壬寅詔書。为孔子庙置百石卒史一人。掌主礼器。选年卌以上。經通一艺。杂試能奉弘先聖之礼。为宗所归者。平叩头叩头死罪死罪。謹案文書。守文学掾魯孔龢師孔宪。戶曹吏孔覽等。杂試龢脩春秋严氏。經通高第。事亲至孝。能奉先聖之礼。为宗所归。除龢补名。狀如通。平惶恐叩头死罪死罪。上。

司空府

洪氏隶釋曰。碑載孔子十九世孙麟廉請置百石卒史一人。掌庙中礼器。魯相乙瑛書言之于朝。司徒吳雄司空赵戒奏于上。詔魯相选年四十以上通一經者为之。时瑛已滿秩去。后相平复以其事上于朝。此一碑之中。凡有三式。三公奏于天子。一也。朝廷下郡国。二也。郡国上朝廷。三也。

虚舟題跋曰。每見近日文移奏牘。一事必再三繁复。至于連篇累紙而不休。窃怪何不省簡。乃浪費笔墨如此。今观此碑。乃知汉时其体便尔。按此例自前汉时已然。观史記三王世家奏疏第二篇可知。

潜研堂金石文跋尾。碑載魯相平。行長史事卞守長。擅上公府書。汉制王国相置長史一人。犹郡守之有丞也。卞为魯屬县。故守長得上行長史事。其云守者。未正授之名也。書首相長史幷列。其后只相一人署名。盖汉时公牘之例然也。前称司徒司空府。后祇称司空府。当时必有故事。今不可考。

古碑具公文三种。最長者文祗二百余字。可謂簡矣。卒史百石。其秩甚卑。而試以严氏春秋。选其經通高第。事亲至孝。东汉川人之重經术如此。

复华下民租田口算狀

光和二年十二月。庚午朔。十三日。壬午。弘农太守臣毅頓首死罪上尙書。臣毅頓首頓首死罪死罪。謹案文書。臣以去元年十一月到官。其十二月奉祠西岳华山。省視庙舍及齋衣祭器。率皆久远有垢故。魯不修太室。春秋作譏。臣以神岳至尊。宜加恭肃。輒遣行事荀班与华陰令先讜。以漸繕治。成就之后。仍雨甘雪。纖潤宿麦。恵滋黎庶。臣即日以詔書齋祠。雪未消澤。时日清和。神欢民喜。誠聖朝劳神日昃广被四表复毓之德。神人被施。遐邇大小。莫不幸甚。臣毅頓首頓首死罪死罪。讜又書言。县当孔道。加奉尊岳。一岁四祠。养牲百日。常当充肥。用谷稾三千余斛。或有請雨齋禱。役費兼倍。每被詔書。調發無差。山高听下。恐近庙小民。不堪役賦。有飢寒之窘。違宗神之敬。乞差諸賦。复华下十里以内民租田口算。以寵神灵。广祈多福。隆中兴之祚。臣輒听行尽力。奉宣詔書。思惟恵利。增異复上。臣毅誠惶誠

恐頓首頓首死罪死罪。上

尙書

掾臣条。屬臣淮。書佐臣謀。

弘农太守上祠西岳乞县赋發差复华下十里以内民租田口算狀

右弘农太守上尙書狀。掾屬書佐皆具名称臣。末行弘农太守上云云一行。或是立碑时所增。此今时所謂摘由也。此碑詞义典雅。語簡而明。汉人公牘。此为上品。

史記蕭何傳。贊曰。蕭相国何。于秦时为刀笔吏。碌碌未有奇节。注。刀笔。謂主書。主書。若今言書記官也。三国时。薛瑩条列吳事。曰。胡中意性調美。心識解暢。有刀笔才。閑于时事。是刀笔之才。正自不易。后人解刀笔为刑名。本义失矣。

汉制。皇帝下書戒敕刺史太守曰敕。則敕为制詔之名。而兩汉書中。如韋賢敕子弘自免。太常。丙吉数敕乳母。韓延寿敕功曹議罰。王尊致敕功曹。召敕廐長。朱博敕告吏民。赵广汉敕獄吏。赵子賤敕吏杀李固二子。李膺敕門下簡通宾客。法雄敕子眞助求人材。行文用字。不相避也。陶謙上書献帝。臣前調谷百万斛。已在水次。敕兵护送。叶奕苞曰。敕字上下通用。不止用于朝廷也。沿至魏晋。用者漸少。而孟康之預勅督邮。国淵之勅功曹。何曾勅記室之勿报。周訪勅將士不得妄动。犹或見之。自南北朝而后。臣下不敢用此字矣（金石录补續跋）。

蔡邕独断曰。汉制群臣上書之式有四。曰章。曰奏。曰表。曰駁議。其初承秦法發端皆言昧死言。王莽篡位。慕古法。去昧死曰稽首。謂之需头。光武因而不改。其結束处曰頓首頓首死罪死罪。則又踵秦法而愈甚者。章者。需头。称稽首上書。謝恩陈事詣闕通者也。奏者。亦需头。其京师官但言稽首。下言稽首以聞。其中所請者若罪法劾案。公府送御史台。公卿校尉送謁者台。表者不需头。上言臣某言。下言臣某誠惶誠恐頓首頓首死罪死罪。左方下附曰某官臣某甲上。文多用編兩行。文少以五行。公卿校尉諸將不言姓。大夫以下有同姓官别者言姓。章曰报聞。公卿以下至吏民。尚書左丞奏聞。报可。表文报已奏如書。凡章表皆啓封。其言密事。得皂囊盛。其有疑事。公卿百官会議。若台閣有所正处。而独执異意者曰駁議。駁議曰。某官某甲議以为如是。下言臣愚戇異議。其非駁議。不言議異。其合于上意者。报曰。某官某甲議可。群臣上書。朝臣曰稽首頓首。非朝臣曰頓首再拜。

王充論衡曰。兩郡移書曰敢告卒人。兩县不言。郡言事二府曰敢言之。司空曰上。按諸州刺史上列卿府。亦曰敢言之。見后汉書朱雋傳章怀注引蔡質典職仪。

汉制下官言事于上曰奏記。其文兩汉書多載之。其式見后汉書朱雋傳。陶謙等奏記于雋。其發端曰。徐州刺史陶謙。前揚州刺史周乾。琅琊相陰德。东海相刘馗。彭城相汲廉。北海相孔融。沛相袁忠。泰山太守应劭。汝南太守徐璆。前九江太守服虔。博士郑玄等。敢言之行車騎將軍河南尹幕府云云。服郑皆無官守而列名者。其事为勤王討賊而發。大义所在。不限官職。犹今之联名公呈也。亦有称奏記为牋者。崔駰傳。竇宪辟駰为掾。駰前后奏記数十上。崔集有与竇宪牋。其發端曰。主簿崔駰言云云。即奏記之辞也。上官下書于所屬。亦有称記者。鍾离意傳。意为郡督邮。有亭長受人酒礼。府下記杂考之。意封还記。宋均傳。均为上蔡令。府下記。案民丧葬不得侈長。均不肯施行。章怀注曰。記。文符也。記之为用。通于上下。汉書外戚傳。称皇帝手詔为詔記。王先謙云。詔記与詔書有别。后世謂之手記。出于上手。故曰詔記。按詔記又謂之手迹。后汉書循吏傳序。

光武以手迹賜方国皆一札十行。細書成文。是手詔即手記。手記即手札。凡称記者。皆書札之类也。汉人称詔書。曰詔板。凡百官除授。由府具板。經上覽乃下。其不經尙書而由中下者曰尺一。尺一者。板長一尺一寸。盖取其簡便而非定制。犹唐之墨敕斜封也。又書牘亦曰尺一。見汉書匈奴傳。此皆以方板为之。其用木簡者为檄。用竹簡者为符。檄長或云尺二。或云二尺。亦有称長檄者。安帝紀。民棄捐旧居。老弱相携。穷困道路。其各勅所屬吏。躬亲曉諭。若欲归本乡。在所为封長檄。不欲勿强。章怀注曰。封。謂印封之也。長檄。犹今長牒也。欲归者皆給以長牒为驗。是檄有長短之别。又下符發兵。亦曰尺一。而尺一非符之定式。說文。符。以竹長六寸。分而相合。則符亦有長短之别。

獄訟書供招之言曰辞。自周已然。汉書外戚傳。宣帝求得外祖母王媼。杂考問乡里知識者。皆言王媼。其下录王媼之辞。又录从者师遂之辞。即今所謂口供也。罪人呈訴之詞曰狀。其自具供辞則曰自列。見后汉書度尙傳。即六朝所謂列辞也。汉人甚重决事之文。陈寵傳。寵为司徒府辞曹。宰天下獄訟。撰辞訟比七卷。应劭傳。劭撰具廷尉板令决事比例。晋書志。汉时决事集为令甲以下三百余篇。是其書甚具。而后世無傳。汉人判牘。有平署。有画諾。李膺傳。膺遭党事。当考实。案經三府。太尉陈蕃不肯平署。章怀注曰。平署。犹連署也。然則署者。签名于牘上。署名者不止一人。故曰連署。党錮傳。汝南太守范孟博。南陽宗資但画諾。惠士奇曰。諾。犹今施行。然則画諾者。若今言画行矣。又文書除授。而具草者缺其官号。以待長官之手書。亦曰署。刘熙釋名。書文書檢曰署。署。予也。題所予者官号也。

今人言書只曰尺牘。汉人語也。史記倉公傳贊。緹縈通尺牘。汉書韓信傳。發一介之使。奉咫尺之書。顔注。八寸曰咫。咫尺者。言其簡牘或長咫。或短尺。喻輕率也。今俗言尺書。或言尺牘。蓋其遺語。

今人称章程。有普徧之义。汉人則専指工程格式而言。詩閟宮毛傳。奚斯作者。敎护屬功課章程也。孔疏云。汉書称高祖使張蒼定章程。謂定百工用材多少之量。及制度之程品。是屬章程之事。按毛傳以章程釋作字。故孔疏举汉制以明之。今俗称工匠曰作。如木作石作之类。其源盖本于此。

汉文書或用板。或用簡。或用縑帛。或用紙。随宜为之。用板者。如前条引光武手迹一札十行是也。用簡者。如下文引車騎將軍幕府文書是也。板簡皆限于尺寸。用縑帛則長短不拘。李恂傳。恂持节使幽州。宣布恩澤。慰撫北狄。所过皆圖写山川屯田聚落。百余卷悉封奏上。此必以縑素写之。故可以多至百余卷。王隐晋書。王隐答华恒曰。古之数帛。依書長短。随事截絹。放数重沓。名幡紙。此以絹而冒紙名。実縑帛也。服虔通俗文。方絮曰紙。史記。淮陰侯傳漂母注。韋昭曰。以水击絮曰漂。后人以漂为造紙。即庄子之洴澼絖也。汉書外戚傳。客持詔記与武。武發篋中。有赫蹏書。应劭曰。赫蹏。薄小紙也。西汉詔記已有用薄紙者。說文。紙。絮也。蔡倫造紙。据宦者列傳在和帝元兴元年。而說文以永光十二年成書。尙在其先。已解說紙字之义。是造紙不始于蔡倫。公文書用紙。亦不始于东汉也。其紙質厚薄不一。后汉書延篤傳注。引先賢行狀曰。篤欲写左氏傳。無紙。唐溪典紙。以廢牋記与之。篤以牋記紙不可写傳。乃借本諷之。赫蹏为薄小紙。牋記紙可以写書。是正反而皆可用。則厚紙也。

古代文書刻木中分以为信。至春秋列国始有印。說詳上卷璽書条。庄子。为之符璽以信之。是符印幷用也。战国时范繇归相印。苏秦佩六国相印。則印璽之用。非独示信。兼以章身。至秦而以摹印为文字之一体。然印文必鈐于封泥。以木簡不可以鈐印也。汉制凡除授必刻新印。而旧印許前任官携之以行。故印文虽同。新旧或異。秦刻石群臣上奏不書姓。盖古法也。汉制仍之。后汉書鮑昱傳。故事通官文書不当姓。又当司徒露布。注引汉官仪曰。群臣上書。公卿校尉諸將不言姓。凡制書皆璽封。尚書令重封。惟赦贖令。司徒印露布州郡。校尉。謂司隶校尉也。書名而不書姓者。公卿校尉諸將。祿秩已崇。人主宜無不知之。非为郡县之吏。与堂廉隔絕。必具姓名也。露布不限于軍事。后人以露布为羽檄之專名者非。

汉文書盛之以囊。东观汉記。旧制上書以青布囊素里封書。不中式。不得上。汉書丙吉傳。吉馭吏習知边塞。發奔命。警备事。尝出。适見驛騎持赤白囊边郡發奔命書馳来至。因随驛騎至公車刺取。知虜入雲中代郡。是上書用青囊。边郡言急事用赤白囊。以布色别事之緩急。素里者。盖謂其里用白布。則囊有表里兩層。內用白布。外用青布。后世之称夾袋。亦其类矣。

东观余論。記宣和中陝西發地得木竹簡一甕。皆汉世討羌戎馳檄文書。行遣皆章草書。然断續不綴。惟邓騭永初二年六月一篇成文。梁师成得之以入石。其文曰。

永初二年。六月。丁未朔。二十日。丙寅。得車騎將軍幕府文書。上郡屬国都尉二千石守丞廷义三水。十月丁未。到府受印。發夫討畔羌。急急。如律令。馬四十匹。驢二百头。給內侍。

右汉时上郡得車騎將軍文書而發兵之文也。車騎幕府。宜有人才。且發兵大事。起草自必以掾屬为之。故語簡而明。屬国都尉。則奉檄轉行而已。急急。若今言速速。如律令者。汉律令行軍盖有程限。不得違誤。五字为汉牘常用語。道家本張陵。陵。汉人。故符籙亦襲用此語。又渭南文集跋蘭亭叙乐毅論。言政和中关中發地。得竹簡。皆东汉討羌書檄。字作章草。好事者爭取。而赵岐王独多获之。此与宣和中所得。殆是一事。特傳聞異詞耳。

英人斯坦因西域考古記。其記新疆行程。为汉楼蘭。于闐諸国地。所至發掘汉晋时堡壘亭障遺址。得簡牘甚伙。据其記述。則牘以木兩片合之。上方下削。其一較長而刻其一面。令微窪。而边隆起成緣。当窪处木理光滑。以書文字。其一較短。以复于文字之上。納入緣中。其背隆起。兩片相合。外束以繩。此兩片之上端皆有孔。下端皆有横槽。穿孔以繩。束而下引。至于槽。横結为十字。嵌入槽中。則兩片合一。如匣然。盖古所謂函牘者如是。凡文字長片書之不尽者。續書于短片之里。結束既固。塡槽以泥。鈐印其上。是为封泥。非破印割繩。兩片不能开也。惟如是故文字無泄漏。簡牘無破損。其年月最前者。为汉武帝太始三年。次則新莽伪号。其文曰新始建国地皇元年十月乙未。地皇元年。王莽篡国之第十五年也。既以地皇为年号。又冠以始建国之名。則始建国三字。非年号也。又次則晋武帝泰始五年。斯氏据此以証太始地皇泰始之年。皆用兵于西域。其說甚确。泰始一簡。得于楼蘭故墟。同时所得。其簡或以竹片为之。亦有用紙者。盖用紙之法。晋初尚未遍于西域。故紙与竹木杂出。其用木者。文字每有重書之痕。此必寻常文牘。不須存案。故削旧書新。借节物力。又斯氏得汉人書急就章。及削牘临摹隶書之迹。断其为屯田吏士無事时習書所用。考古之法。至今日而愈密。斯氏書有譯本。可以为乙部之助。

汉人条教。有刻石者。汉書召信臣傳。守南陽。行視水泉。开通溝瀆。为民作均水約束。刻石立于田畔。以防紛爭。后汉書王景傳。景迁廬江太守郡界有孙叔敖所起芍陂稻田。景驅率吏民。修起蕪廢。銘石刻誓。令民知常禁。又訓令蚕織。为作法制。皆著于乡亭。廬江傳其文辞。銘石刻誓。后世之立案刻石也。著于乡亭。后世之分貼四乡榜文也。

卷三

魏晋六朝

东汉文章風俗之美。至建安而一变。曹操之初起也。令郡国各修文学。令河北免一年租賦。重豪强兼幷之法。令民不得复私仇。禁厚葬。令整齐冀州風俗。滌瑕蕩垢。其言美矣。及定冀北。下荆州。出令曰。必廉士而后可用。則齐桓何得以霸。今天下得無有被褐怀玉而釣于渭濱者乎。又得無盗嫂受金而未遇無知者乎。二三子其佐我明揚仄陋。惟才是务。吾得而用之。被褐怀玉。而与盗嫂受金。等量齐观。明揚仄陋。而有盗嫂受金之人。比肩幷进。即就文义而論。成何等語。又曰。今天下得無有至德之人。放在民間。及果勇不顧。临敌力战。若文俗之吏。高才異質。或堪为將守。負汙辱之名。見笑之行。或不仁不孝而有治国用兵之术。其各举所知。勿有所遺。顧亭林云。孟德既有冀州。崇奬跅弛之士。观其下令再三。至于求負汙辱之名。見笑之行。不仁不孝。而有治国用兵之术者。于是权詐迭进。奸逆萌生。以經术之治。节义之防。光武明章数世为之而未足。毁方敗常之俗。孟德一人变之而有余（日知录卷十三）。观于亭林之言。而知魏晋以后。詔誥奏記之文。多辞采而乏骨幹。不能复返于东京之盛者。皆曹操一人阶之厉也。（刘裕受禪詔。其犯乡論清議。貪汙淫盗。一皆蕩滌。蕭道成蕭衍受禪詔亦如之。皆曹操故智也。）

曹操文权奇自喜。有睥睨一世之概。辟蔣济为丞相西曹屬。令曰。舜举皋陶。不仁者远。臧否得中。望于賢屬矣。相府用一椽屬耳。而引舜举皋陶故事。可謂儗不于倫。杜襲以博聞彊識。用为侍中。操自汉中还。当选留府長史。鎮守長安。主者所选皆不当。令曰。釋騏驥而不乘。焉皇皇而更索。遂以襲为留府長史。此則以詞賦为簡牘。然語自雋永。至其下令自明本志。自述对妻妾語。謂我万年之后。汝曹皆当出嫁。傳道我心。使他人皆知之。則任达不拘。流風所衍。刘儉阮籍之徒。自茲起矣。

曹操用人。敗坏風气。固已。然要职則必以負物望者处之。荀彧陈群。負一时盛名。皆典东西曹掾。先后为尚書令。陈寿評云。荀彧清秀通雅。有王佐之風。陈群动仗名义。有清流雅望。史載荀陈文字。純正可法。荀彧田疇讓官議云。君子之道。或出或处。期于为善而已。故匹夫守志。聖人各因而成之。疇虽不合大义。有益推讓之風。陈群荐管宁疏云。伏見征士北海管宁。行为世表。学任人师。清儉足以激濁。貞正足以矯时。前虽征命。礼未优备。昔司空荀爽。家拜光祿。先儒郑玄。即授司农。若加备礼。庶必可致。至延西序。坐而論道。必能昭明古今。有益文化。兩人議論。皆以出处有益風化为詞。补偏救弊。賴有此耳。（毛玠傳。玠尝为东曹椽。与崔琰並典选举。其所举用。皆清正之士。虽于时有盛名。而行不由本者。終莫得进。务以儉率人。由是天下之士。莫不以廉节自励。）

陈群在尚書。制九品中正之法。遂开六朝門閥之風。九品中正者。郡置中正一人。品第人才之优劣。別为九等。州置大中正以复核之。上于司徒。司徒复核。然后任用。晋書衛瓘傳。瓘疏曰。魏氏起丧乱之后。人士流移。考詳無地。故立九品之制。粗具一时选用之本耳。其始造也。乡邑清議。不拘爵位。褒貶所加。足为劝励。犹有乡論遺風。中間漸染。遂計資定品。其弊不細。宋書恩倖傳論曰。汉末丧乱。魏武始基。軍中倉卒。权立九品。盖論人才优劣。非謂世族高卑。因此相沿。遂为成法。自魏至晋。莫之能改。州都郡正。以才品人。而举世人才。升降盖寡。徒以凴借世資。用相陵駕。下品無高門。上品無賤族。岁月迁訛。斯風漸篤。凡厥衣冠。莫非二品。自此以还。遂成卑庶。赵甌北云。九品中正之法。魏晋及南北朝三四百年。莫有能改之者。盖当时执权者即中正高品之人。各自顧其門戶。固不肯变法。且習俗已久。自帝王以及士庶。皆視为固然而無可如何也。又云。六朝最重世族。以士庶之别。为貴賤之分。而所謂高門大族者。不过雍容令僕。裙屐相高。求如王导謝安之柱石国家者。不一二数也。次則如王弘王曇首褚淵王儉等。与时推迁。为兴朝佐命。以自保其家世。虽市朝革易。而我之門第如故。以是为世家大族。迥異于庶姓而已（廿二史箚記）。此言門閥之敝。深切著明。魏晋人高自位置。于貴而簡傲。故其初尚簡要清通。其流則清談廢务。浮文妨要。今試取其文之品隲人才者論之。（柯維騏曰。东都士大夫名节相高。至江左遂变而为恬曠。何則。懲于党錮之禍也。）

山濤举崔諒等可补吏部郎啓

人才既自难知。中人已下。清俗又难測。吏部郎以碎事日夜相接。非但当正己而已。乃当能正人。不容穢杂也。議郎杜默。德履亦佳。太子庶子崔諒。中郎陈淮。皆有意正人。其次不审有可用者不（艺文类聚四十八）。

又

侍中尚書僕射奉車都尉新沓伯臣濤言。臣近啓崔諒史曜陈淮可补吏部郎。詔書可尔。此三人皆众論所称。諒尤質正少华。可以敦教。虽大化未可倉卒。風尚所劝。为益者多。臣以为宜先用諒。謹随事以聞（閣帖）。

右山公啓事之詞也。吏部郎非但正己。当能正人。可謂卓然名論。王导为丞相。下教轉陈耽謝鸞二人官。其文云。丹陽从事陈耽。器局閎正。可轉主簿。吳兴从事謝鸞。才幹正直。可轉西曹（太平御覽二百六十五）。亦取其能正己正人。世說賞誉篇云。王濬沖裴叔則二人。总角詣鍾士季。須臾去后。客問鍾曰。向二童何如。鍾曰。裴楷清通。王戎簡要。后二十年。此二賢当为吏部尙書。晋人論吏部尙書之职。以簡要清通为貴。文学篇云。王丞相过江。止道声無哀乐。养生。言尽意。三理而已。然宛轉关生。無所不入。王导当南渡倥偬之日。惟务清談。而世称名相者。以任人为治。而已惟总其大体。此亦清通簡要之說也。

王僧虔請用謝宪督运啓

臣僧虔啓。南台御史謝宪。乃堪驅使。臣門乂旧。亲是所悉。統內新故杂米数十万斛。实須督切。宪今請假在此。臣欲折以統攝。庶得速办。其頻經督运。已有前效。謹以啓聞。伏願听許。謹啓。

王僧虔为王琰乞郡啓

太子舍人王琰（原文缺十五字）牒。在职三載。家貧。仰希江郢所統一郡。謹牒。七月二十四日僧虔啓。

南齐書王僧虔傳。僧虔为会稽太守。阮佃夫家在会稽。請假东归。客劝僧虔。以佃夫要倖。宜加礼接。僧虔曰。我立身有素。豈能曲意此輩。佃夫言于宋明帝。使御史中丞孙敻奏。僧虔前蒞吳兴。多有謬命。凡用功曹五官主簿至二礼吏署三傳及度与弟子四百四十八人。其用人猥杂若是。右啓二首。一則以其义旧。一則因其家貧。不論人才优劣。貿焉荐举。又語气若有挾而求。無复謹畏之意。王氏門風。于是衰矣。

任昉为蕭揚州荐士表（节录）

臣聞求賢暂劳。垂拱永逸。方之疏壤。取类导川。伏維陛下道隐旒纊。信充符璽。六飞同塵。五讓高世。白駒空谷。振鷺在庭。犹惧隐鱗卜祝。藏器屠保。物色关下。委裘河上。非取制于一狐。諒求味于兼采。五声倦响。九工是詢。寢議庙堂。借听輿皂。臣位任隆重。义兼家邦。实欲名实不違。徼倖路絕。势門上品。犹当格以清談。英俊下僚。不可限以位貌。窃見秘書丞琅邪王暕。年二十一。字思晦。七叶重光。海内冠冕。神清气茂。允迪中和。叔宝遺理之談。彦輔名教之乐。故以暉映先达。領袖后进。居無塵杂。家有賜書。辞賦清新。屬言玄远。室邇人曠。物疏道亲。养素丘園。台阶虛位。庠序公朝。万夫傾望。岂徒荀令可想。李公不亡而已哉（梁書王暕傳）。

王暕。儉之子。史称其既居选曹。与物多隔。不能留心寒素。众頗謂为刻薄。則非公輔器可知。被荐时年仅二十一岁。乃盛加称許如此。王謝子弟入仕之始即踐清塗。故王暕年二十一已为秘書丞。宋書孝义傳云。会稽貴重望計及望孝盛族出身不減秘著。秘著。謂秘書丞著作郎也。梁武帝表曰。甲族以二十登仕。寒門以过立試史。盖所以弘奬風流。希向后进。过立。謂过三十岁也。二十登仕。正謂此輩。其云。神清气茂。屬言玄远。室邇人曠。物疏道亲。是清談也。入手泛頌聖明。如云。道隐旒纊。信充符璽。六飞同塵。五讓高世。全与本題無涉。是浮文也。齐梁間駢偶之体盛行。挹之無穷。按之無实。其时公牘文辞。大率如此。台閣重臣。既以此自命風流。奬率僚屬。則內外百司之弛縱可知。故寒人倿倖。遂得乘間而入参机要。赵甌北云。宋齐梁陈。高門大族。門戶已成。令僕三司。安流平进。不屑竭智尽心以邀恩寵。且風流相尚。罕以物务关怀。人主不能借以集事。于是不得不用寒人。人寒則希荣切而宣力勤。便于驅策。不覚倚之为心膂。于是戴法兴巢尚之等。委任隆密。阮佃夫王道隆等。权倖人主。器小易盈。不知大体。招权納賄。不复顧惜名檢。至陈末施文庆沈客卿用事。自取身荣。不存国計。隋軍临江。犹曰。此常事。边臣足以当之。不复警备。以致亡国。小人而乘君子之器。其害可胜道哉（廿二史札記卷八）。魏郑公論陈之所以亡。以为不崇敎議之本。但尚淫丽之文。徒長澆伪之風。無救乱亡之禍。斯言信矣。（荐士而詳其年岁与字。亦前此所無。宋書陆徽傳。徽为广州刺史。荐别駕从事朱万嗣。言年五十三。字少豫。行称私庭。能著官政。冰心与貪流爭激。霜情与晚节弥茂云云。殆当时格式如是。）

門第重則婚姻之选必严。故六朝人以婚宦失类为耻。陈書儒林傳。王元規。太原晋陽人。年十二。郡土豪刘瑱者。資財巨万。以女娶之。元規曰。因不失亲。古人所重。豈可苟安異壤。輒婚非类。元規年十二而能为此語。乃門風濡染之征也。然亦有貪重利而犯清議者。王源以女嫁富陽滿氏。受錢五万。沈約劾之。节录其文于下。

沈約奏彈王源文

給事黃門侍郎兼御史中丞吳兴邑中正臣沈約稽首言。臣聞齐大非偶。著乎前誥。辞霍不婚。垂称德烈。若乃交二族之和。辨伉合之义。升降窳隆。誠非一揆。固宜本其門素。不相夺倫。使秦晋有匹。涇渭無舛。自宋氏失御。礼敎雕衰。衣冠之族。日失其序。姻婭淪杂。罔計厮庶。販鬻祖曾。以为買道。明目腆顔。曾無愧畏。風聞东海王源。嫁女与富陽滿氏。源虽人品庸陋。胄实参华。曾祖雅。位登八命。祖少卿。內侍帷幄。父璿。升采储闈。亦居淸显。源頻叨諸府戎禁。豫班通徹。而托姻結好。惟利是求。玷辱流輩。莫斯为甚。源人身在远。輒攝媒人刘嗣之到台辯問。嗣之列称。吳郡滿璋之。相承云是高平旧族。寵奋胤胄。家計温足。見托为息鸞覓婚。王源見告穷尽。即索璋之簿閥。源父子因共詳議。判与为婚。璋之下錢五万。以为聘礼。源先丧妇。又以所聘余直納妾。如其所列。則与風聞同符。窃寻璋之姓族。士庶莫辨。滿奋身隕西朝。胤嗣殆殄。武秋之后。無聞东晋。其为虛托。不言自显。王滿連姻。实駭物听。潘楊之睦。有異于此。且买妾納媵。因聘为資。施衿之費。化充狀第。鄙情贅行。造次以之。糾慝繩违。允兹简裁。源即主。臣謹案南郡丞王源。忝藉世資。得参纓冕。同人者貌。異人者心。以彼行媒。同兹抱布。且非我族类。往哲格言。薰猶不杂。聞之前典。豈有六卿之胄。納女于管庫之人。宋子河魴。同穴于輿台之鬼。高門降衡。虽自己作，蔑祖辱亲。于事为甚。此風弗剪。其源遂开。点世塵家。將被比屋。宜置以明科。黜之流伍。使已汚之族。永愧于昔辰。方媾之党。革心于来日。臣等参議。請以見事免源所居官。禁錮終身。輒下禁止視事如故。源官品应黃紙。臣輒奉白簡以聞。臣約誠惶誠恐云云。

王滿連姻之事。在后世視之。祇是家門私德。老成人方以攻訐为戒。六朝人乃視为辱亲蔑祖。登之白簡。流品之別。可謂严矣。此文駢散并行。昭明选入总集。盖取其植义坚卓。無齐梁浮靡之音。所謂笔端振風。簡上凝霜者也。（源官郡丞。銓选当用黃紙。故曰官品应黃紙。今彈劾其人。則当用白簡。故曰奉白簡以聞。）

謂魏晋人重流品者。就銓选言之。若牧守礼賢下士。則固不拘此例。王肃为广平太守。下敎問張臻家。其文云。前在京都。聞張子明。来至問之。会其已亡。致痛惜之。此君篤学隐居。不与时竞。以道乐身。昔絳县老人屈在泥塗。赵孟升之。諸侯用曉。愍其耄勤好道。而不蒙荣寵。書到。遣吏劳問其家。題显門戶。务加殊異。以慰既往。以劝將来（魏書管宁傳注）。唐彬为雍州刺史。下教曰。此州名都。士人林藪。处士皇甫申叔严舒龙姜茂时梁子远等。並志节清妙。履行高潔。踐境望風。虛心飢渴。思加延致。待以不臣之典。幅巾相見。論道而已。豈以吏职。屈染高規。郡国备礼發遣。以副于邑之望（晋書本傳）。二人以風教自任。其文詞义幷美。刘宋以后。無人复議九品中正之失。而牧守則有式廬旌門者。蔡兴宗为会稽太守。下教曰。秩年之貺。著目国書。饑貧之典。有聞甲令。况高柴窮老。萊妇屯暮者哉。永兴郭原平。世禀孝德。洞業儲灵。深仁絕操。追風曠古。棲貞处約。华耈方严。山陰朱百年。道終物表，妻孔。耋齿孀居。寠迫殘日。欽風撫事。嗟慨滿怀。可以帳下米各餉百斛（宋書孝义傳）。兴宗人品。为当时之最。宜其超出流俗若是。

魏晋人好言人物雅俗。而評騭人才之謂也。文选任彦昇荐王僧孺表注。引孙綽子語。曰。或問人物。曰察虛实。审眞伪。断成敗。定終始。斯可謂之人物矣。人物二字。当作如此解。又荐范雲表注亦引孙綽子語曰。或問雅俗。曰判風流正位。分涇渭殊流。雅郑異調。題帖分明。斯可謂之雅俗矣。題帖分明。当是以小紙黏于人名之下而为之品目。故每月可以更其品題。其以清濁为雅俗。則六朝人語也。

魏晋六朝。以浮文相尙。而士大夫講求礼学。專門特多。南史儒林傳中人講三礼者居其半。其所著書曰某經义某經疏。即所本講習之語。杜君卿作通典。采魏晋人議礼之文。数义幷陈。咸能持之有故。言之成理。魏晋人議礼之言。即魏晋人致用之文也。导其先路者。王肃袁準高堂隆。至賀循而議論醇深。不与前人立異。其識量又出王肅之上。录礼議二首于此。

賀循父在为出母服議

父在为母厭尊。故屈而从期。出母服不減者。以本既降。义無再厭故也。父在为母。既已杖矣。若父在母去。宜重降者。則宜在不杖条。今在杖条。明不再降。杖者必居廬。居廬者必禫（通典卷八十九）。

父在而母卒。子为母服齐縗期年。出妻卒。其子为出母服亦齐縗期年。周制本如此。循議盖以人疑丧母与丧出母無別。故申明礼意。以明子無絕母之义。古人重丧礼。皆講習于平时。唐宋以后諱言凶礼。誦習者罕矣。（周处死于战陣。其母犹在。賀循議謚之曰孝。杀身成仁。即孝之大者。此議極精。）

袁准內表不可婚議

或曰。同姓不相娶。何也。曰。远別也。曰。今之人外內相婚。礼歟。曰。中外之亲。近于同姓。同姓且犹不可。而况中外之亲乎。古人以为無疑。故不制也。今以古之不言。因謂之可婚。此不知礼者也。或云。国語云。同德則同姓。同姓虽远。男女不相及。異德則異性。異姓虽近。男女相及也。斯言何故也。曰。此司空季子明有为而言也。文公將求秦以返国。不敢逆秦故也。季子曰。子于子圉。道路之人也。咎犯曰。將夺之国。而况妻乎。赵衰曰。有求于人。必先从之。此不既可乎（通典卷六十）。

內表。犹今言中表也。中表不可以为婚。此說至今日而愈明。袁准之議。以为中表亲于同姓。而辨国語之非。明其所以然之故。凡議礼貴通。貴得前人精意而不拘拘于故書成說。以上兩議。皆不背于古而可通于今者。

沈堯曰。六朝人礼学極精。唐以前士大夫重門閥。虽異于古之宗法。然尙与古不甚相远。史傳中所載多精粹之言。至明則士大夫皆出草野。議論与古絕不相似（落帆楼文集）。沈氏此言。具有特識。后人習聞竹林放曠之說。遂以概当时習俗。此耳食之談耳。南朝宰相。王导謝安而外。首推王儉。亦深于礼学者。南齐書礼志。采其議論数十篇。为治事之文者。苟肯講求及此。其識力必加人一等。

謂六朝文多儷体者。就蕭沈徐庾輩言之。若当时章奏移檄。謂为字句整齐則有之。謂概用駢偶則非也。齐刘善明为淮南宣城二郡太守陈时事云。所陈事凡十一条。其一以为天地开創。人神庆仰。宜存問远方。宜广慈澤。其二。以为京师浩大。远近所归。宜遣医藥。問其疾苦。年九十以上及六疾不能自存者。随宜量賜。其三。以为宋氏赦令。蒙原者寡。愚謂下赦書宜令事实相副。其四。以为匈奴未灭。刘昶犹存。秋風揚塵。容能送死。境上諸城。宜应严备。特簡雄略。以待事机。資实所須。皆宜豫办。其五。以为宜除宋氏大明太始以来諸苛政細制。以崇簡易。其六。以为凡諸土木之費。且可权停。其七。以为帝子王姬。宜崇儉約。其八。以为宜詔百官及府郡州县。各貢讜言。以弘唐虞之美。其九。以为忠貞孝悌。宜擢以殊阶。淸儉苦节。应授以民政。其十。以为革命惟始。天地大庆。宜时擇才辯。北使匈奴。其十一。以为交州險夐。要荒之表。宋末政苛。遂至怨叛。今大化創始。宜怀以恩德。未应远劳將士。搖动边氓。且彼土所出。惟有珠宝。实非聖朝所須之急。討伐之事。謂宜且停（南齐書本傳）。此奏無贅語。亦無賸义。而仍不失齐粱本色。

刘勰論文。体有六义。一則情深而不詭。二則風淸而不杂。三則事信而不誕。四則义直而不回。五則体約而不蕪。六則文丽而不淫。自一至五。古今文字之所同也。丽而不淫。六朝文之所独也。情深文直。風清体約。事信文丽。兼此六者。可謂翩翩書記矣。

刘氏又云。今之常言。有文有笔。以为無韵者笔也。有韵者文也（文心雕龙总述篇）。阮文达論文体。以为六朝至唐有文与笔之分。文达之子福。引刘氏此語。以証文笔之說。謂有情辞声韵者为文。直言無文采者为笔。然陆机文賦。于詩賦碑誄箴銘頌論奏說十者。統謂之文。論說与奏。皆非有韵之辞也。惟六朝掌記室參軍之职者。每以擅長辞笔見称。晋書乐广傳云。广善清言。而不長于笔。將讓尹。請潘岳为表。岳曰。当得君意。广乃作二百句語。述己之志。因取次比之。便成名笔。时人咸云。广不假岳之笔。岳不取广之旨。無以成斯美也。顏延之于宋文帝前論諸子才能。謂竣得臣笔。測得臣文。宋書顏延之傳云。子竣。为世祖南中郎將諮議參軍。及义师入討。竣參定密謀。兼造書檄。劭召延之。示以檄文。曰。此笔誰所造。延之曰。竣之笔也。又問何以知之。曰。竣笔体臣不容不識。宋書任昉傳云。雅善屬文。尤長載笔。才思無穷。当世王公表奏。莫不請焉。昉起草即成。不加点窜。据此則表奏書檄之屬。皆謂之笔。不謂之文。盖叙事达旨。施于实用。与文人之冥心孤往。騁秘抽研。各不相涉。故有能为表奏書檄而不能賦詩为文者。亦有詩文造詣極深而不能胜記室參軍之任者。流風遞扇。界若鴻溝。后世遂有一为文人便無足观之說。而才具幹練又擅公牘之長者。謂之有手笔（此語至今犹然）。不知文質相宜。义無二致。古人登高能賦。作器能銘。出疆能对。何尝囿于一艺。局于一事。兩汉之盛。人才輩出。犹能华实兼該。自建安黃初以后。学术空疏。陈琳阮瑀应暘之倫。徒以文藻条流。托在笔札。末流遞嬗。況而愈下。文章之与公牘。判然为二。文章之体日靡。公牘之体日卑。魚豢典略儒林傳序云。从初平之元。至建安之末。

天下分崩。人怀苟且。正始中。有詔議圜丘。普延学士。是时郎官及司徒領吏二万余人。虽复分布。見在京师者。尚且万人。而应書与議者。略無几人。又黃初时。朝貴公卿以下四百余人。其能操笔者。未有十人。多皆相从飽食而已（魏志王肃傳注）。由是言之。則文人不易得。善笔札者尤不易得。梁元帝論笔。謂退則非謂成篇。进則不云取义。神其巧慧。笔端而已（金楼子立言篇）。誠确論也。王粲傳注。引典略曰。粲才既高。辨論应机。鍾繇王朗等虽名卿相。至于朝廷奏議。皆閣笔不能措。奏議之文。虽鍾繇王朗輩。亦不能措手。亦慎之至矣。

魏晋六朝。書記之选特重。其职亦無所不賅。宋孔覬辞署記室牋云。記室之局。实惟华要。自非文行秀敏。莫或居之。昔之学优艺富。犹尚斯难。况覬能薄質魯。亦何容易。（刘禎杂詩。职事相煩委。文墨紛消散。馳翰未暇食。日昃不知晏。沉迷簿領書。回回目昏乱。建安七子。后人第賞其从容文讌。不知其事煩若此。）又云。記室之要。宜須通才敏思。加性情勤密者。覬学不綜貫。性又疏惰。何可以屬知秘記。秉笔文闈（宋書本傳）。此言称职之难也。其所筦文書。則見于文心雕龙。書記篇云。書記广大。衣被事体。笔劄难名。古今多品。总領黎庶。則有譜籍簿录。医历星筮。則有方术占試。申宪述兵。則有律令法制。朝市征信。則有符契券疏。百官詢事。則有关刺解牒。万民远志。則有狀列辞諺。并述理于心。著言于翰。虽艺文之末品。而政事之先务也。辞令法制。簿籍符契之目。历代皆有之。牒則自古相承之名。狀。謂履历事实之冊。六朝人謂之行狀。列。謂訴訟之辞。見前条沈約彈文。关刺移三者。諸司互相行文用之。見唐書百官志。刘氏釋云。关。閉也。出入由戶。关閉当审。庶务在政。通塞应詳。刺者。达也。周礼三刺。事叙相达。若針之通結矣。又云。券者。束也。明白約束。以备情伪。解者。釋也。解釋結滞。征事以对也。牒亦称启。見前文引王僧虔为王琰乞郡启。刺之为用。盖与后世咨文相类。宋書礼志。何承天奏云。尚書刺。海鹽公主所生母蔣美人丧。海鹽公主先离婚。今应成服。撰仪制。参詳宜下二学礼官議公主所服輕重云云。是时承天为御史中丞。尚書行文于御史台用刺。是其例也。疏。謂疏記其事。非汉人書疏之疏。故刘氏以小券短書釋之。方术占試。一艺之專名。其用不广。譜。簿。录三者。为門第流品之根据。六朝譜牒。掌于官。譜与簿录之文見三国志注世說新語注。辞。謂人民陈請之辞。見下文。諺。盖取其通俗。刘彦和所謂廛路淺言。有实無华者也。

宋書礼志。元嘉二十六年。皇太子监国。有司奏定仪注。具录行文之式。虽一朝之制。而宋氏上承魏晋。下启齐梁。可以推見历朝程式。其时百司文牘。盖亦略同。所異者称謂而已。照录于后。幷就可知者为說以明之。

尚書僕射尚書左右丞某甲死罪死罪。某事云云。参議以为宜如是諾奏行。某年月日某曹上。

右牋仪准于啓事。年月日右方关門下位及尚書官署。

牋者。啓告上官之辞也。汉人諱启字。謂之奏記。魏晋則称牋記。刘勰云。晋来盛启。用兼表奏。此与近代牋字之义不同。关門下位尚書官署者。此牋經門下省尚書省以达于皇太子。此文必經此途。故謂之关。近代行文曰关会。其遺意也。

太常主者寺押某署。令某甲。辞言某事云云。求告报如所称。詳檢相应。今听如所上处事諾。明詳旨申勤。依承不得有亏。符到奉行。

年月日起尚書某曹。

一 右符仪

符者。告令之辞。其發端書某官某。某官之下。其姓名必亲書之。故謂之押署。古人文書。署名在上不在下。其字当作楷書。唐韋涉署名。涉字如五朵云。时人效之。謂之郇公五云体。元人書押。故作似字非字之形。近代謂之花押。失其义矣。

南齐書蕭穎胄傳。載穎胄及夏侯詳移檄京邑百官諸州郡牧守之辞。其發端云。西中郎府長史都督行留諸軍事右軍將軍南郡太守南丰县开国侯蕭穎胄。司馬征虜將軍新兴太守夏侯詳。告京邑百官諸州郡牧守。此备書兩人官职。今所謂全銜也。（官职之下。具書姓名。今所見宋以前人文移多如是。近代書姓而不書名。于姓下空一格。此非本文必应如是。乃起草者敬其長官。不敢直書其名。而書手繕写时因之。其空格处。应本官自書其名。不知何时有人疏漏。不自押署。遂为成例。此于文义为不通。时移事異。欲考此人之名而不可得。無謂甚矣。詳檢相应。若今言查核相符。相应二字。連上文为句。后代以相应屬下讀。意义全失。）

某曹关太常甲乙。啓辞。押。某署。令某甲上言某事云云。請台告报如所称。主者詳檢相应。請所如所上事諾。别符申攝奉行。謹关。

年月日

右关事仪。准于黃案。年月日右方关門下位。年月下左方下附列尚書众官署。

此与上太常符相应。上为太常行尚書某曹之辞。此为尚書某曹行太常之辞。其体有尊卑之别。故收束处太常曰符到。尚書曹曰謹关。太常甲乙。指太常某官言。其下为啓辞。又其下尚書曹主者署名。令字未詳其义。某甲上言某事。叙他处来文也。請台告报如所称。乃叙他处来文而为收束語。故下文曰詳檢相应。明来文所言与法令相符。若今言查核相符也。相应二字。当連上文为句。

既相符則請如所言允准。故曰請听如所上事諾。此全是例案文字。年月日一行之前。書关門下位。犹近代言申某官台前。年月日之后。尙書曹众官署名。

某曹关司徒長史。王甲啓辞。押。其州刺史丙丁解騰。某郡县令長李乙書。言某事云云。請台告报如所称。尙書某甲参議。以为所論如法令。报听如所上請。为令書如左。謹关。

右关門下位及尙書署。如上儀。

此尙書曹上行門下省尙書省文書之式。王甲李乙。假設姓名以代之。解为文書之一种。义見前条引文心雕龙書記篇。騰者。自下而上之义。某州刺史丙丁解騰。犹近代言某府知府某某申陈也。台者。本官自称之辞。非元明人所謂宪台也。宋書礼志。元嘉二十三年。何承天奏劾顧雅等。自称曰台。是时正皇太子监国。故不称臣而称台。若今言本部本院矣。此式与前条略同。惟叙来文之下。述尙書曹某人核議意見耳。

司徒長史王甲啓辞。押。某州刺史丙丁解騰。某郡县令長李乙書言某事云云。州府緣案允値請台告报。

年月日尙書令某甲上

建康宮

令日下司徒令报听如某所上某宜攝行如故事。文書如千里驛行。

年月朔日甲子尙書令某甲下無令称僕射。

司徒承書从事到上起某曹。

右外上事內处报下令書仪。

此尚書令據某曹关文。而上牋記于监国。故上建康宫。监国处断訖。則下司徒行之。其發端曰。某月某日下司徒。所謂令日也。其文曰。所如某所上。犹言准如某官所議也。尚書令宜而行之。其收束处文曰。如故事。文書如千里驛行。則当循例之語。犹言依例办理。迅速轉行。即汉人急急如律令之意。言千里者。極言其速。非一日行程必限千里也。年月日之下。不書某日。而書干支。故必以朔日某甲子表明之。乃王言之体。司徒承書从事。列于年月日之左。所以著承办此事之人。

某曹关。某事云云。令如是。請为令書如右。謹关。

右关署如前式

令司徒。某事云云。如是。某下所屬奉行。如故事。文書如千里驛行。

年月日下起某曹

右令書自內出下外仪

此为监国下令言某事。而尚書令或尚書僕射。命某曹行于某官。其文曰。某下所屬奉行。犹今言該部即轉行所屬遵办。令出于內。下于外。故曰自內出下外。

令書前某官某甲令以甲为某官如故事

右令書板文准于詔事板文。

年月日侍御史某甲受

尚書下云云奉行如故事

右以准尚書敕仪　起某曹

右并白紙書凡內外应关牋之事一。准此为仪。其經宫臣者依臣礼。

右监国下令。除授百官。而侍御史受之以达于尚書。尚書奉令下行之式。書前某官者。先書其人前所居之官。而下文書新除之官也。此式略如近代之委劄。而其文甚簡。盖古时以方板書之。故曰板文。六朝时虽用白紙。犹仍板文之名。故节鎮除所屬官。謂之板授。皇太子监国。用人循板授之例。不直称敕授。示有别也。宋書魯爽傳。爽竊造法物。号征北將軍。送所造輿物詣江陵。版义宣及臧質等竝起。征北府戶曹版文曰。丞相刘今补天子。名义宣。車騎臧今补丞相。名質。平西朱。今补車騎。名修之。皆版到奉行。魯爽举动狂悖。史載其辞以为笑談。然于此可見版文之式。观以上諸例。知六朝官文書之式。与汉时絕異。其層次轉折。却与近代文牘相类。所異者詞句而已。以此知六朝为古今文变迁之樞紐。自来論文。不及于此。文字运会所关。何可以吏牘陈言一概抹杀耶。

此外又有文書一种。名之曰籤。文心雕龙云。議政未定。故短牒治謀。牒之尤密。謂之为签。籤者。纖密者也（書記篇）。籤非今签注之签。沈亮为南陽太守。郡界有古时石揭。蕪廢岁久。亮籤世祖修治之。文見宋書自序。亦非短篇。盖后世説帖之类。

南史蔡兴宗傳。蔡軍据赭圻。朝廷遣吏部尚書褚彥回就赭圻行选。是役也。皆先战授位。檄板不供。由是有黄紙札。尙書行选皆节鎮辟用異。时出权宜。故用黄紙札。选部有札始于此。

牋为官府与官紳通用之詞。陈書儒林傳。前宁远將軍建康令沈孝軌門生陈二兒牒称。主人翁灵柩在周。主人奉使关內。因欲迎丧。久而未返。此月晦即是再周。主人弟息見在此者。至月末除灵。內外即吉。为待主人还。情礼申竟。六朝称門者。大抵官府承啓之人。与汉人称門生故吏者迥異。故主人行部。則門生負胡牀以从。陈二兒以县令門生而亦用牒。則非純乎公牘也。

元明以来。以咨文为平行公牘。此体自三国时即有之。咨字作諮。其或略如書札。不以为官文書也。吴志。諸葛瑾有容貌思度。于时服其弘雅。权亦重之。大事諮訪。又别諮瑾。权有諮諸葛瑾書。其文近于辯論。与諮訪異。故梅鼎祚采入書記洞詮。徐孝穆集有与智顗書。末云。寻事諮展。此不申心。又云。謹不多諮。此不委諮。北齐書。陆士佩遺陽斐書云。当諮大將軍。以足下为匠者。詳其文义。殆如近代書札之用啓字。淳化閣帖唐太宗書。太宗为秦王时。与群臣書。其末曰諮。登极后所書者。其末曰敕。归田录云。百司申中書皆用狀。惟学士院用咨报。其实劄子不書名。但当直学士一人押字而已。谓之咨报。唐学士旧規也。学士院宋以处詞臣。百司申中書省用狀而翰林独用咨者。地望清华。不以常例拘之。然温公揭榜于私第客坐。戒来客勿言身計。其下云。光再拜啓白。則宋人犹以咨作啓字用。

六朝文書以四字为句。官府用之。人民陈請于官亦用之。其式亦沿汉魏之旧。三国志韋昭傳注。积忤孙皓。收付獄。因獄吏上辞。冀以求免云云。会稽邵氏家傳。吴主皓时。临海太守奚熙。与会稽太守郭誕書。非論国故。誕被收。無以自明。邵疇为誕功曹。詣吏自列。云事由于己。非府君罪。遂自杀以証之。临亡置辞云云。誕得免。昭所上者。为囚上獄吏之辞。疇所上者。为郡吏上朝廷之辞。二人皆居官职。犹可云与凡民異。若宋書孝义傳。徐耕因天旱。詣县陈辞。孙棘傳。孙薩应充戍。坐違期付獄。兄棘詣郡。乞以身代。薩又辞列免。則皆人民呈狀矣。兩辞皆宛轉可誦。其文如左。

徐耕詣县陈辞

今年亢旱。禾稼不登。氓黎飢餒。采掇存命。聖上哀矜。已垂存拯。但饑饉来久。困殆者众。米谷轉貴。糴索無所。方涉春夏。日月悠長。不有微救。永無济理。不惟凡璅。敢憂身外。鹿鳴之求。恩同野草。气类之感。能不伤心。民糴得少米。資供朝夕。志欲自竭。义存分飡。今以千斛。助官賑貸。此境連年不熟。今岁尤甚。晋陵境特为偏祐。此郡虽弊。犹有富室。承陂之家。处处而是。竝皆保熟。所失盖微。陈积之谷。皆有巨万。旱之所弊。实鍾貧民。温富之家。各有財宝。謂此等竝宜助官。得过儉月。所損至輕。所济甚重。今敢自励。为劝造之端。实願掘水揚塵。崇益山海。

孙薩詣郡列辞

門戶不达。罪应至此。实是薩身。自应依法受戮。兄弟少孤。薩三岁失父。一生恃賴。唯在長兄。兄虽可垂愍。有何心处世。

陈列之辞。类多俚俗。此盖辞之美者。故史傳存之。刘彦和釋辞字之义。謂舌端之文。通己于人。以子产有辞为例。非也。其首尾必有通例之語。史臣节去耳。周氏通。冥載陶弘景請兩列辞。其發端云。华陽隐居陶弘景道士周子良辞。末云。共申至誠。稽顙辞請。謹辞。另一行云。天监十四年。太岁乙未。六月二十一日。辞詣句曲华陽金壇洞天張理禁赵丞前。此列辞之式。

謝表中旁注中謝二字。唐宋人集多有之。此六朝語也。文选。羊叔子讓开府表。夙夜战慄。以榮为憂。此二句下。旁書中謝二字。注引裴氏新語曰。若荐其君。將有所乞請。中謝言誠惶誠恐。頓首死罪。唐宋人本此。

秦时上書曰昧死言。以秦法至重。上書易于得罪也。汉人因之。上書曰死罪。則名实乖矣。晋人書問亦曰死罪。侯鯖录云。閣帖十卷。淳化中朝廷所集。其中多弔丧問病短啓。出于晋宋兵革之間。时国禁書疏。非弔丧問病。不得輒行尺牘。羲之書首云死罪。是違制令故也。按違令之罪。律止于杖。謂之死罪者。过甚其辞。謙不中礼。是之謂乎。

六朝敎会。發端用具位二字。此起草者省略之詞。其原文当書某官某职。如文选宣德皇后令梁王文。其發端曰。宣德皇后。敬問具位。注。言梁王。故曰具。是也。又有用綱紀二字者。傳季友为宋公修張良庙敎注。綱紀。謂主簿也。敎。主簿宣之。故曰綱紀。犹今詔書称門下也。

府州遣吏入都陈事。則有典籤之官。南史吕文显傳。故事。府州部内論事皆籤。前直叙所論之事。后云謹籤。日月下又云某官某籤。故府州置典籤以掌之。宋末权寄弥重。遞互还都。时主輒訪以方事。刺史行事之美惡。系于典籤之口。明帝制。諸州急事。宜密有所論。不得遣典籤还都。而典籤之任輕矣。按典籤之职。重于刘宋。然隋时相府亦有之。北史蕭泰傳。泰子宝隋文帝輔政。引为丞相府典籤。此即記室之类也。

左氏襄公二十五年傳。疏引魏晋仪注。写章表别起行头者。謂之跳出。此今之擡行也。

鮑明远集論国制啓。臣聞尺之量錦。工者裁之。衮丈之木。繩墨在焉。事無巨細。非法不行。伏見彭城国旧制。犹有数卷。虽多殊革。大綱可依。愚謂宜令掌固。利而撰之。上著朝典藩邦之度。下揆国訓繁簡之宜。傍酌州府寬猛之中。章程久具。永为恒制。豈伊今美。乃足貴之將来。此亦仪制令式之書。而史志艺文。無著录者。

南北朝

拓拔魏起自朔方。其初礼俗純朴。刑禁疏簡。置四部大人坐王庭决辞訟。以言語約束。刻契記事（魏書刑罰志）。盖純乎游牧之俗也。昭成称帝。始置百官。分掌众职。而条敎之屬。史闕無闕。道武奄有中原。始建都邑。立太学。置五經博士。征盧玄高允等。令州郡各举才学（魏書儒林傳序）。明元太武。和輯內外。周旋險夷。苞桑之基。于斯而固。其时預参謀議。政事籌策。莫之韻頏者。則崔浩也。魏書浩傳。載其上五寅元历表一首。自述学力之勤。文义質实。录之如左。

崔浩上五寅元历表

太宗即位元年。勅臣解急就章孝經論語詩尚書春秋禮記周易。三年成訖。复詔臣学天文星历易式九宮。無不尽看。至今三十九年。晝夜無廢。臣稟性弱劣。力不及健妇人。更無余能。是以專心思書。忘寢与食。至乃夢共鬼爭义。遂得周公孔子之要术。始知古人有虛有实。妄語者多。眞正者少。自秦始皇燒書之后。經典絕灭。汉高祖以来。世人妄造历术者。有十余家。皆不得天道之正。大誤四千。小誤甚多。不可言尽。臣愍其如此。今遭陛下太平之世。除伪从眞。宜改誤历。以从天道。是以臣前奏造历。今始成訖。謹以奏呈。惟恩省察。以臣历术。宜示中書博士。然后施用。非但时人。天地鬼神。知臣得正。可以益国家万世之名。过于三皇五帝矣。

右表明白淺显。造历为国家大事。此等文字。設使江左諸臣为之。揚厉鋪張。正不知費几許笔墨。而浩表乃不加雕飾若此。可見魏初風气之朴。及孝武迁都洛陽。制作軌度。悉慕华風。加以賅涉百家。富贍才藻。口授文笔。手撰詔書。北学魯鈍之風。于是一变。然文体犹視南人为質。孝文紀太和八年詔求直言極諫。务令辞無煩华。理从簡实。太和以后。章表之体。大率駢散兼用。故魏書刑罰志。太和十二年以前諸臣奏議。与正始以后。其体截然不同。然文笔。則說理透达。已开唐人之先。如樊遜升中紀号对云。盛德之事。必待太平。苟非其人。更貽灵譴。秦皇無道。致風雨之灾。汉武奢淫。有奉車之害。至于魏晋。虽各有君。量德而处。莫能拟議。刑罰寬猛对云。爰自末叶。法令稍滋。秦篆無以劳書。楚竹不能尽載。有司因此。开以二門。高下在心。寒热随意。詔書挂壁。有善而莫遵。奸吏到門。無求而不可。皆由上失其道。民不見德。而議者守迷。不寻其本。便謂化尸起偃。在复肉刑。致治兴邦。無关周礼。此二篇曲折如志。切中事理。陆宣公奏議。雅于此体为近。江左至梁陈之际。尙輕險而肆淫声（北齐書儒林傳序）。覩此远不如矣。

南人簡要。得其清通。北学深蕪。穷其枝叶。此南北朝經学之分也。章表之文。亦頗类此。魏張普惠上疏。为任城王澄辯誣。兼論百官进級濡滯。其詞泛引群經。議論愈多。本意愈晦。李彪上封事。陈时政应改者七条。历引周易尙書孝經左傳史記汉書及魏晋故事。虽詞旨显明。而繁宂已甚。汉文如刘向封事賈誼治安疏。其文所以可貴者。以刘向深于經术。賈誼明于治体。称述故事。实能道其所以然。非漫然征引也。从而效之。陋矣。

六朝重礼学。重門第。北朝亦然。惟六朝承魏晋人談玄之后。一切縱弛。而北朝則用法峻急。故其文章。于議郊祀丧服之外。言愼刑恤獄者最多。此異于南朝者。崔鴻奏請孕妇停刑疏云。伏聞當刑元瑜妾李。加之屠割。妖惑煽乱。誠合此罪。但外人竊云李今怀妊。例待分产。且臣寻諸旧典。兼推近事。戮至刳胎。謂之虐刑。桀紂之主。乃行斯事。君举必書。义無隐昧。酷而乖法。何以示后。陛下春秋已長。未有儲貳。皇子襁褓。至有夭失。臣之愚識。知無不言。乞停李獄。以俟育孕。崔鴻奏獄成許家人陈訴議云。律文。獄已成。及决竟。經所縮而疑有奸欺。不直于法。及訴冤枉者。得攝訊复治之。檢使处罪者。虽已案成。御史風彈。以痛誣伏。或拷不承引。依証而科。或有私嫌。彊逼成罪。家人訴枉。辞案相背。刑宪不輕。理須訊鞫。既为公正。豈疑于私。如謂窺不測之澤。抑絶訟端。則枉滞之徒。終無申理。前疏見魏書崔光傳。后議見刑罰志。持論平恕。皆仁人之言。崔氏北朝冠冕。其当官守正。議論侃侃。無愧故家旧族。光族弟亮。为吏部尚書。制停年格。为后人所病。亮有答刘景安書。具言其不得已。略云。昔有中正。品其才第。上之尚書。尚書据狀。量人授职。今日之选。専归一人。以一人之鑒。照察天下。何異以管窺天而求其博哉。今勛人甚多。又羽林入选。武人至多。官員至少。吾近面执。不宜使武人入选。請賜其爵。厚其禄。既不見从。是以权立此格。限以停年耳（本傳）。中正之法。始于軍中倉卒。停年之格。始于勛人入选。古人以用兵为戒。豈不然哉。讀史至此。为之三歎。

魏書竇瑗傳。瑗上疏論三公曹第六十六条。母杀其父。子不得告。告者死。瑗以为母杀父而子不告。便是知母而不知父。父死之日。母恩即离。仍以母道不告。实所不取。乞付評議。語付尚書。三公郎封君义判云。身体髮膚。受之父母。生我劳悴。續莫大焉。子于父母。同气異息。終天靡报。在情一也。今忽欲論其尊卑。辨其优劣。推心未忍。訪古無据。母杀其父。子复告母。母由告死。便是子杀。天下未有無母之国。不知此子將欲何之。案春秋庄公元年。不称即位。文姜出故。服虔注云。文姜通兄齐襄。与杀公而不反。父杀母出。隐痛深諱。期而中練。思慕少杀。念至于母。故經書三月夫人遜于齐。既有念母深諱之文。明無讎疾告列之理。且聖人設法。所以防淫禁暴。極言善惡。使知而避之。若临事議刑。則陷罪多矣。惡之甚者。杀父害君。著之律令。百王罔革。此制何嫌。独求削去。既于法無違。于事非害。宣布有年。謂不宜改。瑗复引經难之。事遂停寢。魏判詞傳于今者祗此。元魏时母后之权特重。律令母杀父而子無絕母之义。必有所为而言。君义此判。語多迴护。史备录竇瑗兩議。又列瑗于良吏。乃微辞也。

北史楊津傳云。有武功人齎絹三匹。去城十里。为賊所劫。津下敎云。有人着某色衣。乘某色馬。在城东十里被杀。不知姓名。若有家人。可速收視。有一老母行哭而出。云是己子。于是遣騎追收。并絹俱获。此文造語甚質。知魏人文告。不尚浮华。又非奏議比也。

周書韓褒傳。褒涉历經史。深沈有远略。大統初。为北雍州刺史。州帶北山。多盜賊。竝豪右所为也。而陽不之知。署为主师。分其地界。有盜發而不获者。以故縱論。諸被署者皆首伏。所有徒侶皆列其姓名。或亡命隐匿者。亦悉言其所在。褒因牓州門曰。自知行盜者。可急来首。即除其罪。尽今月不首者。显戮其身。籍沒妻子。以賞前首者。旬日之間。諸盜悉首。許以自新。宇文周治尚峻急。牓文恩威竝用。而風霜之气。流露行間。乃北朝本色文字。

魏書孝义長孙慮傳。母因飲酒。父呵叱之。誤击至死。县处以重坐。慮列辞曰。父母紛爭。本無余惡。直以謬誤。一朝橫禍。今母丧未殯。父命旦夕。慮兄弟五人。竝各幼稚。慮身居長。今年十五。有一女弟。始向四岁。更相鞠养。不能保全。父若就刑。交墜溝壑。乞以身代老父命。使嬰弱众孤。得蒙存立。尚書奏云。慮于父为孝子。于弟为仁兄。寻究情狀。特可矜感。謂恕其父死罪。以从远流。此事与孙薩以弟代兄相类。列辞句法亦同。知南北訴狀。皆依此体。源賀傳有許周列辞。称为牒狀。則許周假称职位。与州官并行。是当时职官無罪而陈辞于州者。称牒不称列。

右举四条。皆北朝治獄故事。其一为判。其二为敎。其三为牓文。其四为列辞。余論历代公牘文字。志傳而外。兼取材于石刻。为其上石必依原本。可考当时格式故也。惟北朝碑版虽多。迄無录官文書者。造像之記。銘墓之文。盈千累百。竟無可采。隋唐典制。損益周齐。而探討源流。書闕有間。是篇据史推見一二。仅得其凡。未可以为定論也。

又有不著文字仅以片言决断者。謂之口判。北史城陽王長寿傳。子鸞。鸞子徽。为河内太守。

清整有时眘。汾肆之人多来投訴。願得口判。非管轄所及。則不能以公文書行之。而又不便拒絕。故有口判之說。

六朝人論文。有文笔之分。北朝亦如之。魏書祖瑩傳。瑩以文章見重。常謂人云。文須自出机杼。成一家風骨。何能共人同生活也。蓋譏世人好偸窃他人以为己用。而瑩之笔札。亦無乏天才。但不能均調玉石。兼有制裁之体。又温子昇傳。子昇博覽百家。文章清婉。补御史时。年二十二。台中文笔。皆子昇为之。济陰王暉業尝云。江左文人。宋有顏延之謝灵运。梁有沈約任昉。我子昇足以陵顏轢謝。含任吐沈。北齐書邢卲傳。卲雅有才思。文笔典丽。既贍且速。于时袁翻祖瑩。文笔之美。見称先达。以邵藻思华丽。深共嫉之。晚年尤以五經章句为意。穷其指要。吉凶禮仪。公私諮稟。質疑去惑。为世指南。每公卿会議。来关典故。邵援笔立成。証切賅洽。又李广傳。广博涉群書。有才思文翰之美。南台文奏。多其辞也。有文笔十卷。又刘逖傳。逖専精讀書。游宴之中。卷不离手。所制詩賦杂文文笔三十卷。南北朝文人何限。而兼文笔之長者。只此数人。魏收譏祖瑩不能均調玉石。李百藥称邢邵藻思华丽。是笔札須兼音韻文藻之美也。

以駢偶为公牘。欲运实于虛。曲折尽意。其事大难。不善学者为之。上不足以奉宣德意。下不足以通达民隐。行之既久。其势不得不变。故宇文泰用周綽之說。欲革其弊。因魏帝祭庙。群臣畢至。乃命綽为大誥奏行之。其辞曰。惟中兴十有一年仲夏。庶邦百辟。咸会于王庭。柱国泰洎群公列將。罔不来朝。时迺大稽百宪。敷于庶邦。用綏我王度。皇帝曰。昔堯命羲和。允厘百工。舜命九官。庶績咸熙。武丁命說。克号高宗。时惟休哉。朕其欽若。格尔有位。胥暨我太祖之庭。朕將丕命女以厥官。六月丁巳。皇帝朝格于太庙。凡厥具僚。罔不在位。皇帝若曰。咨。我元輔群公列將百辟卿士庶尹御事云云。

自是之后。文笔皆依此体（周書苏綽傳）。然时非唐虞。人非稷契。而都兪吁咈。拜手颺言。其異于优孟衣冠者几何。故当时虽有此令。其体迄不能改。惟恭帝元年。魏史柳虬执簡書于朝。責宇文泰負文皇付托之意。泰令盧辯作誥諭公卿。其辞与大誥略同。然則貌襲神非。适为篡逆之資而已。

苏綽复古典謨訓誥之議。亦有所本。晋書夏侯湛傳。湛为昆弟誥。其文曰。惟我皇祖滕公。左右汉祖云云。滕公。夏侯嬰也。其文詰屈聱牙。湛之为此。施于兄弟。苏綽乃欲施之于有政。則辞者能有几人。然此議虽不能行。而所为条式計帳。則固施之实用。周書本傳云。綽为行台御史。諸曹疑事。皆詢于綽而后定。所行公文。綽又为之条式。台中咸称其能。拜左丞。始制文案程式。朱出墨入。及計帳戶籍之法。又为六条詔書。一曰先治心。二曰敦教化。三曰尽地利。四曰擢賢良。五曰恤獄訟。六曰均賦役。牧守令長。非通六条及計帳者。皆不得居官。又云。斲彫为朴。变奢从儉。風化既被。下肃上尊。則綽之复古。固能因时而制宜者。其时与苏綽同心輔政者。則有盧辯。綽既卒。辯依周礼建六官。撰次朝仪。革汉魏之法。事竝施行。（周書苏綽盧辯傳）。此唐六典之先声也。綽之子威。为民部尚書。立条章。每岁責民間五品不遜。或答者乃云管內無五品之家（隋書郎茂傳）。此承父風而迂謬特甚者。

顔之推历仕南北。任職参軍。判署文書。其家訓曰。文章当以理致为心腎。气調为筋骨。事义为皮膚。华丽为冠冕。今世相承。趋末棄本。率多浮艳。辞与理竞。辞胜而理伏。事与才爭。事繁而才損。放逸者流。宕而忘归。穿鑿者补綴而不足。时俗如此。安能独違。但务去泰去甚耳。必有盛才重誉。改革体裁者。实吾所希（文章篇）。文章不能違俗。当指应用者言。不然。名山事業。

何須徇俗。顔氏此論。極不以体裁浮艳为然。而望改革体裁于盛才重望者。此惟三百年后之韓昌黎始足当之。苏綽盧辯。未足語此。

書牘之有押字。其来久矣。韓非子。田嬰具押券。此押字之最先者。亭林日知录。有押字一条。考証甚詳。云。南齐書。太祖在領軍府。令紀僧眞学士手迹下名。答报書疏。皆付僧眞。上观之。笑曰。我亦不复能别也（按此即今之代署姓名）。何敬容署名。敬字則大作苟。小为文。魏書。崔玄伯尤善行押之書。特尽精巧而不見遺迹。北史。斛律金不識文字。初名敦。苦其难署。改名为金。从其便易。犹以为难。北齐書。厙狄干不知書。署名为干字。逆上書之。时人謂之穿錐。又有武將王周。署名先为吉而后成其外。陈書。蕭引善隶書。高宗尝披奏事。指引署名。曰。此字笔势翩翩。似鳥之欲飞。黃伯思謂魏晋以来法書。梁御府所藏。皆是朱異唐怀克沈熾文姚怀珍等題名于首尾紙縫間。故或謂之押縫。或謂之押尾。后人花押。盖沿于此。又云。唐人及国初前輩。与人書牘。或祇用押字。与名用之無異。上表章亦或尔。近世遂押字于檄移。又一条云。三国志。少帝紀。注。司馬文王鎮許昌。帝謀杀之。已書詔于前。文王入。帝方食栗。优人雲午等倡曰。青头鷄。青头鷄。青头鷄者。鴨也。帝懼。不敢發。按鴨者。劝帝押詔書耳。是則以亲署为押。已見于三国时矣。

署押之字。三国时謂之行押。王僧虔品書录云。鍾繇書有三体。一曰銘石。正書。二曰章程。謂对書。三曰行押。謂行書相間。梁庾元威論書云。宋宗炳出九体書。謂縑素書。簡奏書。牋表書。弔記書。行押書。檝書。篆書。半草書。全草書也。魏書崔元伯傳。元伯善草隶。行押之文。为世模楷。据此則今之署名。古称行押。而行押始于鍾繇。尔时以草法相尙。虽章奏亦得用之。惟署名必以行楷。所謂行書相間也。

汉时皆一官一印。罢官則上其印綬。或携之以行。無交印之説也。官印移交。自刘宋始。南史孔琳之傳。琳之为西閣祭酒。建言曰。夫璽印者。所以辯章官爵。立契符信。官莫大于皇帝。爵莫尊于公侯。而傳国之璽。历代遞用。襲封之印。奕世相傳。貴在仍旧。無取改作。今世惟尉一職。独用一印。至于内外群官。每迁悉改。討寻其义。私所未达。若謂官各異姓。与傳襲不同。則未若異代之为殊也。若以或有誅夷之臣。忌其凶穢。則汉用秦璽。延祚四百。帝王不疑于傳璽。人臣何嫌于即印。而終年刻鑄。丧功消实。金銀銅炭之費。不可胜言。非因循旧貫簡易之道。愚請众官即用一印。無煩改作。琳之此議。史不言施行与否。然自此以后。除官刻印之事罕見。今人所得古印。亦鮮有刘宋以下者。盖煩費無益。不得不改也。

晋时牘紙皆用黃色。后代承之。其后乃参以白紙。而黃紙惟用于章奏。淵鑒类函。引桓灵伪事。古無紙。故用簡。今諸用簡者。皆以黃紙代之。王隐晋書。刘卞为四品吏。訪問推一鹿車黃紙。令下写書。卞語訪問。刘卞非为人写黃紙也。崔鴻前燕录。慕容儁三年。广义將軍岷山公黃紙上表。儁曰。吾名号未異于前。何宜便尔。自今但可白紙称疏。是黃紙惟上表用之。而牋疏用白紙矣。宋时則惟誥敕以黃紙書之。宋史。錢惟演尝語人曰。吾平生所不足者。惟不得于黃紙上押字耳。盖未尝历中書也。近代国家有大典礼上表用黃紙。道士青詞亦如之。此古制之仅存者。

左傳。斐豹。隶也。著于丹書。杜注。以丹書其罪。孔穎达疏曰。近世魏律。緣坐配沒为工乐杂戶者。皆用赤紙为借。其卷以鉛为軸。亦古人丹書之遺法。按春秋之丹書。盖以赤色書罪人姓名。犹后世之用硃笔也。北魏之赤借。則以赤紙書之。法与古異。然由此知魏之案牘皆用卷軸。且紙色不一。可广異聞。

卷四

隋

隋有天下。三十余年。而文体屡变。开皇中。李谔論荐士崇尚文辞之敝。曰。魏之三相尚文辞。世俗以此相高。朝廷以茲擢士。故文章日煩。其政日乱。文帝深納其言。禁断文笔浮辞。其年。泗州刺史司馬幼之。以表不典实得罪。于是風俗改励。煬帝嗣兴。又变前法。置进士等科。后生复相仿效。綴緝小文。名之曰策学。不以指实为本。而以虛浮为貴（以上据唐会要左补闕薛謙光疏）。盖三十年間風气之变迁不恒。要之虛浮胜于典实。不能救末流之敝也。

隋之儒者。推刘焯刘炫二人。其經学兼綜南北。所制諸經义疏。为賈孔之疏所自出。刘焯教授于乡。自經学而外。九章算术。周髀七曜。曆書十余部。推步日月之經。量度山海之术。莫不覈其根本。穷其秘奥。刘炫遍直三省。不得官。自陈于內史。其自狀云。

周礼礼記毛詩尙書公羊左傳孝經論語。孔郑王何服杜等注。凡十三家。虽义有精粗。幷堪講授。周易仪礼谷梁。用功差少。史子文集。嘉言美事。咸誦于心。天文律历。穷覈微妙。至于公私文翰。未尝假手。二刘学术。皆力矯空疏之弊。刘炫不第。長于說經而已。其为公家寡效而見絀矣。

公私文翰。未尝假手于人。此非經生不習吏事之所能也。（宇文泰时。刘炫为瀛州刺史戶曹从事。以吏幹称。其擅長于公牘。盖由于此。）然牛弘奏請求天下遺書。而炫伪造書百余卷。題为連山易魯史記等录上送官。借賞而去。則人品卑劣。殊不足取。

史載刘炫与牛弘論吏治得失。可考見尔时吏事。其言云。弘尝問炫周礼士多而府史少。今令史百倍于前。判官减則不济。其故何也。炫对曰。古人委任責成。岁終考其殿最。案不重校。文不繁悉。府史之任。掌要目而已。今之文簿。恒慮覆治。鍛煉苦其不密。万里追証百年旧案。故諺云。老吏抱案死。古今不同。若此之相悬也。事繁政敝。职此之由。弘又問魏齐之时。令史从容而已。今則不遑宁舍。其事何由。炫对曰。齐氏立州。不过数十。三府行台。遞相統領。文書行下。不过十条。今州三百。其繁一也。往者州唯置綱紀。郡置守丞。县唯令而已。其所具寮。則長官自辟辞。今大小之官。悉由吏部。纖介之迹。悉屬考功。其繁二也。省官不如省事。省事不如清心。弘甚善其言而不能用（刘炫傳）。省官二語。古今吏治名言。后世文簿浩繁。老吏抱案。至死不能尽悉。無怪吏愈多而事愈不治也。

隋文創業之初。超擢奇儁。厚賞諸儒。强学博問之士。靡不畢至。陆法言文字声韻之学。何妥苏夔太常雅乐之制。咸能精思冥契。卓然成家。逮其暮年。精华耗竭。專尚刑名。何妥奏曰。比年以来。改作者多矣。范威漏刻。十年不成。赵翊尺構。七年方玦。公孙济迂誕医方。费逾巨万。徐道庆迴互子午。糜耗飲食。常明破律。多历岁时。于渥乱名。曾無紀極。張山居未知星位。前已蹂借太常。曹魏祖不識北辰。今复轔轢太史。莫不用其短冗。便自夸毗。邀射名誉。厚相誣罔。請今日以后。有如此者。若具言不驗。必加重罰。庶令有所畏忌。不敢輕奏狂簡（隋書儒林傳）。盖自此以后。学术萌芽而旋摧。百家寡效而見絀矣。

北史柳彧傳。时制三品已上。門皆列戟。或历尚書虞部民田二侍郎。左僕射高熲于弘德封应国公。申牒請戟。或判曰。僕射之子。更不異居。父之戟槊。已列門外。尊有厭卑之义。子有避父之礼。豈容外門既設。內閤又施。事竟不行。隋时判牘。其式若此。

隋書百官志。論宋齐梁陈之制。大抵略同。高齐創業。亦遵后魏。与江左稍殊。周置六官。隋依汉魏。其文書之式。諸王言曰令。公侯封郡县者言曰敎。相以下公文上事皆詣典書。世子主国。其文書表疏仪式，如臣而不称臣。文書下群官皆言告。諸王公侯国官皆称臣。有所陈曰皆上疏。其公文曰言事。按隋承周制。而廢六官之名。其文書之式。則史所載者皆梁武时定制。是隋之典制。兼綜南北之遺。当时牋奏之文。大率崇实黜华。以理胜。不以辞胜。隋書文学傳序云。洛陽江左。彼此好尙。互有異同。江左宮商發越。貴于淸綺。河朔詞义貞剛。重乎气質。气質則理胜其詞。淸綺則文过其意。理深者便于时用。文华者宜于詠歌。高祖初統万机。每念斵彫为朴。發号施令。咸去浮华。然时俗詞藻。犹多淫丽。故宪台执法。屢飞霜簡。煬帝初習艺文。有非輕側之論。曁乎即位。一变其風。其与越公書建东都詔。幷存雅体。归于典制。虽意在驕淫。而詞無浮艳。观此知当时文告之辞。重气質。便时用。盖所因襲者。北学之貞剛。而非南音之浮靡也。科举既兴。人尙策学。則唐初类書之作。所由昉矣。

唐

李唐創業之初。其文兼淸綺貞剛之体。秦王討平东夏。海內無事。于秦府开文学館。广引文学之士。及即位。置弘文学館。精选天下文儒之士。更日宿直。貞观政要。太宗謂房玄龄曰。为人大須学問。朕往为群凶未定。东西征討。躬亲戎事。不暇讀書。比来四海安靜。身处殿堂。不能自执書卷。使人讀而听之。政敎之道。共在書內。古人云。不学牆面。莅事惟煩。不徒言也。又。謂侍臣曰。朕每日坐朝。欲出一言。即思此一言于百姓有利益否。所以不敢多言。又。下書李大亮曰。公事之閑。宜观典籍。荀悅陈紀。叙致簡要。論議深博。極为政之体。今以賜卿。宜加寻閱。太宗此言。可謂知本矣。按諸事实。則不尽然。于时撰述。注經修史而外。文选学号切于时用。孔穎达五經义訓。以馬嘉运駮議。未即施行。晋史宣武本紀陆机王羲之傳。則太宗亲制論贊。有江左余風。其他勅撰之書。如文館詞林。文思博要。瑤山玉彩。皆选学一类也。太宗文武兼資。論唐人文牘。当自太宗詔令始。

武德三年。太宗为秦王。討王世充。有告少林寺僧文。今刻石寺中。其辞曰。

太尉尚書令陝东道益州道行台雍州牧左右武侯大將軍使持凉州都总管上柱国秦王世民（此二字秦王亲押）告柏谷塢少林寺上座寺主以下徒众及軍民首領士庶等。比者天下丧乱。万方乏主。世界傾淪。三乘道絕。遂使閻浮蕩复。戎馬載馳。神州糜沸。群魔竞起。我国家膺圖受籙。护持正綂。馭駕飞輪。光临大宝。故能德通黎首。化闡緇林。既沐来苏之恩。俱承彼岸之惠。王世充叨窃非据。敢逆天常。窺覬法境。肆行悖業。今仁風远扇。慧炬照临。开八正之途。复九寓之迹。法师等幷能深悟机变。早識妙因。克建嘉猷。同归福地。擒彼凶孽。廓兹淨土。奉順輸忠之效。方著闕庭。証果修眞之道。更宏像观。聞以欣上。不可思議。供养优賞。理殊恒数。今东都危急。旦夕殄除。幷宜勉終茂功。以垂令范。各安旧業。永保休祐。故遣上柱国德广郡开国公安远。往彼指宜所怀。可令一二首領立功者来此相見。不复多悉。

少林寺僧能深明大势。响应义师。嘉許之宜也。然奬励之詞。自有分寸。亦何須浪費笔墨乃尔。又置文館学士敎云。

昔楚国尊賢。崇道光于申穆。梁邦接士。楷德重于鄒枚。咸以著范前修。垂芳后烈。厥惟菲薄。多謝古人。高山仰止。能無景慕。是以芳蘭始被。深思冠盖之游。丹桂初叢。庶延髦俊之士。旣而揚苗盖寡。空留皎皎之姿。乔木从迁。終愧嚶嚶之友。所冀通規正訓。輔其闕如。故側席無倦于齐庭。开筵有待于燕館。屬以大行台司勛郎中杜如晦。記室考功郎中房元龄于志宁。軍諮祭酒苏世長。天策府記室薛收。文学褚亮姚思廉。太学博士陆德明孔穎达。主簿李道元。天策倉曹李守素。王府記室参軍虞世南。参軍事蔡允恭薛元敬顏相如。宋州总管府戶曹許敬宗。太学助敎盖文达。諮議典籤苏勖等。或背淮而至千里。或适赵以欣三見。咸能垂裾邸第。委質藩維。引禮度而成典則。暢文辞而詠風雅。优游幕府。是用嘉焉。宜令幷以本官兼文館学士。

王府开館。延攬人才。其事異于闢門吁俊。故敎令措辞亦殊。太宗此举。为古今佳話。惜文字不称。至即位以后。詔誥之辞。醇雅可誦。而亦有伤于彫琢者。如貞观十一年。詔禁王公以下至于黎庶。不得厚葬。其辞曰。

死者。終也。欲物之反眞也。葬者。藏也。欲令人之不得見也。上古垂風。未聞于封树。后世貽則。乃备于棺椁。譏僭侈者。非愛其厚費。美儉德者。实貴其無危。是以唐堯。聖帝也。谷林有通树之說。秦穆。明君也。橐泉無丘隴之处。仲尼。孝子也。防墓不墳。延陵。慈父也。嬴博可隐。斯皆怀無穷之慮。成独决之明。乃便体于九泉。非徇名于百代也。洎乎闔閭違禮。珠玉为鳧雁。始皇無度。水銀为江海。季孫擅魯。斂以璵璠。桓魋專宋。葬以石椁。莫不因多藏以速禍。由有利而招辱。玄廬既發。致焚如于夜台。黄腸再开。同暴骸于中夜。詳思曩事。豈不悲哉。由此观之。奢侈者可以为戒。节儉者可以为师矣。朕居四海之尊。承百王之弊。未明思化。中宵战惕。虽送往之典。詳諸仪制。失礼之禁。著在刑書。而勛戚之家。多流通于習俗。閭閻之內。或侈靡而伤風。以厚葬为奉終。以高墳为行孝。遂使衣衾棺槨。極雕刻之华。灵輀冥器。穷金玉之飾。富者越法度以相尙。貧者破資产而不逮。徒伤教义。無益泉壤。为害既深。宜为懲革。其王公以下。爰及黎庶。自今以后。送葬之具。有不依令式者。仰州府县官。明加檢察。随狀科罪。在京五品以上及勛戚家。仍录奏聞。

此詔义正而詞腴。王言如是。則章奏之文。風尙可知矣。当时奏議。求如魏徵之能近取譬。博約連类。馬周之举要删蕪。会文切理。殆不多得。太宗定制。封建亲賢。李百藥奏論駁世封事。历举前代封建之失。其略曰。

自古皇王。君临宇內。莫不受命上玄。册名帝录。締構遇兴王之运。殷憂屬启聖之期。虽魏武攜养之資。汉高徒役之賤。非止意有覬覦。推之亦不能去也。若其獄訟不归。菁华已竭。虽帝堯之光被四表。大舜之上齐七政。非止情存揖讓。守之亦不可焉。以放勛重华之德。尙不能克昌厥后。是知祚之長短。必在于天时。政或兴衰。有关于人事。隆周卜世三十。卜年七百。虽淪胥之道斯極。而文武之器尙存。龟鼎之祚。已悬定于杳冥也。至使南征不返。东迁避逼。禋祀闕如。郊畿不守。此乃陵夷之漸。有累于封建焉。暴秦运距閏余。数終百六。受命之主。德異禹湯。繼世之君。才非启誦。借使李斯王綰之輩。咸开四履。將閭子嬰之徒。俱启千乘。豈能逆帝子之勃兴。抗龙顏之基命者也。然則得失成敗。各有由焉。而著述之家。多守常轍。莫不情忘今古。理蔽澆淳。欲以百王之季行三代之法。天下五服之內。尽封諸侯。王畿千里之間。俱为采地。是則以結繩之化。行虞夏之朝。用象刑之典。治刘曹之末。紀綱弛紊。断可知焉。鍥船求劍。未見其可。膠柱成文。弥多所惑。徒知問鼎請隧。有惧霸王之师。白馬素車。無复藩維之援。不悟望夷之舋。未湛羿促之灾。旣罹高貴之殃。宁異申繒之酷。此乃欽明昏乱。自革安危。固非守宰公侯。以成兴廢。且数世之后。王室浸微。始自藩屏。化为仇敌。家殊俗。国異政。强陵弱。众暴寡。疆埸彼此。干戈侵伐。狐駘之役。女子尽髽。崤陵之师。只輪不返。斯盖略举一隅。其余不可胜数。陆士衡方規規然云。嗣王委其九鼎。凶族据其天邑。天下晏然。以治待乱。何斯言之謬也。

此奏凡数千言。其精要語不过如是。而貞观政要。载其全篇。以今观之。直六朝人一篇史論耳。王义方于殿廷劾李义府。直声震天下。其彈文云。金風届节。玉露啓塗。霜簡与秋典共清。忠臣將鷹鸇并击。請除君側。少答鴻私。碎首玉阶。庶明臣节义。方鳴鳳朝陽。亦作此語。

东坡論文章。以为自东汉之衰。道丧文敝。異端并起。历唐貞观开元之盛。輔以房杜姚宋而不能救。独韓文公起布衣。談笑而麾之。天下靡然从公。复归于正。是說也。匪独为文章而發也。唐承南北朝之敝。一代官文書。气格卑靡。虽貞观开元之盛。以視东汉經术之飾吏治。終有遜色。独昌黎上規姚姒。下逮庄騷。不独文章雄視百代。即奏狀之文。亦复謹严渾厚。以一語而抵人千百。茲先征之于貞观开元公牘之文。而后論昌黎本集。

房謀杜断。不以文字見長。史傳于房玄齡仅載其諫伐高丽疏一篇。于杜如晦則但称其参謀帷幄軍国多事。剖断如流。并無文字可見。玄齡諫疏。非不憂深而慮远也。然疏中称太宗功德。極意鋪張。如云。陛下仁風被于率土。孝德彰于配天。覩夷狄之將亡。則指期数岁。授將帅之节度。則决机万里。論文字宾主之法。著此数語。亦已足矣。其下又云。屈指而候驛。視景而望書。符应若神。算無遺策。擢將于行伍之中。取士于凡庸之末。远夷單使。一見不忘。小臣之名。未尝再問。箭穿七札。弓貫六鈞。加以留情墳典。屬意篇什。笔迈鍾張。辞穷班馬。文鋒既振。則管磬自諧。輕翰暫飞。則花蘤竞發云云。如是者数百言。諫用兵而侈陈聖德。几于揚湯止沸。然則謂道丧文敝历貞观之盛輔以房杜而不能救者。非刻論也。

旧唐書姚崇傳。开元四年。山东蝗虫大起。崇奏曰。虫既解畏人。易为驅逐。又苗稼皆有地主。救护必不辞劳。蝗既解飞。夜必赴火。夜中設火。火边掘坑。且焚且瘞。除之可尽。乃遣御史分道杀蝗。汴州刺史倪若水执奏曰。蝗是天灾。自宜修德。刘聪时除既不得。为患更深。崇大怒。牒报若水曰。刘聪伪主。德不胜妖。今坐聖朝。妖不胜德。古之良守。蝗虫避境。若其修德可免。彼岂無德致然。今坐看食苗。何忍不救。因以飢饉。將何自安。幸勿迟迴。自召悔恡。宋璟傳載表奏三篇。奏皇子封邑云。王子將封。三十余国。周之麟趾。汉之犬牙。彼何足云。于斯为盛。今若同等別封。或緣母寵子爱。骨肉之际。人所难言。天地之中。典有常度。論王皎墳制云。夫儉德之共。侈惡之大。高墳乃昔賢所誡。厚葬实君子所非。今之所載。預作紀綱。情既無穷。故为之制度。不因人以摇动。不变法以爱憎。欲化浹寰区。声光竹素。年老乞罢表云。丞相官师之長。任重昔时。愚臣衰朽之余。用慚他日。位則逾盛。人則浸微。尽知其然。何居而可。頃僶俛从政。倉广不言。实怀覆載之德。冀竭涓埃之效。今积羸成憊。沉錮莫瘳。耳目更昏。手足多廢。顧惟隕越。宁遂宿心。安可以苟徇大名。仍尸重祿。此与姚元之牒。皆以駢語为文。二公風裁峻整。犹自拘于俗尚。則張燕公称大手笔。而首建封禪之議。导逸豫之心。更無論矣。故論制誥章表于开元之世。华詞漸少。而气格犹卑。然則謂历开元之盛。輔以姚宋而不能救者。又非刻論也。

平淮西碑。昌黎集中第一文字也。集有进碑文表一首。妥貼排奡。别开生面。兹据东雅堂本录之。

韓愈进撰平淮西碑文表

臣某言。伏奉正月十四日勑牒。以收复淮西。群臣請刻石紀功。明示天下。为將来法式。陛下推劳臣下。允其志願。使臣撰平淮西碑文者。聞命震駭。心識顛倒。非其所任。为愧为恐。經旬累月。不敢措手。(中謝)竊惟自古神聖之君。既立殊功異德卓絕之迹。必有奇能博辯之士。为时而生。持簡操笔。从而写之。各有品章条貫。然后帝王之美。巍巍煌煌。充滿天地。其載于書。則堯舜二典。夏之禹貢。殷之盤庚。周之五誥。于詩則玄鳥長發。归美殷宗。淸庙臣工小大二雅。周王是歌。辞事相称。善幷美具。号以为經。列之学官。置师弟子讀而講之。从始至今。莫敢指斥。嚮使撰次不得其人。文字曖昧。虽有美实。其誰观之。事迹俱亡。善惡惟一。然則兹事至大。不可輕以屬人。(中謝)伏惟唐聖陛下。再登太平。剗刮群奸。扫洒疆土。天之所覆。莫不賓順。然而淮西之功。尤为俊偉。碑石所刻。动流亿年。必得作者。然后可尽能事。今詞学之英。所在麻列。儒宗文师。磊落相望。外之則宰相公卿郎官博士。內之則翰林禁密游談侍从之臣。不可一二遽数。召而使之。無有不可。至于臣者。自知最为淺陋。顧貪恩侍。趋以就事。叢杂乖戾。律呂失次。乾坤之容。日月之光。知其不可繪画。强顏为之。以塞詔旨。罪当誅死。其碑文今已撰成。謹录对进。無任慚羞战怖之至。

昌黎論文云。气盛則言之短長声之高下皆宜。右表一气轉折而字字錘煉。所謂气盛言宜也。表文之末。别本有三月二十五日臣愈謹言句。蓋自正月十四日奉勑。历兩月余始文成上进。想見落笔之先。用兵始末。全局在胸。命意遣辞。經营惨淡。不知费几許心血。文中聞命震駭經旬涉月不敢措手等語。非飾詞也。碑成而为此表則信笔揮洒。其意衹自謙不尽文章能事。而造語無一犹人。其称中謝者。本文当作臣愈誠惶誠恐頓首頓首。刻本以其为循例語。故略之。說見王伯厚詞学指南。

平淮西碑論平淮蔡之功。以为惟断乃成。而此議昌黎已發于数年之前。集有論淮西事宜狀。以为先决于心。詳度本末。事至不惑。乃可圖功。兹录其首段于下。

韓愈論淮西事宜狀

右臣伏以淮西三州之地。自少陽疾病。去年春夏已来。圖为今日之事。有職位者。勞于計慮撫循。奉所役者。修其器械防守。金帛粮畜。耗于賞給。执兵之卒。四向侵掠。农夫織妇。攜持幼弱。餉于其后。虽时侵掠。小有所得。力尽筋疲。不偿其费。又聞畜馬甚多。半年已来。皆上槽櫪。譬如有人。虽有十夫之力。自朝及夕。常自大呼跳躍。初虽可畏。其势不久必自委頓。乘其力衰。三尺童子。可使制其死命。况以三小州殘弊困剧之余。而当天下之全力。其破敗可立而待也。然所未可知者。在陛下断与不断耳。夫兵不多。不足以必胜。必胜之师。必在速战。兵多而战不速。則所费必广。兩界之間。疆埸之上。日相攻劫。必有杀伤。近賊州县。征役百端。农夫織妇。不得安業。或时小遇水旱。百姓愁苦。当此之时。則人人異議。以惑陛下之听。陛下持之不坚。半塗而罢。伤威損费。为弊必深。所以要先决于心。詳度本末。事至不惑。乃可圖功。为統帅者尽力行之于前。而参謀議者尽心奉之于后。內外相应。其功乃成。昔者殷高宗大聖之主也。以天子之威。伐背叛之国。三年乃尅。不以为迟。志在立功。不計所费。傳曰。断而后行。

鬼神避之。迟疑不断。未有能成其事者也。臣謬承恩寵。获掌綸誥。地亲职重。不同庶寮。輒竭愚誠。以效裨补。謹条次平賊事宜一一如后（以下原文列平賊事宜五条文多不录）。

以前件謹录奏聞。伏乞天恩。特賜裁擇。謹奏。

唐制近臣上書言事用表。亦用狀。表辞多文。狀辞多質。韓文如諫迎佛骨表潮州謝上表諸篇。皆可諷誦。此狀与論变鹽法事宜狀黃家賊事宜狀諸篇。則誦之不能上口。本集列于卷末。蓋以表之与狀。为体不同。存之集中。所以見入告之猷。置之集末。又以严为文之体。狀之为体。盖純乎官文書也。而此篇笔力議論。皆絕恒蹊。試以較唐人奏狀。高下自見。

昌黎鹽法事宜狀。駁張平奸所奏变法条件。言利弊最为透澈。黃家賊事宜狀。則言措置方略。二篇文多不录。录荐樊宗师狀一首。此进于宰相者。

韓愈荐樊宗师狀

攝山南西道节度副使朝議郎前檢校水部員外郎兼殿中侍御史賜緋魚袋樊宗师

右件官孝友忠信。称于宗族朋友。可以厚風俗。勤于艺学。多所通解。議論平正有經据。可以备顧問。謹潔和敏。持身甚苦。遇物仁恕。有材有識。可任以事。今左右史幷闕。員外郎侍史亦未备員。若蒙擢授。必有补益。忝在班列。知賢不敢不論。謹录狀上。伏听处分。

右文类汉人举五經博士狀。其云議論平正。遇物平恕。于此見昌黎論人宗旨。乃通达治体之語。昌黎集于表狀而外。幷录牒文。此后人以公牘入集之例也。擇录一首。

国子监論新注学官牒

国子监应今新注学官等。牒准今年赦文。委国祭酒选擇有經艺堪訓导生徒者。以充学官。近年吏部所注。多循贅叙。不考艺能。至令生徒不自劝励。伏請非專通經傳博涉墳史。及进士五經諸色登科人。不以比拟。其新受官。上日必加研試。然后放上。以副聖朝崇儒尚学之意。具狀牒上吏部。仍牒监者。謹牒。

此元和十五年昌黎为国子祭酒时牒上吏部之文。注家以为奏疏者誤。云上日者。若今言到任之日也。

韓柳皆以古文鳴。皆尝为州刺史。子厚刺柳州。其俗以男女質錢。約不时贖。子本相侔。則沒为奴婢。子厚与設方計。悉令贖归。其尤貧力不能者。令書其傭。足相当。則使归其質。观察使下其法于他州。比一岁。免而归者且千人。退之刺袁州。檢責州界內得奴婢七百三十一人。幷是良人男女。准律計傭折直。一时放免。及为国子祭酒。又奏狀申言此事。云。原其本末。或因水旱不熟。或因公私債負。遂相典貼。漸以成風。名目虽殊。奴婢不別。鞭笞役使。至死乃休。既乖律文。实亏政理。袁州至小。尚有七百余人。天下諸州。其数固当不少。今因大庆。伏乞令有司重举旧章。一皆放免。此則兩人政蹟。大略相同。至子厚駁复讎議。引公羊傳父不受誅子可复讎之說。以断兩下相杀。退之則不然。其复讎議云。律無其条。非闕文也。盖以为不許复讎則伤孝子之心。許复讎則人將倚此專杀。無以禁止。臣愚以为复讎之名虽同。而其事各異。或百姓相讎。如周官所称可議于今日者。或为官所誅。如公羊所称不可行于今者。又周官所称將复讎。先告于士。則無罪者若孤稚羸弱。抱微志而伺敌人之便。恐不能自言于官。未可以为断于今也。然則杀之与赦。不可一例。宜定其制曰。凡有复父讎者。事發。具其事申尚書省。尚書省酌其宜而处之。則法律無失其指矣。退之此議不执一偏。实胜公羊之說。盖子厚少踐清阶。虽一为藍田尉。而更事日淺。退之少經患难。及登第。累辟节度推官。又为法曹参軍。于律意精微。人情变幻。知之甚审。故論事之文。透闢精到。異于子厚。士大夫学术文章。必如此方为有体有用。后人尊韓文为泰山北斗。而此节鮮所注意。故表而出之。

韓柳文章并称。論公牘之文。則柳非韓比矣。退之論黃家賊事宜狀。具言賊情及用兵之策。子厚集中。亦有邕管黃家賊事宜狀。但云。并已退散。各归洞穴。陛下威灵远被。神化旁行。遂使奸猾之謀。先期而自露。回邪之党。不戮而尽夷。此寻常粉飾語。然犹可謂退之策賊于事前。子厚言賊于退后。事势有不同也。集中又有为裴中丞伐黃賊轉牒。通篇皆用駢語。跳梁小醜。而为傳檄声討之辞。总緣前此風气。盛推燕許手笔。姚宋諸公。尚不能救。子厚承文章之極敝。遂未能脫此范圍耳。

昌黎文章虽重于时。而唐人風尚。迄未之改。李德裕言其祖自天宝后。不于私家置文选。惡其祖尚浮华。不振艺实（旧唐書武宗紀）。又文宗尝謂侍臣曰。近日諸侯章奏。語太浮华。有乖典实。宜罰掌書記。戒□（原字不清）流。李石曰。古人因事为文。今人以文害事。懲弊抑末。实在于斯。此中唐以后風气也。

昌黎以前为論事之文者。于刘晏有取焉。旧唐書本傳。言凡所經历。必究利病之由。与元載書云。浮于淮泗。达于汴。入于河。西循底柱硤石少华。楚帆越客。直抵建章長乐。此安社稷之奇策也。晏驅馬陝郊。見三門渠津遺迹。到河陰巩洛。見宇文愷置梁公堰。分黃河水入通济渠。涉荥郊浚澤。遙瞻淮甸。步步探討。知昔人用心。使僕湔洗瑕穢。率罄愚懦。当憑經义。請护河堤。冥勤在官。不辞水死。然运之利病。各有四五焉云云。又云。累年已来。事缺名毁。聖慈含容。特賜生全。月余家居。遽即临遣。恩荣感切。思殞巳身。見一水不通。願荷鍤而先往。見一粒不运。願負米而先趋。焦心苦形。期报明主。此書有担当。有血性。而魄力才具。又足以副之。其文字甚与近代左李諸人相类。古今幹济之才。大抵如是。彼浮言滿紙者。直井底蠹耳。全唐文有奏禁隔断練湖狀。其文密栗。与此略同。惜下半有闕佚处。

刘晏奏禁隔断練湖狀

东都河南江淮等道轉运使檢校戶部尚書御史大夫刘晏狀

得刺史韋損丹陽耆寿等狀。上件湖案圖經周迴四十里。比彼丹徒百姓筑堤。横截一十四里。开瀆口泄水。取湖下地作田。其湖未被隔断已前。每至春夏。雨水漲滿。側近百姓。引溉田苗。官河水干淺。又得湖水灌注。租庸轉运及商旅往来。免用牛牽。若霖雨汎濫。即开瀆泄水。直流入江。自彼筑堤已来。湖中地窄。無处貯水。横堤壅礙。不得北流。秋夏雨多。即向南奔注。丹陽延陵金壇等县。良田八九千頃。常被淹沒。稍遇亢陽。近湖田苗。無水溉灌（此句以下原文有訛脫）。所利一百一十五頃田。損三县百姓之地。今已依旧漲水为湖。官河又得通流。邑人免憂旱淹。奏聞。中書門下。牒浙西观察使与韋損。勿使更令修筑。致有妨夺。永泰元年四月十九日。

古今称善理財者。必推刘晏。刘晏理財之术無他。灼知天下物产丰耗貴賤之数。酌剂而轉輸之。取其羡余。以补不足。不惜厚祿。不用吏胥。不以絲毫入己。如是而已。史言晏为計相。募疾足置遞相望。四方物价之上下。虽極远不四五日知。故食貨之重輕。尽权在掌握。朝廷获美利。而天下無甚貴賤之憂。凡所任使。多选后进有幹能者（旧唐書本傳）。王荆公曰。善理財者。不加賦而国用足。荆公均輸之法。即刘晏理財之术也。攬天下食貨重輕之权于掌握。能神明而运用之。則为利至鉅。不然。其敗立見。故自来理財者不肯輕于尝試。荆公以一書生。行不習之法。而欲徼倖于不可必得之利。庸有济乎。唐自刘晏以后。掌国計者。虽欲步武成規。才力皆有不逮。惟杜佑判度支。史称其掌計治。民物便而济。則脚踏实地。别是一种学問矣。

杜佑蚤岁为淮南节度書記。因刘秩开元中所为政典。广其条目。为二百卷。号曰通典。凡三十年而成。李翰序之曰。君子致用在乎經邦。經邦在乎立事。立事在乎师古。师古在乎随时。必参古今之宜。穷終始之要。問辨之。端如貫珠。举而行之。审如中鵠。夫然。故施于文学。可为通儒。施于政事。可建皇極。使学者得而观之。不出户。知天下。未从政。达人情。罕更事。知时变。为功易而速。为学精而要。其道直而不徑。其文甚詳而不煩。举而措之。如指諸掌。近代学士撰集御覽艺文玉燭之类。博則博矣。然率多文章之事。記問之学。比于通典。非其倫也。旧唐書杜佑傳曰。佑性敦厚强力。尤精吏职。为政宏易。不尚嗷察。該涉古今。以富国安人之术为己任。虽位極將相。手不釋卷。質明視事。接对宾客。灯下讀書。孜孜不怠。通典为古今言政事者第一有用之書。其書創稾于淮南节度幕中。积三十年群書涉历吏事經驗而后成此鉅制。三十年中。幹办公事。宁有从容閑适之时。他人处此。方且廢書不讀。杜佑乃銖积寸累。以成此編。其得力祇一勤字。本傳有进書表。述著書之由。歉然不以自足。較刘晏文字气象广狭。又自不同。是故成就远者。必不急于近功。学問深者。必不偏于才气。刘晏未易学也。学刘晏不得而为王荆公。不如学杜君卿之为有益而無害也。

唐人重門第。严流品。犹六朝也。特所重惟婚姻門户。而仕宦則以科目进。凡文章風气。有势位者倡之。捷于影响。唐人既以科目进身。則文体随科举程文而变。乃必然之理。宝应二年。礼部侍郎楊綰言。进士科起隋大業中。是时犹試策而已。高祖朝刘思立为考功員外郎。又奏进士加試杂文明經填帖。从此积弊。浸轉成俗。幼能就学。皆誦当代之詩。長而博文。不越諸家之集。六經則尝开卷。三史則皆同挂壁。祖習既深。本竟为务。以毁讟为常談。以向背为己任。投刺干謁。驅馳于要津。露才揚己。喧胜于当代。朝之公卿。以此待士。家之長老。以此垂訓。欲其返淳朴。怀礼讓。豈可得乎。請依古制。县令察孝廉。审知其乡閭有孝友信义廉耻之行。加以經業。才堪策試者。荐之于州。刺史試其所通之学。送名于省。不得令举人輒自陈牒。詔下左右丞諸司御史給舍同議。議者多与綰同。詔孝廉与旧举竝行。元和中。李肇撰国史补。論其得失曰。进士为时所尚久矣。是故俊乂实在其中。由此而出者。終身为文人。故爭名常为时所弊。虽然。賢者得其大者。故位極人臣。其中有十二三。登显列十有六七。而元遺山張睢陽出焉。刘闢元翛出焉。按唐制有秀才明經进士明法書算六科。秀才选最严。貞观以后即停。明法書算則备一格。惟明經进士行之最久。明經試以填帖。进士試杂文及策。填帖者就所習之經。举一二句。問下句为何語。或令举人名地名。如云作者七人矣。請以七人姓名对。則对云。七人为某某。謹对。其不誤者。考官即謂之通。不能对則否。其法与今时私塾之挑背經書。学校之問答題相类。所謂明經者如是。文則須华实兼举。洞識文律。策則須义理愜当。故进士一科。得人最多。名臣如宋璟陆贄裴度。皆起家进士。然此科岁貢常八九百人（文献通考）。而通才千不得一。則其效亦可覩矣。

旧唐書賈曾傳。曾子至。为尚書左丞。时楊綰請依古制。县令举孝廉。至議曰。夏之政尚忠。殷之政尚敬。周之政尚文。然則文与忠敬。皆統人之行也。是故前代以文取士。本行也。由詞以观行。則及詞也。宣父称顏子不迁怒不貳过謂之好学。至乎修春秋。則游夏不能贊一辞。不亦明乎。間者礼部取人。有乖斯义。試学者以帖字为精通。而不窮旨意。豈能知迁怒貳过之道乎。考文者以声病为是非。惟擇浮艳。豈能知移風易俗化天下之事乎。夫一国之事系一人之本謂之風。賛揚其本。系卿大夫也。卿大夫何尝不出于士乎。今取士試之小道。不以远者大者。是誘导之差也。賈至此議。以楊綰請改科举为是。而其文造語膚泛。类举場墨卷。賈至負当时文名。下笔乃尔。則举業漸染为之也。杜子美以救房綰获罪。时称庾詞。由今以观。但迂闊耳。前人言子美文不如詩。而所为論巴蜀安危表灭殘寇形势圖狀。又不如三大礼賦。病亦坐此。

唐人以詩賦取士。后世病之。虽然。事未可一概論也。深于詩者。必篤于性情。明于物理。宋人以經义取士。以义理論。經义胜矣。而士大夫相与争胜于义理。其失也是己而非人。党同而伐異。詩学則不然。其失也华而不实。流蕩而忘返。夫水火之争。与輕薄之習。其誤国家事。輕重固有間矣。唐詩人政績著者。無如元次山白乐天。次山为道州刺史。作春陵行。又有奏免科率狀。春陵行序云。癸卯岁漫叟授道州刺史。道州旧四万余戶。經賊已来。不滿四千。太半不胜賦稅。到官未五十日。承諸司征求符牒二百余封。皆曰。失其限者。罪至貶削。于戏。若悉应其命。則州县破乱。刺史欲焉逃罪。不应命又即获罪戾。必不免也。吾將守官。靜以安人。待罪而已。此州是春陵旧地。故曰春陵行。奏免科率狀。与詩意略同。乃此詩注脚也。讀之可以知詩文一貫。

元結奏免科率狀

当州准勅及租庸等使征率錢物。都計一十三万六千三百八十八貫八百文

一十三万二千四百八十貫九百文嶺南西原賊未破州已前

三千九百七貫九百文賊退后征率

以前件如前。臣自到州。見租庸等諸使文牒。令征前件錢物送納。臣当州被西原賊屠陷。賊

停留一月余日。焚燒粮儲屋宅。俘掠百姓男女。驅杀牛馬老少。一州几尽。賊散后百姓归复。十不存一。資产皆無。人心嗷嗷。未有安者。若依諸使期限。臣恐坐見乱亡。今来未敢征率。伏待进止。又嶺南諸州寇盗未尽。臣州是嶺北界。守捉处多。若臣州不安。則湖南皆乱。伏望天恩。自州未破以前。百姓久負租稅及租庸等使所有征率和市杂物一切放免。自州破以后。除正租正庸。及准格式合进奉征納者。請据見在戶征送。其余科率。并請放免。容其見在百姓产業稍成。逃亡归复。似可存活。即請依常例处分。伏願陛下以臣所奏下議有司。苟若臣所見愚僻。不合时政。干乱紀度。事涉虛妄。忝官尸祿。欺上罔下。是臣之罪。合正典刑。謹录奏聞。

右狀与昌黎論淮西事狀。其式稍殊。以前件如前句。韓文在后。此文在前。宋人奏狀。与此式相类。宋牧仲序白香山詩集云。詩者。載道之文言。若止嘲風雷。弄花草。則于六义尽去矣。白公立身本末。無不合乎道。特余事作詩人耳。为左拾遺时。史載其諫草不一。皆人所難言。尝与元稹書。略云。大丈夫所守者道。所待者时。进退出处。何往而不自得。僕志在兼济。行在独善。奉而始終之則为道。言而發明之則为詩。則公之立言載道为何如。按旧唐書本傳。自言諷諭詩为兼济之志。閑适詩为独善之义。其自述諷諭詩意略云。僕在翰林。身是諫官。月請諫紙。啓奏之間。有可以救济人病裨补时闕而难于指言者。輒詠歌之。欲稍稍进聞于上。上以副憂勤。次以塞言責。下复以吾平生之志。据此則諷諭詩之作。將以补啓奏之遺。諷諭之詩。即諫書也。諷諭詩杏为梁一首。刺居处之僭。句云。君不見馬家宅。尚犹存。宅門題作奉誠园。君不見魏家宅。屬他人。詔贖賜还五代孙。儉存奢失今在目。安用高牆圍大屋。史載詔贖魏徵宅事。其議發于乐天。計敏夫唐詩紀事。則备載其文。盖既有諫書。又有面奏。又为詩以彰王德。而不居啓沃之名。可謂立言得体矣。

白居易請贖魏徵宅奏

今日奉宣。令撰李师道請收贖魏徵宅。还其子孙。甚合朕心。允依来者。臣伏以魏徵太宗宰相。尽忠輔佐。以致太平。在其子孙。合加优恤。事关激劝。合出朝廷。师道何人。輒掠此美。願明勑有司。特以官錢收贖。使还后嗣。以劝忠臣。則事出皇恩。美归聖德。（帝深然之。其后有司以为詩題試进士。）

益都李文淵曰。唐詩于本朝事無所忌諱。犹变雅之遺。忠厚如宋。而苏子瞻犹以詩下獄。至白乐天乐府諷时政。遂召入翰林。唐詩所以不可及者。豈独字句之工哉（潛研堂集李靜叔傳）。

宋曹彥約曰。論唐朝取士。名为科举。实采譽望。其不由科举进者。又有藩鎮辟召。或以白丁命官。或自下僚迁擢。考其平素。取其行实。故为士者知自爱重。其始也。莫不学为有用之才。其出也。莫不重於所事。及其久於幕府。習熟事机。一旦为显官。在內則論思献納。在外則仗鉞守边。無施不可（昌谷集經幄管見）。此言辟召一途之能得人也。唐会要。开成三年。中書門下奏。宰相帶平章事出鎮。奏請朝官及刺史佐幕。前后更五人。有迁轉停罢。或須奏替。任更奏来。如辟用他官。不奏亦得。会昌五年敕諸道所奏幕府及州县官。近日多乡貢进士奏請。此事已曾厘革。不合因循。且無出身何名入仕。今后不得更許如此。盖晚唐幕府。因人漸濫。其始不拘資格許其不奏。其繼乃限以資格。非有出身者不得用。則其途隘矣。

唐詩紀事

自貞元后。唐文甚振。以文学科第为一时之荣。及其流弊也。士子豪气罵吻。游諸侯門。諸侯望而畏之。如刘魯風姚岩杰柳棠平曾之徒。其文皆不足取。余故載之者。以見当时爭取譽于文士。

此盖外重內輕之芽蘖。如李益者。一时文宗。犹曰。感恩知此地。不上望京楼。其后如李山甫辈。以一名第之失。至挾方鎮。劫宰輔。則又有甚焉者矣。一篇一韵。初若虛文。而治乱之萌系焉（唐詩紀事卷五十八）。唐选法內重外輕。而郎曹之职。迁轉甚滯。故文人多就藩鎮辟举。其矯矯風节者。則有如戴大中掌書記于太原。以正言被斥。为龙陽尉。其不拘行檢者。則有如韋庄依王建于西川。建僭位号。以庄为平章事。时人傳其掌書記时。一县宰乘时扰民。庄为建草牒云。正当凋瘵之秋。好安凋瘵。勿使瘡痍之后。复作瘡痍。其拙劣若此。

唐人以箋启为上行文之一。文人掌記者。率以此体見長。李石鎮江陵辟崔鉉为戎倅。一旦告去。既入京华。俄升翰苑。秉鈞衡。石辟李騭为掌記。馳箋賀鉉曰。某早拜光塵。叨承眷与。深蒙契奬。屢接清言。幸曾辱于厚恩。俯見循于未契。去載分麾南楚。拜节西秦。思賢方詠于嘉魚。棲止实慚于威鳳。宾筵初启。曾陪樽俎之欢。將幕未移。已在陶熔之下。光生鄰部。喜溢轅門。豈惟九士获安。斯亦一方多幸。隲之詞也。此箋体格不高。而亦不俗。宋四六之前。此已开其端矣。

唐人集中多判詞。其文率用駢偶。盖程試之文也。唐貢举有明法之科。考以四事。一曰身。二曰言。三曰書。四曰判。凡判試士問目。試判兩道。識达义理問無疑滯者为通。粗知綱例未究指归者为不通。唐以律令为取士之一途。以判牘为銓吏之一事。其法未尝不善。惟判詞之式。必用四六。实無大益。余尝論唐人以書判取人。而書法不合于六書。判詞不切于事理。盖譬花美女。龙筋鳳髓。言艺事則有余。語根柢則不足。此昌黎論新注学官。所以必加研試也。

开元天宝中。赵匡为举选議举人条例。其言曰。明經讀書。勤苦已甚。既口問义。又誦疏文。徒竭其精华。習不急之業。而当代礼法。無不面牆。及临民决事。取办胥吏之口而已。所謂所習非所用。所用非所習者也。故当官少称职之吏。又曰。試策自政問时务以来。經業之人。鮮能屬綴。以此少能通者。所司知其若此。亦不于此取人。故时人云。明經問策。礼試而已。又曰。判者。断决百事。眞为吏所切。观其判。才可知矣。有司曰。其有效官公淸。且有能政。以其短于詞判。不見褒升。無乃闕于事实乎。对曰。苟能如此。最为公器。使司善狀。国有常規。病在不行耳（全唐文三百五十五）。明經进士出身者。临民决事。取办胥吏之口。而有能政者。又短于詞判。举業之不切实用。能吏之不善文詞。自唐已然。判詞本不易为。唐人又飾以文藻。悃愊無华者。其見絀固宜。新旧唐書。均無决事之辞。惟大唐新語。載楊昉为左丞时。宇文化及子孙理資蔭。朝廷下所司理之。昉判曰。父弑隋主。子訴請資。生者犹配远方。死者無宜更叙。时人深賞之。又范攄雲溪友議載顏魯公为临川内史。邑有楊志堅者。嗜学而居貧。乡人未之知也。山妻厭其饘藿不足。索書求离。志坚以詩送之。其妻持詩詣州請公牒以求別。公案其妻曰。楊志堅素为儒学云云。江左数十年。莫有敢棄其夫者。案語云云。即判辞也。文录下。

顏眞卿案楊志堅妻求别适判

楊志坚素为儒学。偏覽九經。篇詠之間。風騷可摭。愚妻睹其未遇。遂有离心。王欢之廩既虛。豈遵黃卷。朱叟之妻必主。宁見錦衣。污辱乡閭。敗伤風俗。若無褒貶。僥倖者多矣。王决二十后。任改嫁。楊志坚秀才贈布絹各二十匹。米二十石。便署随軍。仍令远近知悉。

唐六典。凡上之所以逮下。其制有六。曰制敕册令敎符。（六典注。天子曰制。曰敕。皇太子曰令。亲王公主曰敎。尚書省下于州。州下于县。县下于乡。皆曰符。）凡下之所以达上。其制亦有六。曰表狀箋啓辞牒。（表上于天子。其近臣亦为狀。箋——啓于皇太子。然于其長亦为之。非公文所書。九品以上皆曰牒。庶人曰辞。）諸司自相質問。其义有三。曰关移刺。（关。謂关通其事。刺謂刺举之。移。謂移其事于他司。移則通判之官皆連署。）凡文案既成。勾司行朱訖。皆書其上端。記其年月日納諸庫。凡施行公文应印者。监印之官。考其事目無或差謬。然后印之。必書于历。每月終納諸庫。此于勘核儲藏之法。最为完密。自来官文書。主者但审事理而不措意于典守。此可以为法者也。

勘核儲藏而外。又有漏泄稽緩之罰。唐六典。中書舍人掌侍奉进奏。参議表章。按典故起草进画。既下。則署而行之。其禁有四。一曰漏泄。二曰稽緩。三曰違失。四曰忘誤。唐律。漏泄大事应密者。絞。非大事应密者徒一年半。漏泄于蕃国使者加一等。官文書稽程者。一日笞十。三日加一等。以上諸律令。当是汉魏以下遞有損益。唐人著之于典。遂流傳至今耳。

上文录秦王告少林寺教。原碑此文之下。附录王府記室諮大行台尚書省洛州二牒。其式如下。

少林寺柏谷塢庄碑

少林寺　賜地肆拾頃　賜水碾壹具

教。前件地及碾。寺廢之日。国司取以置庄。寺今既立。宜并还寺。

武德八年二月十五日兼記室参軍临淄侯房玄龄宣

兼主簿元道白奉

教如右謹付外奉行謹諮

武德八年二月十五日

二月十六日录事郭君信受

录事参軍事师仁付田曹

依諮

右武德八年賜还少林寺庄田水碾敎。参軍房玄龄宣敎。主簿元道白奉行。录事郭君信受敎。录事师仁以此敎付田曹施行。依諮二字。碑文作行書。盖主者于公文批示之辞也。既付田曹。則下牒于少林寺。其文如下。

陕东道大行台尚書省　牒少林寺

牒。今得东省秦王府牒称。奉　敎連写如右。此已准敎下洛州。并牒秦府留后国司准　敎。牒至准敎。故牒

武德八年二月二十二日。令史胥威幹牒

主事

膳部郎中判屯田君允。

司戶牒少林寺　賜地肆拾頃　水碾壹具

牒。上件地及碾。被符。奉敎。前件地及碾。寺廢之日。国司取以置庄。寺今既立。地等宜并还寺者。以狀录牒任。即准　敎。故牒。

武德八年二月二十七日。史張德威

尉权判丞張开

右尚書省得秦王府諮而下牒于少林寺。寺僧既得賜田。誤以賜田与口分田相同。遂以口分田注

于官籍。既而知其有誤。貞观六年牒請改正。而事隔数年。官不悉其本末。遂層穷究。以問答之辞牒于上官。得覆准从实改正。其文如下。

少林寺今得牒称。上件地往因寺庄翻城归国。有大殊勛。据格合得良田一百頃。去武德八年二月。蒙敕賜寺前件地。为常住僧田。供养僧众。計勛仍少六十頃。至九年。为都維那故惠义不閑敕意。妄注賜地为口分田。僧寺知此非理。每欲諮改。今既有敕普令改正。請依籍次附为賜田者。又問僧彥等。既云翻城有勛。准格合得賜田。当时因何不早陈論。翻城之时。头首是誰。复誰委知得。款称。但少林及柏谷庄去武德四年四月翻城归国。其时即蒙賞物千段。准格合得者。未被酬賚之閒。至五年。以寺居伪地庄。总被廢省。僧徒还俗。各从徭役。于后以有翻城之功。不伏减省。上表申訴。至七年七月蒙别 敕少林寺听依旧置立。至八年二月。又蒙别 敕少林寺賜地肆拾頃。水碾磑一具。前寺廢之日。国司取以置庄。寺今既立。地等幷宜还寺。其教 敕案今幷在府县。少林若無功勛。即是雷同廢限。以有勛勤。别 敕更听存立其地。既張頃数。恩 敕还僧。寻省事原。豈非賜田。不早改正。只是僧等不閑宪法。今謹量事。始与申論。其翻城僧曇宗志操惠瑒等。余僧合寺为从。僧等不願官爵。唯求出家。行道报国。若論少林功勛。与武牢不殊。武牢勛賞合地一百頃。自余合賞物及闕地数。不敢重論。其地肆拾頃。特 敕还寺。既蒙此賚。請为賜田。乞附籍泛正。又准格以論。未蒙僉賞。但以出家之人。不求荣利。少少亦为足。其翻城之时。是誰知委者。伪轘州司馬赵孝宰。伪罗州县令刘翁重。及李昌运王少逸等。幷具委者。依問僧彥。孝宰等所在。款称。其人屬游仙乡。任饒州弋。揚县令。無身。刘翁重住在偃师县。李昌运王少逸等二人。屬当县。見在者。依狀牒偃师勘問翁重。得报称。依追刘重勘問。得报称。少林寺去武德四年四月内。众僧等翻轘州归国是实。当翻城之时。重見在城所悉者。又追李昌运等。問得款与翁重牒狀扶同者。又問僧彦等。既称少林僧为归国有功勋。未知寺僧得何官。款称。僧等去武德四年四月二十七日。翻城归国。其月三十日。即蒙 勑書慰劳。勑書今并見在。又至武德八年二月。奉 勑还僧地肆拾頃。勑書今并見在。当时即授僧等官职。但僧等只願出家。行道礼拜。仰报国 恩。不取官位。其寺僧曇宗蒙授大將軍。赵孝宰蒙授上开府。李昌运蒙授仪同。身并見在者。并追在手 勑 敎及还僧地符等。勘驗有实者。少林僧等先在世充伪地。寺經癈省。为其有功。翻柏谷塢功績可嘉。道俗俱蒙官賞。特 勑依旧置立其寺。寺即蒙立。还地不計俗数。足明賚田非惑。今以狀牒帳次。准 勑从实改正。不得因兹浪有出沒。故牒。

貞观六年六月二十九日

丞万寿 佐董师史吉海

右盖洛州司戶因寺僧請改正田籍而牒上官。于上官允准后轉牒少林寺之文。金石萃編題为少林寺賜田勑者誤。其文凡分数段。自發端至附为賜田者句。叙寺僧牒請之辞。其下又問僧彦至誰委知得句。叙本官推問之語。其下曰款称者。叙寺僧供辞。犹六朝之言列称也。寺僧具言原因。而引赵孝宰刘重为証。本官依其所述。而問証人所在。僧寺言赵孝宰已身故。惟刘重等尚存。因据所言。詢之偃师县。得覆傳訊刘重。謂寺僧所言不誤。又追問李昌运等。所言亦同。又問寺僧曾否因功得官。寺僧具言有勑書可証。則令將勑来等件呈驗。知其不誤。自款云云至勘驗有实者句。其層次曲折如此。凡一段之末。均以者字勒住。犹今之言等情等語也。自此以下。本官陈述意見而牒于上官。故曰以狀牒帳次。犹近代言呈报某軍門也。其上官为何人。則不可知矣。既得上官报可。則牒寺僧而告以不得浪有出沒。若今言不得稍有出入也。此牒皆当时通俗語。然文極簡括。意極精核。可見唐初吏事不苟。其字一作壹。四十作肆拾。乃公文故繁其笔画。以防增改。庄作荘。因作囙。切作功。徭役作傜役。皆俗字。惟廢作癈。間作閅。現在作見在。合于六書。然則唐人官文書。作字雅俗杂用矣。

公牘有批始于唐。自唐以前。惟用于書問答复而已。批者。答复之謂。說文。批。反手击之也。引申为返还之义。張彥远法書要录。有王羲之敬倫帖。其文曰。九月三日。羲之报。敬倫遮諸人。去晦祥禫。情以酸隔。念卿伤切諸人。豈可堪处。奈何。奈何。及書不旣。羲之批。敬倫者。王劭之字。劭。导之子也。遮者。羲之族人。羲之别有阿遮帖。則小字也。米芾書史。王献之曰寒帖。后有兩行。謝安批。安于献之为丈人行。故不以为慢。凡批答必在原文之末批其后而反之。是反手之义也。其勢逆而非順。故犯顏敢諫。謂之批鱗。唐給事中之职。凡詔敕不便者。塗竄而奏还之。謂之塗归。李藩为給事中。制有不便。就敕尾批却之。吏惊。請联他紙。藩曰。联紙是牒。豈曰批敕耶（楼鑰攻媿集进三朝故事）。下僚对于上官符牒。亦可批而返之。李肇国史补。貞元中。度支欲斫取兩京道中槐树造車。更栽小树。先符牒渭南县尉張造。造批其牒曰。近奉文牒。令伐官槐。若欲造車。豈無良木。恭惟此树。其来久远。东西列植。南北成行。輝映秦中。光临关外。不唯用資行者。抑亦曾蔭学徒。拔本塞源。虽有一时之利。深根固柢。須存一代之規。况神堯入关。先植此树。元宗幸岳。見立丰碑。山川宛然。原野未改。且召伯所憩。尙自保全。先皇旧址。宁宜翦伐。思人爱树。詩有薄言。运斧縱斤。情所未忍。付司具狀。牒上度支使。仍具奏聞。遂罢。造寻入台。此篇审其文义。盖既具牒上申。又于文内批百余言。以县尉而敢言若是。亦难能矣。又宰相对于节鎮。書其牘后。亦謂之批。通鑑考異。安祿山討奚契丹。兵敗。节度使張守珪械送京师。宰相張九龄批曰。穰苴出征。必誅庄賈。孙武行令。亦斬宮嬪。守珪軍令若行。祿山不宜免死。此則后来批牘之濫觴。其文盖进奏于御前。而非返还于本官也。

上下行文之别。唐人謂上行曰言上。謂下行曰行下。唐律。应言上而不言上。及不应言上而言上。及不由所管而越言上。应行下而不行下。及不应行下而行下者。各杖六十。疏議曰。不应言上者。依律令及格式。不遣言上而輒言上。不由所管而越言上者。謂州管县。都督管州。州县事須上省。皆須就申所官州官。应行下者。謂应出符移关牒刺而不出行下。

今人称判稿曰画稿。此語始于唐。唐律。諸公文有本案事直而代官司署者。杖八十。疏議曰。公文。謂在官文書。依令授五品以上画可。六品以下画聞。按画可画聞。通謂之判署。可字在秦汉时惟制詔用之。至唐則五品以上官亦用之。

公文抬行之式。唐制不如后代之严。唐六典。昊天。后土。天神。地祇。上帝。天帝庙号。祧皇。祖妣。皇考。皇妣。先帝。先后。皇帝。天子。陛下。至尊。太皇太后。皇太后。皇后。皆平出宗庙社稷。山陵。乘輿。車駕。制書。勑旨。聖化。天恩。闕廷。朝廷之类。并闕字。宗庙中。陵中。待制。举陵庙名为官。如此之类。皆不闕字。按平出今人謂之平抬。唐人以平出为尊崇。無三抬双單抬之說。称宗庙社稷。仅一闕字。后世虛文日繁。避忌日密。甚無謂也。皇祖皇考。古时君民通用。宋人犹如是。故瀧岡阡表称皇考崇公。元时始以皇字專屬之皇帝。民間木主有書皇考者。焚其主。罪其子孙（見元典章）。于是皇字之义。尊無二上矣。

唐人書記文書格式者。有翰林学士院旧規。直齋書录解題翰林学士院旧規一卷。唐学士楊鉅撰。杂記院中事列及文書格式。鉅。宰相收之子。其为学士。在昭宗时。

唐人有記文書格式者。直齋書录解題。翰林学士旧規一卷。

唐学士楊鉅撰。杂記院中事列及文書格式。鉅。宰相收之子也。

唐人多工書法。公牘刻石者。結体亦多工整。以当日講求書学也。顏元孙干禄字書。以四声隶字。每字分正俗通三体。以为文書章表之用。故曰干禄。書判字体亦分正俗。其辨别可謂謹严。然傳至宋初。而說文一書。犹傳写譌謬。盖所講求者。偏旁点画。非六書源流也。

唐制科有手笔俊拔之目。許景先席豫皆中是科。見唐書本傳。

称文書箋啓之作曰应用文。此語始于唐。直齋書录解題。令狐公表奏十卷。唐宰相令狐楚撰。楚長于应用。尝以授李商隐。

今人称通問之書曰八行。乃唐人語也。白乐天酬牛相公見寄詩。手札八行書一篇。無由相見但依然。韓偓安貧詩。手風慵展八行書。眼暗休寻九局圖。唐人之言八行犹汉人之言尺一。李襲吉为晋王与朱温書。山長水闊。难追二国之欢。雁逝魚沉。久絶八行之賜。則兩国致書。亦称八行矣。又。書函之封面。自署其姓而不名。韓昌黎寄皇甫湜詩云。敲門惊晝睡。問报睦州吏。手把一封書。上有皇甫字。是自書皇甫而不書皇甫湜也。又有用官文書封函者。盧仝詩云。口傳諫議送書信。白絹斜封三道印。是私信用官封。唐人亦有之。其用絹者。盖取其坚固耳。

五代

五代之文。沿唐人余波。士大夫生丁乱世。救死之不暇。其靦顔而有位于朝者。苟安旦夕而已。旧五代史孙隲傳。光啓中。中原多难。文章之士。縮影竄迹不自显。魏博从事公乘亿死。章表牋疏。淹积兼月。不能發一字。隲微有辞笔。或以隲为言。即署本职。累迁至兵部尚書。后卒以小过格杀于前墀。五代史补。郑准能为文。長于箋奏。成汭鎮荆州。辟为推官。楊行密贶汭初学記一部。准謂汭曰。初学記訓童之書尔。以此为贶。非相輕之甚耶。宜書責讓。汭不納。准自歎曰。見輕敌国。足彰幕府無人。遽請辞职。汭怒其去。杀之于途。此二人者。皆微有笔札之才。而不能自保其身者也。敬翔之于朱温。李襲吉之于李克用。則委任始終。然翔能屏唐家鴟梟之苏循父子。而不能救白馬衣冠之禍。自謂朱氏老奴。其人殆不足道。惟襲吉文章学行。吾無間然。傳称襲吉博学多通。尤諳悉国朝近事。为文精意練实。动据典故。無所放縱。羽檄軍書。辞理宏健。又称其在幕府十五年。視事之暇。惟讀書業文。手不釋卷。性恬于荣利。奬誘后进。不以己能格物。参决府事。务在公平。不交賂遺。有士大夫風槪。五代何时。而有此人。后賢身世遭际如襲吉者。当以为法。今录其文一首。

李襲吉答晋王咨問（全唐文八百五十）

伏以变法不若养人。改作何如旧貫。韓建蓄財無数。首事朱温。王珂变法如麻。一朝降賊。中山城非不峻。蔡上兵非不多。前事甚明。可以为戒。且霸圖無貧主。强將無弱兵。伏願大王崇德爱人。去奢省役。設險固境。訓兵务农。定乱者选武臣。制理者选良吏。錢谷有司。刑法有律。誅賞由我。則下無威福之弊。近密多正。則人無譖謗之憂。順天时而絕欺詐。敬鬼神而禁淫祀。則不求富而自富。不求安而自安。外破元凶。內康疲俗。名高五霸。道冠八元。至于率閭閻。定間架。增麴蘖。檢田疇。开国建邦。恐未为切。

襲吉为晋王答梁祖書。詞采斐然。此篇質率言之。內外之辞。固宜有別。亦以克用非深于文义。必如此方明白易曉耳。后唐时牛希济为表章論。其略曰。元和以前。名臣表疏。詞尙簡要。質胜于文。直指是非。坦然明白。时君易为省覽。夫聪明睿聖之主。非能一一奥学深文。研穷古訓。覽之茫然。又不亲近儒臣。必使旁詢左右。倘或改易文意。以是为非。逆鱗發怒。略不为难。故杜甫奏房琯。朝廷以为廋詞。祇曰。臣事君不援其所不及。盖不可援引深僻。使夫不喻。且一郡一邑之政。訟者之詞。蔓引数幅。尙或棄之。况万乘之主。万几之大。焉有三复之理。窃願复师于古。但寘于理。何以幽僻文煩为也。观于此論。則当时有以幽僻之詞入表疏者。通鑑紀周高祖即位。詔文武官有益国利民之术。各具对以聞。咸宜直書。勿事辞藻。盖知所先务矣。

薛史記幕府人才。曰。自广明大乱之后。割据方面。竞延名士。以掌書檄。梁有敬翔。燕有馬郁。华州有李巨川。荆南有郑准。鳳翔有王超。錢塘有罗隐。魏博有李山甫。皆有文称。与襲吉齐名（李襲吉傳）。此数人者。其文字不尽傳。罗隐有湘南应用集。三卷有著录于宋史艺文志。其自序云。河南公按察長沙郡隐。因請事笔硯。以資廿旨。明年。隐得衡陽县主簿。冬十月乞归。阻風于洞庭清草間。湘南文書。十不一二。盖以失落于馬上軍前故也。今分为三卷。而举牒祠祭者亦与焉。又。孟蜀世家。李昊仕蜀五十年。自知祥領蜀。凡章奏書牘。皆出昊手。有集二十卷。目为樞机应用集。裒应用之文为一集。始于是。

經書有雕版。始于馮道。此举开北宋右文之治。其功不可沒也。欧史以長乐老叙一文。極力詆之。長乐者。馮氏郡望也。新唐書馮宿傳。宿婺洲东陽人。而馮宿碑云冀州長乐人。五代承唐人之旧。自称郡望。不足为異。宋初王溥作自問詩。述平生踐历。王易簡退居华陰。構一鳴堂二品楼。此亦馮道之流亞。而宋史置于文臣列傳之首。史豈有定論哉。苏子由历代論。于馮道有恕辭。謂士生五代。棄之而去。与自經溝瀆何異。此平允之言。馮道刻書之事。惜無公牘可証。附記于此。

五代时判辞之式与唐人同。全唐文載后唐張希崇郭氏义子与亲子爭財判。其辞云。父在已离。母死不在。止称假子。孤二十年撫养之恩。儻曰亲兒。犯三千条悖逆之罪。頗为伤害名敎。安敢理認田园。其生涯并付亲子。所訟人与朋姦者。委法官以律定刑。据此则迄于五季。此体未变。积重难返。盖至是而極矣。南唐文牘亦然。江南野史。徐省躬傳。省躬官永新令。郡有杀人者。行及知見。其人窜逐。妇自經。省躬械系郡吏。仍致辞于上曰。一夫抱恨。六月降霜。一妇吞声。三年大旱。本为敎人。却致杀人。請加明罰。由是抵罪。南唐文物。一循中原之旧。此其一节。

五代之事。無足言者。惟周世宗在位六年。考制度。修通礼。定正乐。議刑統。其制作皆可施于后世。即位之明年。廢天下佛寺三千三百三十六。是时中国乏錢。乃詔悉毁天下銅佛像以鑄錢。陕西西安有显德二年停廢寺院牒文。即其事也。此五代时牒文之一种。录之于下。

永兴軍牒

中書門下　牒永兴軍

永兴軍中除見有勅額已存留寺院外

敕通勘到在城应管無敕額口有名額及近置寺院共計伍拾肆处。內肆拾壹口口应停廢外。余有壹拾叁处無敕額。从来口口院建置年深。准宜分口到候指揮事。

开元寺　胜果寺　太口尼院　西臺尼院　口口禪院　口王护国禪院　資聖禪院　清涼建福禪院　經塔院　上口院

已口壹拾口口宜令依旧口口

口口院　泗州院　文殊院

口口口并令准牒停廢

牒奉

敕宜令各依前項指揮牒至准

敕故牒

显德二年七月三十日牒

中書侍郎平章事景

中書侍郎兼禮部尚書平章事王

守司空兼門下侍郎平章事

守司徒兼門下侍郎平章事

卷五

宋（金附）

赵宋之开国也。其先非积德累仁有商周忠厚之基也。又非战胜攻取有汉唐缔造之艰也。唾手而得天下。子孙安享其成者数百年。此其开創之初。必有深入人心而确乎不可拔者。王船山之論宋祖也。曰。宋祖起行間。涉下位。儒术尚淺。異学不乱。其心怵于天命之不恆。感于民劳之已極。其所为厚柴氏。礼降王。行賑貸。禁淫刑。增俸祿。尚儒素者。一监于毒民侮士之習。心所不安。漸損漸除。而苏其喘息。抑未尝汲汲然求利以兴。求病以去。貿愚氓之愉快于一时。以不恤其久远。視力之可行者。从容利导。而不尸自堯自舜之名。以矜其美而刻責于人。而天下紛紛之情。优游而就緒。瓦解之势。漸次以即安。無他。其有善也。皆因心者也。惟心之緒。引之而愈長。惟心之忱。出之而不妄。是以垂及百年而余芳未歇（宋論卷一）。因心之說。可以概宋儒学案。而其端自艺祖啓之。惟心之不汲汲于求利也。故不尚边功。与民休息。而边患亦伏于此。惟心之不汲汲於近名也。故士大夫蒸为風俗。衍而为濂洛关閩之学。而文章之崇实黜华。亦本于此。

前代帝王言家法者。莫如宋室。哲宗时吕大防在經筵。讀宝訓。至祖宗家法。因推广以进。曰。自古人主事母后。朝見有时。祖宗以来。皆朝夕見。此事亲之法也。前代宫闈多不肃。本朝宫禁严密。內外整肃。此治內之法也。前代外戚。多預政事。常致敗乱。本朝母后。五族皆不預。此待外戚之法也。前代宮室。多尚华侈。本朝宮殿止用赤白。此尚儉之法也。前代人君。虽在宮禁。出輿入輦。祖宗皆步自內廷。出御后殿。此勤身之法也。前代人主在禁中。冠服苟簡。祖宗以来。燕居必以礼。此尚礼之法也。前代多深于用刑。本朝臣下有罪。止于罷黜。此寬仁之法也。至于虛己納諫。不好畋獵。不用玉器。不貴異味。此皆祖宗所以致太平者。陛下不須远法前代。但尽行家法。足以为天下（宋史呂大防傳）。大防隨事納諫。特啓沃之一端。若以此自足。謂可应無穷之事变。則言之太易。宋君臣好言家法。及身处危疑。往往迟回僨事。其病由于講理道而不明时势。家法非不当講也。謂家法修整。而此外一切不講。便可以致太平。則辽夏金元。接踵而起。宋之天下。治之固不若是其易易也。

宋史范質傳。太祖受命。加質兼侍中。罢参知樞密。先是宰相見天子。議大政事。必命坐賜茶。唐及五代。其制犹存。及質等憚帝英睿。請每事具劄子进呈。由是奏御寖多。始廢坐論之禮。三公坐而論道。古之制也。惟坐論故可以从容尽言。而献可替否。不存形迹。自質等請改坐論为劄奏。而空論多。国是淆矣。

学問至五代而荒矣。士大夫擅文章之美者。已如鳳毛麟角。求其被服儒素。博涉多聞。盖未之有也。王朴竇仪。起于燕赵。粗有涉历。而講習未精。惟江南西蜀。保境自守。兵戎之所不及。学者得以从容諷籀。翫味道腴。逮入新朝。遂傳絕業。宋太宗雅意文学。优礼儒臣。編輯刊印之書。若太平御覽太平广記文苑英华册府元龟以及摹刻流傳之淳化閣帖。皆为后人津逮。而徐鉉之校定說文解字。其最著者也。宋本說文。附奏狀敕書牒文。其辞沿駢偶之遺。而意賅言簡。体格稍異于唐人矣。

徐鉉等进校定說文解字奏

銀青光祿大夫守右散騎常侍上柱国东海县开国子食邑五百戶臣徐鉉等伏奉

聖旨。校定許慎說文解字一部。伏以振發人文。兴崇古道。考遺編于魯壁。緝蠹簡于羽陵。

載穆

皇風。允符

昌运。伏維

应运統天睿文英武大聖至明广孝皇帝陛下。凝神系表。降鑒机先。聖靡不通。思無不及。以

为經籍既正。宪章具明。非文字無以見聖人之心。非篆籀無以究文字之义。眷茲譌俗。深惻

皇慈。爰命討論。以垂程式。將懲宿弊。宜屬通儒。臣等实媿謏聞。猥承乏使。徒穷懵学。豈

副

宸謨。塵瀆

冕旒。冰炭交集。其書十五卷。以編秩繁重。每卷各分上下。共三十卷。謹詣

東上閤門进

上。謹进。

雍熙三年十一月　日　翰林書学臣王惟臣葛湍等狀进

奉直郎守秘書省著作郎直史館臣句中正

銀青光祿大夫守右散騎常侍上柱国东海县开国子食邑五百戶臣徐鉉

中書門下　牒徐鉉等

新校定說文解字

牒。奉

敕。許愼說文。起于东汉。历代傳写。譌謬实多。六書之蹤。無所取法。若不重加刊正。漸恐失其原流。爰命儒学之臣。共詳篆籀之迹。右散騎侍郎徐鉉等。深明旧史。多識前言。果能商榷是非。补正闕漏。書成上奏。克副朕心。宜遣雕鐫。用广流布。自我朝之垂范。俾永世以作程。其書宜付史館仍令国子监雕为印版。依九經書例。許人納紙墨价錢收贖。兼委徐鉉等点檢書写。無令差錯。致誤后人。牒至。准

敕。故牒。

雍熙三年十一月　日牒

給事中参知政事辛仲甫

給事中参知政事呂蒙正

中書侍郎兼工部尚書平章事李昉

呂东莱編皇宋文鑒。录宋初奏疏甚少。以宋初古文未振也。就所采录。犹見一斑。赵普請班师疏云。伏覩今春出师。將以收复幽薊。屢聞克捷。深快輿情。然晦朔洊更。已及初夏。尙稽克复。屬在炎蒸。飞輓甚煩。战斗未息。王师漸老。吾民亦疲。夙夜思之。頗增疑虑。又云。臣竊念大發驍雄。往殲凶丑。百余万之生聚。飞輓而供。数十州之土田。耕桑半失。茲所謂以明珠而彈雀。因鼷鼠而發机。所失者多。所得者少。又聞上聖之人。不凝滯于物。事無固必。理貴变通。前書有兵久生变之言。此可以深虑也。田錫論边事疏云。动靜之机。不可妄举。应动而靜。則养寇以生奸。

应静而动。則失时以敗事。动静中节。乃得其宜。今北部繹騷。盖亦有以。居边任者規羊馬細利为捷。矜捕斬小胜为功。買怨結仇。乘秋致寇。召戎起衅。职此之由。伏願申飭將帅。审固封守。勿尙小功。許通互市。素还蕃口。撫而还之。狄势未衰。何劳力取。天聖明道之間。宋兴六十余年矣。王禹偁应詔言事云。方今北有胡虜。西有繼迁。胡虜虽不犯边。戍兵豈能减削。繼迁既未归命。餽餉固难寢停。臣愚以为官敕疆吏。致書虜臣。使达犬戎。請寻旧好。下詔赦繼迁之罪。复與夏臺。如其不从。則备禦誅擒。皆有方略。以上諸疏。屬詞皆紆徐中节。不能振文字之衰。其議論务在和平持重。貌似老成。意則消沮。士大夫文章如是。狡虜固有以窺其微矣。

仁宗时称名臣曰韓范富欧陽。范文正少年时。文体犹未尽变。故集中文字尙与宋初相类。及为陝西安撫司。举欧陽修为掌書記。其奏狀載于本集。体視宋初已殊。自此以后。風气日开。韓富諸公論事之文。亦異于前人矣。

范仲淹举欧陽修充經略掌書記狀

右臣叨膺要职。充前件职任。即日沿边巡按。其有將帅之能否。师旅之勇怯。人民之憂乐。財利之通塞。戎狄之情伪。皆須广按人以訪問。复無暇可为。而或奏議上府。軍事叢委。情須可达。辞貴得宜。当借俊僚。以济机事。臣訪于士大夫。皆言非欧陽修不可。文学才能。为众所伏。往者緣臣之累。有黷聖听。盖本人素好議論。聞于縉紳。只如臣为諫官之初。杜衍任中書之日。修皆曾移責臣等緘默無执。非独有高若訥之讓也。以此明之。实非朋党。若訥知其無他。亦常追悔。臣切于集事。不敢避嫌。其人見权滑州节度判官。伏望聖慈。特差經略安撫司掌書記。随逐巡按。所典書奏。幷国家之事。非臣下之私。若不如举狀。臣甘欺罔之罪。

范文正初知开封。以論建都事。与宰相呂夷簡不合。又为四論以献。譏切时政。夷簡謂其离間君臣。引用朋党。以此謫官。欧陽文忠貽書司諫高若訥。責其不論救。遂貶夷陵令。文忠狀中謂实非朋党者。指此事也。苏子由欧公神道碑云。范文正公斥守饒州。公为書責諫官。坐貶夷陵令。范公起为陝西經略招討安撫使。辟公掌書記。公笑曰。吾論范公。豈以为利哉。同其退。不同其进可也。辞不就。范欧二公文字。皆光明磊落。于此可以見之。建都之事。文正議迁洛陽。实根本至計。汴之不可都。宋太祖已見及之。（王質上皇帝書。太祖太宗議汴洛之都。太宗以迁为难。则决策居汴。太祖嘆曰。不及百年。东南之力竭矣。未五六十年而东南已以病告。盖重兵宿于京师。而供給仰于东南也。書見雪山集。）呂文靖亦名臣。其論建都事。欲以大名为陪都。与文正之議相类。而意气之爭。終不能泯。国事坏于無形。此可慨也。

四庫提要云。宋朝变駢偶为古文。自柳开始。又云。宋之古文。柳开与穆修为倡。开之学及身而止。修則一傳为尹洙。再傳为欧陽修。而宋之文章。于期極盛。又引邵伯溫聞見后录云。錢惟演守西都。起双桂楼。建临园驛。命欧陽修尹洙作記。修文千余言。洙止用五百字。修服其簡。又称修早工偶儷之文。及官河南。始得洙。乃出韓退之文学之（別集类五）。按欧集年譜。为西京留守推官时。年祇二十余。尹欧二人年輩不相若。少年文字。不能与前輩比。邵氏之言。不足以为定論。惟欧文論事。确有冗長之处。兹节录河北奉使奏草一首。可見其凡。

欧陽修論契丹侵地界狀

右臣伏見北虜近于界首添建城寨。及拘囚定州巡兵湯則。侵过銀坊冶谷地界等事。窃聞朝廷至今未有分明严切指挥。令边臣以理爭辨。窃料朝廷之意。必謂爭之恐有引惹之虞。此乃虑之过而計之失也。夫虜性貪狠。号为犬戎。欺弱畏彊。难示以怯。今杜之于早而力为拒絕。犹恐不能。若縱之不爭而誘其来侵。乃是引惹。况西山道路。有三十余处皆可行兵。其險要关阨。在于軍城銀坊等路。为彼夺据而不爭。則北寨王柳等口。漸更来侵。豈能爭矣。是則西山險要。尽为彼夺。一日使虜以大兵渡易水。由威虜之西平陆而来。以奇兵自飞狐出西山諸口而下。則我腹背受敌之患。不知何以御之。此盖兵法必爭之地也。且与人为鄰敌而自棄險要。任彼夺据而不爭。虽使我弱彼彊。尙須勉强。何况势均力敌。又違誓約而彼曲我直乎。臣謂朝廷所以然者。盖由未察虜中强弱之形。而不得其情伪之实也。臣又見朝廷常有惧虜之色。而無憂虜之心。夫憂之与惧。名近而意殊。憂者。深思極虑。而不敢暫忘。惧者。临时惶惑而莫知所措。今边防之事。措置多失其机者。惧虜之意过深也。若能察其强弱之形。得其情伪之实。則今日之事誠不足惧。而將来之患深有可憂。奈何不憂其深可憂。而反惧其不足惧（原文以下論契丹情势凡五百余言兹不录）。臣虽不知朝廷顧河北为如何。但于本路之事。以今年較去年。則亦可見。去年以前。河北官吏無大小。皆得举材而擇能。急于用人。如不及者。惟恐一事之失計故也。自今春已来。差除漸循旧弊。凡幹敏之吏。熟于北方事者。举留奏乞。百不一从。不惟使材臣能吏不劝。而殆亦足見朝廷不憂河北之事办否也（以下节去原文一段）。臣愚以朝廷不以此事为憂。則又怯惧如此。既曰惧矣。則于用人之际又若忽而不憂。此臣之所未諭也。臣聞虜人侵我治谷。虽立寨屋三十余間。然尙迟延。未敢便貯兵甲。吏伺我意緊慢。若不及早毁拆而少緩縱之。使其以兵守之。則尤难事矣。此旦夕之間。不可失也。至于湯則亦聞因而未敢杀。此亦不可不爭。臣願陛下但以將来之患为憂。不忘此事。用人之际。革去旧例。而惟材是擇。勿听小人之謬謀。勿于忠良而疑貳。

使得上下畢力。庶几漸成御备。至于目今小事。未銷过自怯惧。夫事之利害。激切而言，則議者以为太过。言之激切。則听者或未动心。此自古以为难也。况未形之事。虽曰必然。而敢冀尽信乎。伏望陛下留意听納。不以人廢言。則庶竭愚瞽。少裨万一。謹具狀奏聞。謹奏。

此篇大旨。以为險不可失。虜不足惧。而后患不可不防。特欧公以古文笔法为之。抑揚頓挫以取势。遂不覚詞繁至此。試取韓集論淮西事宜狀相較。其体格迥不侔矣。拆毀寨屋。爭釋湯則。为此事正文。而著笔甚輕。驟讀之几于不覚。李剛主論北宋边事。極不滿于韓范諸公。于欧陽永叔。直譏其不知兵事（見閱史郄視卷三）。非苛論也。欧公神道碑。公在兵府。与曾魯公参天下兵数及三路屯戍多少。地理远近。更为国籍。其在政府。凡兵民官吏財利之要。中書所当知者。集为总目。遇事不复求之有司。盖前此兵府政府諸人幷国籍而不措意。欧公更事漸多。始創为之。則遺事之敗坏久矣。欲振国威。必修边备。欲修边备。必裕度支。故王荊公遂得以周官制用之說进。

制置三司条例。荊公行新法入手第一事也。临川集有制置三司条例議。录其大概。

王安石制置条例議

聚天下之人。不可以無財。理天下之財。不可以無义。夫以义理天下之財。則轉輸之劳逸不可以不拘。用度之多寡不可以不通。貨賄之有無不可以不制。而輕重斂散之权不可以不术。臣等以为發运使总六路之賦入。而其职以制置茶鹽礬稅为事。軍儲国用。多所仰給。宜假以錢貨。繼其用之不給。使周知六路財賦之有無而移用之。凡糴买稅斂上供之物。皆得徙貴就賤。用近易远。令在京庫藏。年支見在之定数所当供办者。得以之从便变卖。以待上令。稍收輕重斂散之权归之公上。而制其有無。以便轉輸。省劳費。去重斂。寬农民。庶几国用可足。民財不匱矣。

熙宁新法。右二百二十余言。足以尽之。荆公之意。欲移用六路財賦作为成本。流通市易。徙貴就賤。用近易远。而官收其利以供国用。此与今之銀行兼营借貸公債倉庫諸業者。正复相同。特此为商業銀行之事。而国家銀行所不肯兼营者。荆公則欲以官吏主之。且以新进不更事之人司之。宜其有害無利而公私俱困也。自此以后。朝局水火。元气摧殘。而靖康之禍作矣。然就文而論。刀刮水洗。無一閑字杂句。临川集又有茶商十二損說。其体亦然。宋人此等文字。即近人之說帖节略。以簡要明通为貴。临川文本以簡潔胜。此尤可为公牘之法。

李穆堂为荆公年譜。力雪其誣。近人表章荆公者皆宗之。余謂宋史于熙宁新法。元丰官制。亦存公論。其利多而害少者。职官食貨諸志。俱著其实。兵志載保甲之法。尤可为荆公吐气。特元祐諸人傳中。备載其人奏疏。一若新法無一可取者。則偏見耳。新法之害。有必不可掩者。如改貸粮法为借助。移常平广惠倉錢为青苗。皆令民出息。其一端也。刘摯乞复錢禁疏云。錢幣所以御万物。通有無。而調盈虛。鼓鑄之权。一制于公上。而下不得私之。其發散交易。流布运用。虽积于公。或藏于民。轉徙出入之不常。而要皆为县官之物。使不出于中国境土。是以銷毀之奸。散泄之弊。不可以無禁。曩时著令。銅錢出中国界者。数及一貫。其罪抵死。立重賞以告捕。而居停資給。与夫官吏之失檢察者。皆罪有差。今熙宁制刪去此条。而徒聞沿边有每貫税之之令。使四方不劳而获中国之利以为利。三边之所漏。海舶之所运。日积一日。臣恐竭吾資財。劳吾工力。不足以給之。而区区算税之得失。权其輕重。何啻相万哉（忠肃集）。張方平諫禁私錢疏云。比年公私上下。并苦乏錢。百貨不通。人情窘迫。謂之錢荒。盖自熙宁七年。頒行新敕。削除錢禁。以此边关重車而出。海舶飽載而回。如此則逐州置鑪。每鑪增数。是犹畎澮之益。而供尾閭之泄也（宋史食貨志）。刘張二人之說。与近代論貨幣原理相符。此不能为荆公曲解矣。

宋人熟边事者。当求之幕职中。而宋幕职官随府主为进退。張浚都督江淮。請以罗宗約为幹办公事。浚入相。宾客例出幕府。以宗約知和州(汪应辰罗宗約墓志見文定集)。乾道中。陆游与刘戒之同在宣撫使幕中。时同舍十四五人。及宣撫使召还。而十余人者皆散去。見放翁刘戒之东归詩跋。是幕职之官無久任者。惟游师雄管勾幕府机宜文字。前后甚久。張舜民極推重之。見画墁录游公墓志。又。李复久居兵間。嫻習戎事。其奏議切中时弊。所著曰潏水集。著录四庫書目。集中如乞置弓箭子堡乞罢造战車乞开黄河中灘諸疏。皆切实不浮。而于蔡京用邢恕議謀造黄河战艦一事。上疏極言其不可。語尤切至。洪容齋記其事于随笔之中。其風节亦不可及。書經傳說彙纂采此篇以証积石至龙門黄河形势。今录其文于此。

李复乞罢造船劄子

臣准尚書省劄子。涇原路經略安撫使邢恕奏。乞下熙河路轉运使打造三百料及五百料船五百只。將造成船于黄河流放下。至会州西小河内藏放。奉聖旨。專委臣監督催促打造。限一年了当。臣窃知邢恕欲用此船載兵順流而下。去取兴州。契勘本路見有船匠一人。須乞于荆湖南北淮海兩浙刻刷和雇。又。釘綫物料并非本路所出。昨造蘭州浮桥。皆自别路应副。非惟工匠物料全無。臣观邢恕所奏請。不止于道听塗說。亦实是兒戏。且造船五百只。若自今工匠物料并备。亦須数年。其声势夏国必已詳知。自蘭州駕放至会州。約三百里。北岸是敌境。豈可容易。会州之西。小河鹹水。其闊不及一丈。深止于一二尺。豈能藏船。黄河过会州。入韋精山。石峽險窄。自上垂流直下。高数十尺。船豈可过。若只是栰木。經此亦須扑散。然間有浮者。船既破散。一沉無有。即浮过此峻流。至西安州之东。大河分为六七道散流。謂之南山。逆流数十里方再合。逆流水淺。灘磧不胜舟載。說若可行。自会州之东。便是生界。兩岸皆是敌境。一船所載。不过五馬二十人。五百船共該馬二千五百匹一万人。兼粮糗草料器械衣物尽在舟中。縱使在河不为敌人所取。虽到兴州。又何能为。又不知几月得至。此声若出。必为夏国侮笑。豈止謂秦無人矣。臣今未敢便依指揮擘画。乞差刷工匠应副物料。伏乞再下邢恕。令詳具如何措置的有万全之策。朝廷詳酌实見可行。再降聖旨。造亦未晚。臣愚見恐虛費錢物。終誤大事。不敢緘默。須至奏聞。伏候敕旨。

四庫提要云。潏水集論揚雄不知道。譏在北宋諸儒上。論井田兵制不可复識在南宋諸儒上。其奏議亦多指陈利弊。不失为有用之言。館臣于复推崇甚至。以复之明習边事。而郁不得伸。而憎于利害如邢恕者。乃曲从所請。边事敗坏。不待問矣。

宋幕职官。名称不一。屬节度使者曰掌書記。曰签書。判官厅公事。屬防御团練使者曰軍事推官判官。屬观察使者曰观察支使。其职掌則裨贊郡政。总理文移。斟酌可否。以白于其長而罢行之。員数多寡。視郡小大及职务之煩簡（宋史职官志）。其人虽居此职。仍帶本官。可以循資迁轉。宋制官与职分。官以叙阶資。职以分治內外之事。掌書記則职也。亦曰差遣。故任用必須奏請。

太宗实录。太平兴国九年六月。詔曰。朕恤念烝民。憂勤庶政。每令詢訪。以导郁湮。苟規益之有聞。豈卑高之是間。应天下幕职州县官。俱負吏才。咸通时务。其或知民俗利害政令否臧。并許于本州附傳置以聞。幕职官可以上書言事。所以待之者甚重。然其成就不如汉唐。李恕谷曰。东汉时选举辟召皆可以入仕。唐仕者多由科目。而辟署亦时有之。刘貢父言。唐时諸侯自辟幕府之士。惟其才能。不問所从来。朝廷常收其俊偉以补王官之缺。取人之道犹广。宋虽有辟法。然白衣不可辟。有出身而未历仕者不可辟。其可辟者。复举以資格。限以举主。迄明季則絶無此矣。非科目無以得官。非銓曹無以授职。內外官难以独理。則延請幕宾。然非宿登仕版。則虽極知其才能。亦不能振拔以收其用（閱史郄視）。宋之幕职所以不如汉唐者。非独限制之严。亦且造士之法。不如前人。国家所求于人才者如此。則空疏寡效。固其宜也。

王船山曰。国家之事。相仍者之必相变也。势也。大張之余。必仍之以弛。大弛之余。必仍之以張。善治者酌之于未变之前。不極其数。持之于必变之日。不毁其度。不善治者反此。而大張大弛。相乘以胜。則国乃速斃。又曰。大臣进位宰执。而条列时政以陈言。自呂夷簡始。其后韓范富馬諸君子。出統六師。入参三事。皆于受事之初。例有条奏。聞之曰。天下無道。言有枝叶。以此知諸公失大臣之道矣。書曰。敷奏以言。明試以功。以言者。始进之士非言無以达其忱。观其引伸。知其所学。观其藴借。知其所养。非必言之可行也。至于既簡在位。則以功而明試之。非以言为自效之資也。況乎一人之識。以察一理。尚虑其义不精。而害且伏于其隐。乃搦管經营。旁搜杂引。举君德民情兵农礼乐水火工虞無涯之得失。旁尽之于数尺之章疏。問之心而不能自信。按之他日而已知其不然。不怍之口。莫知其咎。亦孔之丑矣。又曰。天子不慎于听言而無恆鑑。大臣不自秉国成而奬浮薄。一彼一此。以气势为荣枯。斯其所以为宋之季世而已矣。讀其書。言不可胜求也。聞其名。美不可胜傳也。即而察之。外彊而中枯。靜而診之。脉浮而筋緩。起伏相代。得失相参。契丹胁之。而竭力以奉金繒。元昊乘之。而兵將血于原野。当时之效。亦可睹矣。又曰。諫之有専官。自蕭梁始。而唐因之。隶于門下省。听治于宰相。以封駁爭論之权。授之諫官。而宰相得以持其大。唐之制犹善也。宋仁宗詔宰相毋得进用臺官。曰。使宰相自用臺官。則宰相过失。無敢言者。自仁宗之为此制也。宰执与臺諫分为敌壘。臺諫持宰执之短長。以鷙击为風采。廷叱大臣以辱朝廷。宰执亦持臺諫之短長。假主威以快其报复。或窜或死。辱当世之士。季世之天下。言愈長。爭愈甚。官邪愈侈。民害愈深。封疆愈危。則惟政府諫垣不相下之势激之也（宋論）。論事之言。未有多于宋人者。后人就宋人之言。以論其人之是非。事之得失。未可以为知言也。船山太息于大臣进位宰执。而汲汲于条陈时政。不自計其言之可行不可行。而臺諫乃得从而繩之。此論深中宋人病痛。其論諫官之弊。則懲于明季党人之禍。有为而發。要之。此制利多害少。不然。大盜移国。而寒蟬噤声。天地为無生气矣。韓元吉与任信孺書云。包孝肃公在仁祖朝。最为勁正敢言。其奏議明白簡易。一無虛詞。其論事則曰。伏見某日指揮某事。有不可行而已。其彈奏則曰。伏見某人授某官。不堪此职而已。如人家立語于父兄之前。雍容閑暇。眞可为臺諫之法（南澗甲乙稾）。为臺諫者能如是。何至为世詬病哉。

高宗时。右正言邓肃入对。言外夷之巧在文書簡。簡故速。中国之患在文書煩。煩故迟。太祖太宗之时。法严而令速。事簡而官清。未尝旁搜远引。以稽賞罰。自时厥后。群臣無可議者。今日献一策。明日献一言。煩冗瑣碎。惟恐不备。此文書所以益煩。而政事所以益緩也（宋史邓肃傳）。自来华夷短長之故。論者多以文書繁簡为言。宋之不敌辽金。此其一端也。

宋科举取士之法有三。詩賦也。策問也。經义也。船山論策問之弊。甚于詩賦。經义取士。則明經而經以晦。尊經而經以褻。末流之所必趋。糾之以法而法愈以錮人之心。其言允矣。吾以为科举取士之弊。經义尤甚于詩賦。非惡夫經义也。惡夫習經义者之昧于論事。苛于繩人。敗坏国家事而不悟也。宋人如刘貢父畢仲游輩。持論亦然。貢父有貢举議。仲游有理会科場奏狀。皆見本集。其大意則科举之法不必改。而学校造士之法。不可不講。仲游并請置博士。使傳道于諸生。而不以之考試。此則于科举学校之外。別置师儒。專重傳經講学。其中机括甚微。自元丰熙宁以后。迄于靖康之季。科举学校之法。議論紛紜。皆無补于国事。然师儒講学者。孙明复胡安定倡之于前。程明道伊川兄弟繼之于后。其收效乃远在太学三舍以上。今不論科举学校之得失。而論講学家見于事業之究竟。

宋賢講学。期于明体达用。黃百家言。程明道上神宗治平十事。观其文采。似乎不足。案其时勢。悉中肯綮（宋元学案）。此書論公牘。非論学派。然明体达用。借公牘而始見。二程集中。自奏箚外。別無文牘。朱子大全集。則有政迹八卷。皆公牘之文也。宋人以公牘入集。無多于此書者。宋学至朱氏而集大成。今言公牘。亦以朱学为关鍵。以下就見于政迹者論之。

后人目道学为迂腐。此淺見之言也。晦翁年二十四。初任同安主簿兼学职。諄諄以率励生徒兴劝講学为首务。考滿罢归。家居者二十年。至五十岁。起知南康軍。初下車即延訪民間利病。五日一詣学宮。为諸生講学。屬邑秋旱失收。措置奏減稅租。开場济糶。所活丁口以百万計。再荐提举浙东。亦如南康时。而条陈荒政。用心尤苦。按历七郡。官吏憚其風采。有不留意荒政。不恤民病者。按劾無少貸（朱子大全集政迹引述）。晦翁政迹。大要如此。其公牘之文。区画詳尽。凡事之先后緩急。以及此事將来之利害。他人所不措意者。靡不殫心竭虑而以至誠出之。晦翁自言。生平所学惟正心誠意四字。欲驗正心誠意之实。則全集中救荒一端。其最著者矣。节录数篇于下。

劝諭救荒

契勘本軍管內。久闕雨澤。除已具申朝省及諸监司。乞行寬恤賑济。及檢計軍倉兩县常平米見管万数不少。又已多方招邀米船。目近出糶。况兑借諸色錢。往外州循环收糴。准备賑济。况朝廷爱民如子。聞此灾伤。非晚必有存恤指揮。將来决然不至大段狼狽。今有預行劝諭將来事件下項。（此于申請未准之前。先为区处。其云將来决然不至大段狼狽。乃極有担当之言。如所請不准。亦必尽力振济。或一再力爭。不避煩瀆。盖可知也。）

（一）本軍日前灾伤人戶。多致流移。一离乡土。道路艰辛。往往失所。甚者横有死亡。抛下墳墓田园屋宇。便無人为主。一向狼藉至今。遺迹尚有存者。詢問来历。令人痛心。况今淮南湖北等路。亦不甚熟。舍此往彼。等是飢餓。有何所益。今劝人戶。各且安心著業。車戽水漿。救取見存些少禾谷。依限陈訴所伤田段頃亩。听候官司减放税租。賑济米斛。不可容易流移。别致后悔。（此条劝灾民勿流移他处。后世地方官办振。惟恐灾民之不去其乡。以人少則筹振易也。晦庵处处为灾民筹計。动以流离之害。尽力目前。是其实心为民处。）

（一）今劝上戶有力之家。切須存恤接济本家地客。免致流移。將来田土抛荒。公私受弊。（此条劝田主存恤佃戶。怵以流移。則田土抛荒。其害仍田主自受之。乃兼为田主着想也。）

（一）今劝上戶接济佃火之外。所有余米即須各發公平广大仁爱之心。莫增价例。莫减升斗。日逐細民告糴。即与应副。則不惟貧民下戶。获免流移飢餓之患。而上戶之保全亦多。其糴米数多之人。官司必当施行保明申奏推賞。其余措借出放。亦許自依乡例。將来塡还。不足官（以下刊本漫患有缺字。前兩条祇言貧民。此則非貧民而患米貴者。亦劝富民减价平糶。范園更广。）

（一）今劝貧民下戶。既是平日仰給于上戶。今当此凶荒。又須賴其救接。亦仰各依本分。凡事循理。遇闕食时。只得上門告糴。或乞賖借生谷举米。如妄行需索。鼓众作鬧。至夺錢米。如有似此之人。定当追捉根勘。重行决配远惡州軍。其尤重者。又当別作行遣。（前数条振恤貧民。此条保护富民。盖如此則富戶之心安。可以劝令出粟。他方虽有飢民不至生变。乃救荒要著也。）

（一）旱禾已多損旱。無可奈何。只得更將旱田多种荞麦及大小麦接济食用。（賑济有时而穷。旱田虽無收获。仍令种麦資接济。則自無青黃不接之患。此条令貧民自尽其力。不必專恃富戶。兼防游惰生事。）

右朱子知南康軍救荒事宜四条。最为切实。本集此件之下。又有曉諭逃移民戶榜文。反复申言逃移民戶受害之甚。此外如乞減稅錢。乞除豁經总制錢。乞申明閉糴指揮。（謂上游岁熟。請指揮开禁。不得閉糴也。）約束質庫不許关閉。关防上戶用湿惡糙米。申提举司借未付人戶筑陂塘。借官司米谷充种子布种。如此之类。凡数十件。及任滿受代。又具奏云。本軍諸县。日前兵乱流移。民方复業。而官吏节次增起稅額及和买折帛。数目浩瀚。人戶尽力供輸。有所不給。則复轉徙流亡。無复顧恋乡井之意。其幸存者。亦皆苟且偷安。不为子孙長久之虑。一旦小有水旱。則复去而恋他。观其气象。如腐草浮苴。無有根蒂。愁难亡聊。深可憐憫。請照前奏直賜蠲放云云。盖在南康任二年。精力用于救荒劝农者大半。去任之日。又为劝农文以告邑之父兄子弟。其詞恳摯。申說平日教諭軍民之要。則平日举行荒政之外。尙有教民之事。标本兼施。实有实际。非空談心性也。

此文修詞雅潔。而淺显易曉。告諭之文。可以为式。

劝农文

当职昨为本軍民間农事灭裂。累曾出榜。反复劝諭。自从去岁以来。凡吾父兄子弟。似亦稍相听信。方欲从事于深耕疾耘之务。以冀一飽。而当职不德。刑政失中。侵迫陰陽。招致旱虐。使吾父兄子弟。終岁勤动。而不获有秋之望。永思厥咎。愧負何言。尙幸一二父兄。皆能率其子弟。当此荒歉之中。种麦耕田。及时尽力。不为輕去墳墓之計。而又頼天之灵。宗社之福。雨雪应候。土潤泉通。麦既了期。稻又可种。嗣岁之功。似已有可观者。而当职亦幸免于罪戾。且將受代而归矣。今以中春之月。祗率典常。躬載酒食。出郊行田。延見一二父兄。同举此觴。以告將别。父兄其强食自爱。謹身循理。以教子弟。使之孝敬父母。慈爱骨肉。和睦乡鄰。救恤灾患。輸納苗税。畏惧公法。專心致力于农桑之务。如前此劝諭之云者。而勿为飲博游惰爭斗論訟一切非理違法之事。以陷于刑辟。其子孙之敏秀者。則又教令讀書講学。使知先王礼义之教。既以上副国家長育人才之意。而尔之門戶。亦將与有荣焉。其年前旧榜。及星子知县王文林耕田种桑法。今亦再行給散。幷此劝諭。各宜体悉。淳熙八年二月。

南康政績。教养而外。則修复白鹿洞書院其一事也。本集有白鹿洞牒洞学榜招举人入白鹿斉目。南牒文先述書院沿革。言書院系唐李宾客渤隐居。旧有臺榭。环以流水。杂植花本。为一时之胜。南唐升元中。因建学館。买田以給諸生。学者大集。至本朝太平兴国二年。知江州周述。言廬山白鹿洞学徒尝数十百人。望賜九經書。使之肄習。詔从其請云云。次述兴复之由。言后經兵乱。屋宇不存。到任之初。即尝詢訪。未見的实。近因按視坡塘。亲到其处。观其四面山水清邃。無市井之喧。有泉石之胜。真群居講学遯迹著書之所。因慨念廬山一帶老佛之居。以百十計。其廢坏無不兴葺。至于儒生旧館。只此一处。既是名賢古迹。又蒙太宗皇帝給賜經書。所以教养一方之士。德意甚美。而一廢累年。不复振起。長民之吏。不得不任其責。咨目云。国家以科举取士。非以經义詩賦策論为足以尽得天下之士也。然則士之所以講学修身以待上之选擇者。豈当自謂止于記誦。綴緝無根之語。足以应有司一旦之求而遂已乎。又云。山林閑寂。正学者潛思进学之所。諸君肯来。当戒都养。給館致食以俟。専此咨白。可否須报。一牓一咨。其振兴文教誘掖后进之心。躍然紙上。然其語为学士大夫言之。非純乎公牘文字也。洞学牓則欲垂諸久远。防弊周至。全是官文書格式。而收束处曰事屬不便。各請知悉。不似今人用定干未便其各懔遵等語句。此宋时官民不甚隔絕之証。录之如下。

洞学牓

契勘本軍廬山白鹿洞書院。元系唐朝太子宾客李公遺迹。經历五代。号为国庠。及至本朝太平兴国中。嘗蒙太宗皇帝賜以官書。咸平年又蒙真宗皇帝重加修葺。中間廢坏。殆且百年。今者本軍鼎新建立。教养生徒。漸有倫緒。又承本路諸司及四方賢士大夫發到文籍收藏。应副学者看讀。以至山林田土。亦已标签界至。措置撥买。規模一新。可垂久远。已具事狀奏聞。乞賜敕額去訖。竊虑向后諸色等人。不知上件事理。輒有毁坏。以至偸盗文籍。侵占田土。及过往之人。妄有騷扰。事屬不便。須至曉示者。右出榜白鹿洞書院張挂。各請知悉。淳熙八年閏三月日榜。

晦翁之学。得力于李延平。王伯厚云。延平論治道。必以明天理正人心崇节义励廉耻为先。白鹿之教。講学修身。即延平論治之先务也。（晦翁守南康。日課諸生講書。事無巨細。悉以委签判王子美。見楼鑰攻媿集。其講学而政事不廢者。由于幕职得人。精勤如晦翁。亦不能兼顧也。）

自南康移浙东。凡救荒恤民之法。具見于政績四五兩卷。其施行于当时而取法于后世者。厥惟社倉一事。第四卷有社倉事目十四条。又附录尚書戶部复奏之文。据部疏所录晦翁原奏。（朱子本集。凡奏箚引据他处公文祇节叙大概。無全录原文者。戶部此疏則录朱子全文。一字不易。甚至并全銜書之。既录原文。又引紹兴重修常平免役令。其引令文并用夾行小注。可知前人公牘本有节叙全录兩体。然全录則文字繁多。閱者易于厭倦。固不如节叙之为愈也。）有云。如有乡土風俗不同者。更許随宜立約。申官遵守。其不願置立去处。官司不得抑勒。則亦不至騷扰。戶部复奏亦云。本部看詳。欲行下諸路提举司。徧下本路諸州县曉示。任从民便。如願依上件施行。仰本乡土居或寄居官員有行义者。具狀赴本州县自陈。量于义倉米內支撥。其斂散之事。与本乡耆老公共措置。州县并不須干預。仍仰提举司类聚具申。听候朝廷指揮。是当时立法。一听民間自便。官不干預。亦不抑勒。戶部复奏既上。有旨依看詳施行。（原文云。十二月二十二日三省同奉聖旨。依戶部看詳到事理施行。奉勅。如有牒到奉行前批。十二月二十四日辰时付戶部施行。仍关合屬去处。須至指揮。）浙东路得戶部所下符。（原文云。兩浙东路提举常平司主者。仰一依今来勅命指揮疾速施行。仍关合屬去处。符到奉行。）遂有劝立社倉之榜。

劝立社倉榜

当司恭奉聖旨。建立社倉。已行印榜遍下管內州县劝諭。寻据紹兴府会稽县乡官新嘉兴主簿諸葛修职（名千能）狀。乞請官米置倉給貸。而致政張承务（名宗文）新台州司戶王迪功（名若水）衢州龙游县袁承节（名起予）等。又乞各出本家米倉。置倉給貸。当司契勘前件官員。心存恻怛。惠及乡閭。出力輸財。有足嘉尙。除已遵依所降指揮具申朝廷外。須至再行劝勉。量出米谷。恭稟聖旨建立社倉。庶几益广朝廷發政施仁之意。有以养成閭里睦婣任恤之風。再此劝諭。各請知悉。九年六月八日。

右与上文洞学榜格式相同。諸葛千能張宗文等不直書其名而書其官。(宋制有官有职。修职郎。其官也。嘉兴主簿。其官也。)宋时上官行文于所屬之例如此。若行文于屬吏本人。則并不注其名。如白鹿洞牒文称牒教授楊迪功司戶毛迪功是也。后世統屬之分太严。上官于所屬面称則直曰尔汝。行文則直書姓名。皆失寅恭之义。此必应改革者。

公牘文字。北宋已繁于唐人。而南宋人又繁于北宋。盖平时講学明理。不厭其詳。及临民从政。遂習焉而不知变。此其失也。然亦有甚簡明者。如晦翁知南康軍申免移軍治狀是。

申免移軍治狀

淮安撫轉运使衙牒。备淮尙書省劄子。新差知袁州曹大夫奏。乞將南康移治湖口县。撥隶彭澤县及都昌县。依旧成三邑。却將星子建昌县撥隶江州事。除已移牒諸司。从長相度經久可行利便。修写同銜檢狀連書施行外。牒軍詳此。从長相度。有無利害。具狀供申。所准前項使牒指揮。本軍檢会昨淳熙三年內。准安撫提刑轉运提举使衙牒。二月二十六日尙書省劄子。戶部申。淮都省批下白劄子。乞將南康軍建昌县隶江州。而复以江州湖口县隶南康軍或建昌县。若还隶隆兴府事。牒本軍契勘建昌县湖口县坐落去处。并各县抵本軍水陆界分。地里远近。相度經久。可行利便。具狀供申。本軍已行取会逐县。具利害回报。及塌画地圖。送签厅集众官会議。合依建昌县士民比建昌水陆地界至江州皆远。至南康皆近。陈乞仍隶旧屬。本軍为便事理。保明具申安撫提刑轉运提举使衙照会施行去訖。今又准上項指揮。本軍今相度开具下項。須至申聞者。

右狀叙此事前后公文始末。曲折最多。准安撫使牒。一也。安撫使准尚書省箚子。二也。尚書省据知袁州曹大夫奏（大夫者称其官）。三也。此議發于曹大夫。而尚書省据以行安撫使。安撫使据以行南康軍。皆叙事由。不录全文。及南康軍准牒以后。以此案已准安撫使牒。查明具复在前。而前所准安撫使之牒。安撫使所准者。尚書省之箚子。四也。尚書省所准者。戶部之申文。五也。戶部所准者。都省批下之白箚子。六也。当时南康軍准牒以后。其办理之次第。則首令逐县回报。并画地圖。七也。回报以后。集众官会議。八也。众官之議。謂应照建昌县士民陈請仍旧为便。九也。南康軍据逐县之回报。众官之会議。士民之陈請。以申复安撫使。十也。由一至三。为此次来文之次序。由四至九。为前此办理經过之次序。若使今人为之。备录先后原文。非数千言不可。而此件乃簡明如此。可以为法。其下列举于民有害于官無利者四項。則公文之常式。最后陈述己意。謂如前所陈。以議者之言。便行改割。是舍近就远。去易就难。与其所陈事理。正相違背。至于移动一軍。城壁官舍。倉庫營寨。所費浩瀚。度須数万緡。而起造一县民居屋舍。及占夺其地使之蕩析流离。不得安其生業。尤非細事。而議者率尔言之。仅同兒戏。不知今日民力雕敝。如何計置得上件錢物。給此支用。而劳民动众。为此有害無利之举。徒然繁費文移。动摇物議。使一境軍民。日夕憂遑。極为非便云云。則称心而談。明白透澈。絕不以尚書省牒文。有所瞻顧。乃晦翁本色也。

晦翁象山。講学之旨不同。而为学必以辨义利。明是非为本。則無以異。夫所貴乎学問者。为其可以利济斯民也。象山知荆門軍。荆門素無城壁。象山以为四战之地。遂議筑之。二旬而畢。自是民無边憂。本集有請筑城箚子一首。节录于后。

陸九淵与庙堂乞城箚子（节录）

某僭有白事。書曰。有备無患。記曰。事豫則立。荆門在江汉之間。为四集之地。南捍江陵。北援襄陽。东护隨郢之胁。西当光化夷陵之冲。荆門固則四鄰有所恃。否則有背胁腹心之虞。由唐之湖陽以趋山。則其涉汉之处。已在荆門之胁。由邓之邓城以涉汉。則其趋山之处。已在荆門之腹。由此之外。間道之可馳。汉津之可涉。坡坨不能以限馬。灘瀨不能以濡軌者。尚多有之。自我出奇制胜。徼敌兵之腹胁者。亦正在此。善制事者。常令其利在我。其患在彼。不善者反之。荆門虽四山环合。易于备御。义勇四千。强壮可用。而素無城壁。累政欲修子城。畏憚其費。不敢輕举。某窃謂郡無城郭。使在內地。尚且不可。况其在边。平居形势不立。扃鑰不固。無以系民心。待暴客。脫有緩急。区区倉庫之儲。适足以啓戎召寇。患害之致。何啻丘山。权今費役。曾不毫末。某去冬妄意聞于帅府。請就此役。寻得帅檄。令委官置局。徑自修筑。欲趁冬土坚密。庶几可久。已于十二月初四日發手。亦幸天气晴霽。人心齐一。腊前兩旬。土工畢事。規模稍壯。邦人慰滿。会計用甎包砌。立門施楼。其費尚多。目今見已包城十丈。砌角台一所。建敌楼一座。以此計之。犹当用緡錢三万。本軍有买名銀一万七千余兩。隶在常平。稽之專条。不可擅用。欲乞鈞慈。特为敷奏。于数內撥支銀五千。应副包砌支用。使城壁一新。形势益壯。奸宄沮謀。民心有賴。实为無穷之利。

張太岳云。自象山陸先生守是州。倡明道学。以易其旧俗。又积貯筑城。为守御之备。荆門遂为重鎮（荆門州題名記）。按荆門筑城之事。象山以前。屢有議及之者。而皆不果。象山毅然为之。兩旬而畢。此知行合一之效。陸氏本金谿大家。累世义居。一人最長者为家長。岁迁子弟。份任家事。象山自言生平得力处始于任家事时。語曰。居家理。故治可移于官。此之謂也。

象山論政事之言。明白切至。一扫宋人迂緩之弊。茲擇录数条于此。与辛幼安書云。五刑五用。古人豈乐施此于人哉。天討有罪。不得不然耳。自古張官置吏。所以为民。为之囹圄。为之械系。为之鞭箠。使長吏操之。以禁民为非。去不善不仁者。而成其善政仁化。今之貪吏。每以应办財賦为辞。此尤不可不辨。今日邦計。誠不充裕。賦取于民者。誠不能不益于旧制。居計省者。誠能推支費浮衍之由。察收歛滲漏之处。深求节約檢制之方。时行施舍己責之政。誠为大善。今县邑所謂应办月解岁解者。其所从出。逐处各有利源。利源有优狹。循良之吏。虽在利源狹处。宁書下考。不肯病民。今之貪吏。虽去利源优处。亦啓無厭之心。貪吏害民。害之大者。而近时持寬仁之說者。乃欲使监司郡守。不敢按吏。此愚所謂議論之蔽。而憂之未能去怀者也。与苏宰書云。为守宰者。不可托催科政拙。而置賦稅之事一切不理。今簿書不理。吏胥因为姦乱。所当深思精考。核其本末。求其要領。乃所謂理財正辞禁民为非者也。簿書整齐明白。吏無所容奸。良民下戶畏事之人不复被扰矣。与黃监書云。举行社倉。莫若为平糴一倉以輔之。乃可長久。平糴可独行。社倉未必可独行也。社倉施于常熟乡乃可久。田不常熟。則歉岁之后。無补于振恤。平糴則丰时可以受农民之粟。無价賤伤农之患。歉时可以摧富民閉廩腾价之計。政使独行。亦为長利。以輔社倉之所不及。又兩尽善矣。知荊門时。与罗春伯書云。是間素号簡靜。至此未尝有一字揭示。事至随手決之。似頗不忤于人心。士民相敬問。吏輩亦肅肅就职。然簿書所当整頓。廬舍所当修葺。道路当治。田萊当辟。城郭当立。武备当修者不少。朝夕潛究密考。略無少暇。外人盖不知也。眞所謂心独苦耳。与薛象先書云。某到此詢訪民間疾苦。但得二事。其一是稅錢役錢等。令民戶分納銅錢。

比年銅錢之禁日严。此地已为鉄錢地分。民戶艰得銅錢为苦。官或出銅錢以易会子。收三分之息。而吏胥輩收其贏。故民以重困。其一是坊場买名錢。須納銀买名。人戶亦困于此。然买名銀須聞与倉台乃可。納銅銀乃州郡与胥吏得其利。故断然因民之請而尽罢之。制事以义。乃当然耳。与張元善書云。某在此未常以姑息从事。猾吏奸民为柔良害者。屡繩治之。單辞虛伪。或不待兩造而得其情。寻問根本。与之反复。頃刻之間。有奸露辞屈伏罪而去者。訟爭之少。盜賊之衰。殆亦以此。与張监書云。此間平时为害之盜。今尽捕获。能为盜之人。与寻常停盜之家。皆已密籍在此。苟有盜。亦不容不获也。与丰叔宝書云。近以商税亏累之甚。遂自料理。頗有增羨。乃知事無不可为者。始至。即修烟火保伍。盜賊之少。多賴其力。义勇之外。烟火队今亦可恃。象山平生。講学之日为多。及知荊門踰年。竟卒于任所。宋史本傳不著其講学之說。而叙荊門政績特詳。乃史官特笔。余讀象山学案。專發明尊德性功夫。晚年事業。非所措意。苟如是。則流弊所及。眞墜入狂禪矣。故申此义以补之。（詆象山者。謂其尊德性而不主道問学。非也。象山非不讀書者。尝举論語何必讀書然后为学二語以为反証。可知为学必先讀書。第不苦讀耳。其言曰。讀書不必穷索。平易讀之。識其可識。久將自明。其異于晦翁者。如是而已。）

与朱陆幷峙而以所学見之事功者。永嘉之学也。永嘉学派。傳于二程門人袁溉。溉之学自六經百氏。下至博弈小数。方术。兵書。無所不通。永嘉薛徽言旣受業于胡瑗。其子季宣。又問学于袁溉。是为薛艮齋。艮齋以傳陈止齋傅良。其学主于礼樂兵农。而归于主敬集义。止齋为薛公行狀。言公之学。莅事唯謹。宅心唯平。坐必危然。立必疑然。視听不側欹。自六經之外。历代史天官。地理。兵刑。农米。至于隐書。小說。靡不搜研采获。其文精确趣实。可以济世。宋史陈傅良傳言傅良为学。自三代秦汉以下靡不究。一事一物。必稽于极而后已。而于太祖开創本原。尤为潜心。四庫書目止齋集提要云。傅良之学。以通知成敗。諳練掌故为長。不專于坐談心性。集中多切于实用之文。而密栗坚峭。自然高雅。無南渡末流冗沓腐濫之气。艮齋官終奉議郎。权發遣常州。止齋官終宝謨閣待制。知泉州。其本集幷載奏狀箚子榜諭之文。擇录二篇于下。

薛季宣与王樞密箚子（节录）

淮堧之地。当施罗落。江流海道。合置水軍。昨海山陽合肥之謀。規模旣已略尽。江海之备。則殊未聞。其間間道所行。我之素不講者。天長可以入維揚。淸流可以向六合。肥水可以下合肥。北峽之隘。廬江之徑。与武昌之近新息。秭归之比商于。賈塹三关。直趨荆鄂。子午南达梁洋。洮岷东近威茂。前人用兵所經。斥候又当明远。忽而不备。則邓艾江油之事。不可便謂無之。冲要虽有重兵之屯。坚城之守。中無民力。且乏粮械之資。則亦未可謂之万全。人情苟安。不知为备之說。欲为守御。固当力施行之。言議悠悠。何益于事。至如用兵一事。起于喜事之臣。竊尝論以孙子始計之書。蓋未知其可也。方今人人異意。不可謂道。灾变数起。不可謂天。以江左而爭中原。不可謂地。以貪戾而帅驕卒。不可謂將。將士不相安習。不可謂法。于斯五者。曾莫之計。又不可謂之知也。虜能包藏隐忍。以成鳴鏑之事。未可以無能視之。捕盗之軍。归臥之帅。又安知非彼之謀。前虜方易主时。我以全帅临制其后。尙無尺寸之效。則今未易圖也。方今兵力旣弱。財力空匱。所恃以战者。不过三衙御前之众。旧人旣以垂尽。江南白丁。未可望以持久。所仰以济者。不过常平錢米。应在虛数。州县尽然。問之甚多。求实無有。振济已自不給。必將上誤軍計。以此用众。其能济乎。兵交于前。人困于后。安知盧循之盗。寄奴霸先之將。不又起于蕭牆之內。事至而悔。將何及哉。樞密忠誠体国。顧垂深念。惟以仁义綱紀为本。备边之計。幸勿为浮議搖动。至于用兵。則請留待十年之后。必以机会而举。人才既富。彝倫既叙。虜之世世淫暴。必將有頡利之功矣。

陈傅良桂陽軍告諭百姓榜文（节录）

照会当职到任。欲得民間通曉法意。檢坐到見行条法如后（原文此下列律文敕文十余条兹不录）。

右仰汝等百姓。各詳立法之意。欲汝慈孝。父子有恩。故有供养有缺。及違法教令。及不举子之法。欲汝安錯。夫妇相保。故有七出三不去之法。欲汝和协。宗族如一。故有相容隐不相告之法。欲汝交通。鄰里無爭。故有不得告訐及相救助之法。欲汝守己。不务貪婪。但利其家。卻为众害。故有停藏开櫃誘略之法。迺至斗毆奸盜。每事有条。意在禁汝为非。劝汝为善。当职今节取数項。系父子。夫妇。房族。鄰里。要切事理。明以敎諭。汝等皆有良心。其俗質朴。比之諸处。公事最稀。若更遵从。不致違戾。虽有官府。刑何所施。更冀得力之家。遣子弟从师就学。兴起門戶。其余勤謹农桑。爱惜錢谷。祭享翁祖。看守墳墓。如此則骨肉相劝。里巷無怨。和气所积。天道不差。風雨必調。五谷必熟。可使此邦永为乐土。至如猺人实同省地。久来往还。何分彼此。設若軍县催科。或公人下乡恐吓。保社复相追扰。或覽寄等家兜收过多。或代納上戶利息太重之类。凡有枉塞。并仰披陈。至于当职。自有过差。諸县不能体恤。倘以看望未欲兴詞。但希書簡相投。或因寄居学职。过厅見諭。庶几通知。从汝之便。

永嘉之学。巨細幷包。大处著眼。小处下手。故能顛扑不破。如薛艮齋箚子。云。凡处天下之事。不当心有所主。惟处身于利害之外。乃知利害之实。誠使言利害者畢陈所見。則利害之情無余蘊矣（朝辞劄子三）。天下之事。当与天下之士議之。碌碌鄙夫。心存得失。而以貪功喜事自献其身者。要何足以知此（与虞丞相劄子）。不正于始。后將退之。昧者不圖。而奔波于軍旅甲兵之間。期会簿書之际。此固政之紀綱。国之大事。語其先后。非所急也。天下切务。不过数节。自非君臣同德。將何由济（与王樞密劄子）。此等議論。皆从大处落墨。又論营田云。大者宿兵絕徼。多为营田。所以省餽运之劳。而勤士卒之惰也。然而古之調卒。盖取諸农。且战且耕。犹易为力。今之营田異于古。强士以所不能。棄之而不复教。耕者犹不足自贍。何有于一軍。廢战而贍之耕。非其理矣。一营田之卒。一人墾地。約二十亩。岁得谷六十碩。其奉錢月三貫。米七斗五升。岁計錢三十六貫。米九碩。而衣賜不与。管轄官役。大約什置一人。請奉或十倍于兵。則足二十兵营田二頃。得谷岁六百碩。費錢七百二十貫。米一百八十碩。而衣賜不与。牛种农器不在焉。营田庄寨。在軍远者数百里。以馬运谷。騎士从之。往复数程。負谷二碩。校之中値。为錢一千。人馬在途。其費相若。营田之在諸邑。类皆夺民膏腴。州县無得誰何。或有水源。营田皆擅其利。民田灌溉。非复可得。放水則决之民田之中。民以其田归之。为之佃戶。非唯可庇賦役。始可保有其田。又無良之人。一为佃戶。橫行于乡。复有竄名佃戶。以避追須。盜賊寄迹其間。州县不敢問（上宣諭論淮东事宜）。此論营田一事。而利弊透澈若此。止齋文亦然。內引劄子云。人主無职事。以爱惜人才为职事。徒貴之以爵位。不若养其声望之为美。徒荣之以恩寵。不若全其操履之为大。凡立乎人之本朝。爵位隆而声望汙。恩寵盛而操履闕。此公論所甚不与也。公論不与。將为庸人。有臣如此。国家何賴焉。止齋之意。非以敬礼大臣为养其声望。而以無賢不肖一切复护为損其操履。此論似奇而正。及其条举得失。引征故事。則元元本本。有老吏所不如者。如乞蠲放身丁錢劄子。先引眞宗实录。次述历朝蠲免地方年月。后乃加以論断。此等文字。眞可謂入粗入細。晦翁門人。詆为功利之学。乃懲其末流。而未究其本源也。

晦翁門人如黄幹之知汉陽軍。李燔之幹办江西运司公事。黄灝之知德化县。皆尽力于荒政（見宋史道学傳）。盖平时講授。其論政必以此为要务。而社倉一事。尤为后人之所称道。然社倉之法。不善行之。則滋累亦甚。宋史黄震傳云。震通判广德軍。初。孝宗頒朱熹社倉法于天下。而广德則官置此倉。民困于納息。至以息为本。而息皆横取。民穷至自經。人以为熹之法。不敢議。震曰。法出于堯舜。三代聖人。犹有变通。安有先儒为法。不思救其弊也。况熹法社倉归之于民。而官不得与。官虽不与。而終有納息之患。为別貲田六百亩。以其租代社倉之息。約非凶岁不貸。而貸者不取息（儒林傳八）。黄震字东發。紫陽再傳弟子。有黄氏日鈔一百卷。其在官时所为文牘。具在其中。名曰公移。其言社倉利弊者不一。录申省狀一首于此。此宋末公文之式。

黄震更革社倉事宜申省狀

照对本軍昨因嘉熙庚子之歉。康知軍初倣朱文公法剏置社倉。春貸秋斂。以惠百姓。景定二年。曾准戶部椿留。不貸不斂者五十。至咸淳二年。当知軍虑岁久谷坏。始申朝省。再行貸斂。且与免息一年。咸淳三年。陈提举行部知。社倉法坏日久。專委兩通判任責。而知軍时提其綱。本軍方当討理未定之初。又与免息一年。夫社倉之設。正以为民。当五年不貸之时。宜人情之久郁。及兩年免息之日。宜人情之甚慰。及今驗之人情。乃有大不然者。凡兩县十四乡之民。無不相率赴愬。乞免貸斂。至謂虽不取息。亦須增納。必罢社倉。方获無事。某等不胜惊怪。極意考核。乃知借貸之息輕。而水旱之备豫。法固未有善于文公之社倉者也。职掌之人非。而变通之法疎。弊亦未有甚于本軍之社倉者也。盖康知軍救民之心。虽即朱文公救民之心。而窘于力之不逮。局于势之难行。未得尽如文公善后之計者。其要有二。变而通之正在后之人耳。文公以五夫一区之地而得建宁大府六百斛之粟。故不必取息增多。但使願貸者出息十二。备耗而已。康知軍以小壘荒岁一时之力。而欲广为千里將来無穷之惠。故志在日久增多。必使尽数均貸。且令計息。未足。县官不許批書。于是奉行者不符其願貸。类追迫而使之貸矣。是窘于力之不逮。未能尽如文公善后之計者一也。文公与刘如愚自相率而救其乡之人。正不系官府倡率使然之事。故不至于出納輕重。康知軍正因巨室倍称取息官無补民事而又害之。为之官者。因循苟祿。不自申明。以求賢能。或朝廷隔远而不及知。州郡避嫌而不欲言。其为民害。何时而已。广德一軍。旧止一县。与浙西之江陰。事同一体。江陰有守無倅。本軍有守有倅矣。而又晚剟添倅。某初受此闕。亦窃意江东一路之極处。必有事会須分劳者。及某到官。且有旧来正倅厅牙契一司。因晚剟添倅厅。而分以屬之。是異于堲人官事不攝之戒矣。若止优游窃祿。所媿犹不过素餐。亦未至于甚病民也。惟是置一司存。不惟添一行官吏廩祿。亦且增無限日生費用。穷夫小民。略有蘧廬托处。犹且百費随生。况以倅厅为名者乎。本厅費用既如綱解遣人。如諸司繳匣。如迎新送旧。地里口券。国忌行香之有五更灯燭。院子茶酒。司之有逐日油炭与夫笔墨紙札邸报承受。茶湯厨傳过客須索。凡費不可悉数。而考其費用之所仰。仅有契紙分数紙。每紙五十文。月可积三五貫。官会其余取給。乃分引日。监县吏使之以白撰公事錢供給。名曰办什物錢。窃謂此虽名不及民。而害民莫此为甚矣。盖凡官司之錢。無一不出于民。明取于民者。是謂科斂。其害犹小。不明取于民而取之吏者。是为推剝。其害極大。每見县吏之錢。全出于推獄之手。拷掠人肌膚。破坏人家業。然后仅得之。分文以上。皆是冤痛。此正官司所当时时禁戢。安有为官反与日月分贓。豈惟分之。是又倡之。使之借为話柄。肆行無忌。此何等弊例。而可襲之。况此广德斗壘。地瘠民貧。豈堪添此無端推剝。是虽事有至急。官不可廢。以此供亿。犹当改圖。况可借以扶立晚創無用之員外官乎。某自到官以来。吏日呈例。望輒汗下。此事既决不可行。凡費又他無可出。拔本塞源。永絕斤灾。惟有申明經行省罢。將牙契一司并归正倅。則官省事省。共为利益。不但免取县吏供亿一事而已。欲望台慈察贅員之無益有損。防吏奸之扶官害民。备申朝省。乞檢照嘉泰間已經省罢指揮。將添差官判厅仍前省罢。永不再置。不胜本軍公私之幸。須至申者。

右申省狀上言更革社倉事宜。下請省罢广德軍判官。本是兩事。而并为一件。此分析之未审者。然其言深切著明。黃氏所为公移皆如是。日抄所存。始于初任吳县尉时。宋史本傳。言吳多豪勢家。告私債則以屬尉。民多飢冻。窘死尉手。震至。不受勢家告。日抄有申使司狀言县尉为勢家索租。有十不可。請終板榜下本司。永不許干預理索。以致囚死人命云云。县尉末秩也。而东發所以自見者如此。一命之官。何嘗不可以風节自厉乎。

永嘉之学。流傳虽不甚广。而南宋士大夫。莅官治事。其綜核明練。有过于北宋者。讀王十朋周必大楼鑰諸人所为碑版文字。称述其人事業。可以知之。南渡以后。局促偏方。养兵之費不能减。而恤民之政又不能不举。所賴以支持者。理財有道而已。史言南渡后水田之利富于中原。今江浙水利。按其遺迹。大率創于是时。故东南財賦。常居天下之半。次則莫如四川。建炎三年。赵开为随軍轉运使。总領四川財賦。凡諸色常賦外。岁增錢二千六十八万緡。而茶不預。开职饋餉者十年。軍用無乏。一时賴之。淳熙中。蜀民苦科糴。李蘩总領四川財賦。宜宜变科糴为官糴。貴賤視时。不使亏毫髮之价。出納視量。勿务取圭撮之羸。則軍不乏兴。民不加賦。乃条列利民十一事上之。前后十三疏。卒如所言。斯綜核名实之效也。理財而外。則講求制造。器甲精利。紹熙而后。品式益增。有突火槍回回炮。兼为破炮之法。其人不必为講学之人。而因时創作。其功实不可沒。至于行荒政。恤刑獄。乃建言兴学校睦宗支者。其人視北宋为尤多。宋口口为洗寃录。赵与揲駁之。推究其極（見文山集）。蓋發于心。見于行事。洛閩講学之效。至此而大著正心誠意之說。当世所視为迂闊者。蒙古君臣。乃聞而敬之。故賈似道幽元使郝經于揚州。至十五年。經移書辨論。始終無啓衅中国語。則講学之功。裨于国事。其致略可睹矣。陈同甫上孝宗書。譏儒者低头拱手以談性命。为忘君父之仇。豈知本之論乎。

閻百詩曰。宋元諸儒注四書。肯詳及地理者。仅見金仁山一人。仁山長于其学。故元載其一事。襄樊之师日急。宋坐視弗救。履祥因进牽制擣虛之策。請以重兵由海道直趋燕薊。則襄樊之圍將不攻而自解。且备叙海舶所經。凡州郡县邑。下至巨洋別鄔。难易远近。历历可据以行（四書釋地）。宋終莫能用。及后朱瑄張清献海运之利。所由海道。視履祥先所上書。咫尺無異者。人服其精确（元史金履祥傳）。宋末边患日亟。士大夫講求經国之略。尤切于南渡之初。非仅注書而已。仁山生当鼎革之际。未尝入仕。其文不当以公牘論。著之以見宋元間講学之風如此。

宋人变駢偶为古文。固已。然駢偶之文。上自制誥。下至牋啓。其用甚广。未尝廢也。豈惟善为古文者能之。凡以文字进身者。殆無不能之。將材如宗留守。道学如朱晦翁。亦复兼工此体。宗澤乞回鑾表云。行在久留于別都。淸蹕未回于魏闕。逆胡尚熾。群逆繼兴。比聞远近之惊傳。似有东南之巡幸。此誠王室安危之所系。天下治乱之所关。仰祈聖慮之深詳。宜戒屬車之輕动。遣表云。干戈未举。舟壑忽移。神爽飞揚。長抱九泉之恨。功名卑劣。尚遺千古之羞。仰遡睿眷之深。必無生死之異。屬臣之子。記臣之言。力請回鑾。亟还京闕。晦翁申建宁府謝改京秩狀云。語其劳最。則入仕以来。二十七年。閑居之日。十居七八。語其志节。則随群逐队。应举覓官。前后求閑。皆緣急祿。語其学力。則躬行不力。未能寡过。俯仰愧怍。內訟方深。此皆非有高世之心。絕俗之行。豈真能驕富貴而輕爵祿者。而使之窃安貧守道之名。冒养老优賢之礼。以熹愚昧。尚有以自知不称。況公論有在。人謂斯何。在浙东除秦檜祠移文云。故相秦檜。归自金庭。久專国柄。內忍事仇之耻。外張震主之威。以恣睢戮善良。銷沮人心忠义剛直之气。以喜怒为进退。崇奬天下佞諛偷惰之風。究其設心。何止誤国。今中外之有識。犹皆憤惋而不平。而朝廷于其家。亦且擯絕而不用。況永嘉号礼义之地。学校实風化之源。苟使有祠。無乃未講。虽捐田以示濡沫。恐出市恩。然設像以厕英賢。何以为訓。宋四六不重典实。而遣詞婉曲。說理明通。如此等篇。亦何减宜公文字。

宋时百官除授罢免。制誥皆用四六。其文之优劣。視学士当直者文笔而殊。亦有駢散兼行者。蔡忠惠集所为制詞即如是。外官考屬吏。則褒貶抑揚。多者数百言。少亦数十字。謂之考語。不似唐人以四字为句也。黄庶临淄尉考詞云。尉能捕盗。知不可免而不敢为盗。亦去盗之一端也。山东大約号多盗。今临淄献一岁之狀。視他县者纔数人而已。前件官盖有助云。傅尧俞济源县主簿吕师民考詞云。古者三載考績。今則岁策之。非責吏事严切謹密者哉。前件官兩会其課。有劳無疵。亦可謂勤吏矣。可考中中。此二首載于宋文鑑。其辞膚廓。与制詞同。东莱采之。以备一格耳。敝精神于無用之間。甚無謂也。

宋人集中無判詞。史傳亦不之見。四庫全書法家类存目。有名公書判清明集十七卷。提要称其詞率以文采儷偶为工。蓋当时之体如是。近岁商务印書館以日本所藏宋本印行。其書分类編改。选朱晦庵張南軒諸人判牘凡二十余家。文皆散行。絕無儷語。是宋人判牘之体。与今人同。其以儷偶为工者。惟科举試判詞沿唐人成式耳。官司常行文牘。实不如是。提要以謂儷偶为工当时之体者非也。其事皆戶婚田土之类。其辭則出于講求理学之人。四庫入之法家。亦誤。录其一首于此。

蔡抗立繼当出家長判

立繼之法。必由所由。李氏既是家長。則立繼必由李氏。李氏之詞則曰。立刘恢繼嗣十余年。而刘宾暗作据照謀夺。刘宾之詞。一則曰众尊長立宾男明孙为繼。二則曰李氏老病昏昧等語。刘明孙之立。乃出于群党之私計。而非出于李氏之本意明矣。本县所申。未究底蘊。牒州签厅詳詞結絕。中。

宋判詞間有用四六者。胡纘拾遺录。眞西山为江东轉运使。有民困于买鶏之役。来訴公判云。招捕鴆鵲。芳水尚遺其使。岁貢蛤蚶。孙戮犹疏于朝。况为州县之官。乃恣口腹之役。此一事也。又有榜文而用四六者。蔡君謨戒弄潮文。斗牛之分。吳越之中。維江濤之最雄。乘秋風而益怒。乃其習俗。于以游观。厥有善泅之徒。竟作弄潮之戏。以父母所生之遺体。投魚龙不測之深淵。自为矜夸。时或沉溺。精魄永淪于泉下。妻孥望哭于水濱。生也有涯。盍終于天命。死而不弔。重棄于人倫。推予不忍之心。示尔無穷之戒。所有今年观潮。幷依常例。其軍人百姓。輒敢弄潮。必行科罰。

榜文以四字为句者。近代謂之斗方告示。其体始見于应劭風俗通义。至宋时則州守劝諭部民。

間一用之。眞西山再守泉州。劝諭文云。太守將至。郡人欢迎。自慚薄德。莫副民望。視事之始。合有敎条。不憚諄諄。为尔开說。凡为人子。孝敬是先。其次友爱。协和兄弟。人非父母。豈有此身。父母生兒。多少艰辛。妊娠將免。九死一生。乳哺三年。飲母膏血。攜持保抱。日望長成。如惜金珠。如护性命。慈鳥反哺。犹知报恩。人而不孝。鳥雀不若云云。全文凡六百余言。皆四字为句。又泉州隆兴勸农文。亦四言而用韵語。其一用五言韵語。虽名榜文。实歌謠也。

宋人有貼黃之式。乃唐人引黃遺意也。唐制。敕有更改者。以紙貼黃。其表章略举事目。見于前封皮者。謂之引黃（正字通黃字注）。宋人奏狀。不用黃紙。惟正文意有未尽。或恐所奏不允而別具一义以取进止者。則于狀尾粘黃紙附綴数語。謂之貼黃。叶夢得石林燕語。唐制。降敕有所更改。以紙貼之。謂之貼黃。盖敕書用黃紙。則貼者亦黃紙也。今奏狀劄子皆白紙。有意而未尽。揭其要处。以黃紙別書于后。乃謂之貼黃。盖失之矣。宋人集中。貼黃之文甚多。其字数不限多寡。呂陶乞举郡守狀。正文祗三百余字。而貼黃五条。至五百余字。視正文几于倍之。其用于申狀者則謂之小貼子。如岳武穆申尚書省乞准招集兵馬扼击金兵狀。其末有小貼子云。飞今来所管官兵。一面催發前赴新任。如蒙指允飞所乞。即乞速賜指揮。亦不敢仰干朝廷。別求添益軍馬。伏乞鈞照。此以乞添軍馬为正文。而以不添軍馬为退一步說法。是其例也。其奏狀之前。貼黃紙摘叙事由。在具官（謂具書官職也）之下。右謹具如前之上。亦謂之貼黃。即引黃也。近代人为說帖。犹有以小紅紙条貼于封面具書事由者。即其遺意。今公文皆有摘由。而牘尾無粘签之法。故論事宾主不分。又不能达未尽之意。迨駁詰查复。延誤已多。若用宋人之式。可無此弊。

宋人劄子。下官于上官亦用之。其式則近代所用之稟帖也。在汉則謂之奏記。在六朝則謂之牋。正字通。牋劄用以奏事。非表非狀者。謂之劄子。王十朋集有劄簡各一卷。劄文通俗。而簡則雋永有味。是劄子以代公文之用。十朋官湖州时。有与赵安撫乞降版祀上虞帝舜庙劄子。其文曰。据上虞县尉陈迪功劄子。本县有帝舜庙一所。父老相傳。自置县以来。即有此庙。乘县有舜井象田百官等处古迹至多。而一方水旱疾苦。有請于庙。無不响应。合在祀典。欲望台慈詳酌。許令本县每岁春秋备办牢醴。从使府給降祝版。遣官致祭。少为大功明德之报。本县近已具狀申府。欲乞施行。此純为公牘文字。县尉称陈迪功而不名。則宋人承轉之文。不直称下官姓名也。

宋中書指揮百官亦用劄子。却采编。唐时政事堂下書曰堂帖。宋时中書指揮事用劄子。劄子犹堂帖也。

宋人視为寻常而后世甚重其式者。咨文是也。五代史記郭崇韜傳論曰。凡承上之旨。宜之宰相而奉行之。宰相有非其时而事当上决者。与其被旨而有复請者。則具記事而入。徐無党注。記事。若今学士院諮报。今士大夫間以文字相往来謂之簡帖。俚俗犹謂之記事。宋时之所謂諮报。当是以片紙略書数語。不具公式节文。刘貢父为其兄原官行狀。云。韓絳奏国朝官制未定。請倣周礼唐六典著为一書。天子召公与胡宿詳定。公与胡公詣政事堂。略条一二事諮丞相云云。此即簡帖之类也。其后京官外任者用之。非京秩而平行者亦用之。相沿日久。遂与移牒并重。凡事由簡而繁。其例类如是。

宋代公牘之體。右所举者。可見其凡。其式則見于司馬温公書仪。有表奏申牒四种。表式用于陈謝。茲不录。录奏陈牒三式于左。

奏狀式

某司自奏事　貼黄节
則具官　狀內事

某事　云云　若無事因者于
此便云右臣

右云云　列数事則云
右謹件如前謹录奏

聞謹奏取旨者則云
伏候　勑旨

乞降付去处貼黄在
年月前

年月　日具位臣　姓名有連書官即狀奏
依此列位

右臣下及內外官司陈敍上聞者幷用此式。在京臣僚及近臣自外奏事兼用箚子前不具官事。末云取　进止。用牓子者。惟不用年。不全幅。不封。余同狀式。皆先具檢本司官画日亲書。付曹司为案（本官自陈事者則自留其案）。

申狀式

某司自申狀則具
官封姓名

某事　云云　有事因則前具其事
無所因則便云右某

右云云謹具狀申如前列数事則云右件狀如前云云某司謹狀取处分則云伏候指揮

年　月　日具官封姓名有連書官則以次列銜狀

右內外官司向所統屬并用此式。（尚書省司上門下中書省樞密院及台省寺監上三省樞密院省內諸司并諸路諸州上省台寺監并准此。）

牒式

某司牒　某司或某官

某事　云云

牒　云云　若前列数事則云牒件如前云云　謹牒

年　月　日　牒

列位　三司首判之官一人押樞密院則都承旨押

右門下中書尚書省以本省樞密院以本院事相移（并謂非被受者）及內外司非相管隶者相移并用此式諸司补牒亦同惟于年月日下書書令史名辞末云故牒官虽統攝而無狀例及县于比州之类皆曰牒上（寺监于御史台秘書殿中省准此）于所轄而無符帖例者則曰牒某司不闕字（尚書省于御史台秘書殿中省及諸司于台省台省寺监于諸路諸州亦准此其門下中書省樞祕院于省內諸司台省寺监官

司辞末云故牒尚書省于省内諸司准此）

右司馬温公書仪录元丰四年十一月十二日中書劄子。据詳定官制所修到公式令节文。温公此書。詳于冠婚丧祭。乃士大夫居家法式。官私文書应用至广。为士大夫者。苟非平日習之有素。則临事張皇無所措手。故温公各載其节文。与冠婚丧祭并重。若曰。此朝章国故。不可不知尔。宋景文（祁）为治戒。則云。奏議箋記。随宜为之。天分自有所禀。不可强也。温公所以教子弟者。公文之式。景文所以敎諸子者。奏議箋記之文。令式易誤。故不可不知。牒奏难工。故不必他强。二説并行不悖。

雲麓漫鈔言宋初公狀之制。前具官。别行叙事。后云牒件狀如前。謹狀。至宣和以后。前具官。别行稍低。叙事讫。后别作一行。稍高。云。右謹具申聞。謹狀。又云。古尺牘之制。某頓首。或再拜。或啓。唐人始更为狀。末云。謹奉謝。不宣。謹狀。或云。謹上狀。不宣。謹狀。月日某官姓名狀。北夢瑣言云。唐盧光啓受知租庸使張濬。濬出征并汾。盧为致書疏。凡一事别为一幅。唐末以来。礼書庆賀。为啓一幅。前不具銜。又一幅通时暄。一幅不审邇辰頌祝加餐。此二幅每幅六行。共三幅。至宣政間。則啓前具銜为一封。又以上二幅六行者同为公啓。别叠七幅为一封。秦忠献当国。有投以劄子者。前云頓首再拜。而后加右謹具申呈月日具官姓名。劄子多至十余幅。平处則去申字。庆元三年。严叠楮之禁。祗用三幅。后又祗許用一幅。殊为简便。按以上二条言狀有公私之别。其私狀叠至十幅。盖即近代紅白禀帖之濫觴也。

近代部文其發端每冠以某司案呈。此宋时程式也。宋制尚書六部。其下各有分司。司之下分案。宋人之言司案。犹今言某司某科也。宋鹽鉄度支戸部三司。职事最繁。鹽鉄分七案。度支分八案。戸部分八案。其制盖始于唐。刘禹錫判度支鹽鉄案。見主客圖考。李石用韓益判度支案。見唐書李石傳。楊收判度支案。迁長安令。見楊收傳。其时部文言某司某案者。明此事由某案主办。所以專責成。后世有司而無案。而司字之下。犹系案字。失其义矣。（苏子由論时政之弊。謂分河渠案以为都水监。分甲冑案以为軍器监。分修造案以为將作监。利权一分。用財無艺。盖駢枝之职也。）

宋人文書。凡本官自称曰当职。即本职也。此語亦有所本。周礼天官。治官之屬。太宰。府六人。史十有二人。賈公彥疏曰。有府兼有史。以当职事繁也。有史而無府。以当职事少。得史即足故也。有府無史。以当职文書少。而有税物須藏也。宋人自称当职。后世则自称該职。清时藩臬詳督撫文。自称曰本司。惟勘报刑名之案。自称該司。州县詳兩司文。亦自称曰該某。是該字作当字解。近代变而为称人之辞。自古無此語也。

公文結衔。有姓無名。亦自宋人始。金石苑摹刻大中祥符四年勑贈中江县宁国寺牒。其官衔書工部侍郎参知政事赵。尙書左丞参知政事馮。兵部尙書平章政事王。据宰輔表。知为赵安仁馮極王旦。其下列有观察推官李。节度推官曹。秘書丞通判軍州兼管內劝农事刘。则不知何人矣。又長安城外終南山之麓。有宋太乙宮故址。摹刻宣和七年牒。行書字徑二寸許。牒尾結衔。尙書省屬官皆具姓。而押字其下。笔画草率。宰相則具姓而無押。至太师魯国公。则幷姓而缺之。太师魯国公。即蔡京也。大中祥符之时。值国家全盛。其行文疏率乃尔。蔡京之目無成宪。偃蹇不臣。此事亦其見端。元官具姓而不署名。其行押似字非字。今人謂之元押。盖即脫胎于宋眞西山集。言楊慈湖在著作廷。酬答四方書問。無一字作行押者。此謂書問不用行押之体。行押似字非字。本不可入書問中也。

宋公文署名草率。而奏箚則有亲書之者。賈直孺为諫官。有所条奏。仁宗識其手書。每嘉賞之。豫章詩話。阜陵謂胡忠簡曰。朕侍太上于德寿宮。治叠書画。得卿紹兴戊午所上封書眞本。辞意精切。笔法老蒼。英風义气。凛然飞动。太上自藏之。曰。可为后代式。但其后为秦檜之所批抹汙者。朕啓太上。令工逐行裁去裝褙。此因重其人并重其書。而秦檜之敢于悍然批抹。其罪又浮于蔡京矣。

杜范为相。八十日而卒。程公許草飾終制詞。有云。如聞遺息之仅存。頗欲有言而已澀。虽数字欲傾而若辨。想九京忠爱之未忘。范居相位时。疾病已亟。犹手書所欲言者以进。若在后世。鮮不屬人代書矣。

宋初州郡。至有不識字者。汪应辰答張侍郎書。国初承五代杀伐之余。州郡多付之武夫。有不識字画而以僕从代書判者（文定集）。此犹可云时当草創也。欧陽修貶官夷陵。欲求史汉一观。公私無有。無以遣日。因取架閣陈年公案反复观之。見其枉直乖錯。不可胜数。以無为有。以枉为直。違法徇情。灭亲害义。無所不有（見張舜民画墁集与石司理書）。則承平之際。州郡不必为武夫而顛倒乖謬亦有若是者矣。

宋刑律脫胎于汉唐。向有甚害于义者。赵彥衛曰。刑統皆汉唐旧文。法家之五經也。当国初尝修之。頗存南北朝之法。及五代一时指揮。如奴婢不得与齐民伍。有奴婢賤人类同畜产之語。及五代私酒犯者处死之类。不可为訓。皆当刪去（雲麓漫鈔）。按奴婢賤人二語。非刑律正文。盖唐律疏議中有此語。所以别良賤也。良賤之别。至清季修律而刪除始尽。盖相沿二千余年矣。

宋丁度撰礼部韵略。末附貢挙条式一卷。欧陽德隆校正押韵釋疑。每字以下。注宋代場屋磨勘韵字之案牘。尤为賅备（四庫書目提要）。盖科場文字拘束。至是而严。而所注意者。惟在音韵。甚無謂也。

宋史輿服志有檄牌。以金字青字紅字别其迟速。金字牌日行四百里。凡赦書及軍机要切則用之。青字牌日行三百五十里。軍期急速則用之。岳武穆受詔班师。一日而奉金字牌十二。非因詔書而牌用金字也。驛遞有牌始于唐。唐制以銀牌發驛遣使。亦見宋史輿服志。周礼。职幣。凡幣辨其物。奠其录。以書揭之。疏云。各为一牌。書之善惡价数多少謂之揭。此牌字别为一义。犹今之銀行逐日悬牌定价也。若唐宋之牌。則周礼符节之类耳。

民間書狀之式則見于李元弼作邑自箴。有人戶陈狀公人家狀二种。

人戶陈狀式

某乡某村。耆長某人。耆分第几等人戶。姓某。見住处。至县衙几里（如系官戶即云系某人官戶）。所論人系某乡村居住。至县衙几里。

右某年若干。在身有無疾蔭（妇人即云有無娠孕及有無疾蔭）。今为某事。伏乞县司施行。謹狀。

年月日姓某押狀

公人家狀式

某人乡貫系第几等戶

三代（逐代开說幷年甲　母在亦具年甲）

某年几在身有無疾患。别有無借蔭亲戚。

一亲兄弟几人（某作甚業　如一人已上各开說）

一妻某氏系某氏女

一男几人（亦依兄弟开說）

一女几人（長嫁某人已次亦开說）

一某于某年月日投充某役。或投充手分。某年月日行甚案实。及若干月日替罢。見行甚案。

一有無功过

一祖父母父母曾未迁葬

右所供并是詣实。如后異同。甘伏深罪。不詞。謹狀。

年　月　日

前一式为人民訴訟之狀。后一式为庶人在官者之履历。謂之狀者。若近代言遞亲供也。

作邑自箴凡十卷。言牧令应措意者甚具。其論公牘云。簿書須用一样好紙。擇能書人眞楷題面。又云。通知条法。大字楷書。膀要鬧处曉告民庶。乡村粉壁。如法謄写。里堠粉壁及膀示。耆長常切照管。不得稍有損坏。又云。写狀鈔書鋪戶。狀鈔中紧切处。不得揩改。应系狀鈔之类。并要眞楷書写。將給去木戳子。分明印于年月前。其狀內干錢谷数目。并鬬打年月日。并作大字（謂一作壹之类）。簿書用好紙。鈔写要眞楷大字。宋时州县公牘。即此一端。今人远不如矣。

宋时雕版之法盛行。遂有褒文告之辞刊刻流傳者。宋子京为張忠定（詠）行狀。述其益州治績。云。每吏牘便文。久不得判。公率尔署决。人皆厭伏。罰既值罪。案無廋情。蜀中喜事者。論次其詞。总为誠民集。鏤墨傳布。宋史王素傳。素知成都。为政务合人情。蜀人紀其目。曰。王公異断。崔与之傳。与之为广西提刑。瓊人次其事。为海上澄清录。又刻傳其懲貪十論。为嶺海便民榜。記其事而論次之。則不必为原文。盖小說之类也。又。范应鈴傳。应鈴知崇仁县。明約束。信期会。听訟發擿如神。負者心服。眞德秀扁其堂曰对越。調通判撫州蘄州。知吉州。提点广西刑獄。断訟語四十九卷。曰对越集。此以判詞为一集。殆出手訂。不然。历任案牘。他人安得而备录之。应銓入仕。在黃東發之前。南宋風气。視此等文字漸重。豈非半壁偏安。非尽心民事。無以支撑危局乎。

附辽金

辽金之事。可征者少矣。元遺山曰。辽人主盟。將二百年。至如南衙不主兵。北司不理民。县長官專用文吏。其間多可紀之事。泰和中。修辽史。書成。有南迁之变。簡册散失。世复不見。正大初。九朝实录已具正書。壬辰喋血之后。又复与辽書等（耶律貞墓志）。又曰。衛紹王时。重吏員。輕进士。至謂高廷玉人才非不佳。恨其出身不正。泰和中。士大夫以宴飲为常。以一部族待朔方兵。竟不知其牙帳所在（雷希顏墓志）。辽金紀載既少。当时居官者又不知講求。适成其为異族而已矣。

金源文物。盛于大定明昌之間。然其残忍性成。用法慘酷。士大夫虽微过。往往杖决。賈鉉傳云。鉉历左諫議大夫兼工部侍郎。上書言。亲民之官。任情立威。甚者以鉄刀置杖端。往往致死。上干和气。願下州郡。申明旧章。內庭勘断。亦依已定程式。是旧时本無此罰。而州郡官可以任意杀人。即內廷亦不依法勘断。故其禍起蕭牆。变生骨肉。戾气所鍾。历九主一百余年而不能改也。

刘祁論金末風俗有云。金自南渡之后。为宰执者。率無恢复之謀。临事低言緩語。互相推讓。以为养相体。每有四方灾異盜賊。將奏。必相謂曰。恐聖主心困。事至危处。輒罢散。曰。俟再議。已而复然。或言当改革。目以生事抑之。故所用必擇軟熟無鋒鋩易制者。蒙古压境。則君臣相对泣下。或殿上發長吁而已。兵退。則大張具。会飲黃閣中。因循苟且。竟至亡国。所謂宰执者。指高汝礪完顏奴申而言。此固金廷之亲貴。其主所与共安危休戚者也。

金源文章則不能出宋人范圍。元遺山赵閑閑墓志云。国初因辽宋之旧。以詞赋經义取士。傳注則金陵之余波。声律則刘郑之末光。固已占高爵而占厚祿。若不汨于利祿。不溺于流俗。慨然以仁义道德性命禍福之学自任。惟閑閑公一人。又云。公之文出于义理之学。故長于辨析。極所欲言而止（遺山文集）。閑閑为金之学者。自刪定滏水集十二卷不录文移。惟德运圖說載其甲狀一者。亦宋人体格也。

赵秉文德运議

右秉文議。除与編修王仲元相同外。窃詳聖朝之兴。併灭辽宋。俘宋二主。迁其宝器。宋为已灭。章宗皇帝宸断。以土繼火。已得中当。宜不可越宋而远繼唐。以此看詳。止为土德。是为相应。須至申者。貞祐二年二月日翰林直学士中大夫赵秉文狀。

四庫書目提要。德运圖說一卷。金貞祐二年尚書省集議之案牘也。金初用金德。色尚白。泰和二年。更用土德。至是更令所司集議。言应为土德者四人。应为金德者十四人。迄無定論而罢。秉文主用土德。即四人中之一人也。

右为金申狀之式。其下行之文曰劄。曰牒。亦与宋制相同。金石粹編有牒文数通。兹录其一。

眞清观牒

尚書礼部

据登州棲霞县第一都太虚观丘处机狀告。同怀州修武县刘志敏狀告。伏为怀州修武县七賢乡馬坊村。有道庵一所。自来別無名額。于东平府納米請买到日字号空名观額一道。乞書塡为眞清观者。

牒。奉

勅。可特賜眞清观。牒至准

勅。故牒。

大安元年五月　日令史王貝主事翟昌言

奉直大夫翰林修撰同知制誥权員外赵

朝請大夫礼部員外郎納蘭

中宪大夫礼部郎中兼国子监丞王

翰林学士承旨中奉大夫知制誥兼礼部侍郎同修国史提点司提口士張

皇弟开府仪同三司判礼部尚書韓王

粹編又載大定十六年庄严寺牒与此略同。按金史大定十八年。禁民間無得創兴寺观。此牒則以納米之故。而給空名观額。勅賜观名。其政令之反复如此。赵秉文輩犹侈誤德运。以土繼火。何哉。丘处机即元之長春眞人。其名已見于此。

金牘刻石而存于金者。惟牒最多。洪容齋曰。唐世符帖。存者絕少。宋牒視唐倍蓰。金牒又多于宋。宋时寺院由守臣陈請。方得賜額。金則納錢百貫。便可得之。視之益輕。而礼数亦替矣。故大定一朝。敕牒独多（叶德輝語石）。右牒一种。即此类也。

卷六

元

公牘文字。至于元人而極其变。元人入主中夏。蒙古色目人与汉人杂处。軍民官長。参用蒙古及西番部落之人。其时中原士大夫。既漸染于金源之俗。而东南学者。承国破家亡之后。抑鬱侘傺。無所發抒。則一于詩文泄之。詩文而外。又托为傳奇杂剧。以悲欢离合之詞。写厄塞無聊之意。其文曼衍恣肆。不可羈勒。影响既广。遂及于公牘文字。虽然。元之諸帝及蒙古人柄国政者。于汉文汉学。固未能悉心研究也。凡人本性未漓。方寸灵明。無所錮蔽。則可与为善。可与为惡。因其向善之机。而利导之。濬發之。則源泉沛然。可以利济天下。故耶律楚材許衡丘处机諸人。能以一言而感动人主。行之不疑。然其植基不固。虽有良法美意。無真精神以貫徹始終。則不旋踵而棄若土苴。复其茫昧渾沌之本性。故元之兴亡倏忽。出于常軌。其設施之迹。具于元典章一書。可复按也。

自宋以上溯隋唐。旁逮金源。其官文書体裁变迁之故。皆有源流可見。惟元代則不然。其言之純粹者。高陈治道。凡前代所欲行而力有未逮者。不难兼营并举。一蹴而几。其言之鄙俚者。拖沓猥瑣。直小説之不如。又或一篇之中。雅俗雜出。全無倫次。其独到處。則議論警闢。動魂驚心。故公牘至于元人。别開蹊徑。非可以尋行数墨論也。

元曲典章所載。皆公牘之文。略采数篇。可覘梗概。

中書省咨文一

至元十九年七月。福建行省准中書省咨。御史台呈。今月十五日。本台官奏过。在先諸衙門奏事呵。御史台一同聞奏。这般聖旨有来。在后俺根里不处奏。他每奏了的后头。分付与俺奏有来。今后依著在先体例。一处奏呵。怎生奉聖旨。这般是你的勾当。依著在先行。更說与各衙門者。欽此。于十七日就皇太子斡耳朵里令。闊闊木納眞不花啓奉令旨。依著聖旨行者。敬此。于二十日。又奉令旨。在先奏事呵。塔察兒有时节这般一处行来。如今依著在先聖旨行者。欽此。

右为聖政第一条。乃开宗明义之詞也。大意謂各衙門奏事。須御史台一同聞奏。前曾奉旨照准。其后各衙門幷不照办。于奏后知照御史台。此后应仍照从前办法。奉旨照准。幷通知各衙門遵办。幷啓奉皇太子行帳令旨。依聖旨行。其辞鄙俚。几不可解。元时詔令每如此。然亦有極得体者。如詔令第一卷載世祖登位詔。有云。先皇帝即位之初。風飞雷厉。將大有为。憂国愛民之心。虽切于己。尊賢使能之道。未得其人。方董夔門之师。遽遺鼎湖之泣。豈期余恨。竟弗克終。至元改元詔云。于戏。否往泰来。迓續亨嘉之会。鼎新革故。正資輔弼之良。咨尔臣民。体予至意。此二詔尚在至元八年建国号曰大元以前。盖皆汉人秉笔也。元史忙哥撒兒傳。忙哥撒兒卒。宪宗詔諭其子。文仿典謨。直似苏綽大誥。則譯蒙古文者潤色之。可決其非原文矣。

中書省咨文二

至元十三年十一月初二日。中書省奏准事內一件。江南来的官員客旅軍人。幷諸色人每就江南百姓人家的女孩兒。幷無男兒底妇人。根脚底做媳妇来。將来却行瞞昧卖与諸人为軀。不便当的一般。俺商量亦得將来的良人和下作軀貨卖。奏呵。奉聖旨那般者。欽此。照驗省諭。諸人今后于江南求娶妻室。依例憑媒写立婚書。無得朦朧娶嫁。如有將求到媳妇为軀貨卖。随即改正。价錢沒官。卖主买主治罪（元典章十八）。

右亦中書省咨行省之文。先引原奏。次录聖旨。又次指示办法。至元間中書省文書。凡奉旨通行者。其体与此略同。当是从蒙文譯出。

有元一代之制。皆自世祖創之。其啓沃而順成之者。姚樞許衡也。姚樞服膺周程張朱之学。許衡从之录程朱所注書以归。宋学之行于北方。自兩人始。世祖在潛邸。遣使召樞。詢及治道。樞为書数千言。首陈治平之要。彙为八目。曰修身。力学。尊賢。亲亲。畏天。爱民。好善。远佞。次及救时之弊。为条三十。曰立省部。辟才行。举逸遺。愼銓选。汰职員。班俸祿。定法律。审刑獄。設监司。明黜涉。閣征斂。簡驛傳。修学校。崇經术。旌节孝。重农桑。寬賦稅。省徭役。禁游惰。肃軍政。周匱乏。恤鰥寡。布屯田。通漕运。已債負。广儲蓄。复常平。立平准。却利便。杜告訐（元史姚樞傳）。及即位。召衡至。議事中書省。衡疏陈五事。六年。复召至。詔与刘秉忠張文謙定官制。衡历考古今分幷統屬之序。去其权攝增置冗長側置者。自元定行省之制。明清因之。以迄于今。而行省丞相之外。复有行台御史。行政与监察幷峙。其法尤善。其教士以四書經史。乃至穷乡僻壤。每五十家立一社。每社設学校。讀孝經小学論孟。其为法至光緒季年。定小学堂章程。犹踵而行之。魯齋之澤。被于百世矣。元史本傳言衡奏陈皆削革。惟陈政事疏一首尙存。兹节录于下。

許衡議中書大事疏（元文类載此疏全文題曰时务五事）

臣自甲寅至今。凡八被詔旨。又日者面奉德音。中書大务。容臣尽言。敢不罄竭所有。裨益万分。其一曰自古立国皆有規模。循而行之。則治功可期。否則心揺目眩。变易紛更。未見其可也。考之前代。北方之有中夏者。必行汉法。乃可長久。故后魏辽金。历年最多。他不能者。皆乱亡相繼。使国家而居朔漠。則可無論此也。今日之治。非此奚宜。二曰中書之务。不胜其煩。然大要在用人立法而已。人莫不飲食也。独膳夫为能調五味之和。莫不睹日月也。独星官为能步亏食之数者。誠得其法故也。今里巷之談。动以古为訴戏。不知今日口之所食。身之所衣。皆古人遺法而不可違者。豈天下之大。国家之重。而古之成法反可違邪。其亦弗思甚矣。夫治人者法也。守法者人也。人生相維。上安下順。今虽未能遽如古昔。然已任者莫給俸以养其廉。未仕者当寬立条格。俾就叙用。則失职之怨少可舒矣。外設监司以察污濫。內專吏部以定資历。則非分之求漸可息矣。再任三任。抑高擧下。則人才爵位略可平矣。三曰为君之难。处亿兆之上。操予夺进退賞罰生杀之权。不幸見欺。則以非为是。以是为非。进者未必为君子。退者未必为小人。予者未必为有功。夺者未必为有罪。以至賞之罰之生之杀之。未有得其正者。大抵人君以知人为貴。以用人为急。用得其人。則無事于防矣。其四曰今国家徒知斂財之巧。而不知生財之由。徒知防人之欺。而不欲养人之善。徒患法令之难行。而不患法令無可行之地。誠能优重农民。勿扰勿害。毆游惰之人而归之南亩。課之种艺。悬喻而篤行之。十年之后。倉府之积。当非今日之比矣。自都邑而至州县。皆設学校。使皇子以下至于庶人之子弟。皆入于学。十年已后。上知所以御下。下知所以事上。上下和睦。又非今日之比矣。其五曰天下所以定者。民志定則士安于士。农安于农。工商安于工商。則在上之人。有可安之理矣。取天下。守天下。各有其宜。审而后發。發無不中。数变不可也。数失信尤不可也。

后人病魯齋失身異族。殆未考出处本末。右疏言自甲寅至今。八被詔旨。是万不得已而后就道。其事甚明。临終遺令。勿立碑請謚墓石勿題官銜。可知其心事矣。魯齐遺書有辞提学狀一首。录之以明此老本心。并存申狀之式。

許衡辞免京兆提学狀

后学儒人許某。先于輝州承奉令旨迁来京兆。教授人家子弟。欽依外。今月初一日。續奉令旨。該廉宣撫保奏。令某充本府提学者。某自惟非才。不敢祇受。即于宣撫相公及以次官員处告复。至今未蒙允納。窃聞提学官。师表之任也。仪刑多士。檢正学業。实風化人才之所自。緣某早年羈旅。学無淵源。于举業功夫。未至成就。若不量度。叨冒寵荣。取四方之譏。辱王府之命。不止为罪于一身也。事有所系。义在必辞。伏乞宣撫使司詳察拟为回奏施行。取鈞旨。

李治敬齋古今黈云世之劝人以学者。动必誘之以道德之精微。此可为上性言之。非所以語中下者也。上性者常少。中下者常多。其誘之也非其所。則彼之昧者日愈惑。頑者日愈偷。是其所以益之者。乃所以損之也。又云。今人以不达权变者为慕古。盖謂古而不今也。余謂李氏此語。盖以箴魯齋之失也。刘静修亦云。近世士大夫多以頑鈍椎魯人所不足之称以自号。彼其人未必真有是也。亦非故为是謙托而然也。盖病夫便儇皎厲之去道甚远也。思欲自矯以近本实。于是不得已而取之。若曰。与其失于彼也。甯失于是。此其設心于义为無所失也。静修譏时人以椎魯自号。盖即指魯齋而言。平心論之。道德之精微。誠不可以語諸人人。而自矯以近本实。处处脚踏实地。其拙处正不可及。苏天爵耶律文正事略云。国家承大乱之后。天綱絕。人理灭。所謂更造夫婦笔有父子者。信有之矣。加以南北之政。每每相戾。其出入用事者。又皆諸国之人。言語之不通。趋向之不同。当是之时。而公以一書生孤立于庙堂之上。諫行言听。力行而不顧。其見于設施者。十不能二三。而天下之人。固已均受其賜矣。元承金源凋丧之后。加以政令相戾。趋向不同。耶律晋卿許魯齋諸人。奋起孤危。补苴罅漏。其功实不可沒。故观元人文牘之杂。可以知諸賢补救之难。

元典章有各路官司朔望講学之制。以行政之官。兼講学之事。且朔望講議。月以为常。此汉唐所未有。宋人居官講学。偶一为之。非功令也。至元六年。定官司講学条款。是时魯齋方入中書議事。疑此議亦發于魯齋。其文如下。

講学条款

至元六年四月。中書省欽奉聖旨。定到条画内一款。节該提刑按察司官所至之处。劝課农桑。問民疾苦。勉励学校。宣明教化。若有利害。可以兴除者。申台呈省。欽此。除遵依外。切詳政有似緩而实急者。学校是也。盖学校者。風化之本。出治之源也。照得随路虽有設立学官。其所在官司。例皆看同泛常。不为用心勉励。以致学校之設。有名無实。由是吏民往往不循礼法。輕犯宪章。深不副朝廷肃清風俗宣明教化之意。今移文各路。遍下所屬。如遇朔望日。長次以下正官。同首領官。率領僚屬吏員。俱詣文庙燒香。礼畢。從學官主善詣講堂同諸生並民家子弟願從學者。講議經史。更相授受。日就月將。教化可期。人才可冀。外据所在乡村鎮店。选擇有德望学問可为师長者。于百姓农隙之时。加以訓导。使長幼皆聞孝弟忠信廉耻之言。礼讓既行。風俗自厚。政清民化。止盜息奸不为。

右中書省移文。視朱晦翁南康劝农。切实殆有过之。此外則各路儒学刻書亦为盛举。經史百家及宋以前人文集。刊印流傳。不待言矣。即年代甚近而其書卓然可傳者如馬貴与之文献通考。胡身之之資治通鑑注。卷帙繁重。皆賴公家之力。得以刊行。凡元刻官書。其卷首类刻牒文。俾后代藏書家。借此得以知版本源流。最为良法。其文或用寻常格式。或用四六。頗不一例。录尤雅者一篇于此。

浙西廉訪司刻靜修詩文牒

皇帝聖旨里江南浙西道肃政廉訪司准本道僉事哈剌那海儒林牒。尝謂国有名賢。幸遺言之未泯。职司風紀。惟見义則必为。窃覩故征士集賢学士嘉議大夫贈翰林学士資德大夫追封容城郡公謚文靖靜修先生刘因。負卓越之才。蘊高明之学。說經奚止于疏义。为文务去乎陈言。行必期于古人。事每論乎三代。汉唐諸子。莫之或先。周邵正傳。庶乎可繼。戶外之屨常满。丘园之帛屡来。咸慮往而实归。竟深居而簡出。虽立朝不踰于数月。而清节可表于千年。慨想高風。盖已廉頑而立懦。訪求故稿。所当微显而闡幽。考諸学官。或文有可采。或事有可录。皆得鋟梓以傳。况先生詩文。大关世教。豈容独缺。今鈔录詩文附录。共三十卷。于各路儒学錢粮多处刊行傳布。則上可以裨国家之風化。下可以为学者之范模。牒請照驗施行。准此。宪司今將上項文籍九本。隨此發去。合行故牒。可照驗以上施行。須至牒者。

至正九年九月十一日牒

右牒發端言皇帝聖旨里。犹后世称欽差欽命也。又有称長生天气力里大福蔭护助里皇帝者。犹后世詔誥称奉天承运皇帝也。

元人立法。能尽心于民事。其法良意美者。如至元二十八年定劝农立社事理十五款。其略云。凡五十家立一社。令社众举年高通曉农事有兼丁者为社長。不及五十家者与附近村分并为一社。数諭各随風土所宜。趁时农作。于地头道边各立牌。書写某社長某人地段。仰社長时时往来点觑。奬勤懲惰。每丁岁須栽桑棗二十株。或附宅种地桑二十株。其地不宜栽桑者。各随地土所宜。种榆柳等树。亦及二十株。若欲种杂果者。每丁限种十株。皆以生成为定数。仍仰随时布种苜蓿。初年不須刈割。次年收到种子。轉展分散广种。非止喂养头匹。亦可接济飢年。随路水利委本处正官一員。选知水利人員。一同相視。中間别無違碍。許民量力开引。如民力不能者。申复上司。差提举河渠官相驗过。官司添力开挑。近水之家。許鑿池养魚鵝鴨之类。及栽种蓮藕鷄头菱角蒲葦等。以助衣食。如本主無力栽种。召人依例种佃。無致廢歇無用。本社內遇有病患凶丧之家。不能种蒔者。仰全社众各备粮飯器具。幷力耕种鋤治。收刈俱要依时办集。其养蚕者亦如之。一社之中灾病多者。兩社幷鋤外。据社众使用牛只。各有倒伤。亦仰照依乡原例均助补买。每社立义倉。社長主之。如遇丰年。各家驗口数。每口留粟一斗。（按此謂每口出粟一斗。留于社倉。非家中只留一斗。余均入倉也。）若無粟。抵斗存留杂色物料。以备歉岁就給各人自行食用。官司幷不得拘檢借貸动支。經过軍馬。亦不得强行取要。如欲聚集收顿。或各家頓放。聽從民便。本社若有勤務農桑增置家產孝友之人。從社司保申官司。體究得實。申復上司。量加优恤。若有不务本業。游手好閑。不遵父母兄長教令。凶徒党惡之人。先从社長叮嚀教訓。如是不改。籍記姓名。候提点官到日。对社長审問是实。于門首大字粉壁書写不务正業游惰凶惡等各称。如本人知耻改过。从社長保明申官毁去粉壁。如是不改。但遇本社合著夫役。替民应当。候能自新。方許除籍。每社設立学校一所。擇通曉經書者为学师。于农隙时分。各令子弟入学。先讀孝經小学。次及大学論孟經史。务要各知孝弟忠信。敦本抑末。若积久学問有成者。申复上司照驗（元史食貨志元典章卷二十三）。以上节录原文。其用意可謂剴切周至。然考其实际。則有大不然者。观下文龙兴路牒引張登仕呈可知。

龙兴路設社長牒

大德三年四月初六日。江西廉訪司据龙兴路牒。該奉行省劄付。准中書省咨。为設立社長事。先据知事張登仕呈。近为体复灾伤。到于各处。喚到社長人等。系妇人小兒。問得該吏称說。自至元三十年。定立社長。經今五年。多有逃亡事故。为是不曾申举到官。未經补替。切詳設立社長。劝課农業。使民知务本。兴举学校。申明孝悌。使彝倫攸叙。糾斥凶頑。檢察非違。使風俗归厚。皆非細务。今各处社長。多不見年高德劭通曉农事为众信服之人。大失原立社長初意。乞施行。得此。合牒可照依都省咨文內事理。將年高通曉农事之人。立設社長。并不得差占別管余事一切。教本社人民务勤农業。不致惰廢。仍免本身杂役。毋得以前設立不行。并別行差占。致誤农事。將立定社長姓名牒司（元典章卷二十三）。

社長之职。据至元二十八年立社章程。非年高通曉农事者不可。而龙兴路乃以妇人小兒为之。其名实不符至此。然則劝农立社。定章虽善。皆具文耳。

元人立法道艺并重。如澤州知州王祐呈礼部論医刑二事云。为世切务。推刑与医。医者司命于人。刑者弼教于世。惟人也以寒風暑湿为其疾。以放辟邪侈陷于罪。疾須医治。罪当刑断。然而医有明不明。刑有濫不濫。医不明則不审血气虚实而妄許藥餌。刑或濫則不詳咎惡輕重而妄加鞭扑。是故医欲明須玩味前賢之經訓。刑不濫在講究本朝之典章。經訓精則許以为医。典章通則用之为吏。今各路虽有医师学。亦系有名無实。参詳莫若今后督責各处有司。广設学校。为医师者。命良医主之。講習素問难經仲景叔和脉訣之类。然亦須通四書。务要精通。不精通者。禁治不得行医。

吏員命明师主之。各处首領官公务畢。率習师吏貼書人等講習經史。先自小学四書及典章案式算術之类。須要精通。各处長官。时常提調。严加訓教。嗣礼部議定程試太医十科。曰大方脉杂医科。小方脉科。風科。产科。兼妇人杂病。眼科。口齿兼咽喉科。正骨兼金瘡科。瘡腫科。鍼灸科。祝由書禁科。又以教官不能訓誨。致無成功。令廉訪司官按臨之處。考其課業。審其成否。如有奉行不至。訓誨無成。学官提調官各治以罪(元典章三十二)。元人此举。实开今日医学之先。前此所未有也。

元人文牘有議論警辟者。如典章戶政門。邵武路申請禁乞养異姓子。其言沈痛。前代官文書。鮮能及此。录其全文于左。

至元二十九年十二月。福建行省据邵武路申。承准福建廉訪司分牒。体知得南方士民为無子嗣。多养他子以为义男。目即螟蛉。姓氏異同。昭穆当否。一切不論。人專私意。事不經久。及以致其間迷礼乱倫。失亲伤化。無所不至。有养諸弟从孙为子者。有不睦宗亲。舍抛族人。而取他姓为嗣者。有以妻子之弟姪为子者。又以后妻所携前夫之子为嗣者。又因妻外通。以奸夫之子为嗣者。有由妻慕少男。养以为子者。甚至有棄其亲子嫡孙。順从后妻。而別立义男者。有妻因夫亡。听人鼓誘买嘱以为子者。有夫妻俱亡。而族人利其貨产。爭願为义子者。由是民間氏族失真。宗盟乱叙。爭夺衅作。迭兴詞訟。始謀貽患。終至破家。亦絕蒸尝。莫保丘隴。縱有異姓之子。能奉香火。然神不歆非类。寧得感通。有后名存。实为絕嗣。人情至此。孰不哀憐。切照旧例。諸人無子。听养同宗昭穆相当者为子。如無。听养同姓。皆經本屬官司。告發給公据。于各戶籍內一附一除。养異姓子者。有罪。古人思患豫防。立法如此。存亡繼絕。可行無弊者。詳南人立嗣。深恐漸將官司所抄戶籍。坏乱难整。又致改名过房。販卖良人者。得以借口遂其奸計。如酌旧例。更定教条。除在先已立者姑听外。此后悉令依例布告远近。一新汚俗。庶几民習还淳。風革前弊。若不經官司。致此多端。乱倫伤教。如不早圖禁止。非惟禍乱私族而已。悉为此移准总司牒申奉行。御史台劄付。該仰与有司从長講究。行移合屬。就申行省定夺施行。奉此。令与本路总管府官一同講究得父子嗣續。人倫大本。同宗繼紹。气脉感通。非我族类。神不歆享。私立異姓。徒啓禍源。如前弊俗。理宜更革。兼可豫防廢乱戶籍。潛息販卖人口。准上禁止为便。牒可照驗。备申行省照詳施行。承此。照本路近据录事司申解到司。以掘祖墳人黃云瑞。責得元系广西道宾州人氏。本姓陈。随姑陈氏嫁事。黃千一將仕。为無嗣子。立云瑞棺嗣。于至元二十九年四月二十日。妄以祖公黃百十三知府墳墓風水不利为由。令吳百七等將墳墓掘取訖。为內銀器等物。及將尸骸燎化。移于他处。却將元葬祖公墳墓山林。卖与官將仕为主。罪犯招伏。审問無異。看詳黃千一將仕無子。不能于近族擇有昭穆相当者立之。輒用其妻陈氏所携異姓孙改名云瑞。立而为嗣。族系既殊。情态少異。其間破卖田产。毀折室廬。俱未暇論。最是乃祖黃百十三知府归土已三十多年。而黃云瑞乃敢盜發其墳。斧其棺。火其尸。尽取棺中原殯之物。至于墳塋庵宇悉以售之他人。若使黃云瑞另行外。实系黃氏宗党之亲。則知有祖宗骨肉。必不忍为此灭絕天理之事。此立異姓子者之明驗也。乃知殃及九原。其可哀也。除將黃云瑞否果異姓若不准禁治。誠恐此風甚長。为害滋甚。乞照詳事省府仰依上禁治施行。

異姓为后。古人以为复宗絕嗣。垂戒著明。自汉呂后以他人子为孝惠嗣。而官宫养子。史不絕書。至魏賈充而立外孙为后矣。至唐之藩鎮。五代之人主。而有义兒軍。五代史不得不立义兒傳矣。其始也起于悍后凶竪。其繼也濫于强藩驕將。宋元以后。民間从而效之。遂成敝俗。吾征之往事。得之目驗。而知此事之必不可行。万不得已。惟有立同姓而不同宗者。其說甚長。茲不备論。右牒痛切言之。穷其敝至于焚棺火尸。并墳塋而鬻諸他人。为此文者。意必深明谷梁傳莒人灭繒之說。吾采此篇。將以警世之蹈黄氏复轍者。

列代史志載章奏不載文移。惟元史不然。河渠志武宗至大三年十一月。河北河南道廉訪司言。黄河决溢。千里蒙害云云。省令都水监議。此廉訪司呈中書省文而省令都水监議其可否也。其下載省臣奏。又載部文。云。部照大德九年。黄河决徙。逼近汴梁。几至浸沒。本处官司权宜开辟董孟口。分入巴河。以杀其勢。遂使正河水緩。并趋支流。緣巴河旧隘。不足吞伏。明年。急遣蕭都水等閉塞。而其勢愈大。卒無成功。致連年为害。南至归德諸处。北至济宁地方。至今不息。本部議黄河为害。难同余水。欲为經久之計。非用通知古今水利之人。專任其事。終無补益。河南宪司所言詳悉。今都水监别無他見。止依旧例。議拟未当。如量設官。精选廉幹奉公深知地形水勢者。專任河防之职。往来巡視。以时疏塞。庶可除害。省准令都水分监官專治河患。任滿交代。此盖都水监分呈工部。而工部行文中書省。以都水监議拟未当。而别設請如河南廉訪司所言别設專官。然其文冗漫。驟讀之几不可曉。大抵元史載水利之議务求質实。章奏文移并采。賈魯河一条。录欧陽玄至近河防記。言之尤悉。蜀堰一条。則据揭斯所制碑文。詳述形制。至今犹資其制。其文至繁冗。亦史志之一格。若在他史。則以数百言了之耳。又。文言天历三年三月。怀庆路同知阿合馬言。沁水亦可溉田。中統間。王学士于太行山下沁口古迹置分水渠口。开浚大河四道。历温沔入黄河。約五百余里。渠成。名曰广济云云。原文之下。系以怀庆路备申工部。牒都水监。回文本路。委官相視施行。此以浚治沁河。引水溉田。怀庆路申工部而以可行。遂牒都水监如怀庆路同知所請也。

元代法制。莫具于經世大典。其書久佚。幸元文类录其叙例三卷。綱目具在。其体例略如会要。刪繁就簡。件系条分。与元典章之直录公文者異。至順三年三月書成。欧陽玄等奉表奏进。其略曰。体会要之遺意。發掌故之旧章。物有象而事有恒。質为本而文为补。百数十年之治迹。固大略之仅存。千万亿世之宏規。在鴻儒之繼作。謹繕写八百八十卷。目录十二卷。公牘一卷。纂修通議一卷。裝潢成帙。随表以聞。表文祗数百言。如此巨制。以簡潔之笔出之。可云得体。元牘之濫惡者。盖亦多矣。胡只遹論折獄云。一語抵官。十年不絕。兩家爭田。連村受禍。廢夺农时。破坏产業。視骨肉为仇讎。化乡里为盜賊。以曲为直。以非为是。上至台省。濁乱尤甚。官府風俗。敗坏至此。刀笔賤吏。犹以刻剝征求斂聚貨殖为忠勤。簿書期会为急务。为明敏。又云。軍籍民籍。点竄改抹。略不可憑。錢谷出入。謾不照算。官不知法。吏不識字。身为軍卒而不識弓矢。名隶工匠而無一器具。医藥者不知方論。素無学术。很忍杀人。中选儒人。不經不史。不文不詩。不修身齐家。澳涊無耻。行同市井。論精选县令。曰。今县令多非其材。省部不务精选。兼品秩卑下。州府驅委呼召。殊無礼貌。俊才多不屑为。大半不識文墨。不通案牘。署銜書名題日。落笔一出于文吏之手。事至物来。閉口不能裁断。袖手不能指画。顛倒錯謬。莫知其非。虽有县令。与虛位同。寄子方郎書云。今日之政。已救其末。未究其本。事事皆然。如削去主案貼書。固为善政。然而究不能去者。何也。势使然也。果能减吏。当先削冗文。何謂冗文。叢脞僭越。瑣細繁叠。紛乱推迎。不当申而申。不当下而下。不当受而受。不当問而問。不当疏駁而疏駁。不当勘当而勘当。已有定例。不当体度而体度。上下不相信。往复調虛文。凡系錢谷。虽一二貫文。例須申部。五申十余申。一二岁未获明降。一二百文之爭差。往复問答。費紙数千張。而終年不絕。軍民爭差。例当双行。密院从則戶部不从。戶部从則密院不从。密院欲以民为軍。戶部欲以軍为民。文字逗遛。連年不决。事头起于集部。余事关于他部。六部不相关付。府州屢申。展轉推迎。不得杜絕。其余部分。类多如是。繁文若此。每房增添吏員。尚且不办。又欲減削。其可得乎（紫山大全集）。元时京外官習俗败坏至此。宜乎吏牘無人講求。沿及明代而疏謬百出也。

文章不絕于天地間。举世習于僿野。必有一二人主持在下者。宋室之南渡也。中原士族。萃于兩浙。元有天下。稍稍与民休息。而長淮以北。人物之盛。以視浙水东西。盖未逮其什一也。浙东文献之家。莫盛于四明。四明莫盛于袁氏。自宋之亡。四方遺老。避地四明者皆館袁氏家（全祖望胡梅磵藏書窖記）。袁氏著聞者。于宋則祀部侍郎燮。于元則侍講学士称。眞西山絜齋先生（燮）行狀云。东萊呂成公。接中原文献之正傳。公从之游。所得益富。永嘉陈公傅良。明旧章。达世变。公与从容考訂。細大靡遺。元史載表元傳云。宋季文章委薾。慨然以振起斯文为己任。四明王应麟天台舒岳祥。文学师表一代。皆从而受業。其学博而肆。其文清深雅潔。东南以文学重一时者。表元一人而已。門人最知名者曰袁桷。桷有清容居士集。其在集賢。編修国史。請購求辽金宋三史遺書。中原文献。賴以不墜。集有搜訪遺書狀。节录于此。

袁桷修辽金宋史搜訪遺書条列事狀

猥以菲才。备員史館。几二十年。近复进直翰林。仍兼史职。苟度岁月。实为罔功。伏睹先朝聖訓。屢命史臣纂修辽金宋史。因循未就。推原前代亡国之史。皆系一統之后史官所成。若齐梁陈隋周五代正史。李延寿南北史。房玄龄等晋書。或称御譔。或著史臣。此皆唐太宗右文稽古。数百年分裂事志。悉得全备。至宋仿依唐世。爰設官局。以成唐書。是則先朝屢命。有合太宗文明之盛。卑职生長南方。辽金旧事。鮮所知聞。中原諸老。家有其書。必能搜羅薈萃。以成信史。竊伏自念。先高叔祖少傅正献公燮。当嘉定間。以祀部侍郎秘書监專修宋史。具有成書。曾祖太师樞密越公韶。为秘書著作郎。迁秘書丞。同預史事。曾叔祖少甫正肅公甫。吏部尚書商。俱以尚書修撰实录。謭薄弱息。获际聖朝。以繼先躅。宋世九朝。虽有正史。一时避忌。今已易代。所宜改正。昔司馬迁班固。皆以父子相傳。遂能成書。刘知几刘餗刘贊。咸以家世旧聞。譔成史通史例。輒不自揆。庸用条析。兼本院宋朝名臣文集及杂書紀載。悉皆遺缺。亦当著其書目。以备采擇者（原文以下条列搜仿事宜文多不录）。

自惟志学之岁。宋科举已廢。遂得専意宋文。亦尝分蒐杂書文集及本傳語录。以次分别。不幸城西火灾。旧書尽毁。然而家世旧聞。耳受目覩。犹能記忆。或者謂亡史不宜修。南方鄙儒。詎敢置論。年齿衰迈。分宜归老田里。曠官縻职。实为罔功。而区区素藴。亦蘄別白。以称朝廷奬拔之厚。凡所具遺書。散在东南。日就湮落。或得搜訪。或得給笔札傳录。庶能成書。以一代之史。謹呈翰林国史院。謹狀（清容居士集四十一）。

右清容文一首。清深雅潔。于王深宁为近。可知私淑之功。此体不足以概元人文牘。取其延宋牘一脉耳。与四明之学并峙于浙中者。为金华之学。自黃榦。王柏。金履祥。許謙。黃溍。遞傳而至宋濂。遂开明初風气矣。

元史美世祖立綱陈紀。用夏变夷。而以夷变夏者亦不少。服飾也。宗教也。官制之有达魯花赤。玉典赤。闊赤也。其彰明較著者也。僧格为国师丹巴弟子。而为尚書右丞相。言諸道宣慰司及路府州县官稽緩誤事。世祖遽遣人徧笞之。又笞监察御史四人。台綱尽廢。此中主所不肯为者。而世祖毅然为之。吾故曰。植基不固。不旋踵而复其本性。以元之幅員广大。高有高丽靺鞨。西尽黑海。南至越裳。既已建牙設治。使其經營开拓。澤以中国声名文物之教。則丰功偉烈。宜可超軼万古。然史志百官地理。于此等处惝怳無憑。此無他。汉人仕元者。極其学力所至。有济世安民之效。而無長駕远馭之規。彼蒙古諸藩。材武足以开边。而識力不足以言經略。史于西北事缺而不載。無足怪也。元史朮赤傳云。朮赤者。太祖長子。国初以亲王分封西北。其地極远。去京师数万里。驛騎急行二百余日。方达京师。以故其地都邑風俗。皆莫得而詳焉。至元二年。朮赤之子月即列。遣使来求分地岁賜以振給軍站云云。史官所記止于此。宗室世系表至月即列之子札尼列而尽。計其时在至元間。然則世祖統一中夏之日。即西北分崩离析之时。不及有所設施。固其宜矣。至元十三年。議改历法。遣官四远測景。东至高丽。南至瓊崖。西至成都。北至和林。又自上都南五千里。若东平。陽城。鄂吉等州。各遣官測驗（元文类楊桓太史院銘）。其行政所及之处不过如此。文人碑傳之作。則惟虞集句容郡王世績碑。能詳西北兵事。然元人記述虽疏。而西人則言之綦詳。哈尔濱中东鉄路圖書館。藏俄文書記元代西域事者。卷帙甚富。江宁范明甫（緒良）深于俄文。篤学嗜古。余曩在濱江。明甫欲取其書之尤要者。譯为华文。明甫口譯而余笔述。余亟贊成之。方發凡起例。而事变作矣。追念前事。輒为惘然。

明初有吉安人权衡者。撰庚申外史。其言曰。元朝之法。取士用人。惟論根脚。其余圖大政为相者。皆根脚人也。居糾彈之責者。又根脚人也。莅百官之長者。亦根脚人也。而凡負大器抱大才蘊道艺者。俱不得与其政事。所謂根脚人者。徒生長富貴。臠羶拥毳。素無学問。坐廊庙。据樞軸。以进天下無借之徒。是安得而不敗哉。根脚人。蒙古色目人之称也。色目人者。蒙古本族以外之各色人。陶宗仪輟耕录列色目人。有哈剌魯。欽察。唐兀。阿速。禿八。康里。畏吾兀。回回。乃蛮歹。乞牛。迷兒等。凡三十一种。清制殿試策开主代履历曰三代脚色。盖本于此。明选法。凡赴吏部呈遞履历。曰备供历任脚色。脚色即履历也。見明会典。

元代行省之長。以蒙古人为之。汉人南人为之貳。元史世祖紀。至元元年。以蒙古人充各路达魯花赤。汉人充总管。回回人充同知。永为定制。十五年以江南事繁行省官未有知書者。命崔斌至揚州行省。張守智至潭州行省。又崔彬傳世祖書时尚書留夢炎謝元昌等言。江淮行省事至重。而省臣無人通文墨者。乃命彬为江淮行省左丞。左丞非長官也。行省之長曰丞相。亦名达魯花赤。不習文事而貴倨無比。董文用傳。拜江淮行省参知政事。行省長官素貴。同列莫敢仰視。跪起稟白如小吏。文用至。則坐堂上。侃侃与論是非可否。無所迁就。文用为潜邸旧臣。又家世貴显。故得徑行其志。行省如是。行台亦然。成宗本紀。各道廉訪司必擇蒙古人为使。或缺則以色目世臣子孙为之。其次始参以色目及汉人。汉人虽得为廉訪使。而銓选之序。乃居最后。文宗时始置汉人南人各一人。与蒙古畏兀河西回回并用。則五之一耳。汉人。謂先取金地之人。南人。謂后取宋地之人也。程思廉傳。思廉家东胜州。同知洪州。累迁河北河南道按察副使。成宗即位。除河东山西廉訪使。旧法。决事咸有議劄。权归曹吏。思廉自判牘尾。某当某罪。吏皆束手。自判牘尾。不过略書数行。指示办法耳。而史以为美談。則为按察使而不能判牘者多矣。各路府州县。其長官皆曰达魯花赤。亦蒙古人为之。（达魯花赤。譯言掌印办事長官也。清制軍机处領班章京曰答拉密。盖达魯花赤之音轉。）其文書視草。則屬之汉人南人。为达魯花赤者。鈐押而已。（至元七年敕諸路达魯花赤子弟蔭叙充散府諸州达魯花赤。其散府諸州子弟充散府諸县达魯花赤。諸县子弟充巡檢。）

汉人南人登进之阶。其狭若是。而考試之格。又严于蒙古色目人。仁宗皇庆三年。始行科举之法。蒙古色目人第一場經問。第二場时务策。汉人南人第一場明經經疑。第二場古賦詔誥章表。四六古体参用。第三場經史时务策。經用朱氏章句。兼試一經。用古注疏。其应試科目。繁簡不同若是。然既号明經。則兼通朱注古注疏。乃其本分。又。其法虽下第者。犹授教授学正書院山長。此亦寒士出身之一途。因进取難而致力專。則立法亦未为失也。貢士之外。又有貢吏之法。至元十九年定制。諸岁貢吏以性行純謹儒吏兼通者为上。才識明敏吏事熟閑者次之。二十三年。又定各道按察司于書吏內貢一名。儒人一名。必諳吏事。吏人一名。必知經史。書吏应貢而必通經史。可以为后世法。然元之書吏。俸給極薄。其稍通文学者。为善不足而为惡有余。慈溪赵偕为县令。陈文昭作治县权宜十一条。有云。今县房司吏俸祿甚薄。不足以养廉。各房貼書。全無俸祿以代其耕。不得不行詐狥私。以为生計。宜訪求忠直之士。以为耳目。又云。听言信行。古人所戒。今庶人在官者。無厚祿以代耕。不得不外假公論。內怀私欲。以为生計。宜置一簿。勤察其言行而書之。以資去取（宋元学案）。此言防書吏作弊之法。論似正而实疏。为县令者。苟不为之別筹生計。又安能以一人耳目。穷若輩百出之伎倆哉。

以上論元人文牘优劣之故。其精神面目。則前举数篇。足以概之。其程式則依品級而定。詳见典章吏部門。兹录兩条于后。

一。品从行移等事。至元五年十一月。中書吏礼部据河南府路申总管府官坐次行移乞明降事。照得下項旧例。呈奉都堂鈞旨。送吏礼部准拟。行下合屬照会施行。奉此。省部开坐各座次行移体例如后。并据各路所申文解年月日后暨逐官阶銜。多有不分品从高低。一般平头。殊失上下体例。仰依奉省部內处分坐去事理施行。內一款。照得諸外路官司不相統攝。应行移者。品同往复平牒。正从同。三品于四品五品并今故牒。六品以下皆指揮回报者。四品牒上。五品牒呈上。六品以下并申。其四品于五品往复平牒。于六品七品今故牒。八品以下指揮回报者。六品牒呈上。七品以下并申。五品于六品以下今故牒回报者。六品牒上。七品牒呈（七品司县）并申。八品以下并申。六品于七品牒上。平牒于八品今故牒回报者。八品牒上九品牒呈上。七品及八品于九品往复平牒。七品于九品今故牒回报者牒上。即佐官。当思有应行移往复者。并比类品从。职虽卑近。并今故牒应申并咨。一。执政官外任不書名。至元七年十月。尚書礼部会驗旧例。内外官司行移亲王宰相。不致姓。执政官署姓。解亦不書名。实古礼尊賢貴德之义。照得怀孟路总管楊少中。曾任参知政事。系前职执政官見申部文解書名。似或于礼未宜。有無照依旧例止署姓不書名。为此呈奉尚書省劄付准呈。仍就便移关各部。及遍行合属照会施行。

行移之文。平行者或称咨。上文所引中書省咨福建行省之文是也。台省之与行台行省。本属一体。故行文用咨不用牒。元时称咨者。不必公文。余見元建安刻揚子法言。其目录之后有刻書人启事。曰本宅謹咨。則今之書店广告耳。而亦称咨。

申文亦称詳文。前引邵武路申文。其末有乞照詳事語。即詳文也。紫山集有丁粮地粮詳文一首。辞煩不录。

以上所举行移申狀之文。明以后官文書。类此者十之七八。元諸帝不長于汉文。詔旨用俗語。此犹可說。明代諭旨批答之辞。亦从而效之。則不可解矣。又宋制下官对于上官。自称其名。元人則翰林有自称卑职者。宋制称上官直曰某官。或称鈞慈。元之行台御史。則称宪台。以台諫司風宪之职也。自明以后。积習相沿。于是無职不卑。無台不宪。上驕下諂。有由来矣。

卷七

明

明祖削平群雄。廓清函夏。宜乎声明文物。继轨汉唐。而开国制度。乃循元人之旧。不惟無以过元人也。幷元人之精意而失之。元制兼容幷包。元牘亦不拘一格。至明祖則师心自用。而又峻法以繩其下。故明牘之視元。由縱而歛。由杂而純。能歛而純。善矣。而其敝空疏無实。空疏而不知自返。遂流于叫嚣猖狂。而国事随之。盖历代文章公牘之敝。及国家受士大夫之害。無过于明人者。

洪武二年。頒敎士之法于州县。立碑学宫。凡士子文須醇实典雅。三年。詔曰。前元依官設科。彼士甚优。而权要之官。每納奔竞之人。辛勤岁月。輒窃仕祿。所得資品。或居举人之上。怀才抱道之賢。耻于幷进。甘隐山林而不起。今朕統中国。外撫四夷。方与斯民共享升平之治。所虑官非其人。有伤吾民。欲得賢能君子而用之。自洪武三年为始。特設科举以起怀才抱道之士。务在經明行修。博古通今。文实得中。名实相称。其中选者。朕將亲策于廷。观其学識品其高下而任之（此詔出王褘手見王文忠公集）。明初設科举。欲得經明行修博古通今者。深得造就人才之意。明史选举志云。天下既定。擇年少举人貢生入国学讀書。命于諸司先習吏事。謂之历事监生。取其尤英敏者。入文华武英堂說書。謂之小秀才。其才学优贍聪明俊偉之士。使之博極群書。講明道德經济之学。以期大用。謂之老秀才。此意尤善。乃不数年而謂后生少年不能以所学見諸行事。遂罢科举。是不知練習吏事。非旦夕可期。自来人才致用。虽博通古今者。亦必更事十年二十年。乃能胸有主宰。措施悉当。明祖責后生少年以所学不能致用。遂并取士之法而廢之。是因噎而廢食也。

洪武十五年。复設科举。十七年。太祖与刘基定科举程文之式。專取四子書及易詩書春秋禮記五經命題。其文略仿宋經义。然代古人語气为之。体用排偶。謂之八股。通謂之制义（明史选举志）。自此以后。举天下人才銷磨于八股之中。不博古。不通今。講道德而不知經济。明之初年。文章承虞集黃溍諸人之后。王褘。宋濂。方孝孺。皆以文雄。至洪武十七年。宋王二人已卒。方正学犹未大用。在朝諸臣。無复耆儒宿学。刘誠意工詩而不雄于文。其創为此体。盖出太祖独断揆者。立法之意。非不冀学者兼通六艺。而不意科举进身者。遂束書而不观也。

明太祖克金华。得許存仁。擢为国子博士。吳元年。擢祭酒。垂十年告归。存仁者。許謙子也。明史附見宋訥傳。不言其教士之法。惟高忠宪崇正学闢異端疏言及之。其略曰。太祖高皇帝首立太学。拜許存仁。以司教化。存仁为先儒許謙子。承朱熹正学。而存仁承上命以为教。一宗朱氏之学。令学者非五經四書不讀。非濂洛关閩之学不講。而天下翕然嚮風矣（高子遺書）。許文懿得金仁山之傳。其学甚博。存仁教士。疑其未尽家学之傳。玩承命为教語。則教学范圍。定于明祖。宗学朱可也。宗朱学而五經四書以外。一概不讀。不得謂之朱学也。

·洪武初。科举用四書五經义。虽以程朱为主。犹因元制兼用古注疏。永乐十二年。詔翰林学士胡广等輯五經四書大全。其明年書成。頒行天下。自是历二百余年。学者讀書应举。以能讀大全为極軌。而經書之中。又以四書大全为主。四庫提要云。四書大全。成祖頒行天下。尊为取士之制。当时程式。以四書义为重。故五經率皆廢閣。所研究者惟四書。所辨訂者亦惟四書。后来四書講章浩如烟海。皆是編为之濫觴。蓋由汉至宋之經術。于是盡變。又云。五經大全。二百餘年以此取士。有明儒者之經学。其初之不敢放軼者由于此。其后之不免固陋者亦由于此（提要卷三十六）。顧亭林云。自八股行而古学棄。大全出而經义亡。又云。四書大全頒之学官而諸書皆廢。又云。八股盛而六經微。十八房兴而廿一史廢（万历以后坊刻程試之文进士所作曰十八房稿）。此皆論明人之不重讀書也。亭林又云。永乐二十二年。仁庙諭大学士楊士奇等曰。朝廷所重安百姓。而百姓不得蒙福者。繇牧守匪人。牧守匪人。由学校失教。故岁貢中愚不肖者十率七八。古事不通。道理不明。此豈可任安民之寄。当日貢举之行。不过四十年。而其弊已如此（以上引亭林語皆見日知录）。古事不通。道理不明。說尽当时病痛。有明三百年之社稷。非亡于流寇外患。而亡于士大夫。士大夫之所以不能辞亡国之責者。其病根即在于此。

明人为公牘。制义之变体也。其初科举之文。虽異于宋經义之用講义体。而格式尚不甚拘。兼以老师宿儒。流風未尽。故宣德正統以前。文章气体虽卑。犹有馳騁自得之妙。及成化以后。八股行之已久。出身科甲者。先入为主。陈言俗調。搖笔即来。高者沉酣講章。下者浸淫程墨。而公牘之体变矣。

明祖父子。天性雄猜。臣下建言。或焚草以避禍。故明初人專集傳于今者。詩多而文少。文集又多序記之屬。而少論事之言。史傳所載。亦非全文。宣正以后。政尚寬大。集部始多章奏。王文成海忠介諸集。采輯漸及于公文。至万曆以后而流于冗濫矣。今就所見諸家文集。录其一二。而推論其得失。

洪武初。宋訥繼許存仁为国子祭酒。上守边策略。明史本傳載之而非全篇。惟西隐文稿原文俱存。茲录于左。

宋訥守边策略

今海内既安。蛮夷奉貢。惟沙漠未遵声教。若置之不論。則恐岁久丑类为患。边圉卒荒。若欲穷追远击。恐六师往还万里。餽运艰难。士馬疲劳。陛下欲为聖子神孙万世計。要不过謹备边之策耳。备边固在乎兵。兵实又在乎屯田。屯田之制。必当以法。汉本始中。匈奴帅十余万騎而南。欲为寇。汉將赵充国乃四万騎分屯緣边九郡。單于聞之引去。夫以四万騎分屯九郡。而充国統制其間。則当时之策画区处。概可想見。我朝諸將中。勇智謀略。豈無充国哉。陛下宜选其有智謀勇略者数人。每將以东西五百里为制。随其高下。照法分屯。所領衛兵。以充国兵数斟酌損益。率五百里一將。布列緣边之地。远近相应。首尾相顧。耕作以时。訓練有法。遇敌則战。寇去則耕。此長久安边之良法也。又何必劳师万里。求僥倖之功。以取無用之地哉。

元人北遁朔漠。兵力犹强。宋訥此議。發于洪武十年以后。时寇患未已。明祖方規扫蕩之計。而訥乃謂劳师万里。求僥倖之功。此書生議論耳。赵充国以四万騎备边。与金城屯田之策。截然兩事。汉書甚明。訥并为一談。亦誤。宋訥以講学名。非有經世之略。其言疏闊。不足怪也。

明初奏議見于史傳者。以解縉为最。洪武时。縉上封事万言。明史載奏議全篇者絶少。惟此篇备載其文。茲节录于下。

能縉封事（节录）

臣聞令数改則民疑。刑太繁則民玩。国初至今。將二十載。無几时不变之法。無一日無过之人。尝聞陛下震怒。鋤根翦蔓。誅其奸逆矣。未聞褒一大善。賞延于世。复及其乡。經始如一者也。臣見陛下好观說苑韵府杂書。与所謂道德經心經者。臣竊謂甚非所宜也。陛下若喜其便于檢閲。則願集一二志士儒英。臣請得执笔随其后。上溯唐虞夏商周孔。下及关閩濂洛。根实精明。随事类别。勒成一經。豈非太平制作。今六經殘缺。礼記出于汉儒。踳駁尤甚。宜及时删改。訪求审乐之儒。作乐書一經。若夫祀天宜复扫地之規。尊祖宜备七庙之制。奉天不宜为筵宴之所。文淵未备夫館閣之隆。太常非俗乐之所肄。官妓非人道之所为。禁絕倡优。易置寺閣。执戟阶墀。皆为吉士。虎賁趣馬。悉用俊良。除山澤之禁税。蠲务鎮之征商。土木之工勿起。四裔之地勿貪。釋老之壯者。驅之俾复于人倫。經咒之妄者。火之俾絕其欺誑。絕鬼巫。破淫祀。省冗官。減細县。痛懲法外之威刑。永革京城之工役。流十年而听复。杖八十以無加。妇非帷薄不修。毋令逮系。大臣有过当誅。不宜加辱。治历明时。授民作事。但申播植之宜。何用建除之謬。所宜著者。日月之行。星辰之次。七政之齐。正此类也。近年以来。台綱不肃。以刑名輕重为能事。以关四多寡为勋劳。甚非所以励清要長風采也。御史糾彈。皆承密旨。每聞上有赦宥。則必故为执持。意謂如此則上恩愈重。此皆小人趋媚之細术。陛下何不肝膽而鏡照之哉。陛下进人不擇賢否。授职不量重輕。建不为君用之法。所謂取之尽錙銖。置朋奸倚法之条。所謂用之如泥沙。监生进士。經明行修。而多屈于下僚。孝廉人才。冥蹈瞽趋。而或布于朝省。椎埋嚣悍之夫。闒冗下愚之輩。朝捐刀鑷。暮擁冠裳。左棄筐篋。右綰組符。是故賢者羞为之等列。庸人悉習其風流。以貪婪苟免为得計。以廉潔受刑为飾辞。出于吏部者。無賢否之分。入于刑部者。無枉直之判。天下皆謂任喜怒为生杀。而不知臣下乏忠良也。古者善惡乡鄰必記。今虽有申明旌善之举。而無党庠乡学之規。臣欲求古人治家之禮。睦鄰之法。若古藍田呂氏之乡約。今义門郑氏之家范。布之天下。世臣大族，率先以劝。旌之复之。將見作新于变。至于比屋可封不难矣。地有盛衰。物有盈虛。而商税之征。率皆定額是使。其或盈也。奸黠得以侵欺。其歉也。良善困于补納。

夏税一也。而茶椒有粮。果絲有税。既税于所产之地。又税于所过之津。何其密也。今日之土地。無前日之生植。而今日之征聚。有前日之税粮。或卖产以供税。产去而税存。或賠办以当役。役重而民困。上田之高下不均。起科之輕重無别。欲拯困而革其弊。莫若授田均田。幷行常平义倉。夫罪人不孥。罰弗及嗣。今之为善者。妻子未必蒙榮。有过者里胥必陷其罪。况律以人倫为重。而有給配妇女之条。驗之于不义。則又何取夫节义哉。

右疏惟太平制作一条。不免迂疏。余皆切中时弊。明初章奏。似此者鮮矣。

正統間。瓊山邱文庄以文名。其举乡会試。皆以論策擅場。非束縛于制艺者。嘗以西山眞氏大学衍义。有資治道。旁采經傳子史有裨于治国平天下者。分門类輯。附以己意。曰大学衍义补。本集第一篇。即进奏之文也。

邱濬进大学衍义补奏（节录）

臣窃見宋儒眞德秀所撰大学衍义四十三卷。于大学八条目中。有格物致知之要。誠意正心之要。修身之要。齐家之要。而于治国平天下之道闕焉。臣不揆愚陋。窃仿德秀凡例。采輯五經諸史百氏之言。补其闕略。以为治国平天下之要。立为十二目。曰正朝廷。曰正百官。曰固邦本。曰制国用。曰明礼乐。曰秩祭祀。曰崇教化。曰备規制。曰愼刑宪。曰严武备。曰柔远方。曰成功化。又于各目之中。分为条件。凡一百十有九。共为書一百六十卷。名之曰大学衍义补。德秀前書主于理。而不出乎身家之外。故其所衍之义大而簡。臣之此書主于事而有以包乎天地之大。故所衍之义細而詳。其詳其簡。各惟其宜。若合二書言之。前書其体。此書其用也。伏念臣濬学識迂僻。加以老耄。精力衰憊。所見不能無偏。所纂不能無誤。然区区一念。忠君爱国之誠。盖有出于言語文字之外者。况臣所纂輯者。非臣之私意杜譔。無一而非古聖賢經書史傳之前言往事也。参以本朝之制。附以一得之愚。虽曰掇拾古人之緒余。亦或有以裨助聖政之万一。伏惟皇上寛其妄作之誅。察其願忠之意。于清閑之暇。时賜省覽。遇用人則檢正百官之类。遇理財則檢制国用之类。与凡臣庶有所建請。朝廷有所区处。各随其事而檢本类。則一类之中。条件之众。必有古人之事合于今时者矣。于是审而擇之。酌古准今。因时制宜。以应天下之变。以成天下之务。而其大要則尤在于审察其几微之先焉。易曰。惟几也。故能成天下之务。此臣妄意著書之本意也。

右疏議論博大。气象充昌。与其書相称。瓊山章奏。类能持大体。防未然。如严禁人宫自犯奏。清味爽視朝奏。乞免李兴死彭程成边奏。論極透澈。而語極和平。非他人所及。

成化弘治間。三原王端毅。(恕)以道德經济为时名臣。文集而外。有奏議若干卷。其后嗣刻之。今陕西尚有傳本。明人刻奏議盖始于此。其文精切不浮。憂深思远。为明人奏議之最。文多不录。录其与人書一首。

王恕与人書(王端毅公集)

今天下一統。四海一家。如金甌之完全無缺。非若唐有藩鎮之叛乱。宋有南北之分裂也。誠能以仁义道德为城池。以居此器。以紀綱法度为甲兵。以守此器。使人不得而窺瞰之。物不得而搏击之。可千万年。为国家所有。若乃置之通衢之中。而無所以居守之者。而或得以窺瞰而搏击之。欲常为国家所有得乎。僕近观左右所为。有若置斯器于通衢而不之顧也。

成弘为明極盛之时。端毅此書。乃有类于賈生太息流涕。若逆料異日有韃靼建州之事者。何虑患之深也。后来惟楊一清究心边事。明史載建議修边一疏可相頡頏。端毅年至九十余。九十岁时其子承禋为父作生祠。王氏余庆集有寿像記生祠記。父在而作祠堂。違礼已甚。亦見明人之不学。不知端毅何以不禁止之。其后显宦祠。接踵而起。魏閹生祠。至徧天下。有由来矣。

明史儒林邵宝傳云。学以洛閩为的。博綜群籍。有得則書之简。取程子今日格一物明日格一物之义。名曰日格子。邵文庄博綜群籍。乃不随風气者。所著容春堂集。有崇祀先儒陈澔狀。澔有礼記集說。为明代国学教士之書。澔父大猷为黄榦門人。則陈氏固朱学嫡派。而文庄之所誦習。亦不出功令范圍也。

邵宝拟祀先儒狀

欽差提督学校江西等处提刑按察司副使邵　　題

为建言崇祀先儒事。窃照先儒陈澔。系江西南康府都昌县人。自其祖父世治礼經。至澔尤力探索。深有所得。尝著集說一書。傳在学者。我

太宗文皇纂修大全。特取其書与程頤朱熹蔡沈胡安国易書春秋傳義頒布天下。

列聖相承。至我

皇上經筵进講。及教人取士。亦皆用之。若斯人者。可謂有功于聖經矣。顧以隐处山林。名迹湮晦。未蒙異典。然乡邦后进。景仰風声。如承指授。片言單詞。互相傳录。所居之地。山名学堂。至今称之。本县官吏师生耆老人等。既以乡賢群祠于学。又别建祠堂一所。專奉澔主。其德行道誼。孚被于人。即是可見。窃聞成化年間。节該太常寺少卿兼翰林院侍讀学士刘定之建議。謂澔釋經之功。虽未敢拟程朱。亦可以次胡蔡。欲比何休賈逵范宁杜預等例。請从祀先聖庙庭。臣愚窃謂論澔釋經。如学士刘定之之言。品藻已当。参

之乡評。又如前所云者。伏維

聖明在上。中和建極。制作方兴。朝野儒紳。考究理学。仰裨 盛治者。在在有之。秩滿之

祀。其于奬励所系甚大。如蒙

皇上俯从臣言。特 勅礼部轉行府县。即今建祠堂。賜以春秋二祭。定其祀号品式。以时举

行。庶于

聖明表章采擇之意。愈有光輝。而后学亦知所兴起矣。緣系建言崇祀先儒事理。

未敢擅便。

謹題請旨

文庄以成化二十年举进士第。出李西涯之門。其督学江西。在弘治七年以后。是时明文体格。犹未尽变。士大夫講学專主紫陽。然文庄嘗言吾願为真士大夫。不願为假道学。又可知是时已有伪托道学之名。弋取声誉者。文庄欲表章先儒。兴起后学。蓋以矯时俗之敝也。

王漁洋論文。謂宣德以后。弘治以前。其文和平易直。得古人修辞立誠之旨(跋叶文庄公集)。和平易直之言。不足以聳动俗人耳目也。于是李夢陽何景明之徒出。倡言复古。文自西京詩自中唐而下。一切吐棄。嘉靖时。李攀龙王世貞輩奉以为宗。文主秦汉。詩規盛唐(明史文苑傳序)。李何李王之詩文。其視古人若何。前人已有言論。吾言公牘。欲求四人之文而不可得。所見惟陈子壯昭代經济言載李夢陽应詔上書一首。王世貞备虜疏一首。李書議論精警。类宋人之万言書。王疏則膚廓無当。其論备边糜費。欲宜大兩鎮。封建强藩。令自为守。仿唐季西川故事。果如其說。則肘腋之間。無端树一藩鎮。禍更烈于韃靼矣。書生倡为高論。讀死書而不知时务有如此者。扫而空之。

則有王陽明良知之說。

陽明之学。从陆象山入。故生平与程朱立異。明史儒林傳云。明初諸儒。皆朱子門人之支流余裔。师承有自。矩获秩然。学术之分。則自陈献章王守仁始。宗献章者曰江門之学。孤行独詣。其傳不远。宗守仁者曰姚江之学。别立宗旨。显与朱子背馳。流傳逾百年。其教大行。其弊滋甚。嘉隆而后。篤信程朱。不迁異說者。無复几人矣。陈东塾先生言。陽明之学。所以能風靡一世者。以講学而可以不讀書。若言讀書。則人不来（此据东塾未刊稿）。按陈白沙講学以終。陽明則功業彪炳。全書載公移之文特多。茲录二篇。亦陽明学案精神也。

王守仁褒陆氏子孙文（王文成全書卷十七）

据撫州府金谿县三十六都儒籍陆时庆告。看得宋儒陆象山先生兄弟。得孟子之正傳。为吾道之宗派。学术久晦。致使湮而未显。庙堂尚缺配享之典。子孙未沾褒崇之澤。仰該县官吏將陆氏嫡派子孙差役。查照聖賢子孙事例。俱与优免。其間有聪明俊秀堪以入学者。具名送提学官处。选送学肄業。务加崇重之义。以扶正学之衰。具依准。繳（正德十五年二月）。

王守仁南贛乡約（全書卷十七节录）

咨尔民。昔人有言。蓬生麻中。不扶而直。白沙在泥。不染而黑。民俗之善惡。豈不由于积習使然哉。往者斯民盖尝棄其宗族。畔其乡里。四出而为暴。豈独其性之異。其人之罪哉。亦由我有司治之無道。教之無方。尔父老子弟所以訓誨戒飭于家庭者不早。薰陶漸染于里閈者無素。誘掖奬劝之不行。連屬叶和之無具。或憤怨相激。狡伪相殘。故遂使之靡然日流于惡。則我有司与尔父老子弟。宜皆分受其責。嗚呼。往者不可及。来者犹可追。故今特为乡約。以协和尔民。

自今日尔同約之民。皆宜孝尔父母。敬尔兄長。敎訓尔子孙。和順尔乡里。死丧相助。患难相恤。善相劝勉。惡相告戒。息訟罢事。講信修睦。务为良善之民。共成仁厚之俗。嗚呼。人虽至愚。責人則明。虽有聪明。責己則昏。尔等父老子弟。毋念斯民之旧惡。而不与其善。彼一念而善即善人矣。毋自恃为良民而不修其身。尔一念而惡。即惡人矣。人之善惡。由于一念之間。尔等愼思吾言毋忽。

右王文成公牘二篇。前篇推崇象山。可以知姚江学派之所自来。后篇言人之善惡。由于一念之間。即良知之說也。陽明敎人不重讀書。而其文饒有書味。盖陽明早岁为詞章之学。具有根柢故也。自时厥后。門弟子遞相傳習。虽以古文名家如唐荆川者。一聞良知說。閉戶兀坐。匝月忘寢(明史唐順之傳)。所选唐宋人文。自韓柳欧三苏曾王八家外無所取。茅鹿門繼之。八大家文鈔。其書盛行海內(明史茅坤傳)。唐茅二人言古文。惟取唐宋八家。犹胡广等之輯四書五經大全。陽明之服膺象山学說也。(注八家文之目自明初朱右創之。右为文不矯語秦汉。惟以唐宋为宗。尝选韓柳欧陽曾王三苏文为八集見四庫提要。)明人为古文而能讀書者。惟归熙甫一人。史言其为古文原本經术。好太史公書。得其神理。震川集中有为順德通判时告示九县之文。則以古文而为公移者。熙甫尝云。士大夫不可以不知文。能知文而复能知学古。上焉者識性命之精。次亦达于治乱之迹。以通当世之故而施于为政。文如熙甫。克踐斯言。

归有光九县告示(震川別集卷九)

照得本职备員管馬。自未到任。已稔知北方民間养馬之苦。今秋解俵。方遭水患。所在浸沒。收成已無何可望。而官限迫促。市买十分艰难。比聞百姓因买馬。哭声遍于村落之間。为民父母。不能振貸之。而尙忍分外毫髮有傷于民乎。見今令解到馬匹。一从堂上驗过。領批解寺 本职但閱簿驗数而已。其到者即便發落。不留时刻。百姓人人曉知。犹恐人情难測。而利孔百端。或有衙門人役。乘其解俵之外。造意需索。或有各县馬头。敢于帮貼之外。指官科抵。兼之商民習惯。以为官府使用。亦自甘心。而無籍之徒。反因此以攘利。不能不过为之防也。为此仰县將發去告示張挂通衢。如有前項誆詐。即时赴府首告。或就該县覚察。从重申究。毋得有所寬縱。該县亦宜体本职痛念小民之情。为此示众知悉。

归熙甫集中。又有乞外申文。节录一段于此。职近者被命改除。即日当归田里。不复有仕进之念矣。然有不能無言者。盖古之君子。去其国而言存。可以为遺訓。而后謂之能不忘其所事。去其国而其政存。可以为遺爱。而后謂之不能忘其所使。今职于此蔑如也。無所存矣。犹有愚衷。为执事白之（别集卷九）。熙甫公牘之文。与所为古文相似。非制艺名家所及。然黃黎洲序明文案。尙病其闌入时文境界。嗚呼。难言之矣。

海忠介为明代第一直臣。其文明白痛快。又不可以常理繩之。嘉靖間。官戶部主事。上治安疏。發端即云。臣海瑞謹奏为直言天下第一事。以正君道。明臣职。求万世治安事。君者。天下臣民万物之主也。惟其为天下臣民万物之主。責任至重。凡民生利病。一有所不聞。將一有所不得知而行。其任为不称。（明史本傳作欲称。其任語意全失。此据本集。）又云。二王不相見。人以为薄于父子。以猜疑誹謗戮辱臣下。人以为薄于君臣。乐西苑而不返宮。人以为薄于夫妇。批鱗冒死之言。一至于此。自古未聞。及官南京吏部侍郎。禁革积弊。出示許民控告。則云。如若仍前被害。可自放胆来告。做百姓不可做刁頑不听法度的百姓。亦不可做軟弱听人打听人杀而不言的百姓。百姓不言自苦。苦何日止。其搏击豪强又如此。史言忠介惡貪吏。上書言貪吏刑輕。因举太祖法剝皮事。忠介一生孤行己意。置生死于度外。其心如青天白日。其言則藥之有朴硝麻黄也。录其知淳安时揭帖。以存一格。

海瑞稟巡按都御史鄢懋卿揭帖（节录）

严州府淳安县知县海瑞謹稟。伏讀台下箚付。云。凡有益于鹽政者。我三司幷府运州县等官具帖詳报。又云。素性簡朴。不喜承迎。凡飲食供帳。俱宜儉朴为尙。毋得过为华侈。靡費里甲。又云。方今民穷財尽。寛一分則民受一分之賜。务宜体亮。諄諄然不一而止。仰知台下为民为国。言出由衷。非虛設也。第今时風俗。喜諛惡直。今时居官人。利害得丧动其心。因一人疑千百人。乐于为諛。不乐于为直。台下奉命南下。浙之前路探听者。皆云。各处皆有酒席。每席費銀三四百兩。金花金段一道。湯一进。下程則山禽野獸人不能致者备焉。供張極华丽。虽溺器亦銀为之。与台下頒行条約大悖戾。夫都院出理鹽政。我祖宗以来未之有。亦希闊事也。事出希闊。則疾苦者望車駕而赴訴。貪酷者望車駕而改心。百姓得希闊之遇焉可也。乃今府县恐以不周致罪。極意买办。里甲憚于出財。怨口嗷嗷。百姓不沾希闊之恩。反苦希闊之費。是毋乃官屬承奉台下。乐为諛。不乐为直。誤認台下之心歟。鹽法通滯。卑职知其端。未知其悉。不敢妄为之說。独此一事。耳聞目見。尝私謂縱使台下一不收受。然物既买办。必有花消。里甲咨怨。誰則当之。官屬以今时俗例度台下。窃恐台下尤者。官屬利貢諛。不利执守祇法。事不及知而悔無及也。害有甚于鹽法之滯者。是以敢竭区区。为台下誦之。为此具稟。

鄢懋卿。严嵩党也。是时总理兩浙兩淮長蘆河东鹽政。尽握天下利权。声势煊赫。忠介因此去官。此揭語語率眞。視巡按直如兒戏。知县七品官耳。而为此言。可謂先立乎其大矣。

忠介生平以必为聖賢不为乡愿自励。其致力入手处。曰。聖賢教人。只欲人識其眞心。忠介不附和陽明。而其說与陽明相似。其論朱陆之辨。謂朱子篤信大学格致之說。欲讀尽天下之書。議尽天下之事。天下書可得而尽讀之乎。事可得而尽議之乎。陆子以求放心先立其大为教。犹有得之（本集朱陆論）。忠介讀書不主于博。故能言义理而不能运用辞采。其招撫逃民告示云。为尔等筹之。泣碩鼠而适乐国。爰得我直矣。万一不測。賦杕杜者。呼昆弟而不見恤。歌采藟者。依婚姻而不見收。空擲百年夜室。致使樵童躑躅其上。此时悬想故都。宁無脊令之嘆乎。岁时伏腊。宁無故旧之思乎。追至回首山陽。荒烟野蔓。走燐飞螢。种种凄其。宁無廬墓之悲乎。虽云人心去汉。孔明扶之不足。若本县与尔百姓。不啻子父視之也。此直是一比童生制艺。插入人心去汉二句。尤为不倫。空疏之極。其敝固必至此。（按行文知县用劄付。是劄为下行之文。与宋时中書指揮事用劄子者略同。第改劄子曰劄付耳。）

万曆以后。王学盛行。然有不随風气者。呂叔簡先生是也。呂氏呻吟語。流傳至今。几于家有其書。身后諸子裒所为公文刻之。曰实政录。实政录之中。風宪約一种最著。其篇首冠以通行府州之文。茲录于下。

呂坤風宪約

山西等处提刑按察使呂。为申明职掌。以肃吏治。以奠民生事。照得本司謬膺風紀。吏治民生。皆有專責。顧民生之未奠有六。追呼苦于太濫。問断苦于太淹。拟罪苦于太密。追贖苦于太刻。拘禁苦于太易。隶卒苦于太縱。此六者皆提刑事也。吏治之不肃亦有六。虛文日盛而实政亡。厚道日隆而公法廢。人事日精而民务疎。頹靡日甚而振举难。懵昧常多而精明少。为家念重而为国輕。此六者皆按察事也。本司履任数月。本無意于科条。邇来审听諸獄。观察群吏。賢者常半。質美而意向不殷。志确而才識不逮者。亦常半。下焉者不尽無也。賢者嫌于自賢。既不肯以所得告友邦。友邦亦自賢也。而不得聞賢者之告。則当告者莫若余。余豈容終隐默哉。昔余为令兩邑。才短而心实苦。其告百执事者。誠非所能。亦得之折肱。願与同志者共之耳。意激切而語直戇。褊急自慚。然明罰敕法。責在当司。倘不厭煩屑而一涉盼。一沈思。油然下膏澤。以潤蒼赤。即有深憾于余。余固甘之矣。仰府州掌印官。即將發下書册通行所屬正佐首領官員一体遵行。勿得視为文具。抄案依准呈来（实政录卷七）。

右呂叔簡按察山西申明風宪之文。賢者用心。更無可議。惟以文字言之。則仍是制义格調。如云。下焉者不尽無也。友邦亦且賢也。余豈容終隐默哉。即有深憾于余。余固甘之矣。此等句法。非制义而何。又实政录有慎刑獄文。中一段云。嗚呼。自古聖帝明王。未尝縱不逞以为良民憂。然曰致刑。曰明慎。曰明罰。曰無敢折獄。皆慎也。曰緩死。曰赦过。曰不留獄。曰欽恤。曰宁失。皆仁也。有司者司民之命。假令不得正命而死。民奈尔何。只恐天道有知。怨魂不灭。势既在我。則死于識見之誤。死于失察。死于漫不經心。与故杀者一間耳。世称提刑为人代閻罗。而我未尝不兢兢焉。况守令为蒼生父母。可弗慎乎。此一段亦甚类制义文字。明史本傳載其陈天下安危疏。言自古幸乱之民有四。曰無耶之民。曰無行之民。曰邪說之民。曰不軌之民。其下痛切發揮。語語精警。然行文仍是制义格律。学問正大如先生。而下等犹有此病。遑論其他。

明季东林党禍。自高忠宪劾御史崔呈秀始。东林講学。非有意于主持清議也。其宗旨惟在矯陽明良知之說。顧端文与管东溟書云。陽明先生中兴聖学。最为有功。至其事業。其节义。其文章。皆卓朗俊偉。赫然足以名世。端文于陽明推崇如此。可知非攻击陽明之为人。其異于陽明者。陽明謂性無善無惡。顧高諸公謂性有善無惡而已。东林講学会約。每年一大会。每年一小会。开会之日。于道南祠謁聖。礼畢。入講堂。以齿序坐。推一人說四書一章。此外有問則問。各虛怀以听（顧端文公遺書）。是东林講学。絕不涉及时事。周櫟园書东林書院印后云。党禍之起。由于高忠宪疏發御史崔呈秀之贓。呈秀遂父事忠賢。曰东林欲杀我父子。忠賢初不知东林为何地。东林之人为何人。既而楊漣左光斗交章劾璫。益信其言为不虛。而东林党禍徧天下矣。此疏見高子遺書。所系于国事甚大。兹录于下。

高攀龙劾貪汙御史疏

臣惟御史回道考察。宪綱至严也。列聖之明旨。皇上之申飭。盖諄复郑重矣。乃不意有慢視宪規。恣行無忌。如巡按淮陽御史崔呈秀者。陛下不以臣为不肖。使長西台。豈非欲其是則是。非則非。無所媕阿隐默乎。臣初入院。适見有兩御史回道。一为江西巡按御史謝文錦。一为崔呈秀。臣心訝曰。異哉。兩御史一时回道。一至清。一至濁。涇渭較然。臣不別白为陛下言之。是不忠之大者也。即發河南道考核。無何。河南道御史袁化中。以所考謝文錦者至。臣即以称职考。奉旨回道訖。閱二旬而化中始以所考核呈秀者至。化中盖有难于言者矣。臣于去年奉差而出。今年复命而入。往来淮陽間。所見淮陽士民。無不謂自来巡方御史。未尝有如呈秀之貪汙者。强盗。地方大害也。每名得賄三千金輒放。訪犯。地方大惡也。每名得賄千金輒放。不肖有司应劾者。多以賄免。不应荐者。多以賄荐。至御史出巡。每有节省公費助国用者。呈秀到处。

透支至一万一千兩。各县賠补不胜其苦。彰彰于地方耳目。臣时以非职掌所关。不敢訪其主名何人。过付何人。至于举劾失真。貪酷漏網。則有兩淮同知程天爵在。是呈秀所荐也。呈秀甫离地方。而监臣樊尙憬。按法刘大綬。且臚其贓私入告矣。則又有霍丘知县郑延祚在。是呈秀所荐也。吏科給事中魏大中且發其餽遺。奉旨提問矣。是賄而荐之实証也。臣嘗窃笑人臣之負国。又自負也。受国家荣寵若何。而所为者不务于可荣。皆蹈于至辱。御史巡方。寵荣极矣。如呈秀者。辱身辱国何如哉。臣聞其知談天相之貪。欲論劾也。天相稔其易与。奉之以千金。求免劾而卒免。天相益稔其易与也。又奉之以千金。求荐而卒荐。則是摇山撼岳之威。只供其鬻貨攫金之用。而播間齕断之賤。且冒居触邪指佞之官。故謂其至辱。所当重处。以一洗巡方之辱者也。伏祈皇上敕下吏部議处施行。

右疏于呈秀罪狀。摘發無遺。所謂人而不仁疾之已甚者。在忠宪亦不料后日之禍至于此烈。严元照書顧端文公乡試墨卷手迹后。乾隆乙卯。吊無錫嵇文恭公之丧。見端文族孙晴沙先生。就叩端文軼事。先生为言端文疾作。高忠宪公日侍疾。端文临終。执忠宪手。字謂忠宪曰。存之。人而不仁。疾之已甚。乱也。忠宪狀端文。未載斯語。忠宪与黄东里書云。人臣为国。当杜漸防微。懲前毖后。有無疆之恩。不宜为乱賊脫罪。盖当时有議其嫉惡之严者。故忠宪云然。高邑赵忠毅公（南星）为忠宪之师。是时官吏部尙書。議呈秀罪。当遣戍。呈秀遂諂事魏閹。而党禍以作。忠毅平日有与傅按台書云。始而进言。惟恐其不直不尽。今乃悔其太直太尽。此語未知何指。要之巨璫秉鈞。而諸賢执法。已为危道。使諸賢忧城狐社鼠之害。明是非而不为太直太尽之言。其禍当不至此。

东林躓而复社兴。复社者。以文会友。非有意于主持清議也。而其后以留都防乱揭。几釀白馬河津之变。复社盟書曰。学不殖將落。毋蹈匪彝。毋讀非聖書。毋違老成人。毋矜厥長。毋以辯言乱政。毋干进。丧乃身。嗣今以往。犯者。小用謫。大用擯。僉曰。諾。观盟約之辞。宜無預于国事。而崇禎十年。苏州民陸文声疏陈風俗之弊。皆原于士子。归咎于庶吉士張溥知临川县事張采。倡复社以乱天下。苏州推官周之夔。复訐奏溥等树党挾持。案久不結。十五年。御史金毓峒等疏白其事。始准注銷。至福王时而諸生顧杲等具留都防乱揭。声阮大鋮諸人誤国之罪。大鋮日思报复。云聚徒至万。不反何待。至欲陈兵于江。尽杀主盟者（朱錫鬯靜志居詩話）。以文字而通声气。其禍至于此極。可为炯戒。

明史艺文志行移繁減体式一卷。原注。洪武中以元季官府文移紛冗。詔廷臣減繁。著为定式。余繼登典故記聞。洪武时刑部主事茹太素疏論时务。累万余言。太祖令人誦之再三。采其切要可行者。才五百余言。因嘆曰。朕所以求言者。欲其切于事情而有益于天下。彼浮詞者。徒乱听耳。遂令中書行其言之善者。且定为建言格式。頒示中外。使言者陈得失無煩文。嘉靖时。左都御史胡世甯言。書曰。辞尚体要。律曰。陈言事理。幷要直言簡易。不許虛飾煩文。弘治以前。臣僚章奏。皆删煩就簡。故君上得以亲覽無遺。及武宗之时。不亲政事。臣下遂因循自逸。不事删削。惟听吏全具文移。或一事而重言。或一本而数紙。虽臣等竟日有不能周讀者。乞申敕內外諸司。凡事当奏題者。务照弘治以前旧規。删去煩文。务从簡要。不許全录往来文移。而部院議复者。亦必撮其要語。使無贅詞。又無失事。庶几少便省覽。世宗深然其言。令諸司章奏不許煩詞。第宜明白。开陈要旨。庶易省閱。隆庆时。大学士高拱言。近来章奏。日趋浮汎。鋪綴連牘。徒煩聖覽。且言多意晦。端緒难寻。翻可窜匿事情。文調假飾。請令內外諸司。凡有章奏。务在直陈其事。意尽而止。不得仍前鋪綴。違者。听該部科官参治。穆宗曰。近来章奏。信多浮詞。且語涉肆慢。甚非奏対之体。所司通行严禁。違者。部院及科臣劾治之（以上見典故記聞卷三卷十七卷十八）。明之章奏。在嘉靖时有全录往来文移者。可謂繁矣。嘉隆兩代。一再申禁。务从簡要。宜可革除此弊。而实际則不尽然。万曆間。李化龙將兵二十余万平播州蛮。王文成平瑶后第一功也。平播全書敘功疏。历陈將士战功。凡六万余言。有云夫天下非小弱也。九州四海兵非脆。粮非乏也。向賊逆形未著。皇上不忍遽观之兵。曰。吾且舞干。吾且解網。姑俟其悔过。而与之相安于無事。乃不謂凶人之性不移也。始天怒赫然断在必剿。夫断而敢行。鬼神避之。况此么麼小丑乎。又云。三战而三克之。賊力竭矣。不亡何待。又云。高折枝以一書生請自將土汉兵以往。此固已雄偉不常矣。馬孔英至。則文武相得。如乐之和。自是日日約各路攻围。有应有不应。甚或以相誹詈。而折枝不顧也。又云。此則失之武人。得之文吏。盖运筹者之苦心乎。又云。夫淮蔡之平。直須一断。何况其庙謨詳审。一若此哉。臣故曰。非諸文武之功也。而皇上之功也。乃皇上不自以为功。直推功于臣下。且命臣等將諸臣功次从公叙录。臣即心知非諸文武之功。亦何敢不遵明旨而量为品叙云云。其下分叙文武功績。人各繫以騈語。累数千言。自来章奏文字之多。至万言書而已極。从未有冗長至此者。时去隆庆时严禁章奏浮辞仅二十余年。而变本加厉。其繁且什百于旧。此功虽不磨。此疏則不可为法矣。

盧督忠烈象升。巡撫鄖陽。有靖寇綏民告示。發端云。照得本院以撫治为职者也。循名責实。即在安常处順之日。且將不自暇逸以負地方。况鄖何地也。今何时也。又募軍屯田議云。照得有人有土有財。此經世之至理也。目今民弱財尽。寇盗縱横。封疆之事。難言之矣。况乎鄖屬破殘。人烟断絕。欲招兵而無民可招。欲設兵而無餉可措。然則千里殘疆。竟成棄土乎。又立寨并村文云。

照得守土者。民也。剿賊者。兵也。与兵民为难势不兩立者。賊也。然必民之数多于兵。兵之数多于賊。而后战守足恃。蕩平可期。今天下遍地是賊矣。到处用兵矣。而民相繼死于兵。究之兵亦賊也。民亦不得不为賊也（撫鄖公牘）。孙北海（承澤）为开封知府。判訪犯錢文科案云。审得錢粮之欺隐。莫甚于屯。弊蠹之叢滋。莫大于衛。錢文科。衛書也。其人伪而辯。黠而多机。單款纍纍。如佘未扣抵正征。則得銀二百兩矣。解准先期給散。則得銀八十兩矣。以至重名之陶玄冥等則有騙。退役之刘宇則有騙。接帖之聪事吏則有騙。或三錢。或七錢。或銀簪耳挖。何莫非本犯婪取之实也（資治新書）。此为明季公牘之文。盖終明之世。積習不改。汉唐宋之季。为从事掌書記者。頗有后劲之观。而明季則殊不尔。嗚呼。言武备則赤手空拳。言文事則陈言俗調。徒以孤忠自矢。蹣蹶支撑。可哀也已。

明之末造。学者好为駢儷之文。有施之奏疏者。有施之文牘者。其見于奏疏者。观明史啓禎間諸人列傳可覘一斑。見于文牘者如陈臥子龙以崇禎十年擢进士第。选授紹兴推官。題报巡历所至事。其文云。审得白羊坳为繇虔入吉之間道。阻山踞險。惟借偏师扼要。一旅当关。即臥鼓橐弓之日。上台未許逍遥。况补牢窟穴之时。詎容兒戏。是以原設兵八十名。去年九月。新添兵二百二十名。上台之計慮深远矣。陈一豸职司統領。自应加意申严。乃受各兵餽銀一錢。濫容老弱至一百二十七名之多。曩非本院亲临委官查点。其盧冒安从問乎。方今賊氛未靖。武备全單。可守而不守。固屬兵虛。乃有兵而無兵。实繇將玩。不厚責將。何以来兵。坐贓拟徒。乃其本律。又云。审得南赣坐营劬勛。質同縮蝟。技遜奋螳。無临戎褰革之雄風。謬托請纓之壯志。比題授赣营。則誓死先登。灭此朝食。宁煩再計。乃提兵数閲月。糜費不下数千兩。顧縮朒不前。逾日始至。而賊已收合余燼。过瑞金而四逸矣。惜哉。鵰挂網而旋飞。鼠入橐而复出。避銳击惰。全筹罔效于先几。玩寇貽殃。闖戾弭深于后至。律以賊寇滋蔓。不即發兵策应。治荒荷戈。戎行庶有警乎。臥子所处何时。乃为此儷曰妃青之語。可为怪事。（明史左懋第傳。懋第为戶科給事中。慧星見。詔停刑。懋第請馬上速傳。剿餉罢征亦請馬上速行。馬上。謂驛遞也。此文以俗語入文。）明人批判。亦以八股笔法为之。房山县有崇禎六年庄田民田分水碑。記涉訟始末及上官批語。有云。照地之多寡以定水数。則楊得其六。駱得其四。楊亦可以相忘于駱矣。駱延哀强項啓衅。楊喜違断塞溝。均杖宜也。續批云。楊喜苦告不休。其有隐情乎。連原詳幷一干人犯解院而审之。速速。寥寥数語。而墨卷气味溢于紙上。又有摹仿公谷文法者。資治新書載江宁知府陈問廣判搆盜焚劫案云。誅韓二者何。首禍也。曷言乎首禍。云云。此等不古不今文字。無以名之。要之斯文末运而已。

东坡送人序云。士之不能自成。其患在于俗学。俗学之患。拙人之材。窒人之耳目。誦其师傳造字之語。从俗之文。才数万言。其为士之業尽此矣。夫学以明理。文以述志。思以通其学。气以达其文。古之人道其聪明。广其聞見。所以学也。正志完气。所以言也。东坡之所謂俗学者。王氏三經新义也。明賢正志完气。吾人敬之重之。而东坡所謂道聪明广聞見。吾人于明賢。終不敢苟为附和。夫正志完气而聞見不广。則其害中于家国。豈止王氏經义变秀才为学究而已。

明人制义。代聖賢立言。陈义似高。而托体实陋。为此体者。必象前人之声音笑貌而出之。是俳优之类也。焦理堂論历代文章因革。有唐詩而有宋詞。有宋詞而有元曲。有元曲而有明之八股文。明之八股。与元曲不相类也。然元人杂剧。代古人登場搬演。明人八股。不惟代聖賢立言。亦为佞人辯士曲傳口吻。謂其体格相沿。誰曰不宜。嗟夫。科目进身而操术若此。乃欲敷陈治理。論道經邦。亦異于古所云矣。

陆王之学。后人比之于洪水猛獸。此过激之言也。陆王知行合一。其治事精神。实不可及。明人积習在爭意气。分門戶。其病根在于自視太高。責人太苛。論事太刻。一言蔽之曰。不明事理。夫不明事理。則八股之流毒也。为陆王之学者如是。为顧高之学者亦無不如是。八股之文。如剝蕉抽茧。非造語精刻。不能动人。明人惟深于此道。于是爭議礼。爭夺情。爭紅丸梃击。务以深刻之笔繩人。受者無以自容。則激怒而以惡声相报。及其朋党势成。各爭門戶。而国事遂不可为矣。明史鄒元标傳。天啓二年元标首进和衷之說。言今日論人論事者各怀偏見。偏生迷。迷生执。执而为我。不复知有人。禍且移于国。江秉謙傳。秉謙疏訟熊廷弼之冤。以为議者以一人私情。沒天下公論。宁坏朝廷封疆。不忘胸中畛域。汪文輝傳。隆庆五年疏陈四事專責言官。一曰傾陷。二曰紛更。三曰苛刻。四曰求胜。史贊謂其深切时弊。(原文云顛倒是非。熒惑聖听。是为傾陷。条奏銳意更張。部臣重違言官。輕变祖制。及法立弊起。又議复旧。是为紛更。古大臣坐事退者。必为微其詞。所以养廉耻。存国体。今或撥其已往。揣彼未形。逐景循声。爭相詬病。或搜抉小疵。指为大蠹。極言丑詆。使决引去。是为苛刻。言事論人或不当。部臣不为奏覆。即憤然不平。是为求胜。)嗟乎。明之前事已矣。八股之害。前后历五百年。迄于今时移势異。而士大夫論人論事。积習未变。如彼舟流。誠不知其所屆也。

赵忠毅云。文自兩汉而上。代高于一代。兩汉而下。代卑于一代。至时文無卑矣。遞相鈔襲。而青紫可得。以为学在于是。往往驕矜鄙陋。此关于士風甚大。文体之坏不必言(味蘗齋集兩汉書选序)。时文之害。明人固已言之。当时議者。欲罢时文三十年。以为庶几太平。惜乎其無及也。

北宋时。言者以士子不閲經史子集而專意于时文。不專閲旧来典实之文。而專意近日虚浮之文。乞令监学官精擇經义詞賦論策各若干篇。許之版行。以为程式。詔依箚付监。彭龟年疏論其不可。謂虽名救弊。而敝自此始（北堂集）。盖不刻时文。則士子犹不能廢經史子集而不觀。时文有刻本。則讀时文而群書皆廢矣。明时文刻本。汗牛充栋。此文之所以敝也。

明初定制。臣民具疏上于朝廷者为奏本。东宫者为啓本。皆細字。后以在京諸司奏本不便。凡公事用題本。其制比奏啓小而字稍大。嘉靖八年。奏准本式遵照大明律后附写尺寸。参以近年适中式样。題本每幅六行。一行二十格。抬头二字。平行十八字。头行衙門官銜姓名疏密俱作一行書写。不限字数。年月下疏密同。若有連名。挨次俱照六行書写。奏本每幅六行。一行二十四字。抬头二字。平行写二十二字。头行衙門官銜。或士儒吏典軍民灶匠籍貫姓名。疏密俱作一行書写。不限字数。右謹奏聞四字。右字平行。謹字奏字各隔二字。聞字过幅第一行抬头。計紙字左右。謹奏前一行。与謹字平行差小（大明会典卷七十六）。明人之所謂奏本。臣民通用之。犹汉人之上書言事也。后則以奏本專屬于臣工。而人民不得用矣。洪武間定式如下。

奏本式

某衙門某官臣姓某等謹奏为某事备事由云云今將原發事由照行事理备細开坐謹具奏聞某事云云緣由畢前件事理拟議依某律科断施行某事云云緣由畢前件云云伏候　敕旨（以上某字起至某字止計字若干紙几張）右謹奏聞洪武某　年月日某衙門某官臣姓某某

題本式

某衙門某官等官臣某等謹題为某事备事由云云謹題請旨如不用請旨止用謹具題知余同

其各衙門行移之文。曰照会。曰咨呈。曰平咨。曰劄付。曰呈狀。曰申狀。曰平关。曰牒呈。曰平牒。曰牒上。曰故牒。曰下帖。其式如下。

照会式

某軍都督府为某事云云合行照会可照驗施行須至照会者

右照会 某部 洪武 印 某事 年 月 日照会

左都督押 同知都督押 僉都督押

右都督押 同知都督押 僉都督押

六部照会各布政使司文移同

咨呈式

某部为某事云云合行咨呈伏請照驗施行須至咨呈者

右咨呈 某軍都督府 洪武 印 某事 年 月 日

尚書姓名押 侍郎姓名押

各布政使司咨呈六部文移同

平咨式

某部为某事云云合行移咨請照驗施行須至咨者

右咨 某都指揮使司 洪武 印 某事 年 月 日

咨尚書押 侍郎押 侍郎押

各布政司咨各处文移同

劄付式

某軍都督府为某事云云合下仰照驗云云須至箚付者

右箚付某衛指揮司准此　洪武印某事　年　月　日　箚付

左都督押　僉都督押
右都督押　同知都督押

六部箚付各衙門文移同

呈狀式

某衛亲軍指揮使司經历司。承奉本衛某文。为某事。云云奉此。合行具呈。伏乞照驗施行。

須至呈者

右　呈
某軍都督　洪武印某事　年月日　經历姓名
知事姓名

应天府太常寺欽天监太医院翰林院光祿寺太僕寺呈部文移同

申狀式

某府为某事。云云合行申覆。伏乞照驗施行。須至申者

右　申
某处承宣布政使司　洪武印某事　年月日　知府姓名　同知姓名
通判姓名　推官姓名

直隶府州申六部在外府州申都司应天府申五軍都督府各县申府州等衙門文移同

平关式

某衛亲軍指揮使司为某事云云合行移关請照驗施行須至关者

右　关
某衛指揮使司　洪武印某事　年月日

关指揮使押

同知押　僉事押

同知押　僉事押

各府各州各县平关各衙門文移同

牒呈式

某府为某事云云合行牒呈伏請照驗施行須至牒呈者

右牒　呈

某处提刑按察司

洪武某年月日（印）　知府姓名押

同知姓名押　推官姓名押

通判姓名押

应天府牒呈都司布政司各府牒呈十衛指揮使按察司牒呈都指揮使司布政使司文移同

平牒式

某府長史司为某事云云合行移牒請照驗施行須至牒者

右牒

某府

洪武某年月日（印）牒　長史押

牒上式

某处守禦千戶所为某事云云合行牒上請照驗施行須至牒者

右牒上

某府

洪武某年月日（印）牒　正千戶押

副千戶押

副千戶押

故牒式

某衛指揮使司为某事云云合行故牒可照牒施行須至故牒者

右故牒

某府　洪武印某事　年　月　日　牒指揮使押

同知押　僉事押

同知押　僉事押

下帖式

某府为某事云云合下仰照驗云云須至帖者　右下某县准此

洪武印某事年月日　帖　知府押　同知押　推官押

通判押

右式皆洪武間所定。載万曆本大明会典卷七十六。今所見明人文移。亦有不依此式者。盖其后遞有变迁。唐宋人之言故牒。犹明人之言合行移牒。今于故牒上加合行二字。則叠床架屋矣。官文書辞句。历代相沿。每有此病。

奏本題本之外。又有揭帖。陈眉公聞見录。累朝以来。凡有密奏及奉諭登答者。皆称为揭帖。其制視諸司題式。差狹而短。字如指大。以文淵閣印封緘进御。左右近侍。莫能窺也。諸凡軍国机要朝廷大政。上意之所欲出而事理未安。政体之所宜行而睿衷未發。諸司待命而未报。言官力諍而难回者。閣臣从中調剂。就事匡維。其妙用全在一揭。然揭亦不敢数数輕进。每进揭。主上輒动色。謂左右云。閣下揭帖至矣。其重如此。自江陵之后。建言者多。朝廷厭其激聒。时处一二人。而閣臣务欲暴白心迹。不論是非。輒上揭申救。而主上亦不复省矣。如陈氏所言。則揭帖惟閣臣乃得用之。而海忠介知淳安时。乃有禀巡按揭帖。文見前条。至明季又为露簡公啓之用。盖揭帖之变体也。（明史吳麟征傳。麟征言路口揭。謂諸君子宜化治治之意。毋落奸人彀中。此公啓也。）

箚付及下帖之文。杜清献集卷首載之。弘治十四年。台州府行黃岩县帖云。各州府为尊祀先賢以敦治化事。承奉浙江等处承宣布政使司箚付。承准祀部以字一千四百九十五号勘合。祠祭清吏司案呈。奉本部連送該本部題本。司案呈奉本部送。于祀科抄出浙江等处承宣布政使司台州府黃岩县給由知县黃印奏。臣伏睹大明律內。凡忠臣烈士先聖先賢坟墓。不許于上樵采耕种云云。此篇可見公文各种之式。知府接布政司箚付曰承奉。布政司接祀部文曰承准。祀部据祠祭司呈曰案呈。祠祭司称本部曰該本部。知县为例行公事。可以上奏。其权犹重。知县黃印者。印非人名。杜集此件录自黃岩县署档案。書手缺其名以示敬耳。

明制。各部行文于各布政司。其發端必云据某司某呈。布政使司行文于各府亦然。南陽諸葛武侯祠有嘉靖七年刻石。文曰。河南等处承宣布政使司为乞賜祀典題額以昭忠藎事。祀部准勘合科付。承准祀部正字三千五百九十三号勘合前事。祠祭司案呈云。仰付該司頒行河南布政司照依本部題奉欽依內事理。欽遵轉行。备办祭祀。于每年春秋仲月就遣本府官致祭施行。是布政司行文。亦据各房具稟。故書吏之权特重。清制無此例。而督撫衙門之公文。皆發各房拟稿。由各房具簿呈核。書吏得以上下其手。亦为此也。

官文書紙式。史書無能言其詳者。惟余繼登典故紀聞。紀明初式令。言之甚悉。此軼聞也。照录于下。

明洪武間文移紙式

洪武十七年二月。定諸司文移紙式。凡奏本紙高一尺三寸。一品二品衙門文移紙三等。皆高二尺五寸。長五尺为一等。四尺为一等。三尺为一等。案驗紙二等。皆長二尺五寸。高一尺八寸为一等。二尺为一等。三品至五品衙門文移紙高二尺。長二尺。案驗紙高一尺八寸。長二尺五寸。六品七品衙門文移紙高一尺八寸。長二尺五寸。案驗紙高一尺六寸。長二寸。八品九品与未入流衙門文移紙高一尺六寸。長二尺。案驗紙高一尺四寸。長一尺八尺。不如式者罪之。

开国之初。物力充牣。故紙幅寬長如此。然此制亦必有所受。大抵明以前官文書用紙皆堅好。反覆可用。今所見宋元版書。其紙背或为簿帳。莫子偲言。宋紹兴本集古韵文三卷。紙背是开禧元年黃州諸官致黃州教授書狀。古人文移案牘。用紙皆精好。事后尚可他用。苏子美监进奏院。以鬻故紙祀神宴客得罪。可見宋文書故紙。未尝輕棄。吾乡錢子泉著版本通义。历数宋元明印本用公文書紙者。得十余种。其别有書狀。有收粮册。有戶口册。此皆官刻之書。化無用为有用者也。余見光緒間朝鮮国王咨礼部文。其式如殿試策卷。而寬長过之。当是沿明制而未变者。近代官物濫惡。部院公文。率以毛太紙書之。軍机处奉旨字寄督撫。其紙滿方尺者絕少。字迹尤劣。盖直廬公用物。皆苏拉承办。若輩利析秋豪。而領班章京不察。故紙笔行沽若是。此虽末节。可以覘时会之盛衰。物力之丰耗。故附論之。

卷八

清

有清公牘之式。仍明制。而精神骨幹。迥不相同。順治六年。封丘李嵩陽为江南提学。頒申飭敎条。曰务孝友。曰慎交游。曰励廉耻。其文曰。自明季竟尙風流。高言簡脫。乐就秘阮之放軼。迂視道学之准繩。戕天性。蕩行檢。骨肉之間。媮薄已甚。澆漓禍国。殷鑒匪遙。近聞少年惡習。聚族呼儔。流連陸博之場。馳騁倡优之巷。以非笑異己为乐。以击断乡曲为能。致揖讓不行于里閭。老成或受其詬誶。杀机所釀。召寇召賊。深可痛懲。甚至結書吏为兄弟。联佣保为宗亲。清夜全迷。斯文扫地。兴言及此。尙不自艾而尤人乎。本院为朝廷重名器。为諸士护体統。有一如此。定以劣論。張安茂为兩浙提学。亦有訓士之文。曰崇經学。曰斥排偶。曰禁社选。其言曰。六經为聖人治世之書。学庸語孟。宣六經以为言者也。今世制义。又代学庸以为言。日取本源討論之。惟恐莫究。况能舍源而竟其委乎。乃二三竪子。一經未达。牵其小慧。以掇拾而致科名。遂使举世捷徑相徇。嘲淹貫为無当。何怪乎以杂霸奸雄之气。行于学庸語孟之文也。明季倡效六朝。識者早知不振。奈何鴻都初御。旭日方升。屢經部科糾正。仍有奏魑魅之响于白晝光天者。以致名山風雨。随笔抄塡。馨澤良怀。逢簫点綴。臭腐滿牘。談者欲嘔。本院鉛槧在手。誓用申韓之律。翦此燕莠。明代相傳。止有墨牘。房書之刻。起自嘉隆。是时文章之权归于上。故風气一而好尙同也。迨禎朝社刻紛爭。人标赤帜。作者有南轅北轍之異。仿者怀三头六臂之思。去岁奉內院題参。痛懲書肆。而梨棗之灾未已。茲合移会下江。严行曉諭。除先朝五十大家明文合选文定文待等書。有裨文教。許坊間重刻广布外。其余一概不准存留。如依旧抗違。选者提究。書賈一体論罪。以上二篇。見李笠翁資治新書。其書專采公牘之文。上自王陽明文太青諸人。近逮周櫟园王漁洋施愚山輩。分門別类。而加以評隲。（文太青。名翔鳳。陝西人。官东萊知县。見陝西通志。此書載其公牘数十篇。）中有漁洋为揚州推官时判牘五首。皆本集所不載。愚山判詞三首。其一判节妇逼嫁案。辞曰。張氏以未字之女。聞夫故而守貞。此人情之最难者。本县且敬之畏之。不敢以寻常节妇相待。舅姑之恩斯勤斯。所以曲成其志者。当無所不至。奈何动加詬詈。每以遣嫁为詞。节有余而孝不足。豈其然乎。此妇人偏爱少子。虑其有守必有繼。不若遂妇以杜立嗣之源。令少子独承其業耳。前案已定。孰敢更張。此判措詞得体。造語亦佳。时去晚明未远。而气象如是。言为心声。有以覘向治之几矣。

有清崛起辽东。入主中夏。其視元人無以異也。而开国規模。則元人非其比也。入关之初。網罗遺逸。务在收拾人心。其时士大夫有神州陆沉之痛。知事势之不可为。而又不甘沒世無称。則潛心于性命經济之学。著書立說。守先待后。明人講学。所以分門戶。爭意气者。皆有所为而为之。至易代之际則不然。既無用世之心。自無徇俗之論。凡所为孜孜矻矻者。求所以安心立命而已。其天資卓絕。立身行己。确乎不可拔者。北則有孙夏峰。刁逢吉。顏習齋。南則有顧亭林。黃梨洲。万充宗季野兄弟。其先不过一二人倡之。而風声所树。学者景从。一代文章学术。所以卓越前代者。实基于是。公牘之文。受文章学术之影响。而胜于前代者。亦由于是。

有清一代学术。略分为汉学宋学兩家。夏峰。蒙吉。宋学之先声也。亭林。梨洲。汉学之先声也。夏峰之学。主于慎独。始以象山陽明为宗。晚更和通朱子之說。著理学宗傳。蒙吉之学。以慎言行为要。以程朱为宗。尤篤好高忠宪之書。著斯文正統及辨道录。其师友于二人之間。而見之功業者。則魏敏果也。寒松堂集有庸言一卷。于慎独之旨。体会最眞。如云。士大夫背人耳語。必非正言。識者不可得而聞。亦可得而料矣。余立朝十四年。幸未蹈此。又云。夢中作得主張者。方是眞学問。方能临大事不乱。愚尝驗之。又与夏峰書云。樞有三关。循途而过焉。第一关違禽獸不远。第二关悦不若己。第三关言行不相顧。平日策勉如此。其律己之严可見。集中奏議。所言皆經国济民之大者。节录一篇于下。

魏象樞陈敎化根本疏

巡視北城貴州道监察御史臣魏象樞謹

題。为敎化系

国家根本之圖。謹陈愚見。以佐

大政事。臣家居时。曾抄讀

上諭。謂至治之世。不専以法令为务。而以敎化为先。蓋法令禁于一时。而敎化維于可久。若徒恃法令而敎化不先。是舍本而务末。臣讀未竟。而知

皇上欲敎化之大行矣。窃思朝廷之敎化。安能家諭而戶曉。惟共分

朝廷之敎化以为敎化。自能端本以澄源。是在滿汉諸臣之为父兄者。家自为敎。身自为敎也。何也。滿汉諸臣。与国家休戚相关。其子弟或进士举人。或貢监官廕。以及世襲之冑裔。一

命之職官。約略計之。几半天下。較之民間愚子弟。更為緊要。如父兄孝則子弟必孝。父兄忠則子弟必忠。父兄廉則子弟必不貪。父兄仁則子弟必不暴。盖父兄居家居官。子弟習聞習見。如标然。标正則影正。标邪則影邪。此之謂身教。孟子云。身不行道。不能行于妻子。又安望子弟之道行于

国家邪。夫以四海之大。八旗之广。賢父兄賢子弟固不乏人。儻父兄所为不正。子弟視为榜样。尤而效之。或馳情于声色。或熏心于貨利。或旁惑于異端邪說。或深溺于驕奢奔竞。如近日所謂打馬弔斗混江之类。尤坏人心。此避人之事。非父兄其誰察之者。設異日以不肖之子弟。作不肖之臣子。

国家竟不获人才之用。是子弟之負

朝廷。实父兄之負

朝廷也。

滿汉大臣子弟。熏心貨利。驕奢奔竞。此敝迄末造而極。据敏果此本。則其端已肇于入关之初。敏果陈正本清源之法。欲广印劝善要言。令父兄先讀之。与子弟日講一条。則尊王之論耳。国家大政等字句皆抬行。明人奏疏。謹严犹不至此。盖文字避忌之例。又繁于前代矣。

顏習齋之学。其先从程朱入。又师事孙夏峰。最后悟大学格物之物。即周礼之三物。尙書之三事。于是講求礼乐兵农之事。以为修齐治平。必由于此。而力詆格物致知之說。傳其業者为李恕谷。而王崑繩为平書以張之。其自序云。秦坏先王之法。禍中于一时。后世因之。禍流于万世。非尽棄其旧而別为規。不可以为治。平書者。平天下之書也。准今酌古。变而通之。平書之言曰。非

术不足以成仁。非权不足以成义。以权术行仁义而不为迂闊。以仁义用权术而不任威刑。恕谷訂平書之失。以为权术之正者。即仁义也。不可曰以权术行仁义也。王李二人論治道。喜用权术。有意与程朱立異。故为顔李之学者。智略可喜。流弊亦多。恕谷有与人書云。近聞为習齋致用之学者。或用之于家产。或用之于排解。少不迂闊。而已流于杂霸矣。此必然之势。其学派流傳不远。非無因也。恕谷官止通州学正。未尝为亲民之吏。故集中自請旌节孝一呈外。別無公牘之文。惟佐治富平。有別县令楊愼修贈言。論及治牘之法。其言云。凡出一言。必有所为。不得突如其来。不得茫無头緒。不得杂乱不清。不得有首無尾。叙事之言。須有扼要。有平鋪。有收結。有輕重繁簡。令人听之了然。观此数語。可以得其大凡矣。

受業于孙夏峰而身体力行。見于事業者。湯文正也。文正官贛南道时。有檄雩都县文云。黄洛村何善山兩先生。理学文章。得姚江心傳。雩都为講学之地。語录文集。版籍必有存者。今正学湮晦。士習乖謬。正当表章眞儒。以奬励后进。文正撫苏公牘。余已采入牘髓之中。此篇論及学派。与陽明之褒崇陸氏子孙。其事相类。表章学术之外。則纂修方志。令各屬举博通典故精于史裁者。敦礼延請。其翻刻旧志。必擇善書者謄写精工。务要顔欧字体。校正無訛。当时刻書。注重版本校勘。虽理学家亦喜为之。于此可見。

康熙間。聖祖以理学眞伪論試詞臣。諭之曰。理学無取空言。若于成龙不言理学。而服官至廉。斯即理学之眞者也（彭定求苏州重修于清端公祠碑）。于清端以清正受主知。称为古今第一廉吏。吳人以清端与湯文正并称。有清湯于青菜之目。身后刻政書八卷。其中七卷皆为公牘。而知合州时。查采楠木一篇。語語痛切。其文录后。

于成龙詳四川巡撫查采楠木文

康熙七年十一月二十五日。奉巡撫四川都察院張先牌。案照查楠一事。屡奉
严旨。随即通行各屬遍查具报去后。事关
欽工。本院不得不亲往志載产楠之馬湖永遵一帶。躬率彼地各官兵役。直抵深山远箐。确查大
材楠木。以資国用。除具疏
題明擇吉起馬外。合先行委。为此仰州官吏查照牌内事理。即束装星馳前往彭水武隆二县。会
同該县文武各官。率領兵役向导。确查遥榴白馬江口及近酉陽一帶山箐。并南川县金佛山馬
嘴等箐。堪充梁栋大材楠木。逐一开列圍圓丈尺。計其临江道里远近。馳赴遵桐。回报本
院。以憑亲临彼地复行查看。酌估需用錢粮。
題报施行。該州查明一处。即詳細具禀。封入檄筒。飞遞駐节处所投閲。仍减从兼程前去。不
許多帶人役。滋扰地方。若奉行不善。有誤
欽工。法在必行。非比他事可恕。如著勤劳。本院定当特荐。仍先將起程日期报明。等因。成
龙捧讀宪諭。凛遵减从。止帶書吏二名。快皁二名。門子一名前往。合并报明外。第今岁灾
眚迭見。天变異常。耶报不絕。正恐惧修省之日。夫何恬不知怪。大兴土木。劳民伤財。惊
扰遐方。
庙堂之上。曾無一朝陽鳴鳳。此成龙之所大惧也。蜀川素产楠木。列朝已有成案。第今日之蜀
川。非昔时全盛可比。田地荒蕪。烟火絕灭。賦役戶口。載在由單。历历可数。即有一二孑
遺。惊魂未定。尚望安輯撫育之不遑。忽遭此大役。誰为采办。誰为牵运。哀此殘疆。势必

官与民偕斃。从此流民裹足。居民惊散。可惜蜀川財賦之乡。終为空虛之地。此成龙拊心太息。不禁痛哭流涕者也。成龙职屬下吏。凛承

皇上严諭。跼蹐無地。星夜就道。躬入深箐。确查無遺。用以仰副宪命。然不覺有切身之虑焉。成龙由粤西来任。路經楚黔。目睹大箐之中。云树参天。日光不到。即夏秋之交。尚有冷气逼人。当此寒冬栗冽。竟成冰穴。大树之中。林薄叢密。篠蘿纏結。虎豹成群。人迹罕至。必需夫斬伐开徑。为容身之路。火炮刀槍。防猛獸之奔逸。且蜀中居民。与他省不同。平日既乏皮襖。又無絮衣。驅此啼飢号寒之众。修深山密箐之路。無衣無食。何以御寒。必致冷冻顚仆。一虑也。倘有一二顚仆。四外居民。聞風奔竄。是工尚未举而地方已为騷动。二虑也。隆冬天气。民徒無依。相聚为奸。是目前所必無之事。亦古来所恒見之事。意外可虞。三虑也。成龙身肩重委。不敢不过为顧虑。复思成龙入箐。必与本地文武官員同行。文官有衙役。或可令备斧头鈎鐮。凡密箐無路之所。指揮砍伐。武官有兵丁。或可令备火炮槍刀。以防猛獸。且大箐所在。四圍并無村舍。若朝入山而暮就舍。則奔走于茂林蔓草之域。往返耽延。必迟时日。何以报命。必須武官帶一二帳房。偕抵深箐。日暮攢宿于箐中。庶無出入往返之迟誤。而功可剋期告竣。但成龙位微。乖屬同寅。势在难行。伏祈宪台迅諭武隆南川等处文官衙役备修路之具。武官兵丁帶防獸之器。仍携帳房。为露宿野处之备。是可不用民間一夫。而地方自安静無惊。至于

国家安危。生民休戚。宪台封疆大臣。自有灼見。非成龙所敢輕議也。

四川采木之事。其年月在湯文正撫吳之前。康熙初。蜀承張献忠乱后。合州領三县。遺黎仅百

余人。正賦只十四兩（見陈廷敬于清端公傳）。牧令以民間疾苦上聞。固其职分。右文入手即言大兴土木。劳民伤財。庙堂之上。曾無一朝陽鳴鳳。以一知州而發絕大議論。末以封疆大臣自有灼見。微辞規諷。非胸有定見。不計死生禍福者。不敢为此語。此即眞理学也。

文淵閣書目。著录当代之書。力祛汉宋門戶之見。然紀文达深于汉学。故提要于宋学家抉擇頗严。子部儒家类。著录者仅王宏。陆世仪。周召。陆隴其。李光地。雷鋐六人。而于陆氏推崇最至。謂其在近儒中最称醇正。于朱子之学融会貫徹。非徒以口耳占畢为事。按陆清献三魚堂集。有宰灵寿时公文数篇。兹擇录一首。

陆隴其申直隶学院文

为申送講义事。照得士子学問。莫先于講明書理。文風卑下。皆由書理不明。士習不端。亦由書理太淺。卑职自蒞任以来。每于簿書之暇。到学命諸生講書。疑者开之。舛者正之。一則欲端其举業之根本。一則欲引入聖賢之門路。冀稍有补于学政。积有講义百余篇。所見淺陋。未能尽發聖賢之精蘊。合行上呈宪覽。乞賜裁之。

右陆清献宰灵寿时。以所撰講义申直隶学政之文。其教士之法。依程氏讀書分年日程。肆力經史。并重刊程氏日程分給諸生。其于八股之文。則惟选先正制义数十篇。名曰一隅集。指点其开闔虛实之法。使諸生略知門徑而已。集中有續申学院文。即言此事。兹不录。

雍乾間。称理学名臣者。推博野尹元孚。元孚篤信程朱。其論治謂法不本于三代。皆苟道也。居官政績。具見于撫豫条教。最所究心者。为設立分社一事。兹录一篇于下。

尹会一考察州县分社文

分社之举。所以端士習。广教化。法至善也。盖士为乡里表率。苟讀書明理之人。尚不能迁善改过。恪遵礼法。凡厥庶民。無怪其放僻邪侈。陷于刑戮而不知矣。有牧民之責者。正宜劝学兴賢。以昭訓俗型方之治。今本部院訪得上蔡县并未实行立社之法。及詢之該处紳士。虽近在城中。身列义学者。亦茫然不知分社为何事。乃知从前該县詳复之文。竟屬捏飾。夫立社考察功过。或按季。或按月。俱系地方官自行酌量。因地制宜。并非繁苦难行之事。無論教官职司秉鐸。是其專責。即有繁劇之州县。亦非朝朝审事。日日比粮。則一岁之中。何难破数日工夫。面与士子講論劝規。以洗其俗吏之心。而尽其化导之实。乃并此不为。尚得謂之留心吏治者乎。該司即將上蔡县捏飾緣由。确查詳夺。并严飭各州县查照。本部院屡次檄飭实力奉行。毋得虚行故事。責成該管府州加意稽查。倘或有名無实。即將該地方官及儒学并該管府州詳揭。毋違。

丰亨豫大之象。至乾隆間而極矣。承平日久。上下習于弛縱。虽有良法美意。率以奉行故事了之。如右所举上蔡县令之不实行立社。其一事也。元孚翁記言敷教之道。以寬为主。其言云。敬敷五教在寬。寬即仁道。易所謂体人足以長人也。在人性为仁。在天道为元。元以長众善。仁以統四端。凡居民上者。無不宜天地生物之心以为心。而仁以育物。寬以得众。至于义者。行仁之宜。而寬严有制。即所謂严也。豈可以严为寬之对乎。元孚居官行事。盖不出此数語。始莅河南。有誥誡僚屬文。其略云。下車伊始。各官之賢否。虽未尽悉。兩河之吏治。略見一斑。大率文飾居多。廢弛不免。蕩檢踰閑者。亦有其人。本应劾奏。以肃官方。惟是綜核示威。本都院有所不忍。念自服官以来。凡遇僚友。一秉愚誠。共相劝勉。能改过者为君子。受藎言者为善人。惟期一路相安。不欲一家有哭。今特开誠誥誡。与諸君子力圖更新。郡守牧令。古所称民之帅师也。願以存心爱物一言。时时内省。以勤謹和緩四字。拳拳服膺云云。不欲一家有哭。妇人之仁也。以勤謹和緩服膺。矛盾之說也。盖自此以后。宋学家之迂緩不切事情。遂为人所詬病。而国事亦日益敗坏矣。

亭林为学之要。曰行己有耻。博学于文。潘次耕日知录序云。明人自少时讀書。規模次第。已大失古人之意。名成年長。虽欲学而無及。先生少負絕異之資。尤留心当世之故。实录奏报。手自鈔节。經世要务。一一講求。事关民生国命者。必穷源溯本。討論其所以然。亭林与人書。亦自謂此書之作。將以見諸行事。以躋斯世于治古之隆。亭林非無用世之志也。不仕新朝而著書終老。亭林之不得已也。昆山徐健庵立齋兄弟。亭林之所自出。健庵为文学侍从之臣。担园集中。治事之文特少。惟用古錢議一篇。历引前代之法。皆新旧錢并用。無毁古錢以鑄新錢者。其略云。自汉五銖以来。未有廢古而專用今者。惟王莽一行之。而隋时尽銷古錢。亦一大变。明天啓以来。广鑄錢局。官吏工徒。無一不食其中。尽括古錢以充廢銅。古錢銷尽。新錢愈杂。又一大变也。其时戶部議复福建督撫奏閩省沿用古錢一疏。欲將一概古錢。悉行銷毁。違者以違旨論。賴健庵此議。古錢得以并行（此康熙二十五年事）。立齋为左都御史时。三藩初定。立齋疏清除三逆虐政。在粵东者五。曰鹽埠。曰渡稅。曰总店。曰市舶。曰魚課。在閩中者四。曰鹽稅。曰报船。曰冒扰驛夫。曰牙行渡稅。在滇南者四。曰勛庄。曰圈田。曰矿厂。曰冗兵。疏入。下部議行。他所建議系国計民生者。大率类是。健庵撰丧礼通考。修一統志。立齋监修明史。又請購遺書征遺献。弟兄学行。相为师友。所建树者略同。立齋內行修潔。苞苴不及其門。而健庵亦有做官时少。做人时多。做人时少。做鬼时多之語。为后人傳誦。盖其学得力于外家者最深。然則亭林之澤被于当世者。固已广矣。

光緒十年。吾师陈弢庵先生官內閣学士。奏請以梨洲亭林从祀庙廷。其略曰。先儒黃宗羲顧炎武。皆以胜朝之遺献。为昭代之儒宗。宗羲为明都御史尊素之子。炎武为明贇善紹芳之后。家傳忠孝。学有淵源。而生当明季。經术荒蕪。汉注唐疏。棄置不談。宗羲倡之于前。炎武繼之于后。承学之士。始習群經。且宗羲傳刘宗周之教。矯良知之末派。以愼独为归。炎武与李光地相知。辨陆王之几微。以紫陽为的。兩家之学。皆深入于宋儒。而又能抉許郑之精。判賈孔之誤。初不以抱殘守缺为止境。尤無考据家之流弊。大抵引天下为己任。以聖賢为我师。大則窺制作之源。小亦备見聞之助。以之附祀春秋。庶几無慚崇报。吾师此疏。会通汉宋以立言。而当时竟为部議所格。及光緒三十三年。御史赵啓霖又奏請以王夫之黃宗羲顧炎武从祀。三十四年。部議請旨准行。礼部疏云。王夫之等生当明季。鑒宋以后講学家空談性命不根故訓之弊。毅然以窮經为天下倡。而后德性問学尊道并行。臣等尝謂我朝經学昌明。比蹤兩汉。实由东南之間。炎武宗羲最为大师。宗派流衍。徧于天下。夫之著書。行世較晚。而咸丰同治以来。中兴名臣。大半奋迹衡湘。則亦未始非其乡先生敎澤之所留貽。該故儒等皆有闡明聖学傳授道統之功。而炎武尤醇乎其醇者。从祀文庙。于礼为宜。黃顧之学。尊德性与道問学并行。至此而为定論。二疏亦傳誦一时。前此講汉学者。盖未之及也。

康雍間为汉学者。如吳县惠氏。宝应王氏。虽世業相仍。而当时朴学之風。犹未甚盛。經师宿儒。有老死牖下者。逮乾隆三十六年。四庫館开。博聞閎覽之士。遂日益众。不独著書立說。爭言考据。即公牘之文。亦以博辨为能者。四庫开館之初。由于采輯永乐大典。其首發此議者。朱竹君也。笥河文集。以請刻石經訪求遺書及此折冠首。茲录开館校書折子于下。

朱筠請开館校書折子

奏为謹陈管見。仰祈

睿鑒事。窃惟載籍重于左史。目录著于历代。典至巨也。制至詳也。我皇上念典勤求。訪求遺書。不憚再三。凡在鼓篋怀槧之倫。莫不烝烝然思奋。勉献一得。矧臣蒙恩。职厠文学。敢竭見聞知識一二。为我皇上陈之。

一旧本抄本。尤当急搜也。汉唐遺書。存者希矣。而辽宋金元之經注文集。藏書之家。尚多有之。顧無刻本。流布日少。其他九流百家。子余史别。往往卷帙不过一二卷。而其書最精。是宜首先購取。官抄其副。給还原書。用广前史艺文之闕。以备我朝儲書之全。則著述有所原本矣。

一。中秘書籍。当标举現有者以补其余也。臣伏思西清东閣所藏。無所不备。第汉臣刘向校書之例。外書既可以广中書。而中書亦用以校外書。請先定中書目录。宣示外廷。然后令各举所未备者以献。則藏庋日益广矣。臣在翰林。常繙閱前明永乐大典。其書編次少倫。或分割諸書以从其类。然古書之全。而世不恒覯者。輒具在焉。臣請敕擇取其中古書完者若干部。分别繕写。各自为書。以备著录。書亡复存。艺林幸甚。

一。著錄校讎。当并重也。前代校書之官。如汉之白虎观。天祿閣。集諸儒校論異同。及杀青。唐宋集賢校理官选其人。以是刘向。刘知几。曾巩等。并著專門之業。历代若七略。集賢書目。崇文書目。其書具有师法。臣請皇上詔下儒臣。分任校書之选。或依七略。或准四部。每一書上。必校其得失。撮举大旨。

叙于本書首卷。幷以进

呈。恭俟

乙夜之披覽。臣伏查

武英殿原設总裁纂修校对諸員。即擇其尤專長者。俾充斯选。則日有課。月有程。而著录集事矣。

一。金石之刻。圖譜之学。在所必录也。宋臣郑樵。以前代著录陋闕。特作二略以补其失。欧陽修。赵明誠。則录金石。聶崇义。呂大临。則录圖譜。幷为考古者所依据。請

特命于收書之外。兼收圖譜一門。而凡直省所存鐘銘碑刻。悉宜拓取。一幷彙送。校录良便。

臣檮昧之見。是否可采。伏冀

皇上睿鑒施行。謹

奏。

右折只六百余字。而开館校書之要。包举無遺。措詞和平。看似絕不著力。而引古証今。句句精当。此之謂大手笔。章实齋朱先生墓志云。清兴百四十年。昌运既开。人文蔚起。極其能事。無論兩汉三唐。顧風会所趋。祈嚮斯別。偏畸眞伪。錯出互跱。先生生雍正七年。自幼以長。国家适当弈叶重熙。専門名家。彙萃都下。先生世家京师。高掲俯瞰。富有日新。發为文章。成其家言。以謂有意为工。規矩法古。与夫动心毁誉。希名后世。学人有一于斯。縱極精能。根底已淺。何取立言。以故有所述作。心謁乎理。手請于心。如不得已。懔乎所奉承而布之。不可意为加損。实齋为笥河門人。故推崇甚至。笥河文字。不名一家。亦無所不具。右折一通。可以見矣。

后于朱竹君。而以經学为名臣者。阮文达其一也。揅經室集。有恭进十三經注疏校勘記折子。

自述平生致力次序。文曰。幼被治化。肄業諸經。校理注疏。綜覈經义。于諸本之異同。見相沿之舛誤。每多訂正。尙未成書。乾隆五十六年。奉敕分校太学石經。曾以唐石經及各宋版悉心校勘。比之幼时所校。又加詳备。自后出任外省。复聚汉唐宋石刻。暨各宋元版本。选長于校經之士。詳加校勘。自唐以后。單疏分合之不同。明閩附音之有別。皆使異同畢录。得失兼明。成十三經注疏記三百十七卷。附孟子音义校勘記一卷。釋文校勘記二十五卷。昔唐国子监博士陸德明。慮旧籍散失。撰經典釋文一書。凡汉晋以来各本之異同。师承之源委。莫不兼收幷載。凡唐以前諸經旧本。賴以不墜。臣撰是書。竊仿其意。連年校改方畢。敬装十部。进呈御覽（二集卷八）。十三經注疏。能遍閱一过者。已尠其人。能讀注疏而校勘各本之異同者。則自沈廷芳十三經注疏正字八十一卷。著录于文淵閣書目外。殆絕無仅有。阮氏此書。今附刋于十三經注疏之后。承学之士。人手一編。有功于經籍者甚巨。此折寥寥二百余言。与笥河开館校書折。異曲同工。可知汉学家文字。文約指明。絕不矜奇炫異。后来考据家紛紜聚訟。皆一孔之見耳。

袁子才。孙淵如。爭考据得失。为汉学家一重公案。然淵如考据之学。确能見之实用。非紙上空談也。其为刑部郎中时。每有疑獄。輒依古义平議行。所平反全活甚众。及署山东按察使。七月而平反数十百獄。活死罪誣服者十余人。此豈經生呫畢所能企及者。盖考据功深。則心思靜細。穿穴奧窔。推見隐微。治經之与治律。理自一貫。故探賾索隐。鉤深致远者。汉学家之所長也。及其敝也。爭異同。爭意气。無情恕理遣之适。有反唇相譏之嫌。若是者淵如集中文字。盖有之矣。爭伏羲陵爭湯陵諸咨文是也。擇录一首。以概其凡。

孙星衍咨复河南布政司辨伏羲陵文（嘉庆三年四月）

分巡山东兖沂曹济兼管驛傳水利黃河兵备道孙。移咨河南等处承宣布政司吳。为咨复事。前本道訪得魚台县凫山。有伏羲陵。在臬司任。移咨貴司。查陈州太昊陵。是否有古書傳碑碣可据去后。茲据署山东按察司荆。將貴司咨复移送前来。原咨开。据陈州府淮宁县等称。路史所載伏羲陵。有云山陽。云南郡襄陽。云都于宛丘。陈为太皥之墟等語。本道考山陽即指今魚台之陵。南郡襄陽。因堯陵县有古風城而誤。事具元和志及寰宇記。至都于宛丘之說。都陈不必葬陈。既称为墟。墟者故国空城之謂。与墓字之义各别。是路史所說伏羲陵。仍在魚台。而以襄陽陈州为異說。不可以路史所言为陈州之据。該府等又引府志書云。隋以前未知崇奉。唐貞观四年。始禁民芻牧。因历引周显德。宋建隆。乾德。咸平。景德。大中。祥符。天禧。明守陵葺庙之詔。不察此数代詔書。仅有崇奉先代陵寢之名。并未言各陵所在。且魚台之陵。出晋皇甫謐世紀。及唐李吉甫十道圖。比之隋以前未經崇奉之陵。較有古据。至太昊陵訛在陈州。自宋政和始。及南渡已后。魚台地入于金。为刘豫所据。諸儒耳目漸陋。不能远考。又諱国蹙之耻。遂移伏陵之祀于陈。洪武时祀典。多不足信。今国家更正东平州堯陵于濮州。东平之陵。亦系洪武以来祭告之处。祝文碑刻具存。与陈州同屬相沿之二事。可并案矣。咨內又引宋太祖詔。有太昊葬宛丘。在陈州之言。此为馬端临注語。方志誤入本文。史載詔書。無此詞也。咨內又称八卦壇距伏羲陵二里。亦非后世謁壇为陵。查宛丘八卦壇。当据陈州古迹。未必后人即以壇址为陵。但有伏羲之迹。即妄移陵寢于此。亦如竟陵有古風城。遂誤为南郡陵之比。貴司止据該府县征引方志相習之文。不加深究。恐非实据。本道窃意訪求古迹。当以書傳为証。同在書傳。則以最古之文为証。既已生于后世。豈知上古封树之处。然春秋傳言。任宿須句顓臾風姓。实司太皡之祀。詩緯言。

伏羲生于雷澤。唐宋地理書。称承匡山女媧生处。考任国即是济宁。雷澤即在魯北。承匡即西兒山。推此諸文。是知伏羲風姓葬处。应在济上。不得远至陈州明甚。陈州之陵。又無隋唐書傳。宋之碑碣。足夺魚台之迹。本道無通章之責。但历考書傳。姑为此說。以待后人厘正祀典。先飭有司申禁樵牧。修葺祠庙。因貴司咨詢。特再移复。并將伏羲陵考黏卷存案。希为指正核复。飭知陈州守施行。須至咨者。

隔省司道。文移往反。考据古迹。似此閑情逸致。殆罕其儔。河南布政司据淮宁县呈复。以为陵在陈州。淵如历引地志以駁其誤。而于魚台之伏羲陵。但謂諸書所紀。年代較早。較有古据。不作必然之說。立論具有分寸。然其駁河南布政司来文。謂貴司止据該府县征引方志相習之文。不加深究。言外之意。一若来文含胡答复。并不詳悉考求。府县只知征引方志。藩司亦只循例行文。然則藩司府县。一丘之貉而已。此等語句。極易令人誤会。不可謂非汉学家習气。此必出自手筆。若幕友代撰。知其無此罅漏也。其时官河南布政司者。为南康謝啓昆字蘊山。謝氏嘗著西魏書。学問博洽。姚惜抱極称之。为之作序。得淵如此文后又咨复辨难。見树經堂遺文。

考据之外。又有今文古文之爭。春秋三傳。汉人以公羊谷梁为今文。左氏为古文。刘申受者。治公羊之学。而深于今文家言者也。官礼部时。武进賈人張氏女。嫁于胥吏汪氏。汪本淫家。其姑使女逆客。不从。殴杀之。讞此獄者。謂有姑妇名分。而律文姑殴杀其妇無死罪。申受引經义以折其非。其文載于集中。盖以經說而为公牘者。节录于左。

刘逢祿張貞女獄議（刘礼部集）

謹按書康誥。父不慈。子不祗。不于我政人得罪。天惟与我民彝大泯乱。曰。乃其速由文王作罰。刑茲無赦。言不孝不慈。其律均浮于元惡大憝也。春秋之例。書杀大夫称国。其有罪無罪。以葬别之。言有罪亦不得專杀。其罪貶絶也。杀世子母弟目君。其罪誅也。視專杀命卿加一等。白虎通德論曰。父杀其子。当誅何。以为天地之性人为貴。人皆天所生也。託父母气以生耳。王者以养長而敎之。故父不得專也。礼丧服。妇为舅姑期。傳曰。从服也。盖为妇于舅姑。以人合者也。其情輕于父子。今以义論。汪为彝倫之斁。不可逭也。以恩論。汪为毒虐無告。不可逭也。縱淫以敗俗。自有应得之罪。况以淫故而戕其妇乎。魯哀姜以淫故。杀二嗣子。为齐桓所誅。春秋韙之。朝廷用經以持法。似不宜徒执姑妇之分。使民棄礼而征于律也。謹議。

刑賞为时王之制。自有一朝法令。汉人議獄所以征引經义者。其时法網犹疏。故以經义济法令之穷。若姑杀子妇之罪。則乾隆間已有專条。不必远征經説也。乾隆三十七年定例。凡尊長故杀卑幼案內。如有与人通奸。因媳碍眼。抑令同陷邪淫不从。商謀致死灭口者。俱照平人謀杀之律。分别首从。拟以斬絞监候。五十六年定例。因奸將子女致死灭口者。無論是否起意。如系亲母。拟絞监候。繼母嗣母斬监候。姑因奸將媳致死灭口者同。刘氏議此獄。在嘉庆初年。其时礼部司員。縱不明習律令。刑部不应無人。何至瞶瞶乃尔。頗疑刘氏此文。欲自附于引經決獄。而又知舍例引經之不可。别于存稿自著数語。謂后讀聖諭已有明文云云。以見所言符合。然就此獄而論。刘氏之言。亦未当也。康誥。父不慈。子不祗。謂其灭絶天常。故曰天惟与我民彝大泯乱。刑茲無赦者刑此不慈不祗之人。与白虎通人皆天生之义相反。康誥欲导人于父慈子孝。如白虎通之言。則必至于不慈不孝。白虎通之言。本与公羊相近。其謂人皆天所生。託父母气以生云云。視父子如路人。立論已謬。更与此獄無涉。刘氏止欲申公羊之义。而不知此獄之不能比附。其子为行述。既已具載此文。戴望为行狀。又从而張之。經生迂謬之見。大率如是。自此以后。公羊之說日昌。逮乎末流。遂靡所底止矣。

魏默深为李申耆傳。極詆汉学之無用。而推李氏史学之有功。其言云。自乾隆中叶后。海内士大夫兴汉学。而大江南北尤甚。苏州惠氏。江氏。常州臧氏。孙氏。嘉定錢氏。金壇段氏。高邮王氏。徽州戴氏。程氏。爭治詁訓音声。瓜剖釽析。視国初昆山常熟二顧及四明黃南雷万季野全榭山諸公。皆擯为史学。非經学。或謂宋学非汉学。錮天下聰明知慧。使尽出于無用之一途。武进李申耆先生。生于其乡。独治通鑑通典通考之学。疏通知远。不囿小道。不趋声气。年甫三十。而学大成。謂詁訓音声为經学。隘矣。謂經学即汉学。尤隘矣。然詁訓音声之不足以致用。則实有如魏氏所譏者。嘉道之际。內憂外患。相逼而来。道学性理之空言。經生考据之末务。胥不足以应变。深識远虑之士。遂致力于历史地理。上究三通。旁穷四裔。卓然成一家之学。自李申耆而外。魏默深何願船之倫。皆其人也。李蒓客日記言。魏默深知高邮。不能理事。終日著書。每听獄訟。輒搔首不能語。往往至夜分。吏胥皆散去。乃罢。則經济之学。正未易言。才难。不其然乎。

申耆知鳳台县事。莅任之始。亲履县境。辨其里俗之繁耗。地亩之广袤肥瘠。山川之高下。河渠之通塞。堰牐之修廢。而次第振兴之。在县七年。建牐一。修牐四。开溝二。筑壩九。由是民無水阨。岁以屡丰。又以其間輯邑志。凡民生利弊。所欲行欲革而时有不逮者。咸著于篇（薛子衡李养一先生行狀）。养一齋文集載其代怀远令言水利書一篇。則所学見之实行者。节录于下。

李兆洛代怀远令孫仿山上孫制府言水利

怀远依淮为县。境內諸水。皆入于淮。淮治則水患悉除。淮不治則水之入淮者。淮不能受。

遂汎濫而为患。至于洪澤滿。泗州沈。临淮沒。而莫有治淮之策者。以黃河南徙。与淮为敌也。邑境諸水現在情形。渦河最恬靜。先患淮水倒漾。淮漸归槽。無需人力。洛河谿欠河被淹处所。尙与淮平。疏消須俟淮水消退以后。其即今可以施功者。惟天河入淮处之禹村溝。肥河入淮处之沫河口。天河斜長四十余里。漫淹处积水寬一二里至三四里不等。水深四五尺。而禹村岡北天河南岸。有水溝。尙作涓涓細流。于彼处煞壩挑引河一道。長不过四里許。已接天河抵淮。引河成。俟淮水消落。啓壩以泄天河之水。仍于口門筑壩。以防長淮倒灌。其經費天河兩岸居民中下之戶。有丁壯者出夫。中戶以上。按亩出錢以給夫食及購料煞壩等用。擇乡人有才具者理其事。不經胥役之手。不出三月。可以集事。北肥水入县境。行一百余里。最为綿远。其源出宿州之龙山湖。入淮在鳳陽县之沫河口。本年源头水不甚大。而自怀远之大三岔以下至沫河口。五六十里之間。一望瀰漫者。以淤塞处人力不能挑挖故也。各处水面。寬窄不一。而肥河原身。寬不过十余丈。外尽民田。鳳陽陶令。曾在朱家台集夫挑挖。乾淤未尽。已不能容足而止。人力既不能挑挖。而又無从改导以入淮。龙官主簿屠慕曾。商陈蓄水刷淤之法。沫河口內土壩。此时坚筑堵閉。而于蔣家陈岡家桥兩处。各筑一欄河壩。留金門以起溜。雇集人夫船只。于船尾曳揚泥車。船之兩旁。人执伐泥器具。往来梭織。务使乾淤活动。与稀淤攪成一片。俟淮水較所蓄之水低至五六尺。然后口內之壩与所筑之壩同时幷啓。乘建瓴之势以排淤。無难通者。再于八塔集大三岔上下。各筑壩一道。如前法。便可一律深通。屠主簿系河員出身。其言似合事宜。如以为可用。即飭主簿董其成。而工役畚挶之需。則各处守土之員是問。惟費約五千金。而沫河口以內。五六十里之間。六載不收。其民辛苦墊隘。难与謀远。非請帑不为功也。

右文平易通达。指陈利害。如在目前。凡議礼論政之言。最易蹈空。人执一説。是非利害。往往截然相反。惟郡国利病。山河形势。确有事实可憑。非可憑空臆説。故講学而能游历者。論事而得之目驗者。其言精切不浮。此文語極平常。而言皆有物。論事之言。此为正軌。

李中耆与方植之書云。曩时讀書。甚不喜康成。于朱子亦时时腹誹。答屈侃甫書云。昌黎序記之作。逞其笔势。小乖体裁。而隄防一坏。狂瀾乘之。不可复挽。学如郑朱。文如昌黎。而申耆犹有所不滿。此偏見也。至曾文正則不然。欧陽生文集序。述姚惜抱語云。义理。考据。詞章。三者不偏廢。必义理为質。而后文有所附。考据有所归。聖哲画象記所奉为师資者。聖賢先儒三十二人。兼德行。政事。言語。文学四科。亦本姚氏不可偏廢之説。文正之学。博大精深。遂开数十年来風气。其公牘之文。亦复奄有众長。非前此名臣循吏之所及也。

曾文正在翰苑时。即以轉移天下風气为己任。原才篇云。風俗之厚薄奚自乎。自乎一二人之心之所向而已。民之生。庸庸戢戢者皆是也。有一二賢且智者。則众人君之而受命焉。尤智者所君尤众焉。此一二人者之心向义。則众人与之赴义。一二人者之心向利。則众人与之赴利。众人所趨。势之所归。虽有大力。莫之敢逆。又云。有以仁义倡者。其徒党亦死仁义而不顧。有以功利倡者。其徒党亦死功利而不返。今之君子之在势者。每曰天下無才。彼自尸于高明之地。不克以己之所向。轉移習俗。而陶鑄一世之人。而翻謝曰無才。謂之不誣可乎。其后督师立功。率以此意倡率文武僚吏。如督办团練时批安福县禀云。保甲之法。当切訪紳耆中之公正而肯任事者。令其認眞举行。一二处行之有效。則他处皆取則矣。批宁远县禀云。地保牌甲之名。正人君子所不屑居者。兹改为鄉約首事乡約总理。庶冠帶礼乐之士。亦乐就之。督师安庆时。批三河練总淅令愷禀云。練总得一好人。則練長練丁皆成好人。批参將刘星翥稟云。營官有整躬率下之責。总不外勤廉二字。勤則营無廢丁。为下所法。廉則己無所蓄。为下所畏。批梅錦源稟云。天下滔滔皆沈迷于利字之中。惟賴文武大員有長人之責者。矢清潔于屋漏幽独之地。少取一分。則苏一分之民困。督兩江时。批黃元龄稟云。人才以奬借而出。国器以历練而成。願該令勉为良才。儲为大器。尤願与部曲互相警惕。亦以良才大器勗人。則暗中之所成就者不少矣。批李祥和稟云。諺曰。教子嬰孩。教妇初来。該提督务当督飭营官哨官什長。苦口訓导。一次不听。則再教之。三教之。若語言不甚通曉。多說几遍。务期明了而后已。本部堂欲以湘軍之規模。开淮北之風气。該兩营为之倡导。先在孚其心志。次在教以規矩。总以耐煩为要。久久自有效驗。批汉陽鎮稟云。鎮將貪者。滿营皆有廢弛之气。廉者滿营皆有振兴之象。貪者部下常有仇恨之心。廉者部下常有佩服之意。銀錢只有此数。上愈寬則下愈窘。上不苟取分文。則下皆畏而爱之。如此者集中凡数十条。所謂以己之所向而轉移習俗者也。

曾文正之学。兼賅汉宋而不泥于汉宋兩家之說。社倉之法。宋学家所称为法良意美者也。而文正以为非为政之大体。異姓为后。汉学家所斤斤以为不可者也。而文正以为自幼撫养者不必归宗。可知論事惟求其是。虽前賢之說尽有不可从者。茲录批牘兩則于后。

曾国藩批江南提督李朝斌呈請复姓归宗

来牘具悉。貴軍門于始生之际。即为李氏撫养。艰难鞠育。至于成立。王氏本生父母。已隔絕不相聞問。事隔四十三年。直至今岁。始有呈請归宗之議。来轅具稟。茲又批閱所鈔李氏族叔傳誠等家信。其中所引典故。大半本于晋賀乔妻于氏表文。未必十分中礼。所述从前情事。王氏恩誼已断。倘非过当之論。本部堂考核古礼。無与此案恰相脗合者。惟査古来名臣。如吳之朱然。本姓施氏。周逸本姓左氏。魏之陈矯。本姓刘氏。宋之叶夢鼎本姓陈氏。即当代名族。如嘉兴錢文端公之先本姓何氏。合肥李爵大臣之先。本姓許氏。其后皆未归宗。必有权衡于至当者。乃不为世所譏。本朝言礼之書。惟秦文恭公蕙田之五礼通考。最博且精。其所引金史張詩一案。詩本李氏子。育于張氏。閱三十年始知。初議归宗。終以張氏無子。遂仍其旧。秦公称張詩为孝。今貴軍門王氏本生之父母。倘有众兄弟承祀。而李氏撫养之父母。别無主后。正与張詩之事相类。权度礼意。貴軍門应为李氏后。不必归宗。毫無疑义。惟于李氏别为一宗。于王氏不通婚姻。一以报鞠养之深恩。一以明族屬之大义。本部堂当奏明立案。以为貴軍門家叶之緣起。至于王氏二老。以垂暮之年。目覩貴軍門身躋通显。追念前事。羡而兼悔。自屬常情。礼不忘其所自生。貴軍門天性肫摯。必宜曲尽敬养之礼。恩义周至。斯兩全之道也。

曾国藩批苏松太道禀筹設上海普育事宜

据禀幷另單均悉。上海普育堂之設。該道竭力經营。支持三年之久。乐善不倦。用心可嘉。惟此等乃乡里好善者之所为。非为政者之大体。衣食分人。曹劌指为小惠。乘輿济人。孟子謂非政要。近世儒者王船山。于社倉义倉等事。皆反复譏議。乍見似駭听聞。深思乃有至理。本部堂虽不敢議及古法。而于以感应陰騭等編为立教之首。以育嬰恤嫠等事为立政之本。則未敢以为然也。所請將垃圾局經費錢五百千文。改作普育堂經費。准每年照撥一半。以資接济。該道与局董筹出入經久之法則善矣。

右复姓一条。历引前人冒姓不归宗之例。倘非义之精者。惟奏明立案为李氏家叶之緣起。則有精意存于其間。古者有功德則賜姓。李軍門有功于国。于古禮可以受姓命氏。文正为之奏明立案。
别为緣起。則虽姓李而与李氏宗族实不相蒙。以后海内姓李者。于隴西。赵郡諸望而外。多此一族
而已。然此意猝难索解。故文正但告以于李氏别立一宗。于王氏不通婚姻。此合于时宜而不背于經
义者也。普育堂無关大体。然意自可嘉。既以正义告之。仍撥款接济。令其筹經久之法。此之謂仁
义兼尽。社倉之法不可行。胡文忠亦有此語。見本集中。

胡文忠之学。得于家訓。年譜云。公于書無所不讀。尤好宋五子書。司馬通鑒。龙門史記。班
范前后汉書。曾文正箴言書院記云。少詹事益陽胡云閣先生纂弟子箴言十四卷。自洒扫应对以暨天
地經綸。百家学术。弥不畢具。要使学者自幼而端所習。随其材之小大董劝漸摩。徐底于成（曾文
正文集）。箴言書院者。文忠本其先人之意。建書院以教乡人者也。文忠致周志圃書云。先光祿公
主持正学。身体力行。旁搜远覽。博通天人。每課徒取士。必講求器識。上下古今之变。效法先
儒。文忠之好讀宋五子書。即主持正学身体力行也。好讀通鑒。史記。前后汉書。即講求器識。上
下古今之变也。其为鄂撫时。与曾文正書云。天下惟左右近習不可不慎。左右近習無正人。即良友
直言亦不能进。昔年在黔。与黄心齋。魏將侯縱談。凡官自督撫司道。至于牧令。均应岁奉千余金
或数百金。敦請道德忠鯁之儒。以为师友。匡正其心思。增益其耳目知虑之所不及。必如是而后德
可修。名可保也。此文忠治事最得力处。故軍事倥偬之际。汲汲于求賢自輔。而閻文介以道德忠
鯁。为文忠敬服。于其去也。挽留至于再三。即董劝漸摩徐底于成之說也。

文忠馭將察吏。公牘与手札幷行。而公牘亦勤勤懇懇。与手札無異。茲录一篇于下。

胡林翼札霆营鮑副將喻都司文

軍旅之事。謹慎为先。战陣之方。講習为上。盖兵机至精。非虛心求教。不能領会。矧可是己而非人。兵机至活。非随时謹密。不能防人。矧可粗心而大意。該副將奋勇敢战。尙可不疑。惟果于执見。拙于料人。是其大病。即如打仗最忌攻坚。凡城壘之坚者。自古幷無攻法。驅血肉之軀。与炮石相抗。伤亡必多。銳气先挫。且賊之善战不如我。而其死守則过于我。以我之短。制彼之長。其可得乎。孙武有言曰。銳卒勿攻。夫銳卒犹不可攻。况角胜于坚城之下哉。知物之不可以力爭。莫若审势而扼其要。知事之不可以勇斗。莫若擇利而蹈其瑕。現今如都將軍。楊軍門。李方伯之用兵。可师可法。其稟求指示。虛心領受为要。至营中長夫。均有定額。口粮所出。上关国帑。下竭民膏。其切实查点。不准虛冒。又行軍之际。务須紀律严明。队伍齐整。方为节制之师。如查有扰害百姓者。即当按以軍法。呂蒙行师。不能以一笠寬其乡人。严明之謂也。絳侯治兵。不能以先驅犯其坚壘。齐整之謂也。此后只准随同馬队学打行仗。不准蛮攻城壘。自損銳卒。刻下情形。总須候賊入境。审定事机。力筹全胜。兵者詭道。須知避銳而击惰。兵者危事。須防不戢而自焚。本部院蒿目时艰。日夜兢惕。知攻坚之非策。惜軍士之多伤。为此札仰該副將都司專精壹志。遵照办理。如或怯于战而勇于攻。师心自用。軍令具在。决不寬貸也。

右札虽論兵事。实有絕大学問。其引孙武之言。呂蒙周亞夫之事。則文忠熟于历史。随口而出。非有意于引經据典也。曾胡文牘。可为后人师法者極多。当于別篇論之。粗發其凡于此。

道咸之間。黔中有賢吏三人。曰胡文忠。曰張太僕鍈。曰鹿忠节丕宗。三人者皆官知府。称黔中三太守。太僕督师平苗乱。轉战有功。以劳卒于軍。忠节殉都匀之难。太僕为文襄公之洞之父。忠节則文端公傳霖之父。而文端又文襄之姊壻也。太僕行事。見余所为張文襄年譜。文襄随太僕于任所。又受業于胡文忠。自言幼时过庭授学。多乾嘉老輩緒言。贈公購書数十厨。置諸子学舍。令于日課之外。听以己意观之。大率史部近代說經之書及朱子書为多。故文襄之学。兼賅汉宋。而貫穿于史事。自曾胡以后。文章經济卓然不朽者。必推文襄。其淵源所自如此。

張文襄督学四川。創尊經書院。有尊經書院記。其言曰。学术有門徑。学人無党援。汉学学也。宋学亦学也。經济詞章以下皆学也。不必嗜甘而忌辛也。大要讀書宗汉学。制行宗宋学。汉学豈無所失。然宗之則空疏蔑古之弊除矣。宋学非無所病。然宗之則可以寡过矣。至其所短。前人攻之。我心知之。学人貴通。其論事理也貴心安。使者于兩家有所慕而無所党。不惟汉宋兩家不偏廢。其余一切学术亦不可廢。用汉学之师法。虽兼采諸儒之說。亦汉学也。守宋学之准繩。虽不談性理。亦宋学也。汉学师法。止于实事求是。宋学准繩。止于严辨义利。無深談也。文襄一生。学术政事之要。具在于此。临終遺疏。自言生平以不树党援。不殖生产自厉。不树党援。即学术不偏廢之說也。不殖生产。即严辨义利之說也。

砥礪廉隅。杜絕餽遺。居官者大率勉强而行之。惟文襄則純任自然。絕無矯飾。督兩广日。凡总督应得公費。一無所取。發善后局存儲。專款备用。其后建广雅書院。开書局刊布經史。及因公开支不在戶部核銷之例者。悉取給于此。到任之初。屬吏犹循故事。以时餽送。文襄严令禁止。其文如下。

張之洞札各屬禁止餽送文

为禁止餽送事。照得苞苴之風。粤省最熾。上行下效。吏治攸关。查本部堂遞年春秋二次例貢品物。向由各該府州县及鹽运司領价承办。历来承办之員。每于正貢件数之外。备有貢余各品。內有应寬备帶京听候奏事处复加揀选者。亦有仅系呈交本部堂及声明系本署堂官公用者。本部堂服官所到。从不收受屬吏餽送礼物。至堂官即系門丁之別名。本部堂向来于傳宣事件責成巡捕官。于公牘文件責成文案委員及各房書吏。从未設有門稿籤稿等名目。向不令家丁經手公事。不准家丁私收門包。应即全数發还。此外如到任节寿查庫各項陋規礼物門包。以及各員稟辞到任。各屬餽送土宜。名目甚多。鹽务人員。亦間有前項情事。本部堂抵粵伊始。即經傳諭屬員。不得餽送礼物。其循旧致送者。当經随时發还。并無一次收受。而各該員等沿訛襲謬。置若罔聞。却者自却。送者自送。以致随时稽察。不胜其煩。逐件駁回。不胜其扰。足見广东官場風气惡劣。亟应严加禁断。且聞粵省大小各衙門。送礼收礼。視为故常。毫不为怪。实足以淆吏治而害官箴。茲因發还貢余一案。应再严札通飭。合就札飭。札到該府。即便遵照。并移行所屬。嗣后办貢之員。在本部堂任內承办者。不得更有呈送本部堂及堂官之件。其余各种陋規礼物門包。悉行禁档。敢有仍行瀆送。定行参处不貸。如司道以下。有屬員餽送者。上司收受者。查出一并严参。

光緒十年法越之役。法兵踞鷄籠入馬江。駸駸有北犯津沽之势。文襄建議爭越南以振全局。分遣馮子材。王孝祺等率粵勇会广西主客各軍。力战破敌。保鎮南关。克文淵。諒山。長庆。观音桥諸要隘。法不得逞。和議以成。事定后。会勘中越边界。文襄博考載籍。参以志書档案。以为沿边之十万大山。为馬伏波立銅柱处。今銅柱虽已無存。而此山必应屬于中国。以复汉界之旧。中旨不欲生事。但囑以会典及通志所載圖說为主。詳加斟酌。相机办理。文襄因詳列旧界确証十条。具折入奏。此以考据施于交涉者。节录其文于左。

張之洞奏請辨認欽州老界折

欽州接壤越南。有三都八峒。地方轄境甚广。自广西上思州沿边之十万大山起。历分茅嶺。跨二丈河而下。南至旧址。漫漶不可复識。与桂之鎮南。滇之白馬。儼然設关戍守者不同。是以中越地势。华离参錯。民夷杂处。有既入越界后。行数十里。复得华界者。有前后皆华界。中間斗入一綫名为越界者。有衙署里社。尙存华名。档案可据者。有錢粮賦稅。輸繳本州。列名学册者。有田宅廬墓全屬华人。幷無越民者。固由越为屬藩。不甚考究。亦以边地荒远。地方官未能撫馭周密之故。今越归法护。界务一定。边防因之。欽州距廉瓊甚近。若水陆形势險要。尽为他族逼处。則他年貽患。悔不可追。且华民数万戶。廬墓数百年。紳民老幼。泣訴环求。亦断不能置之度外。近譯法人所繪越南地圖。竟將欽州西南一帶划入越境。若我于老界再不切实辨認。必至內地轉为侵占。臣自上年八月。即委通判刘保林等与督办欽廉防务提督馮子材所派都司陶烈武等密勘沿边形势。迭据五峒紳耆顲悬。复参稽志乘。調查档案。幷据該府州縷稟各节。所言皆符。当于上年十二月奏請电飭勘界大臣邓承修与法使勘办辨論。幷將草圖案据呈稟各件。咨送在案。嗣經添派知府尹恭保帶同繪圖人員前赴該峒边界。重加履勘。徧考旧聞。續查案据。复飭随同勘界督粮道王之春复加研核。箫得其詳。大抵中国老界可据之証。共有十端。皆系原本本朝官書。部案公牘刊本。本省府县志。知州学官册档印契。越南国王印文。峒長世傳有印分單。正与前奏　諭旨以会典通志为主之意相符。实应全行辨明認还。方昭公允。謹繕列清單。恭呈御覽。应請飭下总理衙門暨勘界大臣邓承修北洋大臣李鴻章。照圖証界址。与駐京法使暨勘界法使逐条勘論。务使旧界得以辨認收还。不致全行淪棄。海疆幸甚。边氓幸甚。

所謂十証者。第一証分茅嶺为中国界。第二証三不要地为中国界。第三証十万大山以南。循丈二河兩岸。南抵新安州。濱临大海。皆为中国界。第四証新安州江口为中国界。第五証思兴水西岸潭下河檜六虎村一帶。皆为中国界。第六証古森港海口为中国界。第七証澌凛峒三歧江口为中国界。第八証硭街为中国界。第九証江平黃竹为中国界。第十証海面快子籠青梅嶺以南。至九头山附近諸島皆为中国界。原文引据詳明。幷于每条下注明出处。折內倘有拟定界址四綫。繪圖进呈。文襄为此事多方考証。極費苦心。开議以后。法使坚持不允。中旨虑蹈約而爭。必生枝节。屡电戒以勿执成見。而文襄仍申前議。其后卒有展拓。則以証据詳明。我立于不敗之地故也。

以上二事。一为严辨义利。一为实事求是。文襄平日不談性理。以为宋学惟在力行。亦不以宋学繩人。以为示之表率。必有上行而下效者。惟事無巨細。必反复考究。求其所以然之故。光緒季年。同莘始入幕下。文襄每具草凡有关典制者。輒屬徧檢群書。攝政王监国。令樞臣署名諭旨。文襄欲博考历代署押之式。自碑板以至唐人告身。搜罗略徧。而其式皆不相宜。然因此得知历代故事。文襄尝語椽屬云。汝輩請一名师。須具束脩数十百金。今为我办事。我所以敎汝輩者。自問不讓名师。汝輩不惟無所費。且有所得。而汝輩不肯用心。何也。文襄平时所以激励后进者甚切。故其言如此。

世人論張文襄。以調停新旧为病。此未知当时实事也。文襄所調停者。孝欽母子之間。亦不始于戊戌以后。自光緒之初。論为大行立嗣。論中官毆禁軍。皆揆度事理。措詞委婉。至其論学論政。則直抒己見。不为苟同。故言經学則斥公羊。言洋务則非强兵。言时政則采外国之長。而必以不背中国礼敎为主。自謂作按部就班之事。期銖积寸累之功。固未尝为調停之說也。及其晚年。怵中国旧学之日荒。文字之日敝。則兢兢于保存国粹。以为不讀經史。不習文辭。則以后入仕途者。

將求其称职而不可得。故所定学堂章程。于文辞最为注重。学务綱要云。必能为中国各体文辭。然后能通經史古書。傳述聖人精理。文学既廢。則無人能操笔为文。將来入官以后。奏議公牘。書札記事。將令何人为之。行文既不能达旨。焉能畀以要职重任。此論既出。一时論者咸非笑之。然至今日而其言驗矣。

以上論有清一代公牘之文。与学术相表里。而学术必有淵源。故推論之。以見凡事必有本末。又以見名臣循吏。其公牘自有精神面目。流露于字里行間。不可概以为官样文章也。

前卷論明人文字之陋。由于制义。清制取士亦用八股文。而文字之敝。異于明代者何也。曰。清之士大夫。何尝不以制义为病。其言科举之害。文字之荒。欲扫蕩而廓清之者众矣。特一朝風气。于專攻举業而外。尚有提倡朴学之人。故受病虽深。而为害犹淺。清之八股。非明人比。于功令程試之文。必以清真雅正为宗。戴褐夫云。举業之文。号曰时文。其体不列于古文之中。而要其所以發明者。聖人之道。則亦不可不以古文之法为之（汪武曹稿序）。余生平不敢輕視經义之文。尝欲率天下而为之。夫为之者多。而后真能以經义为古文之才出其間（陶山四書义序）。賀松坡論一代八股之文。作者代兴。角奇詭博。自群經諸子之义蘊。历代存亡之盛衰。文物典制。以及天地陰陽民物情伪。与夫人生遭际悲伤。悅豫哀慼。激憤不平。無不于制义發之（楚禽堂制义序）。由戴姚兩氏之言。則以古文为时文。由賀氏之言。則以博極群書为时文。此其所以主持風气者。固異于明人矣。虽然。能一变明代士大夫积習。而無党同伐異之見者。其樞紐要不在是。

順治十三年。世祖諭群臣曰。今人多結朋党。究其結党之意。不过互相攀援以求富貴耳。若然。是有損而無益也。朕常为党人思之。既恐党类之不合。复恐声名之不聞。与往来周旋之不至。

又恐事發禍隨。被人举首。戚戚若此。何若为国效忠安受富貴之为荣乎。又曰。朝廷立賢無方。不分南北。朕近日处分各官。虽多南人。皆以事情論。尔等皆当仰体此意。凡有論列。須从国家起見。毋歧方隅。毋立門戶。毋泄己私忿。毋代人誣陷。毋以聞風輒告。毋以小过苛求。十六年諭吏部曰。明末群臣。背公行私。党同伐異。恣意揣摩。議論紛杂。一事旋行。輒謂出某人意見。一人見用。輒謂系某人汲引。一人被斥。輒謂系某人排挤。因而互相报复。擾乱国政。此等陋習。为害不小。朕甚恨之。近来內外大小諸臣中。尙有仍踵陋習。妄生意度者。今后各当洗滌肺腸。痛改前非。恪修职業（聖訓卷三）。聖祖冲齡踐祚。內外臣工。結党之風复盛。及亲政以后。累申戒飭。十六年。諭大学士等曰。分立門戶。私植党与。始而蠹国害政。終必禍及身家。历观前代。莫不皆然。在結納植党者。形迹詭秘。人亦难于指摘。然背公营私。人必知之。凡論人議事間。必以異同为是非。爱憎为毁誉。公論难容。国法莫逭。百尔臣工。理宜痛戒。三十年。諭吏部曰。近見內外各官。間有彼此傾軋。伐異党同。私怨交寻。牽連报复。或己所銜恨而反嘱人糾参。陰为主使。或意所欲言而不直指其事。巧陷术中。虽業已解职投閑。仍复吹求不止。株連逮于子弟。顚复及于身家。朕总攬机务。已三十年。此等情态。知之甚悉。夫讒譖媢嫉之人。历代皆有。而明末为甚。公家之事。置若罔聞。而分树党援。飞誣排陷。迄無虛日。以致釀禍既久。上延国家。历观前史。深切痛恨。自今以往。內外大小諸臣。应各端心术。尽蠲私怨。倘仍踵前非。朕將穷極根株。悉坐以交結朋党之罪（聖訓卷四十四）。聖祖痛恨諸臣伐異党同。至欲穷極根株。悉坐以朋党之罪。誥誡叮嚀。可謂深切。而迨乎暮年。建儲未定。諸皇子各怀非分。广通声气。树立党援。朋党之憂。乃伏于蕭牆之內。世宗纂業。急于得人。許在廷諸臣举同乡同年門生亲戚子弟。而朋党之禁特严。雍正元年。諭滿汉文武官員曰。朋党最为惡習。明季各立門戶。互相陷害。此風至今未息。惟我皇考至仁在宥。不戮一人。尔諸大臣不無立党营私者。即宗室中亦或有之。尔諸大臣有則痛改前非。無則永以为戒。若仍怙惡不悛。朕虽欲力为寬宥。豈可得乎。二年。制朋党論頒示群臣。諭曰。朕用人而非其党者嫉之。罰一人而是其党者庇之。使荣辱不关于賞罰。則国法安在乎。嗣后朋党之習。务宜尽除。不可陽奉陰違。以致欺君罔上。倘自干国法。万不能寬(聖訓卷二十)。是时宗室王公营私植党者。既已黜革有差。內外臣工远嫌避禍。無复敢公然結党者。而私憂竊嘆。犹所不免。世宗欲并此而絕之。故朋党論中。抉摘其隐。其略曰。大小臣僚。不顧好惡之公。而徇其私恨。牢不可破。上用一人。則相与議之。曰。是某所汲引者也。于是乎远之若浼。曰。吾避嫌也。不附势也。爭怀妬心。交騰謗口。以媒孽之。必欲去之而后快。上去一人。則相与議之曰。是某所中伤者也。亲恨者为之惋惜。疏远者亦慰借称屈。即素有嫌隙者。至此反致其殷勤。欲借以釋憾而修好。求一人改过自新者無有也。于是乎其人亦不复自知其过惡。而愈以滋其怨上之心。是朝廷之賞罰黜陟不足为輕重。而專以党人之咨嗟嘆惜为荣。以党人之指摘詆訾为辱。乱天下之公是公非。作好惡以挠人主予夺之柄。朋党之为害。一至是哉。此論不惟以徇私汲引者为朋党。即避嫌釋憾者。亦謂之朋党。上之所以責备臣下者如是。則誰敢奋其笔舌。显立異同。以自蹈不測之禍者。是故雍正十三年之間。章奏之文。兢兢業業。不敢作一越分語。盖自是而風气一变。虽然。凡所以为朋党者。为有所利于其間也。苟唯利于己之是圖。則舐痔吮癰。何所不至。是故模稜兩可。苟合取容。务为揣摩趋避圓滑工巧之辞。而国家之休戚。民生之困苦。初非所恤。高宗之世。重熙累洽。海內無事。而內憂外患。已伏其間。仁宗嗣服。振作而激励之。尤深名法之言。明察刑獄。穷極毫芒。条例滋多。处分益密。内而郎曹。外而牧令。非起家科目。即以恩荫保举得官。其于法令章程。非所習也。事非素習。而国家乃持文法以繩其后。于是俯首听命于府史胥徒。虽以宋学家之砥礪名檢。汉学家之剖析精微。而束縛馳驟。跬步之間。便生荆棘。吏曰。例如是。則不得不如是。吏曰。例不当如是。則虽有志于兴利除弊而不能行也。下逮同光。此風未革。善乎馮林一之言曰。論者謂今之大弊有三。吏也。例也。利也。任吏挾例以牟利。而天下大乱。嗚呼。尽之矣（校邠廬抗議）。是故言公牘于雍乾之际。則理多于文。言公牘于嘉道以后。則例胜于理。

举督撫州县束縛于例案之間。而犹能支持补苴。以延国命者。則別有人焉。論文章則不如著作承明。論經济則不尽茂材異等。然而明習律令。灼知情伪。机牙足以应变。智計足以解紛。其賢者能馭吏而不为吏所愚。其不肖者則与吏联为一气。而犹能弥縫無迹。为主人規避处分。其人惟何。曰。幕友是已。幕职之官。自古有之。軍諮祭酒。記室功曹。即其类也。自宋以前。皆由辟举。姓名达于台閣。祿秩注于銓部。唐之行軍司馬。其权尤重。至有节度使缺人而推为留后者。宋时則称推官判官曰幕宾（刘貢父汝州推官厅記）。元明以后。此职久廢。府州官县之佐。虽有照磨經历檢校諸官。所司不过受發上下文移。磨勘六房宗卷而已。明之典史。本典文移出納（明史职官志）。而居此官者。大率闒冗猥下。不自爱惜。人亦以杂流目之。夫大而方鎮。小而州县。凡百設施。何一不关民生国計。佐杂微員。既不足与語朝章国故。則不得別求胜任之人。而佐杂之名。又非所以待人才也。于是降其礼貌。优其餼廪。尊之为宾师。而不敢以丞簿相屈。于是幕友之名起焉。为幕友者。既居于宾师之位。則爱惜羽毛者。不得不以道自处。事苟有所不可。不得不反复申論。委曲爭持。去留进退。可以綽然有裕。康熙初。靳輔总督河道。專任幕客陈潢。先后十七年。河以大治。

潢治水專力于上游。幷議兴西北水利。輔以其言入奏。謂徑治上流。实出陈潢一人之見。遂授潢贊理河务僉事。而潢旋卒。此事業之最著者。世傳田文鏡为河南巡撫日。有鄔先生者。为幕中上客。日資以館餼一錠。先生晨入幕府。見銀錠燦然在几案間。則欣然命笔。否則不著一字。凡題本奏本。經其审定。無不曲中上意者。尝因細故。拂袖以去。他日文鏡言事。譴訶立至。文鏡悔而迎之。世宗尝批文鏡請安摺。有云。朕安。鄔先生安否。其名动九重如此。此事有無不可知。要之世宗視幕友为佐治之一途。則确然可据。雍正元年三月。諭吏部曰。各省督撫衙門事繁。非一手一足所能办。势必延請幕賓相助。其来久矣。但幕賓賢否不等。每有不肖之徒。勾通內外。肆行作弊。黜陟屬員。則清濁混淆。申理獄訟。則曲直倒置。敗督撫之清节。誤督撫之功名。彼則置身事外。飽橐而去。殊屬可恨。夫今之幕客。即古之参謀記室。凡节度观察等使赴任之时。皆征辟幕僚。功績果者。即拜表荐引。彼爱惜功名。自不敢任意苟且。嗣后督撫所延幕客。須擇历練老成深信不疑之人。將姓名具題。如效力有年。果称厥职。行文咨部議叙。授之职任。以示砥礪。該部詳議具奏。寻部議。各省督撫应將幕客姓名造冊报部。勤慎無过者。照应得职銜即用。無职銜特疏举荐者。从优議叙。如徇私保举。照徇庇議处。从之（东华录卷二）。此举所以奬励幕宾者甚至。詔旨本令督撫將姓名具題。惜部議改为造冊报部。精意全失。夫造冊报部。則一寻常例案而已。宜人才之不屑以此途进也。举荐幕宾之例。不知何时停止。余犹及見光緒季年故事。惟学政延幕宾襄校。其姓名具折奏聞。乃防弊而非辟举。若督撫衙門之幕宾。从不奏聞。亦不咨部。其有劳績者。率因他案列入荐剡。無有正名为幕僚而奏咨請奬者。其濟于仕进者。既無应得职銜。亦为保举所不及。則布衣終老而已。

或言幕友有傳鈔秘本。此殊不然。幕友之所嫻習者。不外刑名錢谷二端。刑名之言。具于律例。部頒律例。律有注而無箋。局本則有律例彙刻便覽。律文之下。句疏节解。兼列眉批。此即幕友据以治事之本也。特例案随时頒行。刻本改修不易。故为幕友者。于通行成案。新定章程。必随时鈔录。以备省覽。其門徒傳習者。就鈔本照录一通。随时增补。迨律例新本刊行。則鈔本即为廢紙。此外則疑难重案。前人判断精当可为法式者。或鈔全案。或摘大概。藏之篋笥。如举子之有鈔本摘本。其鈔全案者。即坊刻之駁案新編。其摘大概者。即坊刻之正續刑案匯覽。無所謂秘本也。錢谷事例。其精密不如刑名。而繳繞繁碎則过之。又各省章程不同。款目随时增减。收令考成所在。分賠攤派。收支抵补。稍一不愼。亏累随之。故司錢谷之事者。以前后任清算交代妥貼分明为能事。官書言錢谷之事者。有賦役全書。而列朝法制变更。随时損益。其書可参考而难依据。故各省或彙刻新章。苏州江西官書局皆有之。此在今日。坊刻法令大全諸書。汗牛充栋。得之甚易。特当日刊本流傳不广。非留心时事者或不之知。故为幕客者。佐治某省。必博考某省專章及部院通行文件。其見聞較广者。則就邸鈔月折录之。亦無所謂秘本也。其經驗有得著書行世者。則刑名無过于汪龙庄之佐治藥言。錢谷無过于王又槐之錢谷备要。以余所見。如是而已。

为幕友者。多籍山陰会稽。余見会稽陶氏譜。記先世嘉言懿行。其起家幕友。而品学卓然可傳者。凡数十人。順治間。有名韓曉者。工文辞。以貧故習名法家言。流覽案牘。語人曰。民情風土。所至殊形。今执一成之法。删为原牘原供。膠附旧本。是罔民也。竟謝去。此人識解高出一等。观此又知删改口供之習。清初已如是。(幕友多紹兴人。不詳所始。日知录引謝肇淛語云。国朝立法。戶部官不許苏州浙江人为之。以其地多賦稅。恐飞詭为奸也。今戶部十三司皆紹兴人。可謂目察秋毫而不見其睫者矣。据此則紹兴人官戶部者。掌握重权。外官势不得不以紹兴人为幕友。借通声气。其風盖盛于明中叶以后。）北省为幕友者。多籍保定。其先亦紹兴人。余尝謂保定紹兴兩府志。于人物宜列幕职一門。吏治民生所关。其重要远在文苑方技之上。不可忽也。

幕友著聞者。康熙間。則有蠡县李恕谷。乾隆間則有蕭山汪龙庄。其人皆学問淹貫。負一时重名。恕谷佐治桐乡。以挈眷不便。县令郭子坚至为納妾呂素娟。筑留春楼以居之。其佐富平。期年而去。县令楊愼修必欲挽留。以血書哀請。約期三月不到。即以死殉（見李恕谷年譜）。邑宰之礼賢如是。自古所未有也。恕谷借手于此。以試其所学。此不以当幕友論。龙庄佐州县二十六年。著佐治藥言。示其甥孙蘭啓。今其書流傳海內。仁人之言。利济百世。乃合儒术名法为一家。其成就亦不止于幕职。以文字論。恕谷崖岸斬絕。龙庄平易近人。皆非寻常可及。若以錢谷知名如王又槐者。其文字非不簡明精当。而笔無变化。語少性灵。則幕友而已矣。

李笠翁以詞曲知名。考其身世。亦幕友也。所輯有資治新書。又著有愼獄芻言祥刑末議。載資治新書卷首。王西樵序其書云。資治新書。皆經济实学。兼多近代名公卿治獄之辞。为之参决其当否。評論其本末。如燭照。如数計。足为治獄者龟鑒。其說近乎智。愼獄芻言祥刑末議。上至天时之燥湿。下逮輿隶之奸利。無不悉言其隐。听之如春和之煦物。足为治獄者箴砭。其說近乎仁。于礼有之。士非明义理。备道德。通經学者。不可居治獄之官。笠翁誠有見于此乎。按資治新書刻于順治末年。所收文牘別为文移文告条議判語四部。賅括甚广。文移有吳三桂咨兵部文。自陈开关迎降之功。并請奬杀敌諸将士。他所采輯。亦多傳本所未見。可备史家故实。笠翁論治獄。多独到語。如云。官長于盜賊之口。只宜抑之使閉。不当导之使开。即云盜伙未获。眞贜未起。难以定招結案。势必責令自供。然于此时此际。亦当內存不得已之心。外示無可奈何之色。每聞供报一人。必詳审数四而后落笔。但以又害一民为憂。勿以又获一盜为喜。又云。凡审奸情。最宜持重。切勿因其事涉風流。遂設風流之局以听之。語近褻嫚。亦为褻嫚之詞以訊之。当思平时之举动。原系观瞻。而此际之威仪。尤关風教。至于讞牘之間。更宜愼重。切勿用綺語代庄。嬉笑当罵。一涉于此。則非小民犯奸之罪狀。反是官府誨淫之供招矣。世人称李笠翁。每誦其詼諧放蕩之言。口孽不小。故表而出之。

幕友能神明于例案。不能屏例案而不用。則例案之积弊自若也。光緒庚子之变。各部文卷散失。陈玉蒼时官御史。奏言积重难返之势。障川挽海难为功。乱極思治之时。改絃更張易为力。自頃京师迭遭兵燹。各衙門文卷册籍。蕩然無存。吏胥之窟穴其中者。亦散之四方。或改他業以去。然則昔之痛心扼腕大声疾呼求去此积弊而不胜者。胜之此其时矣。若迟之又久。而散者尽归。改業者尽复。則若輩还定安集之日。即有滋蔓难圖之憂。拟請明詔。將京中大小各衙門所有重复抵牾不可猝了之例。一时权宜可左可右無所折衷之案。一切罢去。留其定为典要者。遇事比附。其無可比附者。恭候欽定遵行。自今伊始。案卷尽提藏司堂。司員亲手分类記载。續收續記。逐日清理。無令遺漏。初到署之司員。学習檢案。檢案能矣。学習拟稿。無一案不出司員之手檢。無一稿不出司員之手裁。堂官以是定其賢否。而加之黜陟。夫吏如虎也。例案。其爪牙也。假虎以爪牙。及其伤杀人。从而治之。常不及之势也。今省例案而以官主之。亦去吏之爪牙也。奏入。有旨命六部各衙門堂官按照所陈办法。責成各司員亲自办理例案。不准再行假手書吏。將現行各例删繁就簡。棄案就例。力祛积習。德宗自戊戌以后。恭默無言。是时群臣言变法者。亦不置可否。惟得陈璧折。称許者再。立命施行。閱数日。因吏部奏疏通銓选章程。仍蹈書吏舞文之弊。严旨申誡。又降旨以整頓部务为正本清源之道。非尽去蠹吏。扫除案卷。專用司員办公不可。命將各部署案卷一幷銷毁。以示廓清弊竇。其应留者。纂入則例。以归画一。即命陈璧赴吏部监視清釐。三十年。吏部奏裁書吏数百人。給予出路。部务均督飭司員經理。擇勤能者酌給津貼。繕写均用士人。至是而例吏之弊。乃一扫而空矣。

造物生才不易。文章經济卓然可傳者。代不数人。此篇略举一二。一朝風尚所趋。气求声应。原不止于此数。然人之才性。中品为多。起家科目者。自其执笔为文。以至釋褐登朝。策名注选。速者十年。迟者数十年。東縛于制举之業者。既深且久。欲其捐棄故技。換骨脫胎。自然不易。胡文忠自言幼年精力。半耗于八股及时俗应酬。是以学識太小。本領太低。力不如志。以为可惜（致周笠西書）。才如文忠。而犹为此語。蓋学識本領。初無止境。惟吏事久則自知之。非欺人之談也。若夫幕友者。習俗之見。必讀書不成。然后为之。此中国有人才。而积習往往以奉行故事規避处分相尙。其最所究心者。刑名惟命盜兩端。然于斗毆杀人之案。必甲先下手而乙格杀之。为乙罪可以末減也。于城廂盜劫之案。必县令先期以公事下乡。而倒塡月日。呈报备案。为可以稍寬吏議也。如此之类。千篇一律。是故吏事积疲。治道日下。处八方無事之日。弥縫苟且。犹可因应于一时。及中外通商。教案迭出。遂情見而势絀矣。

中外交涉之案。当时謂之洋务。司洋务樞紐者。內則总理各国事务衙門。外則南北洋通商大臣。而总署于重要之案。往往推之南北洋。李文忠高瞻远矚。主北洋二十余年。其于洋务案牘。自有定見。幕僚屬草。秉承拟議而已。南洋則不然。幕僚之职特重。有四大文案之目。謂洋务。軍务。鹽务。吏治也。会稽施理卿先生。在幕府数十年。南洋交涉之事。一手擘画。不習洋文。而条約章程。研究独为透澈。余尝問洋务之要。先生曰。条約須于無字处著眼。凡条約所未載者。一步不可放松。条約有明文者。祇可就本文解釋。一字不可滑过。一字不可迁就。又曰。一国立約。各国利益均沾。故办一国交涉。目光須注于各国全局。刘忠誠以庚子保护东南。辛丑参預和議。壬寅癸卯会議商約。其文笔議論。推勘入微。六通四辟。大率先生稿也。我經江海。仅見此人。

清代文書之式。上于朝廷者。曰題本。曰奏本。亦曰奏折。其初言地方公事者用題本。言私事如陈謝升除之类者用奏本。題本用印。奏本不用印。順治初年定例。不論題奏本章。不得过三百字。貼黃不得过百字。故順康間章奏。詞句極簡。其过三百字以上者。必声明緣系某項重要事理。致逾字数。至雍正二年。始議准凡兴利除弊。奬善懲惡。一应条奏紧要本章。务須詳明暢达。其貼黃亦不得遺略含混。均不限定字数(会典事例卷一千四十二)。又以諸臣欲进言者。或多所顧忌。或恐招怨尤。或有牵制之情。或有不便显言之处。令各人密封进呈(聖訓卷十九)。盖奏本之用。至是而广。其行款則題本奏本皆每幅六行。行二十字。惟題本紙幅寬長。視今之大白折。犹有过之。而奏折則高广視題本減五分之二。其字則題本令書吏書之。紙幅虽寬。字迹甚小。以余所見。有書宋字如刻板書者。拙劣不堪入目。奏折則必擇能書者書之。即翰苑之白折小楷也。厂肆有小册子曰奏折譜。言奏本繕写校对。包封。及避忌之例甚具。偶一不愼。譴責随之。端方为湖北巡撫日。以万寿节遞請恤折。致干吏議。故發折时必預計到京之日。有無庆典。預戒折差。有应避忌者。勿于是日投遞。而章奏中凡涉刑名者。犯罪人名。如与庙号尊謚相同。必易以惡劣字。如聖作墊。仁作茌之类。此非有法令禁止。特習俗相沿。遂成故实耳。貼黃惟題本用之。奏本則有附片。以申說未尽之意。或他事之不必專折具奏者。一折所附。不过三片。題本繁重。不便于披覽。故辛丑以后。

有改題为奏者。然未能尽变也。

清初旗員衙門。公文只用滿洲文字。雍正三年。奉旨。嗣后內务府武备院等处一应具奏之事。俱著兼汉文。各处行文写稿。亦兼汉文。見內务府則例。盖自是始滿汉文幷用。京外官行文之式。各部院互相行文用咨。行順天府用劄。凡受劄之衙門。其来文皆用咨呈。內廷各館內閣典籍厅中書科与各部院监行文均用移会。軍机处用文片。各部院行五城司坊官大宛二县用牌文。行各省督撫將軍都統。吏禮二部行衍聖公。禮部行藩屬各国均用咨。来文同。行布按二司监督織造鹽政。禮部行学政。兵部行提督总兵均用劄。来文用咨呈。惟織造鹽政关监督于戶部。提督总兵于兵部。則用呈文。六部行道府以下。咨督撫轉飭。其有須徑行者。則用牌文。其来文均用呈文申文。在京內閣及各府寺监各科道各旗行文外省。均由部院轉行。軍机处行文督撫將軍用咨。其来文用咨呈。各省文職督撫行司道以下。司道行府厅以下。府厅行知县以下。州县行杂职。皆用牌。其上行皆用申文。知府行府佐貳。州县行州县佐貳。皆用关文。其来文各用牒呈。知府行直隶州知州用照会。其来文用牒呈。府厅州县行兩司首領用关文。其来文行府用牒呈。行厅州县用关文。州县行儒学用牒。来文用牒呈。直隶州与非所屬之知县。知县与府首領州同州判。州同州判与儒学皆平移。其武职上之行下皆用牌。其上行皆用詳文呈文。非所轄者則用照会。其来文用呈或用咨呈。平行皆用咨。提督行府厅州县。巡撫行副將參將游击都司用劄付。行守备千总用牌票。来文皆用申文。武职与文职幷行者。均用平关。此皆載于会典者。大約佐杂武职兩途。其公文名目最杂。良以此官不为当时所重。故程式多沿襲明制。未加釐正。若督撫下行之文用札。布按二司之于督撫用詳。府厅州县之于督撫司道用禀。則会典之所不載。而形之奏牘。不以为非。又其后起者也。其一切文書之式。今人之所習知。茲不备論。

明律有公式一門。載照刷文卷磨勘卷宗官文書稽程之类。清律仍之。其称公式者。謂可为公共之体格也。明察曰照。寻究曰刷。复核曰磨。檢点曰勘。將各衙門已行之文卷提取而照察之。看其有無稽迟失錯遺漏規避埋沒違枉之事。謂之照刷。照刷已訖。而不遵照改正者。則有磨勘之法。其办文書程限。小事五日。中事十日。大事二十日。并于限內完結。若事干外郡关追会审。不拘此例。其有定限而稽迟者罪之。此于督責官吏之法。可謂严密。而律例所載。皆为具文者。事例太繁。处分太重故也。

历代之所無而近代之所盛行者。电报是也。中国之有电綫。始于光緒五年。其先英国大东公司于同治九年。自上海至香港安設海綫。而上海之綫。只准联于躉船。不得牽引上岸。十二年。丹麦大北公司在上海安設旱綫。自黃浦灘至吳淞。滬道犹照会丹国領事屡請撤去。十三年。日兵犯台灣。軍情阻隔。沈文肅累陈电报之利。有旨飭办。而迄無成。光緒五年中俄議約。既定而复改。几至决裂。其时俄电至滬只一日。而自滬至津。自津至京須七日。迟速悬殊。李文忠于大沽海口礮台試設电綫。以达天津。号令各营。頃刻响应。于是朝臣灼知电报之利。六年奏設津滬电綫。循运河至鎮江。达上海。于天津設电报学堂。教習生徒。自行經理。八年。招商接办。展电綫自苏浙沿海以达閩粵。其后各省陆續推广。風气漸开。而十七年。湖南柳州乡民。尙有毁折电杆之案。二十四年。有旨嗣后明降諭旨。均由电报局电知。各省督撫即行遵办。毋俟部文。自是电报与公文并重。而各衙署犹以电报为私文書。去官之日。攜之以行。不入于交代档册。故左文襄全集。沈文肅政書。后人搜罗編輯。不載电报一門。至吳摯甫先生編李文忠全書。始以电稿与奏議書牘并列。余編張文襄集。奏議仅五十卷。而电稿至六十六卷。則以文襄治事精神。具在于此。不宜刪減。然所載仅三之一耳。

卷九

辭命上

春秋列国

辭命之文。發源最古。三代以上。为百里之国者盈万。历世久远。迄于周初。尚有千八百国。其講信修睦而能維于不敝者。必有其循之轍。不易之道。故周公制礼。掌以行人太祝。經以远近六辞。此体之工。不待春秋列国而后著也。周官太祝之职。作六辞以通上下亲疏远近。一曰祠。二曰命。三曰誥。四曰会。五曰禱。六曰誄。郑司农云。祠当为辞。謂辞令也。此皆有文雅辞令难为者。故太祝官主作六辞。杜子春云。誥当为告。郑康成云。会。謂会同盟誓之辞。禱。賀庆言福寿之辞。綜諸家之說。則六辞之用。皆施于王朝列国之間。禱誄二者。屬于典礼。犹今日之交际文牘也。辞命告会。犹今日之交涉文牘也。以太祝主之者。古者祝史二官。其职相通。非熟于朝章国故。不能胜此。左傳。定公四年。刘文公会諸侯于召陵。衛子行敬子言于灵公曰。会同难。嘖有煩言。莫之治也。其使祝佗从。及臯鼬。將長蔡于衛。衛侯使祝佗私于萇弘。萇弘悅。乃長衛侯。今观祝佗告萇弘之辞。述开国故实。元元本本。默誦晋文公践土盟書首段。至不遺一字。今日之文学博士。条約專家。恐亦無以过此。可知春秋列国此选甚重。犹是周初遺制。若行人之职。則掌会同宾客之礼。以周知四国政俗得失为重。而不以辞命見長。其屬有象胥十一人。掌协辞命。傳王言。則今之繙譯官也。春秋之世。有行人而無譯吏。盖列国交聘之使。南不越楚。西不越秦。四夷交通之道。至是已塞。虽有習外国語者。無所用之。中国声教于是不能被于四夷矣。

周初邦国之盟。必以王人主之。周礼。大司寇之職。凡邦之大盟約。涖其盟書。而登之于天府。大史內史司会及六官。皆受其貳而藏之。又。司盟掌盟載之法。凡邦国有疑会同。則掌其盟約之載。及其礼仪。既盟則貳之。郑氏注云。天府者。祖廟之藏。貳。副也。賈疏謂大史內史司会掌事皆与六卿同。故皆有副貳盟辞。以相勘当。据此。則盟辞自与盟之国藏其原文而外。須別录副本九分。藏于六官及大史內史司会。此即后世通行各衙門之例。吾尝檢校总理衙門档案。而条約章程之屬。有徧尋不得者。求之六部。更無論矣。古时简策繁重。而治事者不畏其难。后代印写便利。而治事者乃漫不省察。何古今人之不相及耶。春秋列国。虽有祝史主辞命者。而專对之使。折冲之选。大率出于公卿大夫。盖列国人才蔚起。工文辞者。不限于祝史一途。毛詩定之方中傳。建邦能命。龟田能施命。作器能銘。使能造命。升高能賦。师旅能誓。山川能說。丧紀能誄。祀祭能語。君子能此九者。可以为大夫。此言为大夫者。必博涉多通。內政外交。兼綜幷貫。而后为能称其職。然則治內之与治外。盖未尝分途也。孔子論交鄰之道。于文辞最为注重。左傳。襄公二十五年。郑子产献捷于晋。赵文子曰。其辞順。犯順不祥。乃受之。仲尼曰。志有之。言以足志。文以足言。不言。誰知其志。言之無文。行而不远。晋为伯。郑入陈。非文辞不为功。又三十一年傳。子产之从政也。擇能而使之。馮简子能断大事。子太叔美秀而文。公孙揮能知四国之为。而辨于其大夫之族姓班位貴賤能否。而又善为辞令。裨谌能謀。郑国將有諸侯之事。子产乃問四国之为于子羽。且使多为辞令。与裨諶乘以适野。使谋可否。而告馮簡子。使断之。事成。乃授子太叔。使行之。以应对宾客。是以鲜有败事。論語記孔子之言。于郑国之为命具有美辞。盖虑事不厭精詳。况国交为利害存亡所系。尤未可率然下笔。其言多为辞令。犹今言多拟数稿也。言适野使谋。犹言至郊外清靜处。屏絶他事。从容討論也。既已反复推求。毫髮無憾。又以工雅之詞潤色之。則言之而文。行之而远矣。孔子有取于郑之为命者以此。使孔子生于今日。其必講求外国之事。批却导窾。而以中国文辞發揮之。無可疑也。

曲禮。史載笔。士載言。注。言。謂会同盟要之辞。史貴直笔。会同盟要則不然。其有祝史而掌会盟之辞者。亦必斟酌而出之。称人之美。不嫌其过。掩人之惡。不嫌其隐。此笔与言之分也。

刘知几史通。美春秋聘問之辞。謂其典而美。博而奥。述远古則委曲如存。征近代則循环可复。諒非經營草創。出自一时。琢磨潤色。独成一手。盖列国于此事皆所注重。不独郑侨一人而已。

眞西山文章正宗。取周时天子諭告諸侯。列国往来应对。下至兩汉詔冊。总名之曰辞命。明楊用修选尺牘清裁。选載数条。王弇稍为推广。西山意主大篇。楊王务持短語。梅鼎祚書紀洞詮。則兼收幷載。即非著于文辞而仅为口述者。亦幷采之。名曰春秋辞命。今以交鄰为主。略采数条。以覘梗概。

齐桓葵丘之会。晋文踐土之盟。所以匡天下尊王室也。齐桓之辞。見于孟子書。其初命曰。誅不孝。無易树子。無以妾为妻。再命曰。尊賢育才。以彰有德。三命曰。敬老慈幼。無忘宾旅。四命曰。士無世官。官事無攝。取士必得。無專杀大夫。五命曰。無曲防。無遏糴。無有封而不告。曰。凡我同盟之人。既盟之后。言归于好。谷梁傳引之。稍異其文。曰。毋雍泉。毋訖糴。毋易树子。毋以妾为妻。毋使妇人与国事。二書互有詳略。蓋傳聞異辭。踐土之盟。其辞不傳。說苑反質篇引晋文合諸侯盟詞。其略曰。吾聞国之昏。不由声色。必由奸利。好乐声色者。淫也。貪奸者。惑也。夫淫惑之国。不亡必殘。自今以来。無以美妾疑妻。無以声乐妨正。無以奸情害公。無以貨利示下。其有之者。是謂伐其根素。流于华叶。若此者有患無憂。有寇勿弭。不如言者盟示之。据左傳定公四年引踐土載書。以王若曰發端。而說苑此文。作晋侯語气。知非一事。然其言危苦。足以針砭时敝。与葵丘載書。同为一匡天下之言。視今日之万国公約。命意相近。自桓文而下。不复有此等文字矣。

右引列国盟辞。皆非全文。其見于左傳而为当时通用之式者。則为襄公十一年盟亳載書。录之于左。

晋侯宋公衛侯曹伯齐世子光莒子邾子薛伯杞伯小邾子同盟于亳載書（据傳魯侯郑伯皆預于是盟今不能知其次序先后）

凡我同盟。毋蘊年。毋壅利。毋保奸。毋留慝。救灾患。恤禍乱。同好惡。奬王室。或間茲命。司慎司盟名山名川群神群祀先王先公七姓十二国之祖。明神殛之。俾失其民。队命亡氏。踣其国家。

盟誓之文。蓋导源于約剂。务信义。戒詐伪。故必明神以要之。插血以莅之。然郑伯預盟之后。不旋踵而随楚师伐宋。牺牲玉帛。待于二境。惟强者之是从。則盟誓之不足信可知。而自此之后以迄唐之于吐蕃。宋之于女真。其盟誓一循此体。郑为弱国。为紓患而渝盟。犹可言也。吐蕃。女真。凴恃兵力。反复不常。則利之所在。天地鬼神。固不足以怵其心目矣。

春秋会盟之辞。有成言。有要言。成言者。未盟之先。遣介往来于兩使之間。斟酌其辞。兩相然可。而后涖盟。向戌弭兵之会是也。要言者。刑牲插血。誓于神明。約以不渝。要以永久。其有临时劫制。强以必从者。則謂之要盟。曹沫汶陽之請是也。定公十年。公会齐侯于夾谷。萊人以兵劫魯侯。孔子以公退。曰。士兵之。兩君合好。兩裔夷之俘。以兵乱之。非齐君所以盟諸侯也。齐不謀夏。夷不乱华。俘不干盟。兵不通好。于神为不祥。于德为愆义。于人为失礼。君必不然。齐侯聞之。遽辟之。將盟。齐人加于載書曰。齐师出境。而不以甲車三百乘从我者。有如此盟。孔子使玆無还揖对曰。而不返我汶陽之田。吾以共命者。亦如之。齐人强魯以出师必从。是要盟也。孔子以反地要之。則得失略足相当。齐之返地。非守信也。孔子夷夏之辨。有以折其气也。此名正言順之效。

春秋之义。人臣無外交。故列国通問之辞。必以国君之名义行之。將命者出疆專对。壇坫周旋。有口語而無文字。其有文字者。亦必以君命致辞。然名义虽系于国君。起草仍出于众手。如左傳襄公八年。郑以从楚告于晋。其將命者为王子伯駢。其辞为子駟授意。是其例也。其文如左。

郑簡公告晋侯書

君命敝邑。修而車賦。儆而师徒。以討乱略。蔡人不从。敝邑之人。不敢宁处。悉索敝賦。以討于蔡。获司馬燮。献于邢丘。今楚来討曰。女何故称兵于蔡。焚我郊保。馮陵我城郭。敝邑之众。夫妇男女。不遑啓处。以相救也。翦焉傾复。無所控告。民死亡者。非其父兄。即其子弟。夫人愁痛。不知所庇。民知穷困。而受盟于楚。孤也。与其二三臣不能禁止。不敢不告。

对外措辞。托之民意。已开今日公法之先。其明年。晋师問罪于郑。同盟載書。其原文曰。自今日既盟之后。郑国而不惟晋命是听。而或有異志者。有如此盟。子駟改之曰。自今日既盟之后。郑国而不惟有礼与强。可以庇民是从。而敢有異志者。亦如之。措辞渾涵。有伸縮余地。与今日外交家言相类。可知操心虑患。皆由积漸而来。此文字变迁之一験也。其言惟有礼与强者是从。提出礼字。与强字并論。遂令晋人夺气。礼之可以折冲尊俎。于兹益信。

战国

春秋列国。犹托于尊主庇民。至战国君臣。則惟計身家利害。而民之死亡愁苦。非所恤矣。七国始終之局。不外从横离合四字。史記于苏秦張仪列傳。著其权变之説。以見策士之傾危。于楚世家載齐秦愚弄之辞。以見庸主之闇弱。齐秦書辞。即苏張游説之余波也。

齐湣王遺楚怀王書

寡人患楚之不察于尊名也。今秦惠王死。武王立。張仪走魏。樗里疾。公孙衍用。而楚事秦。夫樗里疾善乎韓。而公孙衍善乎魏。楚必事秦。韓魏恐必因二人求合于秦。則燕赵亦宜事秦。四国争事秦。則楚为郡县矣。王何不与寡人并力收韓。魏。燕。赵与为从。而尊周室。以案兵息民。令于天下。莫敢不乐听。則王名成矣。王率諸侯并伐。破秦必矣。王取武关蜀汉之地。私吳越之富。而擅江海之利。韓魏割上党。西薄函谷。則楚之彊百万也。且王欺于張仪。亡地汉中。兵銼藍田。天下莫不代王怀怒。今乃欲先事秦。願大王熟計之。

秦昭襄王遺楚怀王書

始寡人与王約为弟兄。盟于黄棘。太子为質。至驩也。太子陵杀寡人之重臣。不謝而亡去。

寡人誠不胜怒。故兵侵君王之边。今聞君王乃令太子質于齐以求平。寡人与楚。接境壤界。故为婚姻。所从相亲久矣。而今秦楚不驩。則無以令諸侯。寡人願与君王会武关。面相約。結盟而去。寡人之願也。敢以聞下执事。

右二書命意遣詞。無足观者。顧亭林云。春秋时犹重礼。重信。重聘享。而七国則絕無其事。不待始皇之幷天下。而文武之道尽矣。观于此書。执笔者之根柢淺薄。以視春秋。眞有霄壤之别。自古固無有不講学問而能为辞命者。此籍談原伯魯所以貽誚于通人。而張仪公孙衍輩。孟子所以比之于妾妇也。

蜀 吳

三国以前。汉与匈奴。虽敌体而非聘問之国。婁敬和亲之約。孝文修好之書。义在羈縻勿絕而已。惟元帝初年。車騎都尉韓昌。光祿大夫張猛使呼韓邪。与單于为盟約。其辞曰。自今以来。汉与匈奴。合为一家。世世毋得相詐相攻。有竊盜者。相报。行其誅。償其物。有寇。發兵相助。汉与匈奴。敢先背約者。受天不祥。令其世世子孙尽如盟（汉書匈奴傳下）。自此以后。呼韓邪累世恭順。边庭無事者数百年。其言毋相詐虞。即左傳尔毋我詐。我毋尔虞之辞也。然盟約大事。而昌猛矯命为之。此而可擅。孰不可擅。当时議者。謂昌猛擅以汉国世世子孙与夷狄詛盟。羞国家。伤威重。罪至不道。其言絕有理。要之兩汉無外交。所有事者。賂遺攻战兩端而已。有外交則自蜀汉始。

三国志。蜀建兴七年。孙权称尊号。以震为衛尉。賀权踐祚。震入吳界。移关候書。到武昌。孙权与震升壇歃盟。交分天下。以徐。豫。幽。靑屬吳。幷。涼。冀。兗屬蜀。其司州之土。以函谷关为界（蜀志陈震傳）。其先邓芝張温往来通好。未言伐魏事。至是吳蜀联欢。始有成約。盖武侯之志。至是而始得伸也。移書見震傳。盟文見吳志孙权傳。皆斐然可誦。幷录于此。

陈震移吳关候書

东之与西。驛使往来。冠盖相望。申盟初好。日新其事。东尊应保聖祚。告燎受符。剖判土宇。天下响应。各有所归。于此时也。以同心討賊。則何寇不灭哉。西朝君臣。引領欣賴。震以不才。得充下使。奉聘叙好。踐界踊躍。入則如归。献子适魯。犯其山諱。孔子譏之。望必啓告。使行人睦焉。即日張旍誥众。各自約誓。順流漂疾。国典異制。惧或有違。幸必斟誨。示其所宜。

蜀吳盟文

天降丧乱。皇綱失叙。逆臣乘衅。刼夺国柄。始于董卓。終于曹操。穷凶極惡。以复四海。至今九州幅裂。普天無統。民神痛怨。靡所底止。及操子丕。桀逆遺丑。荐作奸回。偸取天位。而叡么麼。寻丕凶蹟。阻兵盗土。未伏厥誅。昔共工乱象而高辛行师。三苗千度而虞舜征焉。今日灭叡。禽其徒党。非汉与吳。將复誰任。夫討罪翦暴。必声其罪。宜先分裂。夺其土地。使士民之心各知所归。是以春秋晋侯伐衞。先分其田以畀宋人。斯其义也。且古建大事。必先盟誓。故周礼有司盟之官。尙書有告誓之文。汉之与吳。虽信由中。然分土裂境。宜有盟約。諸葛丞相。德威远著。翼戴本国。典戎在外。信感陰陽。誠动天地。重复結盟。广誠約誓。使东西士民。咸共聞知。故立壇杀牲。昭告神明。再歃加書。副之天府。天高听下。灵威棐諶。司慎司盟。群臣群祀。莫不临之。自今日汉吳既盟之后。戮力一心。同討魏賊。救危恤患。分灾共庆。好惡齐之。無或攜貳。若有害汉。則吳伐之。若有害吳。則汉伐之。各守分土。無相侵犯。傳之后叶。克終若始。凡百之約。皆如載書。信言不黷。実居于好。有渝此盟。創禍先乱。違貳不協。慆慢天命。明神上帝。是討是督。山川百神。是糾是殛。俾隊其师。無克祚国。于尔大神。其明鑒之。移关候書。入国問禁之辞也。使者入境。即有違失。豈得以典制相繩。移書云云。正虑檢点不及。自占身分。其辞愈謙。其望愈重。此亦異于今日治外法权之説矣。伐魏胜負未可知。而先中分天下。語近于誕。然盟文言之成理。又引春秋故事以証之。使今日而有此举。必为密約。吴蜀之事則不然。盖声罪致討。將以昭示远近。成敗利鈍。固所不計耳。

南北朝

古人敬慎辞命之意。至南北朝而尽失。南北兩朝。壤地相接数千里。其間岁时聘問。信使頻繁。宜有远猷辰告。可以裨补国交者。而事实則大不然。北朝使者。当时称李諧。盧元明。王昕。魏收四人。有盧李命世。王魏中兴之目。盧王使事。無所表見。魏收至南朝。声名甚穢。事具本傳。惟李諧以才辯著称。南使至北朝者。史盛称徐陵之美。陵使魏日。魏人授館宴宾。是日甚热。其主客魏收嘲陵曰。今日之热。当由徐常侍来。陵曰。昔王肃至此。为魏始創礼仪。今来我聘。使卿复知寒暑。陵語傳于世者如是。此等言語。直是掉弄机鋒。輕薄已甚。魏孝文遣盧敏玉清石使于梁。戒之曰。凡使人之体。以和为貴。勿遞相矜夸。見于色貌。失將命之义。卿等各率所知。以相規誨。敏至梁。失礼而还。孝文之戒。君人之言也。而惜乎使者之非其人也。

兩主并立有善鄰之义焉。汉文帝遺匈奴書。其發端之詞曰。皇帝敬問匈奴大單于無恙。其下自称曰朕。称匈奴之主曰單于。辞义最为得体。而南北致書。則直称彼此。若路人然。兩国記載之書。

南人称北曰索虜。北人称南曰島夷。則幷路人而不如。然此犹称謂之失礼也。其叙事述指。則竟有公然嫚罵者。堂堂国書。而侮慢不恭如此。亦可丑矣。姑录一首。以存其实。

魏太武帝与宋太祖書

彼此和好。居民連接。为日已久。而彼無厭。誘我边民。其有往者。复之七年。去春南巡。因省我民。即使驅还。自天地啓辟已来。爭天下者。非唯我二人而已。今聞彼自来。設能至中山及桑乾川。随意而行。来亦不迎。去亦不送。若厭其区宇者。可来平城居。我往揚州住。且可博其土地。傖人謂換易为博。彼年已五十。未嘗出戶。虽自力而来。如三岁嬰兒。复何知。我鮮卑常馬背中領上生活。更無余物可以相与。今送獵白鹿馬十二匹。幷氈藥等物。彼来馬力不足。可乘之。道里来远。或不服水土。藥自可疗（宋書索虜傳）。

此因宋主有北伐之意。而为此文也。其先魏之疆吏。移書兗州。欲游獵具区。兗州答之。語意亦与此相类。节录如下。

宋兗州刺史移魏平南府文

往年貴主献書云。强者为雄。斯則棄德任力。逆行倒施。有一于此。何以能振。复加欲游獵具区。观化南国。今治道方融。远人必至。开館飾邸。則有司存。来岁元辰。天人协庆。鑾旗省方。东巡稽嶺。若欲邀恩。宜赴兹会。怀德貴蚤。無或后期。又称馳獵积年。野無飞伏。此邦解網舍前。矜昆育鷇。七澤八藪。禽獸丰碩。虞候蒐算。义非所恡。三代肆覲。其典虽軼。呼韓入汉。厥仪犹叁。饋餼之秋。每存丰厚（宋書索虜傳）。

右为南北書辞之最無礼者。其疆吏移書則有彼善于此者。如魏宁南將軍移宋豫州書云。比者以来。边民扰动。南入宋界。聚合逆党。頻为寇掠。杀害良民。略取資財。大为民患。此之界局。与彼通連。兩民之居。烟火相接。来往不絕。情伪繁兴。是以南奸北入。北奸南叛。以类推之。日月弥甚。僕常申令境局。料其奸源。而彼国牧守。縱不禁御。遂至滋蔓。自古列国。封疆有畔。自今以后。魏宋二国。宜使人迹不过。自非聘使行人。無得南北。边境之民。鷄狗之声相聞。至老死不相往来。不亦善乎。又能此亡彼归。彼亡此致。則自我国家所望于仁者之邦也。宋豫州刺史答移云。申告嘉貺。实获厥心。但彼和好以来。矢言每缺。侵軼之弊。屢違义举。任情背畔。専肆暴略。豈惟竊犯王黎。乃害及行使。頃誅討蛮髦。事止幾服。或有狐奔鼠窜。逃首北境。而輒便苞納。待之若旧。資其粮仗。縱为寇賊。罔顧善鄰之約。不惟疆域之限。来示所云。彼幷行之。反以为言。將違躬厚之义。若欲消奸弭暴。永存匪石。宜先謹封守。斥遣諸亡。惊蹄逸鏃。不妄入境。則边城之下。外戶不开。王制严明。豈当独負（索虏傳）。此事魏人辞气和平。宋人答之。强辞夺理。未几魏师遂連陷六郡。人必自侮而后人侮之。此之謂矣。

唐季

唐初之視突厥。犹汉之視匈奴也。自天宝以后。隴西沒于吐蕃。帝女嫁于回紇。乃有和蕃之使。甥舅之盟。其国書唐天子自称曰天可汗。称其国主曰可汗。名义特严。未尝寬假。其盟文則二国將相。受辞而会。体制惟均。擇录如左。

唐武宗賜回鶻可汗書

敕。我国家統临万寓。列塞在陰山之南。先可汗总率本部。建牙于大漠之北。各安土宇。二百余年。此天所以限隔内外。不可逾越。近聞为紇扢斯所敗。加以飢荒。国邑为墟。尸僵道路。今可汗稍收离散。漸近边城。將議远圖。今先文誥。故茲命使。宜听朕言。可汗累代以来。推誠向国。往者中原有难。助翦群凶。列聖念功。每加优寵。宁国咸安二公主。降嫁龙庭。爰及先朝。复以今公主繼好。又以土無絲纊。岁遣縑繒。恩礼轉深。諸蕃称羨。久保誠信。兩絕猜嫌。但以国家旧章。蕃汉殊壤。稍逾經制。豈朕所安。去岁嗢沒斯特勒已至近界。边將憤激。便請袪除。朕念其無主可归。且令安撫。今可汗既立。彼又降附。便合率領。漸复旧疆。漂寓塞垣。殊非良計。又得宰相頡干伽思等表。借振武一城。权与可汗公主居住。中国之制。与外蕃不同。須守前代規模。祖宗法度。昔汉朝單于乖乱。呼韓款塞。宣帝送單于出朔方鷄鹿塞。惟賑以米粟。国初太宗皇帝命李思摩建牙于漠南。遺址并存。事皆可驗。未有深入汉界。借以一城。与退渾党項微小杂种同为百姓。实亦屈可汗之尊貴。乱中国之旧規。若以未复本蕃。或欲別迁善地。求大国声援。戢諸部交爭。亦須率思归之人。且于漠南駐止。朕当許公主朝覲。亲問事宜。倘須接应。必無所吝。冀令彼国。从此輯宁。豈不謂去危就安。轉禍为福。朕緣公主將可汗丹誠来告。深感于衷。制置之間。須存远大。故遣右金吾衛大將軍兼御史大夫王会。副使宗正少卿兼御史中丞李师偃。馳往喻怀。爰定所居。便申誓約。神明是質。豈可食言。可汗并保一心。自求多福。

此李德裕奉宣撰拟之辞也。会昌一品集所录賜書。多与此篇相表里。如云。朕二年以来。保护可汗一国。内阻公卿之議。外遏將帅之言。朕于可汗。心亦至矣。可汗亦須深見事体。早見归还。所求种粮及安存摩尼。寻勘退渾党項劫掠等事。并当应接处置。必遣得宜。惟是拟借一城。自古以来。未有此事。便須息意。勿更披陈。又云。今可汗失地远客。危难之中。尤須追悔前非。以安反側。若又仁愛不至。骨肉相殘。可汗左右信臣。誰敢自保。今已特許归降。止于存其种族。必不別有任使。授以腹心。在可汗不失恩慈。于朝廷免亏信义。豈不兩全事体。深协良圖。此等語皆詞严义正。处置得当。郑亞序一品集。称其文章等于訓傳。机事出于神明。盖筹边楼中。精思亭上。平日所为講求者悉矣。

唐与吐蕃盟文

唐有天下。恢奄禹迹。舟車所至。莫不率俾。以累聖重光。历年惟永。彰王者之丕業。被四海之声教。与吐蕃贊普代为婚姻。固結鄰好。安危同体。甥舅之国。將二百年。其間或因小忿。棄惠为仇。封疆騷然。靡有宁岁。皇帝踐祚。愍兹黎元。俾釋俘隶。以归蕃落。蕃国展礼。同兹叶和。行人往复。累布成命。是必詐謀不起。兵車不用矣。彼犹以兩国之要。求之永久。古有結盟。今請用之。国家务息边人。外其故地。棄利蹈义。坚盟从約。今国家所守界。涇州西至彈箏峽西口。隴州西至淸水县。鳳州西至同谷县。暨劍南西山大渡河东为汉界。蕃国守鎮。在蘭渭原会。西至临洮。东至成州。抵劍南西界磨些諸蛮大渡水西南为蕃界。其兵馬鎮守之处。州县見有居人。彼此兩边見屬汉諸蛮。以今所分見住处。依前为定。其黄河以北。从故新泉軍直北至大磧。直南至賀蘭山駱駝嶺为界。中間悉为閑田。盟文有所不載者。蕃有兵馬处蕃守。汉有兵馬处汉守。並依見守。不得侵越。其先未有兵馬处。不得新置并筑城堡耕种。今二国將相。受辞而会。齋戒將事。告天地山川之神。惟神照临。無得愆墜。其盟文藏于宗庙。副在有司。二国之成。其永保之（旧唐書吐蕃傳）。

右景龙四年会盟之文也。汉蕃立約。只限疆界分明而止。故盟文于定界以外。不及他事。旧唐書記会盟始末甚詳。長庆元年。再与吐蕃盟。文亦見吐蕃傳中。預盟之官十七人。各于盟文后自書名。今前藏拉薩之大招門外。有盟文刻石。一面正書。一面唐古忒文。所謂吐蕃会盟碑也。

唐与蕃国会盟。在百济有麟德二年盟文。藏于新罗之庙。文見旧唐書百济傳。在南詔有貞元十年盟文。其文凡書四本。一本进献。一本置点蒼山下神祠石函內。一本納于南詔祖父等庙。一本置府庫中。盟文見蛮書。

唐之疆吏致書外蕃者。其文今多不傳。成都文类有咸通十四年劍南节度使牛叢致南詔国主書。文皆駢語。录此以备一格。

劍南西川节度使与南詔書

十二月二十四日。劍南西川节度使观察安撫使守兵部尚書成都尹牛叢。致書于雲南詔国坦綽麾下。専人遽到。示翰忽临。承統押师徒。来及近界。窃以詔国自为背叛。积有岁年。乃祖出于六詔之微。非是西夷之長。禹会塗山之日。不得預万国之名。舜巡方嶽之时。不□見五年之幸。我大唐德宗皇帝。仁沾动植。信及豚魚。子育兆民。君临四海。憫其傾誠向化。率属来王。遂总諸蛮。令归君長。仍名詔国。永順唐仪。賜孔子之詩書。頒周公之礼乐。数年之后。蔼有华風。变腥羶蛮貊之邦。为馨香礼乐之域。豈期后嗣。罔效忠誠。累肆猖狂。频为妖孽。自四五年来。侵凌我疆土。圍逼我城隍。盖以姑务含容。不虞搪突。遂令凶丑。肆害生灵。况乃毗桥偾师。淹江敗績。于何今日。不改前非。妄設奸欺。詐言朝覲。輒举螳螂之臂。大兴豺豕之心。仍搆狂詞。乃云假道。所要于蜀王殿安。下五日即便前去者。且先代帝王之宫也。豈外邦蛮貊以居之。是必天怒鬼誅。殞身辱国。以尔欲其黷瀆。示彼誠懲。况天設华夷。国分大小。小当事大。夷不乱华。豈有兴动蛮师甲兵。侵陵天子藩屏。必是坦綽数尽之岁。殄灭之秋。不然。何以不恤其民。妄动于众。一旦天子赫怒。諸侯会兵。長驅渡瀘之师。深入鑄柱之境。必不更七擒七縱。即須剪蔓除根。当此之时。后悔無及。坦綽今既离彼巢穴。犯我封圻。当道已排比战場。点擬戈甲。雄师十万。驍騎五千。即遂鼓行。并令擒戮。所差王保誠四十人。并已囚縶。候于軍前。用以釁鼓。今發遣鄭龙段首迁二人持报書。望詳覽。不具。某白。

西南諸夷。于唐为臣僕。故节度使致書。其詞如此。蘩。字表龄。宰相僧孺之子。其行事見新唐書南詔傳。南詔君臣非能嫻習中土文字者。边帅書辞。但当明白淺显。令其一覽可解。書中禹会塗山。舜巡方嶽。孔子詩書。周公礼乐等語。浮文無当。多見其不諳边事耳。

南唐　五代

陈寿三国志。帝魏而黜蜀。習鑿齿作汉晋春秋以裁正之。陆游作南唐書。其論曰。方石晋以父事契丹。而契丹每以兄事南唐。盖習見唐之威灵。故聞后裔在江南。犹尊之不敢与他国齿。陈寿三国志。吳蜀不称紀。非可法者也。今自烈祖而下。皆为紀。赵世延序之曰。唐末契丹雄盛。虎視中原。晋汉之君。以臣子事之惟謹。顧乃独拳拳于江南小国。聘使不絕。尝献橐駝并羊馬千計。高丽亦岁貢方物。意者久服唐之恩信。尊唐余風。以唐为未亡也邪。余謂。有国家者。視其能保民与否而已。南唐有江淮三十余年。民安其生。人乐其業。五代之为国。五十二年而易姓者五。淫刑以逞。視其民如草芥。孰得孰失。不待言也。晋汉之于契丹。吾欲言之而耻之。吾書言辞命。則言外国之以礼待中国者。

陆游南唐書。契丹傳。烈祖升元二年。契丹主耶律德光及其弟东丹王各遣使以羊馬入貢。别持羊三万口馬二百匹来鬻。以其价市罗紈茶藥。烈祖从之。元宗嗣位。遣使者公乘鎔航海繼好。既至而契丹主兀欲被杀。弟述律遣元宗書曰。

大契丹天順皇帝。謹致書大唐皇帝闕下。貴朝使公乘鎔等。自去秋以达东京海岸。适遭国禍。今年二月二十六日。部署一行幷諸仪物兵鎧。已至燕京。兹蒙敦念先朝。踐修旧好。既增摧痛。又切感銘。貴国長直官王朗陈篆取間道先回。用附咨报。公乘鎔等已遣伴送使陈植等同回。止俟便風。即令引道。

南唐書載公乘鎔奏言。軍机別有密書。謀分裂之事。其書不傳。要之所言皆虛辞。無足深論。孙忌之奉使如周也。周世宗問江左虛实。終不肯对。杀之。从者死者二百人。南唐書論曰。区区江淮之地。有国仅四十年。复亡不暇。而后世追考。犹为国有人焉。嗚呼。烈矣。

五代交鄰之道無可言。而梁唐之間。書問往返。有足观者。旧五代史李襲吉傳。天复中。武皇欲修好于梁。命襲吉致書以詒梁祖。梁祖覽之。謂敬翔曰。李公斗絕一隅。安得此文士。如吾之智算。得襲吉之笔才。虎傅翼矣。襲吉以此書得名。其辞意态雄杰。能写出英雄面目。未易得也。

李襲吉为晋王致梁主書

一别清德。十有余年。失意杯盤。爭鋒劍戟。山長水闊。难追二国之欢。雁逝魚沉。久絕八行之賜。比者僕与公实联宗姓。原忝恩知。投分情深。將期棲托。論交馬上。荐美朝端。傾向仁賢。未有疏闕。豈謂运由奇特。謗起奸邪。毒手尊拳。交相于暮夜。金戈鉄馬。蹂踐于明时。狂藥致其失欢。陈事止于堪笑。今則皆登貴位。尽及中年。蘧公亦要知非。君子何劳用壯。今公貴先列辟。名过古人。合縱連衡。本务家邦之計。拓地守境。委存子孙之基。文王貴奔奏之交。仲尼譚損益之友。僕顧慚虛薄。旧忝眷私。一言許心。万死不悔。壯怀忠力。犹胜他人。盟于三光。願赴湯火。公又何必終年立敌。悬意相窺。徇一时之襟灵。取四郊之倦弊。今日得其小众。

明日下其危牆。弊师無遺鏃之憂。鄰壤絕剝牀之痛。又慮悠悠之党。妄瀆听聞。見僕翦勇枕威。戢兵守境。不量本末。誤致窺覦。且僕自壯岁已前。業經陷敌。以杀戮为东作。号兼并为永謀。及其首陟师壇。躬被公袞。天子命我为群后。明公許我以下交。所以斂迹愛人。蓄兵务德。收燕薊則还其故將。入蒲坂而不負前言。况五載休兵。三边校士。鉄騎犀甲。雲屯谷量。馬邑兒童。皆为銳將。鷲峰宫闕。咸作京坻。問年犹少于仁明。語地幸依于險阻。有何覘覦。便誤英聪。况僕临戎握兵。粗有操断。屈伸进退。久貯心期。胜則撫三晋之民。敗則征五部之众。長驅席卷。反首提戈。但慮隳甲中原。为公后患。四海群謗。尽归仁明。終不能見僕一夫。得僕一馬。銳师儻失。則难整齐。請防后艰。願存前好。矧复陰山部落。是僕懸亲。迴紇师徒。累从外舍。文靖求始畢之众。元海征五部之师。寬言虛辞。犹或得志。今僕散积財而募勇輩。埶宝貨以誘义戎。征其密亲。啗以美利。控弦跨馬。宁有数乎。但緣荷位天朝。惻心疲瘵。峨峨亭障。未忍赴戎。亦望公深識鄙怀。洞迴英鑒。論交釋憾。慮禍革心。不听浮談。以伤霸業。夫易惟忌滿。道貴持盈。儻恃勇以丧师。如擊盤而失水。为蛇刻鶴。幸賜迴翔。僕少負褊心。天与直气。間謀詭論。誓不为之。惟將藥石之譚。願托金蘭之分。儻愚衷未豁。彼抱犹迷。假令罄三朝之威。窮九流之辯。遣迴肝鬲。如俟河清。今者抵簡吐誠。願垂保鑒。僕自眷私睽阻。翰墨往来。或有鄙詞。稍侵英听。亦承嘉論。每賜罵言。叙欢既罢于寻戈。焚謗幸蠲其載笔。窮因尙口。藥貴和心。願祛沉闕之嫌。以复壎篪之好。今者卜于釁分。不欲因人。專遣使乎。直詣鈴閣。古者兵交兩地。使在其間。致命受辞。幸存前志。昔賢貴于投分。义士难于屈仇。若非仰恋恩私。安可輕露肝鬲。悽悽丹愫。炳炳血情。临紙向風。千万难述。

卷十

辭命下

宋遼金

北宋之与辽金。不足言外交也。忍辱含垢。求旦夕之安而已。澶淵之盟。幸而敌人未測虛实。受辞而退。然君相措置。犹有远謀。至宣和間。收复燕云故地。不詳郡邑沿革。致失平州一路。又以納降啓釁。敌騎遂長驅南下。日与强敌为鄰。而不知彼我。不明事勢。固宜其日蹙百里矣。

宋真宗澶淵誓書

惟景德元年。岁次甲辰。十二月。庚辰朔。七日。丙戌。大宋皇帝謹致誓書于契丹皇帝闕下。共遵誠信。虔守欢盟。以風土之宜。助軍旅之費。每岁以絹二十万匹。銀一十万兩。更不差使臣專往北朝。只令三司差人搬送。至雄州交割。沿边州軍。各守疆界。兩地人戶。不得交侵。或有盜賊逋逃。彼此無令停匿。至于隴亩稼穡。南北勿縱騷扰。所有兩朝城池。并可依旧存守。淘濠完葺。一切如常。即不得創筑城隍。开掘河道。誓書之外。各無所求。必务协同。庶存悠久。自此保安黎庶。謹守封陲。質于天地神祇。告于宗庙社稷。子孙共守。傳之無穷。有渝此盟。不克享国。昭昭天鑒。当共殛之。远具披陈。專俟报复。不宣(契丹国志)。

右書自沿边州軍句下。至一切如常。皆自来画界之通例。惟岁幣三十万。載于誓書。为宋之大辱。曹利用之赴契丹也。真宗謂之曰。所言归地。事極無名。若必邀求。朕当决战耳。实念河北居人。重有劳扰。岁以金帛济其不足。朝廷之体。固亦無伤。誓書不必具言。但口述可也。又曰。必不得已。虽百万亦可。寇准召利用語之曰。虽有敕旨。汝所許不得过三十万。过三十万。將斬汝矣。今观誓書。所許不过三十万。如萊公所言。而开宗明义。即言以風土之宜。助軍旅之費。明違中旨。其末又言不得創筑城隍。开掘河道。則是契丹既朘削中国之脂膏。又禁中国不得充实沿边防守。其后兩国边界以筑堡設戍。屡有違言。皆此二語阶之厉也。契丹聖宗所回誓書。文与此同。惟發端略有更易。其文云。惟統和二十二年。岁次甲辰。十二月庚辰朔。十二日辛卯。大契丹皇帝謹致書于大宋皇帝闕下。共議戢兵。复論通好。兼承惠顧。持示誓書。其下即接以風土之宜云云。至当共殛之句下。則云。某虽不才。敢遵此約。謹告于天地。誓之子孙。苟渝此盟。神明是殛。專具諮述。不宣。推誓文彼此相同之故。必利用往返其間。草定稿本。各無異議。最后乃以兩主名义行之。犹今之正式换文。先互閱底稿也。宋史真宗紀。景德元年十二月乙未。契丹使丁振以誓書来。辛丑。录契丹誓書頒河北河东諸郡。盖誓書既定。頒示沿边人民令其具知本末。今日所謂正式宣布也。

庆历二年。增岁幣絹十万兩。銀十万兩。富鄭公为使。宋国書不言增幣。略有辨駁之辞。契丹复書云。每年增絹一十万匹。銀一十万兩。自今已后。不得添展。其堤堰水口。逐时决泄壅塞。量差兵夫。取便修叠疏导。非时霖潦。别至大段漲溢。并不在关报之限。南朝河北沿边。北朝自古北口以南沿边軍民。除見管数目。依常教閱。無故不得大段添进兵馬。如有事故添屯。即令逐州軍移牒关报。兩界所屬之处。其自来乘例更替。及本路移易。不在关报之限。兩界逃走作过諸色人。并依先朝誓書外。更不得以目前停留容縱。此書申明約束。杜絶糾紛。于南朝頗为有益。而其言出于契丹之口。此尊俎折冲之效也。（凡岁幣皆入契丹內府。为人主私蓄。故無敗盟之意。富郑公使契丹。論用兵利害。亦以此言动之。契丹国志云。宋朝岁幣。山增阜积。四时游獵。流連忘反。盖宋之困乏以此。辽之敗亡亦以此。）

宋与契丹为兄弟之国。其国書致契丹国主者。称兄大宋皇帝致弟大契丹皇帝。致契丹嗣主者。称伯大宋皇帝致書侄大契丹皇帝。致契丹皇太后者。称侄大宋皇帝謹致于嬸大契丹国皇太后。凡賀正旦。生辰。弔国丧。遣正副使必以書。兹录兩首于下。

宋回契丹通問国書

九月日。兄大宋皇帝致書于弟大契丹聪文聖武英略神功睿哲仁孝皇帝闕下。使軺云止。惠問見貽。且承累岁而来。荐有西师之举。討其不服。初煩翦伐之謀。全以旧恩。終示含容之度。庆武戈之遂息。分軍获以为仪。言諭斯勤。欣銘弃集。方凝寒律。冀保冲襟。企詠之誠。指陈奚既。續遣使人咨謝。次今忠正軍节度使檢校大尉同中書門下平章事蕭德等回。専奉書陈謝。不宜（欧陽文忠內制集）。

宋回契丹告哀国書

九月日。伯大宋皇帝致書于侄大契丹皇帝闕下。特任使軺。遽馳国訃。不意凶变。文成皇帝上僊。載念久敦世好。方睦鄰欢。聞問震惊。撫怀戚惻。侄皇帝始兹纘紹。深極哀摧。冀节至情。以遵曲禮。已差人使。専持慰禮。今右宣徽使忠順軍节度使左金吾衛上將軍耶律元亨回。奉書陈謝。不宜。白（同上）。

右为通問书啨之辞。故用駢偶之体。东坡內制集。亦有国書数篇。其文甚簡。盖此体惟期达意而止。故繁簡不拘。

宋辽国信之事。宋人有専書以記之。曾肇为苏頌墓志。言上以契丹通好百年。典章案牘。往往散逸。命公攟拾。次比为書。賜名华戎魯衛信录。苏集有华戎魯衛信录序。其略曰。元丰四年八月。奉詔編类北界国信文字。罷勉期月。詮次类例。自通好迄今。明作書之繇。故以叙事冠首。次之以書詔。既許通好。乃有載書以著信。故次之以誓書。岁致銀絹。以資其費。故次之以岁幣。恩意既通。又有好貨以將之。故次之以国信。信好不可單往。必有言詞以文之。故次之以国書。異国之情。非行人莫达。故次之以奉使之别。則有接送館伴。所經城邑郵亭次舍。山川有險易。道途有回远。若非形于繪事。則方嚮莫得而辯也。故作驛程地圖。前后遣到。名氏非一。职秩不同。南方群臣。交相礼接。故作名銜年表。使者在道。則有郵館宣劳之仪。入朝則有見辞宴賜之式。礼意疏数。并有节文。故次之以仪式。又次之以賜予。蔣待王人。亦有常矩。故以持礼过北界及北界分物系于后。使者宜通宾主之欢。贄之之礼。不可闕也。故次之以交馳問劳。往返詔宣書劄。礼范存焉。故受之以詔录。又次之以書仪。信幣則有賫操之勤。导从則有輿隶之众。犒賚所及。無不均通。故次之以列物。使者至都。或貿易貨財。或須索供饋。或与求珍異。故次之以市易。而供須求丐附焉。南北將命。往返約束。細大之务。动循前比。故次之以条例。凡此皆常使也。誕辰岁节。致礼而已。事干大体。則有専使。故次之以乏使。疆場之虞。节守者任其責。則接境司州。得以公牒往复。故次之以文移。事非司州所能予夺。至待命官及疆吏对議。代州移徙巡鋪界壕是也。故次之以河东地界。疆界既辨。則边圉不可不謹。故次以边防。其别又有州郡壁壘之繕完。砦鋪塘濼之限斷。載于輿地。示守备也。凡为此書。本于通好。則彼之种族。不可不知。故次之以契丹世系。国俗。官屬。宗戚。俸祿。夷狄之俗。恃險与馬。故次之以关口道路番軍馬。辽之为国。幅員不过三千余里。而建都府。置州县。軺車所过。宜詳其处。故次以州县。彼裔夷也。幷有奚渤故土。外接大荒之境。其可見者。宜兼著之。故終以番夷杂录。而論議奏疏附焉。总二百卷。此書而傳。則考証史事。裨益必巨。惜当日之無刻本也。

宋时使辽者多失職。以所用非其人也。孙洙論擇使云。朝廷北遣使介。初不擇人。苟欲以戎人幣賜充之。故所遣使人。不复有称于絕域者。徒侈潔車服。整飾騶旅。以夸視于夷落。細礼曲謹。屈膝虜廷。拜跪坐起。少不敢輒異。述上語記。一辞不中繩度。則按以重罪。其毅然欲存国体者。法吏反以为生事而左迁之。故妄庸之臣。苟欲畢事。低首下視。喑不敢高吐气。甚者或發狂疾以自免。或对館人醉舞跳踉。笑呼妄訴。重为黠虜所姍笑。甚可怪也。使職至重。而以此等人充之。宜其敗矣。洙以治平中知諫院。其时諸賢在朝。不解何以用人不愼若此。

宋制。契丹西夏使人至京。則都亭及西驛接待。高丽使人至京。則同文館接待。俱有条例約束。謂之条約。其待遇輕重不同。北使条約。人使送到买物箚子。如內有不系卖与物色。更不关报国信司。下行井官庫供納。仰館伴使副婉順說与。其不系卖与物色名件。逐一細开。西使条約。西人詣闕賀正旦聖节。到許住二十日。非泛一十五日。如系商量事。候朝旨进發。随行蕃落將。不許出驛。或有买卖。于本驛承受使臣处出头。官为收买。高丽使条例。諸人从出外买到物。幷檢察有違碍者。即婉順留納。以杂支錢給还价値。系时政論議及言边机等文字。即問元貨处。关开封府。諸亲事官随人从。出外游看买卖。輒呼乐艺人飲酒作过及买違禁物者。杖八十。情重者奏裁。苏子由論辽夏高丽交納之仪。防閑之法。理当無異。請量加裁抑。高丽依西北使例（欒城集乞裁損高丽事件箚子）。是宋时待遇人使。有权可以杖責随从之人。而其公文謂之条約。非今时所謂条約也。

苏子由北使契丹归奏兩事。其一云。初至燕京。其副留守邢希云。令兄眉山集。已到此多时。內翰何不印行文集。亦使流傳至此。及至中京。度支使郑顓押燕。为臣轍言。先臣洵所为文字中事迹。頗能尽其委曲。及至帳前。館伴王师儒謂臣轍聞常服茯苓。欲乞其方。盖臣轍尝作茯苓賦也。因此料本朝印本文字。多已流傳在彼。其間臣僚章疏及士子策論。言朝廷得失軍国利害。盖不为少。兼以小民愚陋。惟利是視。印行戏褻之語。無所不至。若使得尽流傳北界。泄漏机密。取笑夷狄。皆極不便（欒城集）。宋制时政边机文字。不許出境。而契丹乃以重价購之。禁令之为具文。商販之为奸細。一至于此。边事尚可問哉。

宋时边帅不得擅与外蕃通書。范文正安撫陕西。以擅答元昊書。降知耀州。然韓魏公为定州路安撫使。以帅檄移虜中。使約束部下。其为河东路經略安撫使。契丹侵天池。公使裨將諭之曰。尔尝求我。修池神之庙。得尔国移文。今固在。曷見侵也。迨入樞府。以樞密院圖籍紛乱。不可考究。乃奏言臣比到院。因北界爭宁化軍地。上令檢北界朔州牒宁化軍称天池庙系屬南朝当日元牒。累月檢之不获。及因西人理会麟界。亦寻庆暦中臣在院日与西人商議納款始末。文案亦已不全。以此知机要文字。从来散失甚多。請差官于諸房討寻編录（韓魏公家傳）。据此則彼此文移往返。不惟不禁。且上之樞府。列为机要文字。文正与元昊書。所以为朝臣指摘者。和战之事。系国家全局。不应不先事奏聞。此書不載于本集。而年譜言与元昊書。曉諭禍福。意其措詞必甚得体。特范氏后人諱之。故不載耳。

宋制外人商民入境。有事請于州官。其文用狀。州官答之則用判。苏文忠知杭州。論高丽进奉事云。高丽僧寿介有狀称。临發日国母令賫金塔祝寿。臣以謂高丽因祭奠亡僧。遂致国母之意。苟簡無礼。莫斯为甚。臣已令管勾职員退还其狀。逆料此僧势不肯已。欲于狀后判云。州司不奉朝旨。本国又無来文。难議投进。执狀归国。此亦如今之教士。承其国命而来。妄有干請。故以正言折之。其时高丽使臣有請买历代史及冊府元龟者。礼部許之。苏公謂高丽得書。必归之于契丹。令其得窺山川形势。为患匪細。执奏不可。此虽細事。宋时部省之顢頇。可見一斑。外患日亟。有由来矣。

金国志。天輔六年（宋宣和五年）。以燕京涿易檀順景薊六州归于宋。燕之金帛子女职官民戶。为金人席卷而东。宋朝捐岁幣数百万。所得者空城而已。燕云之地。易州西北。乃金坡关。昌平之西。乃居庸关。順州之北。乃古北口。景州之北。乃松亭关。平州之东。乃榆关。榆关之东。乃金人之来路也。凡此数关。乃天造地設。以分番汉之限。一夫守之。可以当百。南宋若得諸关。則燕山之地可保。然关內之地。平灤营三州。自后唐为契丹陷之。后改平州为辽兴府。以营灤二州隶之。号平州路。至石晋之初。耶律德光又得燕山檀順景薊涿易諸州。建燕山为燕京。以控六郡。号燕京路。与平州自成兩路。昔宋朝海上密議割地。但云燕云兩路而已。盖初謂燕山之路。尽得关內之地。殊不知关內之地。平州与燕山異路也。由是破辽之后。金人复得平州路。既据平州。則关內之地。番汉杂处。故斡离不后自平州入攻。此当时議割燕云不明地理之誤也。

宋金兵事。自宣和七年乙巳。至紹兴十一年辛酉。凡十七年。金兵初起。剽悍無敌。宋兵望風而潰。其后师行疲敝。鋭气日銷。紹兴十年。为刘錡敗于順昌。累战不利。其势已挫。又其用兵皆以亲貴主之。而数年之間。粘罕。斡离不。婁室。窩里嗢。以病死。兀室。撻懶。撒离曷以謀反誅。其狠奔豕突于中原者。仅一兀朮而已。兀朮南侵之先。其部將韓常与判官宮茵論南北兵事。常曰。今昔事異。昔我强彼弱。今我弱彼强。所幸者。南人未知北事耳。既而兀朮果敗。十一年。洪忠宣在燕山密奏言金国已厭兵。勢不能支。朝廷不知虛实。卑詞厚幣。未有成約。不若乘胜进击。再造如反掌（以上据金国志）。是年岳武穆自朱仙鎮班师。秦檜杀武穆于獄中。使曹勛至金。許岁幣銀絹二十五万兩。画淮为界。世世子孙。永守誓言。綜論此事前后。童貫之輕啓边衅。秦檜之力主和議。皆万死不足以蔽辜。而当时朝士。亦無有知平州别为一路。及虜廷骨肉相殘。勢將不支者。嗟乎。謀国而不明地勢。不知敌情。則宋金之事。其前鑒已。

宋史李光傳。光参知政事。秦檜初定和議。將揭牓。檜言光有人望。若同押牓。浮議自息。王庶傳。庶为副密副使。力詆和議。及張通古来。庶乞免签書和議文字。累疏求去。秦檜力主和議。犹欲令諸人分謗。狡獪極矣。和約須揭牓。又須政府兵府签押。宋和約之式如此。

宋徽宗与金国誓書

維宣和五年。岁次癸卯。三月。甲寅朔。四日。丁巳。大宋皇帝致誓書于大金皇帝闕下。天之所助者信。履信思乎順。自天佑之。吉無不利。昨以大聖皇帝創兴。幷有辽国。遣使計議。五代以后。陷入契丹地。幸感好意。特与燕京涿易檀順景薊幷屬县及所管戶民。緣为辽国。尚为大金所有。以自来交与契丹銀二十万兩。絹三十万匹。幷燕京每年所出税利五六分中只算一分。計錢一百万貫文。合直物色。常年搬送南京界首交割。色数已載前后往复議定国書。每年幷綠矾二千栲栳。兩界側近人戶。不得交侵。盜賊逃人。彼此無令停止。亦不得密切間諜。誘扰边人。若盜賊幷贓捉归本国。依法科罪訖。贓虽不获。踪迹到处。便勒留償。若有暴盜。或因别故。合举兵众。須得关报沿边官司。兩国疆界各令防守。兩朝界内地各如旧。不得遮堵道路。至如將来殊方異域。人使往来。無得禁阻。所貴久通欢好。庶保万世。苟違此約。天地鑒察。神明速殃。子孙不紹。社稷傾危。專具披述。不宣。謹白。

金太祖回宋誓書

維天輔七年。岁次癸卯。四月甲申朔。八日辛卯。大金皇帝致誓書于大宋皇帝闕下。惟信与义。取天下之大器也。以通神明之心。以除天地之害。昨以契丹国主失道。民墜塗炭。肆用兴师。事在誅弔。貴国遣使航海計議。若將来并有辽国。願还幽燕故地。当时曾有依允。迺者亲領兵至。全燕一方。不攻自下。尙欲惇好。特与燕京涿易檀順景薊并屬县及所管民户与之如約。今承来書。緣以辽国尙为大金所有（同前云云）。社稷傾危。本朝志欲协和万邦。大示誠信。故与燕地兼同約誓。苟或違之。天地鑒察。神明速殃。子孙不紹。社稷傾危。如变渝在彼。一准信誓。不以所与为定。專复書披达。不宣。謹白。南宋与金。为叔侄之国。其国書称侄大宋皇帝謹致書于叔大金国皇帝云云。至宁宗嘉泰間。用兵而敗。又增岁幣。易叔以伯。其辞愈卑。金史交聘表序云。假使高宗立归德。不得河北。可保河南山东。亦不失为晋元帝。其孰能亡之。金不能奄有四海。而宋人以尊称与之。其誰强之耶。元人修史。于宋金之事。無所偏袒。而議論若是。若金廷秉笔者。則其先固亦宋之遺民。而一登仕籍。如箭在弦。笔鋒所至。不留絲毫余地。余讀赵秉文滏水集。有金宣宗与宋詐問書。其辞峻厉。詆为累年譎詐。不貢岁幣。造衅百端。不念伯侄無穷之利。僥幸于不可知之勇。故遣使臣先以文告。仍以大兵压境云云。是时金兵屢敗于元。已岌岌不可終日。秉文居禁近之地。不能开陈利害。为脣亡齿寒之謀。而乃奋笔为此。以圖一逞。何其悖也。金史楊云翼傳云。貞祐中。主兵者不能外禦。而欲取偿于宋。故頻岁南伐。有言之者。不謂之与宋为地。則疑与之有謀。至于宰执。他事無不言者。独南伐則一語不敢及。云翼言国家之虑。不在于既得淮南之前。而在于既得淮南之后。思其胜之之利。又当思其敗之之害。云翼非有王猛死不伐晋之心。而其言深切。秉文視此。有媿色矣。

楼鑰北行日录。其舅氏汪大猷使金賀正。鑰为書狀官。記途中所見及金廷接待事。节录数条于此。

至盱眙。探問接伴使副已到泗州。渡淮。傳到名銜。正使曰昭武大將軍行尚書吏部郎中上輕車都尉彭城郡开国伯食邑七百戶唐括安德。副使曰朝奉大夫侍御史騎都尉广陵县开国男食邑三百戶賜紫金魚袋高德裕。雍丘县駕車人自言姓赵。云。向来不許人看南使。近年方得縱观。我乡里人善見南家。有人被擄过来。都为藏了。有被軍子搜得。必致破家。然所甘心也。入东京城。承应人能言旧事。后生者亦云。見父母备說。有言其父嘱之曰。我已矣。汝輩当見快活时。豈知担閣三四十年。犹未得見。旧日衣冠之家。陷于此者。皆毁□（原字不清）旧告。为戎酋驅役。号閑粮官。不复有俸。仰子弟末作以自給。有張千戶者。言簽軍遇王师皆不甚尽力。往往一战而散。符离之战。东京搖动。指日以望南兵之来。何为遽去。中原思汉之心甚切。入燕京至会同館。步左掖門。入見如仪。受衣帶而退。正月一日入賀。終席不見宦者。五日入辞。听唱好去。六日行。

宋使至金。祗賀正旦。故無交涉事可記。金之所以接待者。已非辽时之比。故楼氏所記。与苏子由奏契丹館伴接待語。倨之与恭。其事迥殊。淮北遺民。历四十年而不忘故国。观于張千戶之言。則張浚符离之役。謂非誤国不可得也。理宗紹定六年。元兵追金主。逼蔡州。金主遣使如宋乞粮。曰。蒙古灭国四十以及西夏。夏亡及于我。我亡必及于宋。宋不許。遣孟珙会师于蔡。城破。金主自焚死。分其骨而还（宋史孟珙傳）。憤郁之气。至是一吐。而宋祚亦垂尽矣。

明清之际

明清之事。不可以外交論也。言兵事則为敌国。言时势則为易代。故明人書中。称为辽事。亦称东事。無称为交涉者。然而上起万历。下訖弘光。書辞之載于故府。見于逸史者。胜負之数。灼然可寻。綜而論之。亦一代得失之林也。

金息侯曰。滿洲老档。国号初曰滿洲。天命年已称后金。見于遺朝鮮国王書。天聰年則称大金。見于金汉蒙古子弟讀書諭及奉天城門題額。崇德年始称大清。見于陈杜明書。尊号在太祖时即称皇帝。亦仍称汗。見朝鮮国書。至太宗时犹然。及崇德年。始內外皆用帝号（滿洲老档秘录序）。按东华录。于明万曆四十四年。改称天命元年。不書国号。史宬記載如是。盖諱之也。息侯所輯滿洲老档。有天命以后与明臣書数首。但称滿洲国。無譯作后金或大金者。近人于內閣大庫檢得天聰四年攻永平时以七大恨誓师文一幅。其文云。金国汗諭官軍人等知悉。我祖宗以来。与大明看边。忠順有年。只因南朝皇帝。高拱深宮之中。文武边官。欺誑壅蔽。無怀柔之方略。有权势不使尽不休。利不括尽不已。苦害侵陵。千态万狀。其势之最大最惨者。計有七件云云。發端称謂。与金氏之言。可以互証。

万曆三十六年。于辽东立碑定界。东华录記此事云。上欲与明通好。会明辽东副將及撫順所备禦同勒誓辞于碑。刑白馬祭天。誓畢。遂建碑于沿边諸地（卷一）。此历代会盟歃血告天之礼也。辽东之約。虽名定界。实祇严禁侵越一端。与宋金画界之事異。其辞如下。

兩国各守边境。敢有竊踰者。無論滿洲汉人。見之殺無赦。若見而不杀。殃及不杀之人。明若逾盟。其广宁巡撫總兵辽东道副將关原道副將等官。均受其殃。滿洲逾盟。殃亦及之。自此以后。边民不得私出界外。有越界者。輒杀之。万曆四十四年。李維翰巡撫广宁。詰問擅杀汉人之故。其事見于东华录。云。維翰遣使来曰。吾民出边。尔宜解还。何遽杀也。太祖曰。石碑誓辞。若越边之人見而不杀。殃及不杀之人。其人曰。执尔之杀吾民者。与我抵罪則已。否則自兹多事矣。上不允。其人曰。汝国豈無罪人。执之边上。杀以示众。事即已。乃取所俘叶赫十人。至撫順关杀之。此事爲七大恨之一。于此見明之边吏。举措乖謬。而使者应对为尔汝之詞。則敌体也。終明之世。兩国国主。未尝以文字往还。惟袁崇煥以議和而致書。毛文龙祖大寿輩。以納降而請命。毛祖之事不必論。袁書則系于边事者甚大。明史本傳。言崇煥欲議和。先后致書。而其辞不載于傳中。滿洲老档有太宗致崇煥之書六。崇煥答太宗之書四。詳繹其文。和議發于太宗。而崇煥始終坚持。不为稍屈。是崇煥非主和之人。史据明人攻訐之詞以为事实。其誣甚矣。金息侯有滿洲老档譯本。兹录袁書一首。以見当时体裁。幷雪东莞之冤于地下。

袁崇煥答議和書（天啓七年）

辽东提督都院袁崇煥致書于大王帳下。再辱教書。知大王之漸息干戈。以休养部落。則此一念好生。天自鑒之。將来所以佑大王而昌大之者。尙無量也。往事七宗。大王所抱为長恨者。不佞宁忍听之漠漠。但追思往事。穷究根因。我之边境細人。与大王之不良部落。口舌爭竞。致起禍端。作孽之人。即遁人刑。难逃天怒。不佞不必枚举。而大王亦所必知者也。今欲一一辨晰。恐难問之九京。不佞非但欲我皇上忘之。且欲大王幷忘之也。然大王十年苦战。皆为此七宗。不佞可無一言乎。今哈达叶赫安在。辽河东西死者。宁止十人。仳离者宁止一老女。辽藩界內之人民已不能保。宁問田禾。是大王之怨已雪。而意得志滿之时也。惟我朝难消受耳。今若修好。城池地方。作何退出。官生男妇。作何送还。是在大王之仁明慈惠。敬天爱人耳。天道無私。人情忌滿。是非曲直。原自昭然。各有良心。偏私不得。不佞又願大王再思之也。一念杀机。啓世上無穷刼运。一念生机。保身后多少吉祥。不佞又願大王思之也。若書中所开諸物。以中国財用广大。亦宁靳此。然往牒不載。多取違天。亦大王所当酌裁也。方以一介往来。何又称兵于朝鮮。我文武官屬。遂疑大王言不由衷也。兵未回即撤回。已回勿再往。以明大王之盛德。息止刀兵。將前后事情。講析明白。往来書札。無取动气之言。恐不便奏聞。若信使往来。我皇帝固已知之矣。皇帝明見万里。仁育八荒。惟大王坚意修好。再通信使。則懔簡書以料理边情。有边疆之臣在。大王勿憂美不上聞也。大王其更有以教我乎。

右書因太宗以七大恨为言。幷索岁幣。故反覆解之。七大恨者。杀二祖一。明兵援哈达不援滿洲二。助叶赫發兵出边。显違界約三。囚滿使以为要挾。致杀叶赫十人四。使滿洲已聘叶赫之女改适蒙古五。移界碑于沿边三十里外。掠夺人参六。来書侮慢七。岁幣則金十万兩。銀百万兩。緞百万疋。布千万疋。而滿洲以东珠十粒。貂皮千張。人參千斤为报也。崇煥書来。太宗复以書报之。其略云。滿洲国皇帝于袁巡撫。尔来書欲我忘七恨。尔先世諸君臣。欺凌我国。遂成七恨。致起干戈。所以令尔聞知。使兩国是非致書曉然。以修和好。若我犹怀七恨。則遣官何为。乃云今若修好。城池地方。作何退出。官生男妇。作何送还。夫理直在我。蒙天垂祐。賜与城池官民。今日退还。是不願講和。有意激我之怒也。我国之敬天爱人。久为远近所知。且尔国土地人民。归我之后。悉已奠定安集。若举以还尔。是違天而棄人也。又云。方以一介往来。何又称兵于朝鮮。夫我豈無故而征朝鮮乎。有何言不由衷。而尔疑之。尔口言修好。仍發哨卒至我地。收納逃亡。偪处近地。修葺城堡。是尔之言不由衷也。又云。往来書札。無取动气之語。恐不便奏聞。夫是与非必明为剖析。然后和好可固。若徒以無取动气之語匿其意而不言。则难于議和矣。又云。先开諸物所当酌裁。夫我豈貪多而利此哉。設尔国力有不支。则初和之礼。可減其半。以后每年往来之礼。仍如前議。若如此定約修好。永息兵爭。兩国之福也。至尔等于我。实漸加輕慢。我今揆以义。酌以礼。書中將皇帝下天一字書。我下尔明皇帝一字書。尔明諸臣。下我一字書。嗣后尔凡有書来。当照此式。若尔国諸臣与我並書。我必不受也。崇煥之書婉而辯。太宗之書直而厉。而書中自称下明皇帝一字。则犹致敬礼之意。使明之君臣。因此而惕然自省。修內政。慎外交。国事犹可为也。不幸朝局反覆。党議紛紜。崇禎二年。太宗再与崇煥書。申修好之議。語意如前。崇煥复書。称欽命巡边使尙書袁。敬复書于皇帝陛下。措詞甚恭。語气已餒（以上所引皆見滿洲老档）。盖至是而全局敗坏。不可終日矣。明史袁崇煥傳云。朝士因前通和議。誣其引敌胁和。將为城下之盟。会大清設間。謂崇煥密有成約。遂磔崇煥于市。兄弟妻子流三千里。籍其家。今崇煥之書具在。何嘗有引敌胁和之語。明之朝士。顚倒是非若是。庙堂不察。自坏長城。其敗也宜哉。

南都拥立。弘光建元。本可以为偏安之局。事之不成。则人謀之不臧。抑亦臥榻之旁。不容鼻鼾也。史閣部精忠浩气。答攝政王多尔袞書。堂堂正正。与文文山謝叠山諸公。后先一揆。此書委棄于閣庫。乾隆間修史。始檢得之。官書附攝政王書之后。久为世人傳誦。茲节录兩書于左。

多尔袞致史可法書（順治元年七月）

比聞道途紛紛。多謂金陵有自立者。夫君父之仇。不共戴天。春秋之义。有賊不討。則故君不得書葬。新君不得書即位。所以防乱臣賊子。法至严也。闖賊李自成。称兵犯闕。手毒君亲。中国臣民。不聞加遺一矢。平西王吳三桂介在东陲。独效包胥之哭。朝廷感其忠义。念累世之宿好。棄近日之小嫌。爰整貔貅。驅除狗鼠。入京之日。首崇怀宗帝后謚号。卜葬山陵。悉如典礼。亲郡王將軍以下。一仍故封。不加改削。勛戚文武諸臣。咸在朝列。恩礼有加。耕市不惊。秋毫無扰。方拟秋高气爽。遣將西征。傳檄江南。联兵河朔。陈師鞠旅。戮力同心。报乃君国之仇。彰我朝廷之德。豈意南州諸君子。苟安旦夕。弗审事机。聊慕虛名。頓忘实害。予甚惑之。国家之撫定燕都。乃得之于闖賊。非取之于明朝也。賊毁明朝之庙主。辱及先人。我国家不憚征繕之劳。悉索敝賦。代为雪耻。孝子仁人。將如何感恩圖报。茲乃乘逆寇稽誅。王师暫息。遂欲雄据江南。坐享漁人之利。揆諸情理。豈可謂平。將以为天塹不能飞渡。投鞭不足断流耶。夫闖賊但为明朝祟耳。未尝得罪于我国家也。徒以薄海同仇。特申大义。今若拥号称尊。便是天有二日。儼为勁敌。予將簡西行之銳。轉旝东征。且拟釋彼重誅。命为前导。夫以中华全力。受制潢池。而欲以江左一隅。兼支大国。胜負之数。無待著龟矣。予聞君子之爱人也以德。細人則以姑息。諸君子果識时知命。篤念故主。厚爱賢王。宜劝令削号归藩。永綏福祿。朝廷当待以虞宾。統承礼物。帶礪山河。位在諸王侯上。至南州群彦。翩然来仪。則尔公尔侯。列爵分土。有平西王之典例在。惟执事实圖利之。

史可法答多尔衮書（弘光元年九月）

南中向接好音。法随遣使問訊吳大將軍。未敢遽通左右。非委隆仪于草莽也。誠以大夫無私交。春秋之义。今倥偬之际。忽奉琬琰之章。循讀再三。殷殷致意。若以逆賊尙稽天討。煩貴国憂。法且慼且愧。懼左右不察。謂南中臣民。偸安江左。竟忘君父之冤。敬为貴国一詳陈之。我大行皇帝。敬天法祖。勤政爱民。眞堯舜之主也。以庸臣誤国。致有三月十九日之事。尔时南中臣庶。無不拊膺切齿。欲悉东南之甲。立翦凶仇。而二三老臣。謂国破君亡。宗社为重。相与迎立今上。以系中外之心。今上非他。神宗之孙。光宗犹子。而大行皇帝之兄也。名正言顺。天与人归。五月四日。駕临南都。越数日。遂命法覩师江北。刻日西征。忽傳我大將軍吳三桂借兵貴国。破走逆賊。为我先皇帝后發丧成礼。扫清宮闕。撫輯群黎。且罢薙髮之令。示不忘本朝。此等举动。震古鑠今。凡为大明臣子。無不長跪北向。頂礼加額。豈但如明諭所云感恩圖报已乎。謹于八月。薄治筐篚。遣使犒师。兼欲請命鴻裁。連兵西討。是以王师既發。复次江淮。乃辱明誨。引春秋大义。来相詰責。善哉乎推言之。然此文为列国君薨。世子应立。有賊未討。不忍死其君者立說耳。若夫天下共主。身殉社稷。青宮皇子。慘变非常。而犹拘牽不即位之文。坐昧大一統之义。中原鼎沸。倉卒出师。將何以維系人心。号召忠义。紫陽綱目。踵事春秋。其間特書。如莽移汉鼎。光武中兴。丕廢山陽。昭烈踐阼。怀愍亡国。晋元嗣基。是皆于国仇未翦之日。亟正位号。綱目未尝斥为自立。率以正統予之。甚至玄宗幸蜀。太子即位灵武。議者疵之。亦未尝不許以行权。幸其光复旧物也。本朝傳世十六。正統相承。自治冠帶之族。繼絕存亡。仁恩遐被。貴国昔在先朝。夙膺封号。載在盟府。宁不聞乎。今痛心本朝之难。驅除乱逆。可謂大义复著于春秋矣。昔契丹和宋。止岁輸以金繒。回紇助唐。原非利其土地。况貴国篤念世好。兵以义动。万代瞻仰。在此一举。若乃乘我蒙难。棄好崇仇。窺此幅員。为德不卒。是以义始而以利終。为賊人所竊笑也。貴国豈其然。往先帝軫念潢池。不忍尽戮。剿撫互用。貽誤至今。今上天縱英武。刻刻以复仇为念。庙堂之上。和衷体国。介胄之士。飲泣枕戈。忠义民兵。願为国死。竊以为天亡逆闖。当不越于斯时矣。語曰。树德务滋。除惡务尽。今逆賊未服天誅。諜知捲土西秦。方圖报复。此不独本朝不共戴天之憾。抑亦貴国除惡未尽之憂。伏乞坚同仇之誼。全始終之德。合师进討。問罪秦中。共梟逆賊之头。以泄敷天之憤。則貴国义聞。照耀千秋。本朝圖报。惟力是視。从此兩国世通盟好。傳之無穷。不亦休乎。至于牛耳之盟。則本朝使臣。久已在道。不日抵燕。奉盤盂从事矣。法北望陵庙。無涕可揮。身蹈大戮。罪膺万死。所以不即从先帝者。实为社稷之故。傳曰。竭股肱之力。繼之以忠貞。法处今日。致命遂志。克尽臣节。所以报也。惟殿下实昭鑒之。

右二書純为尺牘文字。与官文書異体。辞命之文。本以典雅为貴。以尺牘之体行之。自無不可。二書近日采入国文課本。犹忆光緒季年。坊間編教科書。只选史閣部書一首。学部审定时。命兩書并存。化除种族之見。由今思之。無前書則后書之言为無根。必有內外之分。非文章公論也。(攝政書相傳出李舒章手。閣部書或以为侯朝宗撰。或以为桐城何亮工撰。或以为桐城王綱撰。傳聞異辞。要之答書詞婉而理正。实胜原書。李蒓客抑閣部而申攝政。乃尊王之論耳。)

言有清一代外交。当自滿蒙通好始。天命四年十月。察哈尔林丹汗及喀尔喀五部众貝勒来。林丹汗所齎書曰。統四十万众蒙古国主巴圖魯成吉思汗。問水濱三万人滿洲国主英明皇帝安宁無恙。太祖报書曰。来書自称四十万蒙古之主。称吾为水濱三万人之主。奈何恃其众以驕吾国邪。吾聞明洪武取尔大都时。蒙古以四十万众。敗亡殆尽。逃竄得脱者。仅六万人。且此六万之众。屬鄂尔多斯者万人。屬士默特者万人。屬阿索特雍謝布者万人。固各有所主也。其余三万众。亦不皆屬于尔。以不足三万人之国。乃远引陈言。自詡四十万。而輕吾国为三万人。天地豈不知之。其下历言察哈尔之受侮于明。及滿洲之有德于察哈尔。此为兩国最先通問之辞。十一月。遣額克星格等五人偕喀尔哈来使齎誓辞赴期会之地。刑白馬烏牛。設酒一器。肉一器。血骨及土各一器。告于天地。其文如下。

滿洲蒙古盟誓辞

今滿洲八旗执政貝勒。与蒙古国五部落执政貝勒。蒙天地眷佑。俾合謀并力。与明修怨。如其与明釋旧憾。結和好。亦必合謀然后許之。若滿洲渝盟。不偕喀尔喀貝勒合謀。先与明和好。皇天后土。其降之罰。若明欲与喀尔喀貝勒和好。密遣離間。貝勒等不以其言告我滿洲英明皇帝者。皇天后土。亦降之罰。吾二国同踐盟言。天地佑之。其飲是酒。食是肉。二国执政貝勒。尙克永命。子孙百世。及于万年。二国如一。共享太平（东华录卷三）。

右滿蒙并力与明修怨之約也。于察哈尔则动以明初用兵杀戮之慘。于喀尔喀则要以明人离間必先告我。謀定后动。具有深意。若李自成之犯闕。吳三桂之乞师。则非当日所及料也。察哈尔不数年而归附。喀尔喀则崛强漠北者数十年。喀尔喀未即蕩平。而俄罗斯当明之末造。兵力东漸。駸駸及于外兴安嶺。俄境窎远。非可以長驅深入也。则不得不先示怀柔。以取远交近攻之势。故康熙二十八年。既克雅克薩城。遂有尼布楚之約。中俄边界毗連。兩国人民不能無越境游牧逃亡窃盜之事。边吏以事行文。不能不立之程式。故康熙間定例。中国行俄罗斯之公文。用理滞院印信。咨行俄罗斯薩那特衙門。（何秋濤曰。薩那特。譯言理事也。）俄罗斯行中国之公文。用薩那特衙門及托博勒城守尉印信。咨行中国理滞院衙門。及雍正五年。定恰克圖界約。以此节列于約中。又推广例意。凡近边地方。偶有偷窃逃亡等事。行文时。中国之圖什業圖汗王。俄罗斯在边之城守尉。各用画押鈐印公文为憑。盖凡事必达于理藩院。展轉需时。有所不便也。陈康祺郎潜紀聞云。国初与俄罗斯立約往来。不强之修表納貢。彼此关会。不用詔旨。惟理藩院行文于其瑪玉斯衙門。如有司咨牒狀。盖早恐后日梗化。必致有伤国体也。陈氏之說。頗中体要。乾隆間英使来京覲見。必責以拜跪之礼。英使称疾而行。五十六年。敕諭英吉利国王。不准于澳門开設洋行之外。別有要求。措詞非不得体。而英廷竟不之省。可知理藩院行文之例。具有深意。外交事势。古今不同。汉唐詔敕。可以施于外蕃。要非所論于近代也。

近代

近代交涉之事。不惟汉唐不可以例之。宋明往事。亦不可以例之。辽金兵力虽强。其立国以君長为本。故国書則称兄弟叔侄。岁幣則入人主私藏。于其民無与也。明清之际亦然。宋明之主。苟能發憤圖强。任人得当。犹可以相安無事。近代則不然。彼所注重者。为通商。为攫利。为夺我主权。一言蔽之。为其人民而非为其国主。而我所以因应之者。为体面。为空文。一言蔽之。争虚名而不求实际。究之体面不可保。空言不可恃。迨名实俱丧。而国亦随之矣。

中外通商之局。当事者昧于时势。因应失当。無可諱言。然亦有立言得体者。咸丰十一年。与布魯士立約。同治三年。布国始遣駐使来华。其使臣李福斯乘兵船至天津。会丹馬商船三。泊大沽口外。布使遽命拘之。曰。丹馬。布魯士国世仇也。先是丁韙良敎習同文館。譯万国公法。呈之总署。王大臣謂中国自有体制。未便参閱外国書。不之省。至是檢公法。知海岸十数里外。凡槍炮之所不及。始为公海。大沽口外。非公海也。据此以詰布使。布使屈焉。釋所拘商船一。而返所运貨之屬于中国者。于是始知公法之可貴。今录照会二件于此。中国外交公文之合于公法者。此为嚆矢。

总理各国事务衙門致布魯士公使照会

为照覆事。接准貴大臣照会。知貴大臣現来中国为全权大臣。業已到京。拜定期来本衙門会晤等因。本王大臣查貴大臣系貴国特簡之員。自必材能出众。办事妥洽。凡遇国家交涉事件。諒無不按照和約。持平办理。惟貴大臣坐来兵船。現在中国洋面。將丹国商船扣留。殊深詫異。查外国在中国洋面。扣留別国之船。乃系显夺中国之权。于中国大有关系。貴大臣既系貴国派来。即应將貴国与中国大有关系之事先为办結。方可定期接待也。为此照覆貴大臣查照。

为照覆事。接准貴大臣来文。所称扣留丹国商船。系照欧罗巴所定軍法一节。查此次扣留丹国貨船处所。乃系中国管轄之内洋。貴国兵船前来中国。自当入境問禁。不得任意妄为。中国所轄各洋。例有專条。各国和約內均明此例。貴国和約內載有中国洋面字样。較各国知之尤切。何得云殊不可解。至欧罗巴所定軍法。則不能强中国以必知。来文所称專办此事之責。为貴国定夺。非貴大臣所能干与等語。查貴大臣既来中国为全权大臣。所謂全权者。系于貴国之事。無不可以作主。今貴国首先違約。貴大臣不能干与。本王大臣將来何以与貴大臣办事。或俟貴国另簡眞正有权之員前来。本王大臣方能与之共事。至定期会晤一層。查中国洋面商船失事一节。系在貴大臣甫到天津本王大臣未經接待之先。自应俟此事完結。方可接待商办一切也。为此照覆貴大臣查照。

右照会二件。理直气壮。为立約通商以后第一出色之文。外部档冊。汗牛充栋。其要者見于籌办夷务始末四国新档。自光緒以后。編次無法。如滿屋散錢。猝难理董。即收文总簿。已数百册。余尝議宜排比月日。先輯長編。然后提綱挈要。以为外交全史。甚願当事者措意于此。失今不圖。異时一有散佚。国故無徵。悔無及矣。

有清一代。与各国訂立条約章程之屬。見于刻本者。先后凡一百有奇。自画界开埠。割地賠款。筑路开鑛及因專案訂立者外。凡通商行船諸事。一国获利。各国均霑。故条約虽多。其为全局关鍵者。惟咸丰八年中英續約。光緒二年烟台条約。二十一年馬关条約。二十二年中日通商行船条約。二十八年中英續議商約而已。五約之中。馬关条約第六款为害尤巨。其文云。日本臣民得在中国通商口岸城邑任便从事各項工艺制造。又得將各項机器任便裝运进口。只交所定进口稅。先是英商怡和洋行欲在上海設厂紡紗。南洋大臣坚持不可。盛杏荪議由滬商备价購其机器。有成議矣。会此約成而中变。日本初議欲入內地用机器制造。李文忠請命于总署。总署謂可通融。而文忠謂其夺內地人民生計。必不可許。反复辯論。卒刪內地二字。画押以后。俄德法三国为辽东事出而調处。惟英国不預。以割辽無損于英人。而洋商在口岸制造。大有益于英人故也。文忠議約。权衡利害。視內地制造之患。甚于賠款割地。可謂老謀深識。人但以馬关之役集矢于文忠。豈知此老心事者哉。

推論条約章程利害。虽累千万言。亦不能尽。上文举洋商在口岸制造一节。姑就此事引申言之。通商口岸四字。向来汉文解釋。口。謂輪船可以出入之处。岸。謂輪船可以停泊之处。日約添城鎮二字。則非口岸而为城邑所在。皆可曲为附会。任便二字。漫無限制。不須注册。不受檢查。虽制造違禁物品。亦無不可。然日人原議。以城邑与內地对举。則二字只可釋为商埠。明其不專在近水之处而已。制造一事。原約未及稅厘。光緒二十二年。議訂通商行船条約。我就此节提出商議。而日使林董欲置之不論。謂馬关条約既准日人机器制造。若倘須征收厘税。断無不提及之理。其意謂收税即与机器制造原意相背也。我議約大臣張蔭桓駁云。馬关条約制造貨离厂等税。应否豁免。一字未提。如果可以免征。断無不提明之理。既不提及。其为应征無疑。且中国系自主之国。原可任便妥定公平章程。征收税項。若慮中国將制造貨税加重苛征。使制造之权利化为烏有。是以不公平相待。中国应征制造貨之离厂税。不过以之抵所失洋貨之进口税。于就貨抽税之間。仍寓恤商惠工之意。条約中既未讓去。則中国分內所应为之事。貴国政府当不見怪（以上見光緒条約刋本）。此事坚持数月。日本至欲因此罢議。最后索开津滬厦汉四处日本租界。而允中国任便課税。惟納税須与华商相等。于是有公立文憑。其文云。日本政府。允中国政府任便酌量課机器制造貨物税餉。但其税餉不得比中国臣民所納加多。或有殊異。中国政府。亦允一經日本政府咨請。即在上海天津厦門汉口等处設日本專管租界。馬关条例开苏杭租界。日本初意謂兩处商务必佳。繼而知其無益。故乘此要挾。添开四处。我亦以免税貽害太巨。权衡輕重。宁取此而舍彼。然約內課税一語。看似中国有自主之权。而其下声明不得 比华商加多。則政府而不恤华商則已。否則必不能課以重税。此条开議时。总税务司赫德建議抽百分之十。总署以为所得已多。而日本則不甚措意。及税率已定。張文襄覚其与华商有害。再四研求。知赫德袒英抑华。奏請仍按值百課五征税。于是任便課税一語。遂成空文。而日本卻获得四处租界之实益。此日本用意之深。布局之巧。而中国則处处失著者也。今关税号为自主。而洋商在华設厂制造。税率仍与华商相等。华商之不能与洋商爭竞。無竢贅言。此条不改。則关税自主。徒虛語耳。

施理卿先生言。条約須于無字处著眼。此語誠然。外交变故。日出不穷。外人計慮虽周。終有見不到处。迎机而善应之。补救之道在此。制胜之道亦在此。惟拘文牵义。办某案只知引某約条文。引某条只知就某句解釋。乃为大誤。同光間譯署諸人。不明世界大势。因应失当。無可諱言。然亦有力辨堅持。外人理絀而就范者。后来办事者。一概抹煞。不考档案。不問緣由。將前人苦心斡旋之处。輕輕放过。貽誤不淺。外交本屬專門。此篇只言文牘源流。雅不欲多所評論。縱笔及此。以竢隅反。

道光二十二年。与英吉利訂約于江宁。是为江宁条約。其第十一款云。英国駐中国之总管大員。与中国大臣。無論京内京外者。文書来往。用照会字样。英国屬員用申陈字样。大臣批覆用劄行字样。兩屬員往来。必当平行照会。咸丰八年中法条約第四条云。大法国大宪与中国無論京内京外大宪公文来往。俱用照会。大法国二等官員与省中大宪往来公文用申陈。中国大宪用劄行。兩国平等官員照相並之礼。其商人及無爵者。彼此起訴。俱用禀呈。英約之总管大臣。法約之法国大宪。即公使也。英約之屬員。法約之二等官員。即領事也。自此以后。与各国立約通好。其文略同。至光緒二年。烟台条約第二端。声明兩国官員往来文移。倘有未协之处。宜会同商訂。总期与泰西各与国交际情形無異。五年。总署与各使議定中外往来仪式节略。督撫于領事。以宾礼相待。遇有寻常公务。照旧照会道台。轉申督撫。若事关緊要。彼此無論品級大小。概用照会。文内称貴領事。不用硃笔圈点。自是督撫与領事公文往返。概以照会行之。然前此虽用劄行。語意亦自謙和。及改用照会。凡事商量辨論。絕無峻厉之辞。当局者小心謹慎。每以横生枝节为戒。外人揣知其意。轉多要挾。交涉棘手。此亦一端。惟張文襄督兩广时。駁法領事索賠教堂損失。其时当越事定議之后。牢騷滿腹。措辞独为嚴切。申报刊載此文。法領事嗒然丧气。其議遂寢。此篇見文襄全举。偶然为之。非外交常軌。要之交涉文牘。当明白剴切。不亢不卑。斯为得之。此体人所習知。不須举例。录箚文一首于下。

曾国藩箚法国总領事文（同治〇年　节录）

为箚复事。据該总領事于七月十七日申陈一件。八月二十一日又具申陈一件。本大臣均已閱悉。具見該总領事深明条約。立言公正。洵为嘉慰。查金司鐸前在淮安地方借名卖屋立契后。又自塡天主堂字样。迹近欺瞞。誠如該总領事所云。此金司鐸之过也。本部堂幷不另責其非。所有在淮私买之屋。已滋物議于前。惟該屋是否可以为教士建堂之用。有無关碍居民情事。抑应如安庆之案。在城外擇买堂基。在城內另租公所。已飭淮安府县妥速查办申复。另再箚知。至貴国傳教司鐸。据申皆是安分良善之士。倘有不遵和約或置私产者。該总領事当随时核办切禁等語。本大臣聞之嘉悅。固無不釋之疑怀。而教士之置屋建堂。先經本大臣按照条約。一再剴切飭屬曉示百姓。原期地方官查酌相宜。不使教中吃亏。各教士可当体会此意。坦然明言办理。不必私相授受。轉生事端。此外設立育嬰堂。收养男女幼孩。实为各国条約所無。育嬰一項。乃中国自办善举。与外国人無涉。故条約內無此名目。况教士縱有善心。而經理之人不妥。与乳媽任意糟踏。死伤嬰孩太多。使教士暗損陰德。又累声名。殊屬不便。务望該总領事力劝教士。嗣后到处只宜傳教。不可設堂育嬰。庶民間知傳教系条約所准。育嬰乃条約所無。既不育嬰。即無挖眼挖心之說。人人共曉。何患謠言不息。何患民教不能相安。本大臣所見如此。当咨請总理衙門与公使商之。幷望該總領事查酌妥議。随时具复。又据来申內。以淮安府案內批示。按本大臣之意。教士买地。須領事官帮办云云。和約內無此明文。該总領事力加辯論。查此节恐系因誤会所致。緣傳教士初入內地。未經呈出印照。中国無由悉其来历。必須有領事申請之文。方憑酌办。非謂教士买地須領事官从中帮办也。本大臣批示內。幷無此說。或系地方官告示內詞意未及分析。致成誤解。据后一次来申。閱悉丹徒县告示內載入批示。尤为明晰。是該总領事于此層已釋然無疑矣。須至箚复者。

民教不能相安。由于地方官不能持平办理。右箚开誠相示。將是非利害。明白指出。乃办理教案要訣也。領事之职。不过保护其本国商民。疆吏与之交涉。亦适如領事之职权而止。若国家大事。外部主持于內。駐使周旋于外。非独領事不能过問。即疆吏亦不便越俎。然此为平时言之。若变出非常。权宜处置。如庚子保护东南之約。則督撫一言。系于全局。而滬汉諸領事。亦复举足輕重。其时余在鄂督署中。目覩文电往还。所言者皆全局安危事也。是年五月二十六日。李文忠与江鄂魯皖湘諸督撫。有联銜致各国外部电文一件。請各国按兵停战。此为外交有史以来仅見之事。其文如左。

李鴻章刘坤一張之洞袁世凱王之春俞廉三致英美法德俄日各国外部电

北方拳匪。違旨滋事。各国人口物業。致遭損害。京內外数百里华商华民財产。焚毀亿万。至戕杀日本使館随員。乃各官办理不善之故。实非朝廷意料所及。致各国兵艦。进占大沽炮台。大局恐成决裂。現在我皇太后皇上电召鴻章来京。必系与各国妥商办理。免致失和。惟鴻章抵津。尙須半月。而各国日內进兵不已。設或再有战事。將来更难轉圜。徒令各匪乘机肆惡。良民多遭慘害。今各省督撫。幷未奉有开战諭旨。可見朝廷幷無失和之意。务望婉商各国政府。迅电天津各兵官。力劝各国按兵停战。俟鴻章到京請旨开議。必当妥为了結。不啓战禍。官兵方能專力剿匪。目下長江沿海一帶各督撫。力任保护之責。諸国洋人。均可無庸顧慮。若天津再有战事。則南方必將牽动。事机危迫。务祈迅飭施行。

右电文为鄂省主稿。各駐使譯送外部时。語意容有出入。然大旨不背。是时盛杏荪建議謂欲圖补救。須趁未宣战之先。江鄂兩督令飭地方官与各領事訂約。上海租界。准归各国保护。長江內地。归督撫保护。兩不相扰。以保全商民人命产業为主。刘張兩公均韙其言。不数日遂由苏松太道与駐滬各領事訂約九条。其第一条即盛电原文也。約甫定而宣战之旨下。江鄂以奉保守疆土之旨在前。不改前議。而各国外部得二十六日之电。但答以派兵为保使。非失和。盖洋兵虽連陷京津。而議和之机。已伏于此。凡外交文字。貴古先著。貴知己知彼。此成例之最著者。

薛叔耘先生出使英法时。凡照会外部之文。每参用洋文句法。先生善章奏。工古文辞。而所为外交文牘。乃別为一格。良以华洋文法不同。不如是則繙譯洋文之时。語气全失。虽汉文优長。亦失其功用也。上海陆子兴先生宣統間出使荷蘭。奏請以洋文人名地名注于奏摺之內。以免歧誤。部議允之。国体既改。入長外部。凡节略照会之屬。先譯汉文为洋文。看其語气是否符合。汉文不符者。改从洋文句法。比年推广其意。以汉文起草。譯洋文而改之。洋文定稿。再譯为汉文。虽展轉周折。而汉洋文相符。語無不达之意。可謂善于运用矣。

文法有中西。文心無二致。造句研煉。吐辞雅馴者。中西之所同。而辞令之正則也。光緒間。俄皇太子游历来华。辜鴻銘时在湖广督署。任繙譯之事。鴻銘不独嫻英法德諸国語言文字。并通希腊古文。吐屬不凡。周旋中节。俄儲敬礼有加。比岁英爵士李頓来华。調查东三省事。归报于国际联合会。为書数十万言。人称其文字之工。譯为华文。亦复曲折尽致。斐然可誦。故知修辞之学。壇坫所先。析輕重于豪芒。辨得失于雅俗。斯义精深。盖望洋而有無涯之嘆也。

牘髓

卷一 內編

積学第一

国惡乎治。曰。有位者無不学之人。国斯治矣。学也者。賅本末。澈始終。未有不学而可以從政。亦未有从政而可以不学者也。然則为学之方何如。曰。尝私淑于陈东塾先生矣。先生之言曰。学也者。讀書也。子路使子羔为費宰。孔子曰。賊夫人之子。子路曰。有民人焉。有社稷焉。何必讀書。然后为学。然則学也者。讀書也。曰。凡为学者。將以致用也。此固有讀書而不能致用者矣。然則致用之方何如。曰。請征之呂叔簡呻吟語。其言曰。事事有实际。言言有妙境。物物有至理。人人有处法。所貴乎学者。学此而已。無时而不学。無地而不学。不会其全不詣其極不止。此之謂学者。

东塾先生言古人讀書之法有二。一曰务精博。一曰观大略。务精博者。専門著述之学也。观大略者。經世宰物之学也。昔有問考据之学于閻百詩者。曰。不誤。請益。曰。不漏。此精博之說也。汉王充李固博覽而不守章句。賈逵为諸生略覽大义取其可用。此但观大略之說也。讀書但观大略。謂通貫書之大义。非謂于書义一無所得。黄山谷与王子飞書云。陈履常正字。天下士也。讀書如禹之治水。如天下之絡脉。有开有塞。而至于九川滌源。四海会同。其論事澈首澈尾。如常山之蛇。时辈未見其比。公有意于学者。不可不往扫其門。古人云。讀書十年。不如一詣習主簿。端有此理。讀書論事如陈履常始足当貫通之目。居官者学苟未臻于此境。而能尊賢取友。求学問如履常者而事之。亦可为一助矣。

汉書食貨志。学以居位曰士。此古义也。于文。推十合一曰士。白虎通曰。士者。任事之称也。凡数。始于一。終于十。穷究一切事理而返之于約。是之謂士。凡居位任事者。必如是方为称职。故曰学优則仕。事理無穷。謂入仕以后便可不学。無是理也。故曰仕优則学。仕宦而不讀書。天禀虽高。無益也。彭龟年曰。是非邪正。未易判別。能明理然后能心虛。能講学然后能理明。天下之事。紛紜淆杂。日至乎前。利害之相形。賢否之相蒙。千变万化。不可穷詰。随事而應。虽無不听之言。事过而思。豈無既往之悔（止堂集听言宜辨是非邪正疏）。

汪应辰曰。文章之用。不过叙事与明理而已。理中有事。事中有理。然事必得其实。理必得其正（文定集答李仲信書）。李穆堂曰。論理之文以論事出之。則無微不显。論事之文。以說理出之。則無十非大（穆堂集）。治事必先明理。明理必先讀書。前人論治。千言万語。其要义不外乎此。

張横渠曰。吾学既得于心。則修其辞。命辞無差。然后断事。断事無失。吾乃沛然（吕大临横渠行狀）。横渠不以吏事名。而其論边事經略司画一諸篇。修辞简練。断事明决。老吏不如也。

天下眞能讀書者。十不获一。今不敢为过高之說。姑就易知易行者言之。顏之推曰。聖人之書。所以設教。但明練經文。粗通注义。常使言行有得。亦足为人。光陰可惜。譬諸逝水。当博覽机要。以济功業。必能兼顧。吾無間焉（顔氏家訓勉学篇）。

孙权謂呂蒙蔣欽曰。卿今幷当塗掌事。宜学問以自开益。蒙曰。在軍中掌管多务。恐不容复讀書。权曰。孤豈欲卿为博士耶。但当令涉獵。見往事耳。卿言多务。孰若孤。孤少时历詩書禮記左傳国語。惟不讀易。至統事以来。省三史諸家兵書。自以为大有所益。如卿二人。意性开悟。学必得之。宁当不为乎。光武当兵馬之务。手不釋卷。孟德亦自謂老而好学。卿何独不自勉勗耶（三国志呂蒙傳志东塾杂志亦采此条）。顔氏之語。为未仕者言。孙权之語。为已仕者言。皆切近易行之法也。未仕者而不肯讀書。則是自暴自棄。無如之何。若入仕之人。犹幷此而不能。則試擇一二种書可以开悟者。得暇观之。亦自有益。唐李亮大为涼州都督。太宗賜書曰。公事之閑。宜观典籍。今賜卿荀悦汉紀一部。此書叙致簡要。論議深博。極为政之体。宜加寻閱（貞观政要）。此尤至簡至易之事矣。傅子曰。人之学者。犹渴而飲河海也。大飲則大盈。小飲則小盈。酌河海一勺而飲之。不犹愈于病暍者乎。

讀書自有乐境。不必畏难。困知勉行之說。指深造有得者言。若涉獵群書。但观大略。此境更無困苦。徐幹治学篇。学也者。所以疏神达思。怡情理性也。独思則滞而不通。独为則困而不就。疏神达思。讀書之效也。怡情理性。讀書之适也。昔人讀書。本不專主記誦。以記誦为学者。汉博士之章句。唐宋貢士之明經帖括而已。士大夫讀書。自有其远者大者。但使成敗熟于胸中。义理浹于肌髓。临机無滞。处变不摇。亦可以謝面牆之譏。寡噬膚之悔矣。居官而不廢学。所得必有胜于閉戶研精者。为其更事既多。書理触会融通。事半而功倍也。石勒令人讀汉書而臥听之。臥听犹可。況执卷哉。

畏讀書之难者。輒云一行作吏。此事便廢。一行作吏二語。見嵇叔夜与山巨源絕交書。曰。游山澤。观魚鳥。心甚乐之。一行作吏。此事便廢。安能舍其所乐而从其所惧哉。叔夜謂一行作吏。不得游山覽水。非謂不得讀書也。作吏何碍游山。叔夜不乐仕进。詭辞避世耳。謂作吏便廢讀書。豈唯失叔夜本意。亦令山公笑人。錢竹汀与孙淵如書云。足下在西魯繁劇之地。而撰述甚富。性情当于古人中求之。謂一行作吏此事便廢者。即不作吏亦未必不廢也。諒哉言乎。

仕宦而能讀書。較之士子晨昏講習。刻苦之与安閑。奚啻霄壤。古人为学。兼藏修游息言之。游息而学在其中。此語可味。路閏生跋輞川圖云。大凡流覽名胜。抗怀曩哲者。其品多潔。其識趣多高。其才略多从容。其性情多和平乐易。以之判符牒。理錢谷。我知其与齷齪者異。今之覘吏治者。往往从而短之。曰。某結習未忘。書癡也。某华而不实。文吏也。嗚呼。士人一行作吏。举結習而尽忘之。势將并本来面目而全更之矣。华若不华，安得有实（輞川志）。如路氏所言。則登山临水。飲酒賦詩。皆于治事有益。又非独講習而已。

仕宦而讀書。非夺治事之力也。乃以省临事苦思索之劳也。元人胡祗遹論却病之道。有云。心劳則气結。所以苦思癯悴。古人多識前言往行以蓄其德。以养其性。以致其寿。發而为文章功業。不劳而成。今人每以文章事業。劳悴病夭。盖不养其本而求其末。足以內外交病（紫山大全集）。宋賢如韓富文欧諸公皆躋大年。故文章之与事業。有相成。無相妨。如澄淵然。不搖于風浪。如明鏡然。不疲于遺照。由此而致上寿。享令名。何乐如之。吾願仕宦中人深味此言。勿悠忽于平时。憧扰于临事。而自促其生也。明郑曉官兵部职方主事。日披故牘。尽知天下阨塞士馬虛实强弱之数。撰九边圖志。人爭傳写。官著書者当以为法。宋晁公武知滎州。校讎群書。仿七略別录例。成郡齋讀書志。（吳仁杰熟兩汉書。于書不苟讀。必參覈是正。旁極根柢。其宰罗田。日治文書。夜撰兩汉刊誤。或通宵脇不著席。此則意在精博。非守令所宜。不可为法。）

陆象山之子持之。聞韓侂胄將用兵。持之見徐誼于九江。具言自古兴事造業。非有学以輔之。往往以血气盛衰为銳惰。公更天下事变多矣。未举一事。而朝思夕維。利害先入于胸。吾恐其为之难也。誼憮然（宋史儒林陆持之傳）。徐誼事見宋史本傳。其立朝頗有謇諤之風。而到此更無一語。是利害之見熟。而学問之功犹未至也。是故学問無穷期。必也年愈老。学愈进。然后临大利害而不可夺。

学問当知古知今。知今之学。前人惟致力于掌故。其次惟閱邸报。陈文恭令城乡学館看邸报。或力有未能。則数人同看。謂此中增許多識見。王蘢樵閱邸报。分类鈔集。謂風土人情政治利病官常賢否可以周知。皆謂閱报之有益。今則范圍益广。世界大势。时事变迁。科学新理無一不当留意。亦不能專求之于書籍。曾文正云。世間万事紛紜。無在不当講究。講究之法。不外学問二字。学于古。則多看書籍。学于今。則多覓榜样。問于当局。則知其甘苦。問于旁親。則知其效驗。勤習不已。才自广而不覺矣。又云。天下之大事。無在不当考究。考究之法。皆以現代为主。而历溯前代之沿革本末。衷之以礼义。归之以易簡。前此所襲誤者。可以自我更之。前世所未及者。可以自我創之。其苟且者。知將来之必敝。其至当者。知將来之必因。所謂虽百世可知也。方柏堂宗誠記曾文正軼事云。文正行軍时。舟車之間。治牘讀書。亦無曠廢。尝曰。吾日治軍事吏事。若不能兼讀聖賢之書。則心不能明。何以能知人。何以能应事（柏堂师友言行記）。文正所言皆入仕以后語。考究时事。至于更革草創。可以俟諸百世。其效宏矣。（通鑒二百十一姚崇宋璟为相。紫薇舍人高仲舒博通典籍。齐澣練習时务。姚宋每坐二人以質所疑曰。欲知古。問高君。欲知今。問齐君。可以無闕政矣。姚宋豈不知古今者。其質疑于高齐。乃进一步說法。必如此方可謂之眞知。孔文子不耻下問。所以为美談也。）

为学必先立志。志不立則学問無足言者。自来大吏奬进僚屬。每有課吏之举。而收效甚微。以課吏之意出于上官而应課者志不在此故也。張文襄督湖广。設学治館。其札文云。天下人材。皆出于学。近来官場風气。書生馴謹而每闇于事。俗吏敏幹而或謬于理。欲令事理明达。体用兼备。舍学何由。文襄此言。可謂急先务矣。然其效不能如始願所期。曾文正云。官場为斗智角力之地。最易走入俗吏一途。俗吏豈必庸人。其大病祇在身家愈重。身家愈重。則講習之功。不能胜得失之私矣。必于此处勘得透辟。方有实际可言。若夫自恃才高。以所学为已足而不复更求进益。則其病与俗吏等。学問者。日新不已之事也。立国于今日。取法于人。取鑒于古。二者不容偏廢。居官者苟事事講求。必有新理新义出于其中。然則發揮学术。方自此始。人亦何憚而不为学問中人哉。吾为此語。非泛論理道。特以此为治牘之本。故推究言之。余篇仿此。

曉事第二

治事之道多端。而辨别是非为急。自来言治道者。首在知人安民。欲安民。先知人。欲知人。先曉事。曾文正云。大非易辨。似是之非难辨。居高位者。以知人曉事为职。知人可以閱历黽勉得之。不曉事則挾私固謬。秉公亦謬。小人固謬。君子亦謬。乡愿固謬。狂狷亦謬。重以不知人。則終古背馳。恒言皆以分別君子小人为要。而鄙論則謂天下無一成不变之君子。無一成不变之小人。今日能知人。能曉事。則为君子。明日不知人。不曉事。即为小人（复郭筠仙書）。先伯父靜山先生亦言。君子小人。所差只一念之間。小人一念之公。不失为君子。君子一念之私。即流于小人。由是言之。为君子而果于自信。不問事理之安。即此一念之私。虽欲不謂之小人而不得矣。

先民垂教。有一字而可綜括群言者。曰达。达也者。道之用也。道字。籀文作衜。四通八达。人在其中。故道字即有达义。引申言之。曰达道。曰达德。必其理可以通于天下。乃可謂之道德。德如虞舜。而孟子称之曰。明于庶物。察于人倫。达德之謂也。孔子論学論政。皆以达为指归。誦詩三百。授之以政。不达。虽多。亦奚以为。言讀書而不明事理。虽多無益也。賜也达。于从政乎何有。言明达事理。以之从政。自有余裕也。

大学言治国平天下。始于修身齐家。而修身齐家。始于正心誠意。其言明白易曉。惟正心誠意。必先致知格物。后儒解釋紛紜。其义愈晦。朱注釋格为至。釋物为事物。本出古訓。而二字連用。以为穷至事物之理。則古無此說。窃謂格物者。通达事理之謂也。格字古訓有度量之义。惠定宇九經古义云。文选注倉頡篇。格。度量之也。度量事物。致知之道也。又云。通德类情。謂之格物。格之言度也。以人度人。以情度情。以类度类。尔惟釋格为至者。至之义当釋为达。玉篇。至。达也。由此达彼也。达。通也。是格字訓至。轉注为通。推通达事物之理。故可以度量輕重。通达事理。即曉事之謂也。不曉事則不可以治国。并不可以齐家。即正心誠意。亦是壹意孤行。到处窒碍。故誠正修齐平治之功。必自曉事始。（嘉道間。吾邑有鄒汝璦者。善治家政。鄒氏故大族。食指数百人。婚嫁丧葬。几無虛日。咸取裁于汝璦。处置悉当。遇轇轕事。徐出一言。事輒解。或問其故。曰。是無他。一衷諸理而已。理非印版之理也。情在理先。势在理后。合情与势以观理。理解。事乃解矣。人之生也直。直須以曲出之。易曰。曲成万物。中庸曰。曲能有成。范文正曲体人情。只理会得曲字义。人情自协。吾能曲。吾正善用吾直耳。鄒氏譜記其語。謂汝瑷虽未出仕。一言一动。莫非官箴。此曉事可以齐家之驗。）

物有本末。事有終始。知所先后。則近道矣。此格物之解也。事物之有本末終始者。理之常。而不可以概論。有本計而宜緩圖者。有非本計而为先务者。知所先后者。知本末始終之全局。而权衡先后于其間。光緒十五年。張文襄建議造蘆汉鉄路。請先开鉄矿。造鉄軌。复勘路基，兴路工。以大学本末先后之說为証。海軍衙門复奏言。必須購軌先成。方能造端謀始。今未得以鉄造路之益。先苦以路运鉄之劳。未儲撥帑造路之費。先謀集股采鉄之費。势必穷年累月。劳扰难成。其后大冶开矿。汉陽煉鉄。工艰費巨。久而不就。卒借款購軌于外国。如海署所言。文襄晚年議借款造粵汉川汉鉄路購鋼鉄以补汉厂之不足。其持論亦迥異于前。煉鉄。本务也。購軌。末义也。而本末先后之序。不得不变。此本末先后之解也。

曉事岂易言哉。同一事也。一人为之而功成利見。一人为之而誤国病民。刘晏領度支鹽鉄。自諸道鹽鉄巡院距京师。重价募疾足。置遞相望。四方物价之上下。虽極远不过四五日知。食貨之重輕。尽權在掌握。朝廷获美利。而天下無甚貴賤之憂。凡所任使。多收后进有幹略者。其部吏虽数千里之外。奉教令如在目前。虽寝兴密語而無欺紿（唐書刘晏傳）。此行之而效者也。王荆公制置三司条例。令發运使总六路茶鹽矾税。凡糴买税斂上供之物。皆得徙貴就賤。用近易远。收輕重斂散之权归之公上。而制其有無。其看詳杂議云。臣比見許元为發运使时。諸路有岁歉米貴。則令輸錢以当年額。而發运司所收錢米。常以有余。或以其余借助諸路闕乏。其所利便多如此（临川集卷六十二）。許子春酌剂錢米之法。即刘晏权食貨重輕之遺。亦即荆公制置三司条例所由昉。宋史王安石傳云。安石为相。多用門下儇薄少年。賦斂愈重。天下騷然。此行之而不效者也。刘晏惟灼知天下輕重之数。而精神魄力足以副之。是以人不敢欺。荆公泥周官司市斂貨待買之文。（周礼司市。凡市之不售貨之滯于民用者。則吏为斂之。以待不时而买者。）又見許子春行之于江淮荆浙而效。遂欲推其法于天下。而不能如刘晏之明燭千里之外。故有百害而無一利。嗟乎。勇于任事而不曉事。可以为龟鑒矣。非独荆公为然也。賢如朱子。亦不能無此失。張南軒答朱元晦書云。介甫自以其为鄞县。尝貸谷而便于民。謂可行于天下。执一而不通天下之务。今元晦見吾行社倉于一乡为目前之便。而乃以介甫之事为有可取。無乃与介甫一执鄞县所为而施于天下者相类乎。凡此皆賢智之蔽。不可不察。

不曉事之害。不在小人而在君子。小人不曉事。犹不能为大惡。君子而不曉事。則一言出而万口附和。貽害不可胜言。宋庆暦中。余靖欧陽修王素蔡襄为諫官。力引石介。范仲淹曰。石介剛正。天下所聞。然性亦好異。使为諫官。必以难行之事責人君以必行。少拂其意。則引裾折檻。無所不为。主上無失德。朝廷政事亦自修举。安用如此諫官也（通鑒長編）。朱蕤客云。伊川之在經筵。东坡之在翰林。皆古今第一得人之举。而当日盘廷互攻。峻言丑詆。不容一日得安其位。又皆出于一时之所謂君子。后世之推为名臣。反复是非。陰陽消長。虽有聖人。不能定也。攻东坡者無論矣。攻伊川者。如孔文仲呂陶。犹以为东坡之党也。王覿。攻东坡者也。而其上疏帖黃有曰。頤軾自擢用以来。皆累有台諫官論列。若使二人言行全無私闕。亦安得致人言如此之多。是亦不信伊川者。然犹以为非講道学者也。元城刘安世。則儒林之魁杰也。而元祐三年五月一为正言。即疏言考功員外郎欧陽棐造請权門。与程頤畢仲游孙实楊国宝輩交結执政子弟。参預密論。号为死党。指紳之所共疾。淸論之所不齿。十余日后。再疏言。棐与程頤畢仲游楊国宝孙朴交游。結执政吕公著范純仁子弟。荐紳之間。号为五鬼。其年八月。又疏言。方今士大夫無不出入权势之門。何尝尽得鬼名。惟其陰邪潛伏。进不以道。故五人者独被惡声。其丑詆一至于此。伊川不待言。即欧陽叔弼为文忠之子。文行素著。而元城力攻之。此何說也（越縵堂日記第四十三冊）。郭筠仙云。宋以来士大夫好名。誤人家国事。托攘外美名。圖不次峻擢。洎事任屬。变故兴。迁就倉皇。周章失措。生心害政。莫甚于斯（养知書屋集）。范文正不主用石守道。議論最为明适。蒓客之論。盖有感于光緒初年朝局。筠仙之論。則为竝世士大夫憎于时势而發。李文忠在北洋。每有事事掣肘之嘆。正为此也。（曾文正与郭筠仙書云。尊論自宋以来多以言乱天下。南渡至今。言路持兵事之短長。僕更参一解云。性理之說。愈推愈滅。苛責君子愈無容身之地。縱容小人愈得寬然無忌。又如芝房侍講偶論序云。君子之言也平則致和。激則召爭。辞气之輕重。积久則移易世風。党仇紛爭而不知所止。辞气輕重可以移易世風。其几微矣。）

李衛公筹平澤潞。杜牧上書数万言。衛公置不答。宋眞宗以李沆为宰相。問治道所先。曰。不用浮薄新进喜事之人。如梅詢曾致堯輩者。此为最先。庆曆間。欧陽修知諫院。論更改貢举事。惡当时举人文辞鄙惡。理識乖誕。节鈔剽盗。全不曉事。請分場考取。其大要曰。鄙惡乖誕。以漸先去。少而易考。不至劳昏。使童年新进全不曉事之人無由而进。張江陵当国。凡新进言事者。大半見黜。巡按各行省御史。痛裁抑之。以为諸少年遇事生風。侵权病政。不可过相假借。此数公者。

豈惡夫新进少年而摧折之。使不得展布哉。国家之患。常伏于隐微。而淺見者不之省。徒欲以高談空論。宰制一切。未有不敗事者。諸葛不云乎。非澹泊無以明志。非宁静無以致远。汩沒于嗜欲而矜言志事。激發于意气而侈談功名。其不能实踐一也。

六朝人裁量人物。每言器局識鑒。而幹略次之。惟其以此相高。故王导謝安輩非有管乐之才。犹能宏济艰难。坐鎮雅俗。鍾会志大量狭。傅嘏謂其功業难就。嵇康才高識寡。孙登謂难免于今之时。以器局之無異于恒流也。宋胡安定教授湖州。立經义治事二齋。經义則擇心性疏通有器局可任大事者。治事則一人各治一事。又兼攝一事。心性疏通有器局可任大事者。然后使治經义。必如此則經义方不流为空談。此鑒別人才之法也。

人有恒言。王道不外人情。人情所不便者。不得已而为之。則必思患預防。妥貼布置。呂叔簡云。做天下好事。既度德量力。又审势擇人。專欲难成。众怒难犯。此八字者。不独妄动人宜慎之。虽正大光明之事。亦須調剂人情。發明事理。俾大家信从。然后动有成。事可久（呻吟語）。明史王徵傳。徵論治嘗誦張宣公語。無求办事之人。当求曉事之人。时皆服其切中。徵居言职持論侃侃。史載諫疏数篇。正而能通。不愧曉事之目。王道不外人情。正謂此也。近代称北方之学者。必曰顔李。李剛主之学。其扼要語曰。每日檢点言語得失。随时体察世故人情（李恕谷年譜）。剛主非教人講今日所謂人情世故也。人情世故。即事理也。（其时南方之学者有潘用微。与黄梨洲相友善。用微論格物全在格通人我。强恕反求。見所著求仁录。）

曉事尚已。然几微之間。不可不辨也。汉之孔光胡广。皆明达政事。練解朝章。及其居台司。典机务。光不能遏王莽之奸言。广不能弭梁冀之流毒。持祿保位。阿諛取容。而人望所归。其言論之敗坏国事于無形。有什百于常人者。故事理不可不明。义理尤不可不明。格致之功。必繼之以誠正。正为此也。后汉書盧植傳。植为盧江太守。深达政宜。务宏大体。及为尙書。董卓議廢立。群僚無敢言。植独抗議不同。論曰。蠢蠆起怀。雷霆駭耳。虽賁育荆諸之倫。未有不冗豫夺素者也。当植抽白刃严閣之下。追帝河津之間。排戈刃。赴戕折。豈先計哉。其于忠义。造次必于是。顚沛必于是也。必如盧子幹深达政宜。而率之以大节。然后可以言曉事。不然。則賊德之乡愿而已矣。

立誠第三

往古来今。四方上下。大气充塞。品彙乘除。無往而非实境。人在天地之間。一呼一吸。亦实境也。人不能离实境而生。而人与人之間。乃欲相尙以詐。相率以伪。豈惟自欺。直是悖理。物腐而虫生。气虚而疾至者。为其有罅隙。而外物乘之而入也。政事亦然。奸蠹之萌。邪慝之作。皆由于徒飾虚文。而無精神貫注。是故政治不可以为伪。去伪莫如誠。子思子累德篇云。同言而信。則信在言前。同令而行。則誠在令外。汉書張湛傳注。云。二人同出言而人信服其真者。不信其伪者。則知信不由言。信在言前也。同令而行。意亦同。唐太宗时有上書請去佞臣者。太宗曰。卿知佞者誰耶。对曰。請陛下佯怒以試群臣。若不畏雷霆。直言进諫。則是正人。順情阿旨。則是佞人。太宗曰。流水清濁。在其源也。君者政源。君自为詐。而欲臣下行直。是犹源濁而望水清。理不可得。如此豈可挑为教令（貞观政要）。至哉斯言。南面临民。古今一理。

易文言。修辞立其誠。所以居業也。孔沖远疏曰。辞。謂文教。誠。謂誠实也。内則修理文教。

外則立其誠实。內外相成。則有功業可居。朱子本义曰。修辞。見于事者。無一言之不实也。虽有忠信之心。非修辞立誠。無以居之。孔疏分修辞立誠为內外二事。朱注以無一言不实释之。內外一貫。于义較長。誠則可以感人。可以自立于不敗之地。故居業而能若是。虽危無咎。陆宣公曰。領覽万几。必先虛其心。鏡鑒群情。必先誠其意。心不虛則物或見阻。意不誠則人皆可疑（本集答論姜公輔狀）。韓魏公为諫官三年。集所存稿而序其首曰。諫主于理胜而以至誠將之（言行录）。曾文正曰。凡办事必有艰难波折。吾輩总以誠心求之。虛心处之。誠則志專而气足。千磨百折而不改其常。終有順理成章之一日。心虛則不动客气。不挾私見。終可为人共亮（与程尚齋書）。三公事業。皆本于誠。即居業立誠之說也。世人目誠实为平庸。此大誤也。誠之所至。金石为开。豚魚可格。岂平庸之人哉。观人之法。誠者必信。必不苟。苟或不然。必其誠有未至。非誠之罪也。楊文定名时曰。教令从心坎中流出。言言透入情理。自足悚动观听之心（楊文定公集）。程明道知上元县事。視民如子。民或不持牒徑至庭下。从容理其曲直。無不釋然。立科条。旌别善惡。在县三年。民無强盜及斗死者。刘左司曰。誠意积于中者既厚。則感动于外者亦深。故伯淳所在临政。上下响应（宋元学案）。学問如明道。未可几也。虽然。吾見居官者以誠待民。而民有奉令恐后者矣。有不忍欠租以累其官者矣。有惜其为民获咎而吁請昭雪者矣。若而人者。不必范杜龔黃之选也。而一念之誠。足以感人若此。魏郑公曰。言而不行言不信也。令而不从令無誠也。不信之言。無誠之令。为上則敗德。为下則危身（唐書魏征傳貞观政要）。由是言之。誠則安。不誠則危。樞机之發。荣辱之节。其微矣哉。

学問有淺深。文章有优劣。惟立誠之义。則不論何人。随分可以自尽。耿逸庵（介）敬恕堂集。其詩文造詣。皆不能踰中人。而逸庵官福建直隶。所至为民除害。勤勤懇懇。人皆为之感动。自言得力处惟一誠字。謝事归。講学嵩陽。論忠恕一貫之旨有云。遇著一事之来。便將此一片眞实心貫澈于一事之間。遇著一物之来。便將此一片眞实心貫澈于一物之內（書院講义）。此数語發揮誠字之义極为透澈。尹元孚云。居官者且無論才之長短。止此寸心中常存为国为民之念視为天經地义一息不容少懈之事。必然顧名思义。勉求尽分（健余劄記）。

張清恪云。为司牧者。果發出一腔不忍人眞实心腸。毋盲尔目。毋恝尔情。視彼鳩鵠遺黎酸鼻痛心。如兒如女。决不使民失所。何患救荒不力（正誼堂集飭郡县救荒檄）。此言誠心爱民。必能誠心治事也。道光間陝西平利貢生丁光斗。研穷理学。朔望宣講时。官紳皆在。光斗曰。凡做官自己心上問得过。便为之。問不过。切勿为（清麓文集丁济陽行实）。嗟呼。官吏日日治事。心上問得过者。有几人耶。宋牧仲湯文正遺書序曰。文不貴乎能言。而貴乎不能不言。譬犹雲既滃而灵雨不得不降。气既至而蟄雷不得不鳴。雨降而生物潤。雷出而地材奋。先生撫吳二年。講学有規。化民有教。讀法于乡。箴儆于官。皆發于中心之所不容已。是其为文固实有諸其中。而非道不足而强言者所可几也。世人論湯文正。第知其清严。余讀遺書。覚其至誠愷悌。語語自肺腑間流露。去吳之日。为文曉諭士民。有曰。撫吳三載。一飲一食。何莫非百姓脂膏。而地方刑名錢谷。簿書鞅掌。晝夜拮据。心虽無穷。力实有限。入朝之后。或至尊顧問。或因事敷陈。或九卿会議。当尽力繫繫言之。平日告誡尔百姓之言。历历具在。自今以后。願尔百姓孝亲敬長。教子訓孙。忠信勤儉。公平謙讓。事要忍耐。心要慈和。勿得妄兴詞訟。勿得輕起斗爭。勿賭博。勿淫佚。勿听邪誕师巫之說。复兴淫祠。此惓惓望于尔百姓者。身在京华。此心尤当往来于此地。吳民于文正去任之曰。相率縶留。文正此文。語尤肫至。可謂仁人之言矣。（文正与刘叔續書云。講学祇在当下所处之地。所处之时。舍此而談空說悟。終与自己無益。僕生平不敢为此学。今天下大病。总坐一伪字。有来相問者。惟欲先去此字。然后有商量处耳。文正講学在去一伪字。公牘亦然。）

古人誠敬并称。誠之与敬。非二事也。論語。敬事而信。包咸注曰。为国者举事必敬慎。与民必誠信。朱子注曰。敬者主一無适之謂。敬其事而信于民也。汉儒言敬多对人对事而言。詩。夙夜在公。說文。夙早。敬也。持事虽夕不休。夙早二字当連讀。謂早晚皆持敬。宋儒言敬。則慎独之功居多。有事时必敬。無事时亦敬。然論語言修己以敬。此明是慎独功夫。敬慎于平时。則临事自不苟且。后人目誠实为平庸者。以外貌观人故也。以外貌观人。則豈惟誠实为平庸。人固有貌似老成而胸有城府者矣。修辞立誠。此立字有卓然不拔之意。以誠实立其大本。而辞句之如何斟酌。或留余地。或防未然。或出之以簡明。或运之以婉約。要自不拘一格。此之謂修辞。不可以非正言庄論而謂其不誠也。眞西山曰。天下之理。惟中为至正。惟誠为至极。敬所以中。不敬則無中也。敬而后能誠。非敬則無以为誠也。气之决驟。軼于奔駟。敬則其衔轡也。情之横放。甚于潰川。敬則其隄防也。呂叔簡曰。簡而当事。曲而当情。精而当理。确而当时。一言而济事。一言而明道。是謂修辞之善者。其要有二。曰澄心。曰定气。前人文字固有忠誠悃款而一經蹉跌措辞失平者。由于气不定而情不能自制也。存誠主敬以修辞。則心澄而气定矣。

宋史詹体仁傳。眞德秀早从其游。問居官涖民之法。体仁曰。尽心平心而已。尽心則無愧。平心則無偏。乾隆間。汪龙庄撰佐治藥言学治臆說。以尽心为第一义。尽心者。临事不苟之謂也。故曰。君子之于言。無所苟而已。事之未来。澄心滌虑以处之。事之既至。殫精竭力以赴之。事之已往。懲前毖后以善之。其心愈苦。其謀愈深。其慮愈周。其智愈密。故曰誠生明。明从誠出。未有不誠而明于安危得失之故者也。惟誠也。故視国事如家事。孜孜矻矻。無一日之安。惟誠也。故忘身为国。而私計非所恤。惟誠也。故專精壹志。放之則言滿天下而無过。斂之則猷然自視而無名。嗚呼。世之苟且僥幸詭随翫愒旅进而旅退者。非其才智之不若人也。不誠焉已。

出处进退之际。聞古有見微知著而托詞远引者矣。未有矯激沽名而以退为进者也。乐毅报燕王書云。君子交絕。不出惡声。忠臣去国。不潔其名。忠臣之义。去国犹不潔名。況沽名哉。明人王闓修云。淵明之去官。毀見督邮也。逸少之去官。耻为王述下也。貞白之去官。求宰县不得也。然皆無碍其为高也。后人于此。必尽諱之。而別寻一好題目。著寻題目三字于胸中。則上不顧君父。下不顧朋友。昧心蒙面之事。無不为矣。此仕宦最惡套也（四六法海陶弘景解官表評語）。寻題目以为文。宋明士大夫。每犯此病。自謂心存君国。而不知轉为君国之憂。立言不誠。其害必至于此。

得中第四

先哲論治道。其言之最純粹者。皆不出一中字。堯之允执其中。舜之执其兩端用其中于民。湯之执中立賢無方。箕子之言無偏無頗無反無側。孔子之言时中。其义皆一貫相承。至周末而有子莫其人。調停于楊墨之間。別为执中之說。孟子斥其賊道。此非中之为害。乃执中而失中也。孔子惡果敢而窒者。果敢。美德也。果敢而至于窒。則害事矣。顧亭林曰。学者之患莫甚乎执一而不化。及其施之于事。有扞格而不通。則忿戾生而五情瞀乱。与众人之滑性而焚和者。相去無几（日知录一）。公牘文字。度分际。审机宜。酌輕重。分緩急。其理無他。要之得中而已。中之为义。不可求諸迹象。今取前人学說而申論之。

析理精当。無逾宋儒。程朱說中庸之理。皆自身心体驗而来。程子云。不偏之謂中。不易之謂庸。又云。中字最难識。且試言一厅。則中央为中。一家則厅非中而堂为中。一国則堂非中而国之中为中。且如物初寒时。則薄裘为中。在盛寒而用初寒之裘。則非中也。又云。子莫見楊墨过不及。遂于过不及二者之間执之。却不知有当摩頂放踵利天下时。有当拔一毛利天下不为时。执中而不通变。与执一無異。朱子云。君子之所以为中庸者。以其有君子之德。又能随时以处中也。中無定体。随时而在。又云。执兩用中。謂于善之中又执其兩端。而审度其中。程朱說中字之义。随时随地而求其是。西人論哲理物理。有时間空間之說。儒家之言中。与之暗合。中道施于事業。則为与时消息。为因地制宜。一張一弛。寬猛相剂。时間之說也。修其教不易其俗。齐其政不易其宜。空間之說也。

說中字須兼三义。一曰正。二曰权。三曰变。正者。大中至正之謂。說文。正。是也。是。从日正。从日正者。犹言如日正中。凡事之正者。必天下之公是。必义理之至当。故曰。君子大居正。又曰。正其本。万事理。古者五官之長曰正。（左氏昭公二十九年傳。木正曰句芒。火正曰祝融。金正曰蓐收。水正曰冥玄。土正曰后土。）教士之官曰正（祀記王制乐正崇四术立四教）。州牧所轄之国。其長曰正。（王制。三十国以为卒。卒有正。二百一十国以为連。連有伯。）可知临民教士。皆以正为之表率。后人于施所習。語及正人君子。輒以为迂。不知人皆有是非之心。正人君子之是非。即天下之公是公非也。或謂日之中景。因暑道而殊。在中原为日中。在南北为偏度。物理事理。不能竝論。則应之曰。信如所言。是子莫执中之說也。政教之可以行于天下者。如日月之昭明。胥穷檐僻壤而無不燭也。其南北之異宜。則斟酌損益之所有事也。管子宙合篇。君之出令。正其国而無齐其欲。一其爱而無独与是。言令出無私而好惡不拂人之性也。是故中也者。因地因时。無所往而不在也。惟其是而已矣。程伊川曰。中則正矣。正未必中也。世盖有正而未必中者。此論正之效驗。必存于中。乃著于外。尤鞭辟入里之言。

权非詭譎之謂也。古人言权。有度量輕重之义。于易。巽为号令。系辞。巽以行权。焦理堂曰。巽之义为权。权即承天而时行。寒暑往来。天不执一。通其变。使民不倦。神而化之。使民宜之。聖人不执一。巽之九五。其爻曰。先庚三日。后庚三日。吉。虞翻曰。居中得正。故吉也。論語。可与立。未可与权。朱注。可与权。謂能权輕重。使合义也。孟子。权。然后知輕重。焦理堂曰。权之于称也。随物之輕重以轉移之。得其平而止。物增損而称則常平。轉移之力也。故变而不失常。权而后經正。太史公曰。不通春秋之义者。遭变事而不知其权。春秋之义。权其变而亡当于理者也。以上諸說。皆謂权衡事理。归于平正。九流百家之言。惟用兵貴奇而不貴正。然必可正而后可奇。（王夫之宋論。老氏之言曰。以正治国。以奇用兵。言兵者师之。为乱而已矣。王韶請击西羌。收河湟以圖夏。王安石称为奇策而听之。进無尺寸之功。退有丘山之禍。正不足而以奇济之。可以暫試。不可以常用。可以脫險。不可以制胜。可乘疲寇而速平。不可御彊敌而徐效。如其用之。抑必有可正而后可奇也。舍正用奇。而恃奇以为万全之策。此古今画地指天之妄人。論者皆咎陈余之不用李左車。使余用左車之策。韓信豈輕入其阱中者哉。是故奇者举非奇也。用兵者正而已矣。不以猜疑任將帅。不以議論为謀略。不以文法責进止。峙芻粮。精甲仗。汰老弱。同甘苦。严營陣。攻其所必救。博其所必爭。誠有余也。而后間出奇兵。以收速效。）將帥应变之权。非朝廷先事之算也。

左傳。中权后勁。杜預注曰。中軍制謀。精兵为殿。后世权謀之說本此中軍制謀。虽不厭奇。亦何至專尙詭道。后世以权謀术数幷称。非也。三国志。諸葛氏集有权制篇。陳寿表上其書。言亮科教严明。賞罰必信。其声教遺言。皆經事綜覈。公誠之心形于文墨。武侯之治軍国。豈为权术者哉。公羊傳有反經行权之說。汉人尋繹其义。以反經合道为权。經常之法。有时而穷。故行权以济之。其始虽若反經。其終必合乎道。其相反也。非相背也。乃相成也。張养浩云。古人权以济才。随宜应变。如丸轉盤而不出于盤。如水委曲赴海而不悖于海（牧民忠告）。然則权也者。变而不失其中者也。唐魯泉（治）云。經权二字。是二是一。聖人之权即是經。所謂無可無不可也。斟酌于輕重緩急之間。自有一番中正处置（柏堂师友言行記）。刘元城云。当官处事。須权輕重。务合道理。無使偏重。元祐間。尝謁見馮当世。当世言。熙宁初。与陈暘叔呂宝臣同任樞密。暘叔聪明少比。遇事迎刃而解。而呂宝臣尤善于停事。每事必称停輕重。令得所而后已。事經宝臣处者。人情物理。無不允当。称停二字。吾輩当今最宜致力（宋元学案引童蒙訓）。宋人言称停。犹六經之言权。权其輕重。無不允当。此之謂中道。

时势之推移。人事之代謝。前人成法。适于当时而或不适于后世。其不得不变者。势也。虽然。变法未易言也。言通变之理者。莫如孔子之贊易。曰。易穷則变。变則通。通則久。曰。变而通之以尽利。曰。化而裁之謂之变。推而行之謂之通。曰。神而明之。存乎其人。变法要于能通。若推之而不能行。裁之而不能化。是变而不通也。变而能通。此中自有妙用。故曰神而明之存乎其人。破觚以为圜。易白以为赤。是改也。非变也。凡变化必以渐。自溽暑迄于严寒。自高山达于深谷。其間必有温凉之节。起伏之形。若盛夏而行冬令。絶壁而临深潭。居者必病。行者必蹶。变法之理。亦犹是也。淮南子云。聖人行于水。众人行于霜。高誘注。水。行之無迹。霜雪。履有迹。此語最妙。行之無迹。即神而明之之謂也。南史謝方明傳。方明位侍中丹陽尹。轉会稽太守。承代前人。不易其政。必宜改者。則漸变。使無迹可寻。方明行事。不唯宅心仁恕。亦事理宜尔。

張太岳云。大学所謂至善。中庸所謂中。皆事理当然恰好处。事理無常。当随时处中。故有昔以为善而在今为不善者矣。有在此为善在彼为不善者矣（文集）。胡朏明論黄河治法。历举前人格言后世不可尽行者。而总为之說曰。弈者必胜之著。而低手混施之。則全局皆空。古今經驗之方。而庸医誤用之。則杀人無算。治河之法。或新或旧。或合或分。或通或塞。或無事。或有事。或小有事。或大有事。神而明之。存乎其人（禹貢錐指）。嗟乎。豈独治河为然哉。宋南渡时。曾怀为丞相。領榷酤。議併二十一庫为七。群失职者不乐。浮議横生。薛居宝主管文字。洞究弊源。随事更革。不見其迹。闔娛上下。以迄于成。国用增倍（攻媿集薛居宝行狀）。熙宁变法。使以此道行之。必無紹述之禍。

丁文誠督四川。凡所設施。僚屬或不測其所以。及效著而利見。乃大嘆服。时靜山先生在幕中。尝聞文誠語云。办大事者。須有天馬行空之概。神明变化。無迹可求。此眞英雄事業。凡治官文書者。有天馬行空之概。养于胸中。自有神明运用之妙。起于笔下矣。

时中为儒者至精之說。出处語默。存亡进退。合乎此义則吉。反乎此义則凶。易彖傳釋卦辞爻辞。曰时义。曰时用。曰中道。曰中行。皆称美其德之辞。光緒乙未。湘撫陈右銘入都召对。請讀周易折中。退語翁文恭。講易以中为主（翁文恭日記）。是时維新变法。端倪甫萌。右銘言变法而陈易义。其識卓矣。戊戌之变。由于求治太急。正与时中之义相反。宋哲宗时。章惇入相。陈瓘道謁于明州。惇聞其名。詢以当世之务。瓘曰。請以所乘舟为喻。偏重可行乎。移左置右。其偏一也。戊戌之事。偏重而失其中者也。

凡此所言。皆以明时中之义。守正为經常之道。有貞吉而無悔吝。权变二字。非有定識定力之君子。未可輕言。唐苏味道以文詞知名。辞理精密。及居相位。不能有所發明。尝謂人曰。处事不欲决断明白。若有錯誤。必貽咎譴。但模稜以持兩端可矣（唐書苏味道傳）。崔日用材辯絕人。能乘机反复取富貴。尝曰。吾平生所事。皆适时制裁。不專始謀。然每一反思。若芒刺在背（唐詩紀事）。味道处事模稜兩端。此非經傳之所謂执其兩端。乃于是非善惡。更無別擇。然犹不敢于为惡也。充日用之所为。不至身敗名裂不止。吾述其事。將以警夫托权变而禍家国者。

文义貴周密。不貴敏速。古人有倚馬成文口授十吏者。此以詞翰見長耳。若夫斟酌机宜。权衡利害。則必精思而后得之。唐刘三复長于章奏。参李德裕幕府。一旦令草謝御書表。謂之曰。立構也。三复曰。文理貴中。不貴其速（古今事文类聚）。一謝表耳。犹貴得中。可以隅反。

养耻第五

耻之于人大矣。官而無耻則官紀坏。民而無耻則民德亡。故論治之要。必以明耻为先。明耻之道。率之自上則易。責之于下則难。政教号令者。上之所以率下也。以父子兄弟之心待其人民。則民知自爱。以與儓奴僕待其人民。則民非自棄于为善。即以與儓奴僕报所以待我者而已矣。

帝王之尊。在古人視之。不过为民治事。以为受民于天。与百辟卿士。同为有祿秩之人而已矣。故周室之班爵祿。以天子为一位。其于五官之長。同姓謂之伯父。異姓謂之伯舅。九州之長。同姓謂之叔父。異姓謂之叔舅。皆不斥言其名也。自秦政混一区宇。尊君抑臣。汉祖承之。踞床而見長者。嫚罵而辱儒生。于是人怀富貴之思。不复知廉耻之重。賈誼陈政事疏云。今自王侯三公之貴。古天子之所謂伯父伯舅也。而今与众庶同黥劓髡刖笞傌棄市之法。然則廉耻不行。大臣無乃握重权。大官而有徒隶無耻之心乎。故見利則逝。見便則夺。主上有敗。則因而挺之矣。主上有患。則吾苟免而已。立而观之耳。有便吾身者。則欺賣而利之耳。古者大臣有坐不廉而廢者。不謂不廉。曰簠簋不飾。坐汙穢淫乱男女無别者。不曰汙穢。曰帷薄不修。坐罢軟不胜任者。不曰罢軟。曰下官不职。故貴大臣定有其罪矣。犹未斥然正以謼之也。尚迁就而为之諱也。婴以廉耻。故人矜节行。此言無耻之害。及养耻之不可緩。其轉移关鍵。亦只在語言文字間。夫以礼貌之末节。文字之空言。而可以移風易俗。此亦至简易之事矣。然而后之人主。卒莫之省。則礼貌不可以伪为。文字不可以虚飾故也。

汉唐以后。惟宋室待士大夫为能有礼。大臣虽有罪。流徙而不加誅。艺祖有誓約藏之太庙。不杀大臣及言事官。徽宗北狩犹以此傳語康王。謂違者不祥（見宋史曹勋傳）。故有宋一代。士大夫类多以名节自厉。元人起自朔方。不知四維之重。元典章載圣旨。其言有絕謬者。如延祐六年五月圣旨。諸衙門里勾当里行的。不早聚晚散。怠慢呵。打了。勾当里交出者。此何語也。明之廷杖。則視元人之無礼。又有过之。凡廷臣上章極言得失者。詔下东厂鞫治。輒云。这厮好生無礼。著实打了。究問根由。明人不以廷杖为辱而以为荣。此憤激之言。究之受廷杖者虽不自以为耻。而朝士之澳忍唯阿。其奈走于閹豎之門。不复知人間有羞耻事。乃什伯于唐宋。魏閹义兒布滿朝列。上疏称厂臣而不名监生。陆万龄至請以忠賢配孔子。有孔子作春秋。厂臣作要典之語。此亦四維不張之驗矣。清制懸于元明。除廷杖而严申斥。尝聞故事。凡傳旨申斥者。行賄于內监。則宮門听訓。只大声傳申斥二字。否則丑辞毒詈。辱及先人。有令人憤不欲生者。至于八旗世僕。奏事自称奴才。以为世受豢养。义当如是。汉人漸染既久。下吏之于官長。請安屈膝。視为固然。有稍持風节者。則中以他事。白簡随之。遂使天吏之尊。人爵之貴。至下儕于僕圉。宣統初元。宪政編查館奏准滿汉臣工奏事。一体称臣。其时滿大員額手称庆。謂今日乃得免于僇辱。然国事至此。已不可为矣。

官職虽有崇卑。皆为命吏。下行之文。不必略分言情。而必不可詆訶嫚罵。古人称文告之美曰訓詞深厚。此言極可味。汉書丙吉傳。吉本起獄法小吏。后学詩礼。皆通大义。及居相位。尙寬大。好礼讓。掾史有罪臧不称职。輒予長休告。終無所案驗。予長休告。若今言給長假也。后汉書卓茂傳。茂为密令。劳心諄諄。視民如子。举善而教。口無惡言。尝曰。律設大法。礼順人情。今我以礼教汝。汝必無怨惡。以律治汝。何所措其手足乎。史称孝宣中兴。海內兴于礼讓。丙卓之文。今虽不傳。其意可推而知也。惟其如是。故上下成为風俗。东京之治。后世称美。諸葛武侯与群下教。自称曰亮。称人曰元直。曰州平。曰幼宰。皆不直称其名。跋扈如曹操。其教令可以使人不敢欺。而不使人不能堪。曹丕之居儲位。与应刘諸人書皆称其字。孙权之霸江东。其称臣下曰公瑾子敬。子布伯言。犹有此風。至晋宋而昏庸相繼。諸王下教称卿而不名者。已为謙退。無复称字者已。刘彥和論古今文体。并移檄为一篇。謂檄移为用。事兼文武。植义颺辞。务在剛健。則不知伐敌之機。与告諭吏民之機。其体迥不相同。刘氏之說。得其一端。非通論也。历代下行文之体。以宋人为最善。朱子知南康榜文云。当职久以疾病。退伏里閭。比蒙誤恩。假守茲土。悬辞不获。扶曳而来。今有合行詢訪劝喻事件。曉諭管下士民父老等。請詳前項事理。逐一遵稟。并牒軍学教授。請从長相度。合如何增添贍学錢粮。条立課試。具回报。切待措置施行。黄东發在江西提举司任。有兎一路同官啓刘公文。其略云。当职偶叨誤渥。叅权倉司。才疏資淺。何修而可逃責。尙惟十一州五十六县同官悉心見敎。别具單箚稟求外。仰本司預期关报所屬照应。凡旧例啓箚。一切蠲兎。但各以职事及人才之賢否。民生之休戚。亲書巡說。毋事文談。此二篇皆謙和婉約。讀之但覚其善气迎人。無矜夸驕大之意。元明以后。則此調为絕响矣。

顧亭林言晋以下人主。于其臣多不呼名。其时堂陛之間未甚隔。君臣而有友朋之乐（日知录二十三）。明人馮从吾。理学名儒也。少墟集存移文数首。其一行茌平县尊崇名賢云。已故乡官原任尙宝司少卿孟諱秋。生平高节清風。允足廉頑立懦。本院素所景仰。今虽已逝。合行表揚。其一行泰安州优祀名賢云。已故教官李諱汝桂。謝迹紛华。潛心性命。本院景仰有日。方欲式廬。聞已物故。深为世敎民風痛悼。名上加一諱字。較之称某官某名者。尊崇过之。亦敬祀名賢之义也。

战国策郭隗对燕昭王曰。帝者与师处。霸者与友处。亡国与役处。师友僕役。言其德不言其位。諫行言听。进退以礼。則以师友相处也。頤指气使。喜怒不常。則以僕役相处也。有国者而与役处。必亡其国。有位者而与役处。必亡其身。亡其身者。年羹堯胜保之徒是已。彼且不自爱其身。則于国乎何有。然一二人倡之于前。而千万人附之于后。將胥有位而群入于人役之途。其患不細。閣文介長户部日。李蒓客为郎中。鍵户讀書。終年不一詣署。文介命諸曹郎分日入謁。尙書坐堂皇。一司官执簿唱名。堂下声諾。如点隶然。蒓客手書累千言。責其非政体。不当辱朝官而輕量天下士。文介善之。事遂已（越縵堂日記）。蒓客之終年不入署。非也。其言不当辱朝官而輕量天下士。則正論也。

公罪不能無。私罪不可有。斯言也。士大夫砥礪名检之言也。国家察吏。公罪不可苛求。私罪亦豈可一概劳治。三国志司馬芝傳。芝为河南尹。抑强扶弱。門下循行尝疑門幹盜簪。幹辞不符。曹执为獄。芝下教曰。凡物有相似而难分者。自非离婁。鮮能不惑。就其实然。循行何忍重惜一簪。輕伤同类乎。其寢勿問。此非袒护門吏。以其事甚細。必劳治之。非政体也。魏收作史。好揭人陰私事以快恩仇。后世譏收書为穢史。史笔褒貶于其人身后。一涉私心。犹不可以为法戒。况激揚清濁。主于磨厉人材。其可以曖昧之辞。絕自新之路乎。明人敖英。撰愼言集訓。其一条曰。近見当路者鐫譙屬吏不職。乃出惡語振暴其短。渠不能堪。亦出不遜語持之。遂至交惡。不可收拾（敖英正嘉时人）。吾竊讀邸报。凡彈劾之涉私德者。縱不至廢棄終身。而其人末路鮮能振拔。盖作惡之初。尙畏人知。及發之白簡。耳目昭彰。則蕩然無复廉耻之思。而本性之几微尽矣。是故远惡宜严。論惡宜恕。非有顧惜于其人也。虑夫尽發其复而为害將不可思議也。

三代誓众之辞。多以不用命有戮。作收束語。軍旅之事。申严号令。不得不然。若誥諭人民。即不当作行軍語气。故尙書誥命之文。与誓辞異。惟盤庚告于有众。有罰及尔身。弗可悔之語。則迁都大事。不容更有異議也。后世榜示之文。不問事理若何。概以如敢故違。定予懲办作結。此何为者。令出而法不行。則为具文。令出而法必行。則为虐政。甚非所以恤下情。重民命也。治人之道。令其知耻为上。令其畏法次之。陆清献宰嘉定时。为劝盜文。遣吏至獄中讀之。其略曰。一念之恙。不安生理。遂做出此等事来。受尽苦楚。然人心無定。只將这心改正。痛悔向日的不是。如今若得出头。从新做个好人。依旧可以成家立業。一时聞者。痛哭失声。仁哉此言。可为牧民之式。

五刑之屬三千。特以此著为禁令。有犯必懲而已。至于象魏悬書。月吉讀法。固未聞以五刑为敎也。光緒間。湖南宁远知县某。行保甲之法。摘录民間易犯之事。如不孝不弟之类。刊示門牌。比戶張貼。且請推其法于各县。張文襄批其牘云。州县官化民治民。自有正道。尽心敎化。則自有移風易俗之功。豈一紙門牌。刊示例禁。遂足以化莠为良。且民之秉彝。天下所同。梟獍不道之行。豈得指为易犯之事。今乃比戶連門。悉揭以忤逆不孝之条。标以斬絞凌迟之罪。非特無以彰德敎而厚風俗。亦殊覚駭人观听。吾聞以孝弟力田睦婣任恤为敎。未聞以臚列罪名为敎也。所稟怪謬已極。应毋庸議。文襄为政。主于坊民正俗。其时有請办汉口乐戶捐者。亦痛斥之。皆所以养民廉耻也。

西人恒言。名誉为第二生命。此犹淺之乎言名誉也。人固有視名誉重于生命者。以物与人而叱咤随之。則乞人耻之而不屑受。因其羞惡之心而善导之。則至愚之人。皆可以努力向上。若反是而行。奴隶之。蹂践之。則弱者惟有一死。强者乃悍然作乱耳。此理征之妇女而尤明。善导之則女閭中亦有节烈之人。不善导之則膏粱文綉亦有不堪聞問之事。故向例案关妇女。許其遣人抱告。絕不輕易傳追。非独全顏面于一时。为其一时之含垢忍辱。將終其身軼於防閑之外也。凡事責人以不知守法。有即寃誣。犹可不校。独至責人以寡廉鮮耻。則力辨抗爭。不直不止。亦可見羞惡之良。不容泯灭矣。而数千年来。中国士大夫議論往往揭人陰私。誣人內行以为快。即委巷瑣談。亦复不留余地。嗟乎。人才之所以敗坏。民德之所以澆漓。豈非培养之無道哉。

余不解泰西文字。然覌譯本。称人曰某爵。某博士。某先生。称妇女曰某夫人。某女士。未有直斥其名者。惟称犯罪之人則否。其措辞曲折委婉。虽有深讎夙怨。亦不显言而痛絕之。問之習西文者。則原文語气。視譯本有过而無不及。每嘆今人事事效法欧美。独至文字一道。則学其造句而不学其命意。是买櫝而还珠也。华文尽多長处。惟叫嚣淺露刻薄褊急之病。則当以西文之意藥之。古昔先民。文辞渾厚。何尝作今人一語。其所以变迁至此者。則人心風俗之推移。有以致之。其端發于文章。其害及于政事。若能礼失求野。学广毋荒。返詩教之温柔。歛才人之鋒鍔。則沮誦史皇之余緒。可合于佉盧。輶軒絕域之方言。無慙于蒼雅也已。

去忍第六

有仁人者。有慎人者。有忍人者。仁人者。不以蚩蚩之氓为不肖。扶之植之。导之齐之。其或罹于法者。則愀然不乐。以为我实驅之于陷阱。非彼之不能守法也。慎人者。知事物之万有不齐。以为人有賢不肖。而賢与不肖之别。其几甚微。衡量得失。必使無失其平而后已。忍人者。則以为天下無一善人。皆可以智取术馭。視智与术之运用若何而已。仁可以安万民。慎可以治一国。忍可以亡国而杀身。此三者。治乱之别。存亡之机。禍福之門。观其文字議論。可以知其心术。文心之忍与不忍。治乱存亡之所判也。

国所与立者。民也。民所与立者無他。父慈。子孝。兄友。弟恭而已矣。法律者。天下之至公。公之为义。鑒空衡平。物有等差。則义有广狭。父子兄弟之不能視若路人者。天性之当然。故問刑至于杀害尊亲屬。其科断必視常人为重。盖必如是而后得情法之平。公之至也。而邓析著書。

开宗明义。独異于此。邓析子無厚篇云。天于人無厚也。君于民無厚也。父于子無厚也。兄于弟無厚也。君民之事。今不必論。若父子兄弟之間。則虽甚不肖。至于死生患难。盖有不忍漠然相視者矣。尧舜之不傳位于子者。必灼知其子之不足以居民上。授之天下。爱之适以害之。是父之厚于其子。莫尧舜若也。彼邓析者。乃举此以为無厚之証。推此言之。則天下可不必有父子兄弟之名。以途人之道治之足矣。邓析亦人子也。而忍为此言。此子产所必誅也。

列子力命篇。言郊析操兩可之說。設無穷之詞。此邓析罪狀也。曰。文人之言。兩可而無穷者多矣。何独于邓析而無恕辞也。曰。此文人之所以不足观也。是非好惡。根于人之本心。有人焉。欲自树一說以異于人。不惜顚倒是非。移易好惡。以冀其說之必售。其清夜捫心。岂不知顚倒是非移易好惡之不可。明知之而故違之。虽以此杀身。亦所不恤。是忍人也。文人而忍于出此。不过險薄無行。潦倒穷途。然其說流傳。已足貽害于学子。若政治法律中人而忍于为此。則流毒不可胜言矣。夫邓析者。忍人之尤也。

善乎太史公之論商君也。曰。商君。其天資刻薄人也。迹其欲干孝公以帝王术。挾持浮說。非其質矣。挾持浮說。何以便謂之天資刻薄。此中有深意焉。章句陋儒。高談帝王。不通事理。此迂疏而非刻薄。唯天資卓絕之人。于古今政治变迁之故。旣已涉獵大凡。而又不肯力求深造。所資以辦說者。其归宿不外迎合时势弋取浮荣。而自料其言之不足以歆动流俗也。則故作詭詞。侈陈高远。使聞者望洋兴嘆。然后降格以求。入其彀中而不之觉。如鬻市然。先示以陈旧者。質非不美也。而非时俗之所尚也。繼示以色澤稍新者。則合时尚矣。而犹未足也。最后示以質窳而体制工巧者。則欣然而喜。虽昂其値不惜也。夫以窳質而得昂价。則受者之無益有損可知也。然而相率为此者。則大利存焉。苟利于己。則有害于人而不恤。是故挾持浮說者。天資刻薄之征也。夫为浮說者。豈必尽如商君之言帝王术。凡透进一層而預留退步者。皆若是焉已矣。嗟乎。以刻薄之資。行慘礉之术。虽詭托帝王之說。君子犹有以窺其隐微。况悍然非仁义而薄湯武。如申不害韓非者哉。(商君書去强篇。国有礼有乐有詩有書有善有修有孝有弟有廉有辯。国有十者。上無使战。必削至亡。礼乐詩書孝弟廉善皆立国之本也。幷此而去之。謂商君挾帝王术。吾不信也。)

釋老幷称。而幷氏以慈悲为教。老氏以無为为教。其收效乃有陽舒陰慘之别。慈悲者。不忍人之心也。無为者。忍人之所不能忍。而求返于自然者也。釋氏之說。可以覚世。老氏之說。其極必至于慘礉少恩。故史記以老庄与申韓同傳。晁公武云。老子之言高矣。世皆怪其流裔。何至于是。不知老子之書。將欲翕之。必固張之。欲上人者。必以言下之。欲先人者。必以身后之。是出于詐。所以一傳而为韓非。余讀韓非子解老喻老諸篇。其說与道德經相出入。然則謂申韓之言。出于老氏。其說不誣。黄老清淨之学。汉初用之以致小康。而申韓得其一偏。乃以此积为戾气。故立言擇术。不可不愼。(日知录引宋胡寅語。謂閻立本写地獄变相。而周兴来俊臣得之以济其酷。然則佛法之下乘。亦酷吏之濫觴也。)

申韓形名之言。刻薄寡恩。然后世不能廢其說者。申子施于名实。韓子引繩墨。切事情。其言皆有可取。且后世之所謂刑名。非申韓形名之学也。道咸間。济南人王麓樵。著申韓論。其略曰。刑名家言起申韓。楊子問道篇曰。申韓之学。不仁之至矣。今律言刑而兵农在其中。言名而礼乐在其中。申韓文乎哉。麓樵治刑名之言。乃近代慕友之賢者。其說盖以律文自唐宋以来。賅吏戶礼兵刑工六政。不止刑名一端。習法律之言者。亦必多讀政治之書。講求一代典章文物。而申韓二子之書。則尽有未之寓目者。然則申韓之言。不足以賅后世之刑名。而后世之言刑名。亦未尽申韓之蘊也。特其綜覈名实。指切事情。理自相通。后世法令滋章。防一弊即添一法。法網既密。事事以法繩之。則綜覈之术必穷。夫刑名而至于深刻。法令而至于繁苛。其道不同。其为忍于用心一也。为公牘者以仁厚之心处繁苛之会。必神明于法令之中。而精神智慮。常周于法令之外。然后可以取益而防损。若申韓名实之論。只就繩墨中寻求生活。中智以下之所能。百里瞻言。不当如是。

能吏之与酷吏。所差一念耳。凡能吏未有不長于决断者。張湯童时。为磔鼠之辞。便如老吏。周紆善为辞案条教。为博州所則。湯球閑达故事。其章奏处議。为台閣所崇信。(章怀注。辞案。犹今案牘也。处。断也。)皆能吏也。而史入酷吏傳。范蔚宗論曰。倚疾邪之公直。济忍苛之虐情。敢悍精敏。巧附文理。疾邪。直道也。忍苛。虐政也。疾邪而以忍苛出之。不至于严酷不止。况巧附文法乎。(史記酷吏列傳。赵禹用廉为令史。亚夫为丞相。曰。極知禹無害。然文深。不可以居大府。大府令史。犹不可以文深者为之。况法吏本一殘忍之性云云。)

殘忍之性。由于积漸使然。周兴来俊臣輩。罗織鍛煉。視杀人如草芥。其初豈無几微惻隐之心。惟其一試之而驟得美仕。則以此为梯荣固寵之資。而放手杀人。無顧忌矣。尝聞监斬者言。初入刑場。慘然不乐。劊卒献首于前。掩面而不忍觀。其后視为寻常。晝监行刑。晚赴筵宴。談日間所見事以为欢笑。此無他。积漸而失其本性故也。行軍亦然。新募之卒。初赴战場。驅之杀敌。錯愕反顧。迨临陣既多。則胆气愈豪。杀人愈勇。夫驅勁卒以杀敌。可也。驅勁卒以剿潢池赤子。則玉石不分。而寃濫多矣。故治国不可以輕言用兵。治匪不可以輕言剿办。光緒初元。四川东乡县議派捐輸。每正銀一兩。多加錢五百文。乡民憤激。赴粮局清算帳目。知县孙定揚遽稟川督。有形同叛逆。县城危在旦夕之語。总督吳棠派兵剿办。已解散矣。而孙定揚言之不已。护理总督文格。批飭各营。痛加剿洗。举無数無干之老弱妇孺而屠戮之。历三四年。京控平反。文武員弁誅責有差。此案發端。不过乡民聚众抗捐耳。派兵剿办。已为孟浪。因此而痛加剿洗。其殘酷無理。直盗賊之不如。文格孙定楊之徒。左右掾吏。豈無一二曉事者。总緣軍兴以后。習于杀戮。以派兵剿办为常事。輕率下笔。心粗手滑。遂致成此大錯。此所謂殘忍之性由于积漸也。

光緒季年粤督岑春煊奏报柳州剿匪获胜。有云鏖战四晝夜。毙匪三四千人。起出被擄男女六千余人。剿匪以来。未有如此痛快者。叛匪宜剿。謂剿匪痛快。豈長吏之言。时桂撫柯逢时亦奏言广西匪多。有云。数十年来。几于無岁無乱。無乱不剿洗村庄。而乱益加甚。因陈治本之策。此則探源正論。視岑疏不可同日而語。軍功以首級計。亦弊政也。明史王瓊傳。瓊为兵部尙書。时四方盜起。將士以首功进秩。瓊言此嬴秦弊政。行之边方。犹可。未有內地而論首功者。今江西四川妄杀平民千万。縱賊貽禍。皆此議所致。自今內地征討。惟以蕩平为功。不計首級。从之。自嬴秦至此。历兩千年而此弊始革。瓊以权譎为时人詆訾。然此議則正論也。

年来兵事不息。民困益深。聚众抗捐。鋌而走險。往往而有。若概繩以刑乱用重之义。則民無噍类矣。敢告有司。愼勿輕言剿字。

刻薄之害，中于人民。有有形者。有無形者。为民請命。有司之責也。自来报灾者多捏飾。然長吏賢明者。惟严核之而不显斥之。所以养其好善之机也。因报灾而获咎。必至諱灾不报。而民之疾苦。無所控訴矣。然此犹害之有形者也。害之中于無形者則言利之人是已。無罪而杀人由于断獄失实者。所杀只一二人。最甚者数十百人而極矣。至于言利之人。建一策。立一法。被其害者。

偏于一国。延于数世。人民以此傾家蕩产。鬻妻卖子。蓋比比而皆是也。郑子产作邱賦。渾罕曰。国氏其先亡乎。君子作法于涼。其敝犹貪。作法于貪。敝將若之何。苏东坡云。利不可与民爭。桑弘羊灭族。韋堅。王鉷。楊謹矜。王涯之徒。皆不免于禍。此言聚斂之害。必至于絕祀复宗。滿身赤族。人但知獄吏一字之可以生死人。而不知計吏一言之可以杀千万人。幷其子孙而不保也。推言利者之心。亦何尝欲置人于死地。特其視民疾苦。漠不相关。虽宛轉呼号。而剝膚敲髓。辣手如故。則虽不謂之忍人亦不得矣。王荊公青苗均輸之法。貽害天下。其誤由于視人言为不足恤。而其本由于不近人情。以此知不近人情之人。必不可以理財。今日民穷財尽。有理財之責者。下笔至此。尤宜猛省。

民俗莫善于守助。莫不善于告訐。告訐者。以鬼蜮之心。为陷阱之术。其言易入。其心可誅。故法令必严告訐之罪。自非謀反大逆。鲜有許人告發者。汉武帝用孔仅言。行告緡之法。会商賈各以其物自占。从而賦之。匿不自占。占不悉。有能告者。以其半畀之。于是告緡徧天下。中家以上皆遇告（汉書食貨志）。宋呂惠卿創手实法。使民各以田亩屋宅貲貨畜产随价自占。凡居錢五。当息錢一。隐匿者許告。有实則以三分之一充賞。于是民家尺椽尺土。檢括無遺。民不聊生。邓綰極論其害。謂民間养生之具。今欲尽令疏实。則家有告訐之憂。人怀隐匿之虑。且民之生計贏縮不时。或春有之而夏已蕩析。或秋貯之而冬已散之。公家簿書。何由拘录。徒使嚚訟者趋賞报怨。投法者守死忍困而已（宋史邓綰傳）。金人有推排法。即南宋經界之說也。每十年檢民戶物力。以定賦役之增减。高汝礪疏云。推排止憑一时小民之語以为增减。有司惟务速定。不复推究。由是豪强者扶同而幸免。貧弱者屈抑而無訴。难望物力均矣（金史高汝礪傳）。張万公亦言适足長告訐之風。增猾吏之弊（張万公傳）。汉之告緡法。宋之手实法。皆寄耳目于告訐隐之人。而官欲坐享其利。譬之縱百万虎狼于山林。而令良善者洞开門戶。以待其吞噬。官从而收虎狼之余唾焉。以此立法。簡則簡矣。其如良善之無噍类何。金之推排法。意在均徭而不在于足賦。然犹利不胜害。近代关稅厘金之法。在事員役。發覚走漏者有奬。稽察为員司之职。尽职受賞。于义犹自無妨。若夫民間田地房产。卖买过割。虑其漏稅而許人告發。提割款以奬之。是告緡手实之故智。而蹈汉宋复轍也。吾尝語当事者。理民政勿輕言剿戮。理財政勿輕言告發。管晏复生。不易吾言。

汉法贓吏子孙禁錮三世。袁安为京兆尹。政号严明。然未曾以贓罪鞫人。常曰。凡学仕者。高則望宰相。下則希牧守。錮人于聖世。尹所不忍为也。聞之者皆感激自励（后汉書袁安傳）。宋史包拯傳。拯惡吏苛刻。务敦厚。虽甚嫉惡。而未尝不推以忠恕。赵抃傳。抃为御史。彈劾不避权倖。时目为鉄面御史。其为政因俗施設。寬猛不同。要以惠利为本。湯文正为江苏巡撫。以清剛严毅著称。而徐健庵为公神道碑。言公之文告。坐而言。可起而行。吏民易从。不为峭刻过举。凡行过公移。数月后屬吏参謁。而詢始末。辨論明析。以求至当。又王山史砥齋集。言公为潼关兵备道。当均地时。下令極严。及涖視。但綜其略而已。为政能得大体如此。此数人者。其剛正嫉惡同。其待人忠恕亦同。若文正者。非独不为峭刻过举而已。凡吏民易从者。犹必辨論明析。以求至当。然則文正視为易行。而吏民实有不易从者。其必幡然追改可知也。惟其如是。故卓然为一代名臣。

不忍之心。非独司民刑財賦者宜存养之。凡居官佐治之人。下笔为文。皆宜深識此义。自来朋党之禍。盜賊之患。由于操之过急。不留余地者居其半。其事固不能归咎于执笔之人。而执笔之人。能留心檢点。不为已甚之詞。过刻之論。要必有补救于無形者。史書所載。以失言而敗事者多矣。笔墨賈禍。犹其次也。

呂叔簡云。精明也要十分。但須藏在渾厚里作用。此名言也。精明太过。則流于刻薄。故必以渾厚济之。渾厚者。临事放寬一步之謂也。凡更事多者。不患其不明。而患其不恕。不恕之故。一由于天分过人。不屑同流合汚。一由于事繁責重。終日手披目覽。更無暇代人著想。夫風裁峻整。崖岸嶄然。何尝非士大夫本分。然以之律己。則为盛德。以之繩人。則束縛馳驟。必有因此而僨事者矣。任尙代班超为西域都护。超謂之曰。塞外吏士。本非孝子順孙。难养易敗。水至清則無魚。宜蕩軼簡易。寬小过。总大綱而已。尙不然其言。后竟以此致敗。明徐溥在內閣十二年。人有过誤。輒为掩复。曰。天生才甚难。不忍以微瑕棄也。屡遇大獄。及逮系言官。委曲調剂。天下陰受其福。治內之与治边。其理一也。若夫理繁治剧。汩沒性灵。則当有怡养天和。节宣湮鬱之法。能于退休燕息时。屏除万虑。或手一卷書。或閑步园庭竹石間。使胸中生意盎然。則谿刻之念。自然消釋。前人治事之余。往往登山临水。飲酒賦詩。白乐天苏子瞻之在杭州。秋月春風。無往非适。子瞻至在冷泉亭决事。此非流連忘反。乃所以养清明之气也。柳子厚零陵三亭記云。邑之有观游。或者以为非政。是大不然。夫气煩則虑乱。視壅則志滯。君子必有游息之物。高明之具。使之清宁平夷。恒若有余。然后理达而事成。王陽明詩云。中丞不解了公事。到处看山复寻寺。陽明豈不了公事者哉。居官而有佳山水。固是乐境。即地非乐土。亦当养此意于方寸間。則出入戴星。自有鳴琴之适矣。

摘一字一句之失。而謂其忍心害理。此必不然。然功罪定于一言。升沉决于俄頃。庸医杀人。亦只在毫厘輕重間。不必毒藥而后戕人生命也。由此言之。豈惟忍字必当戒。即忿戾傲慢执拗自是之言。亦在所必戒。行伪而坚。言伪而辯。古人比之于左道乱政。亦以極其流弊。靡所底止耳。夫惟哲人。出言有則。語必由衷。意無逆亿。听之彰彰。即之翼翼。夫是之謂牘德。

卷二 外篇

述指第一

仰观穹蒼。俯察品彙。积气成象。因动賦形。凡罗列于天地間者。剛柔高卑。短長小大。既已万有不齐。假文字以类万有不齐之情。必因其所固有者。弥其所闕失者。以复其本体之自然。而施之者与受之者。各适如其分量。是之謂通德达情。夫公牘者無他。通德达情而已矣。

論文而及于公牘。别其体裁。举其要指者。自刘勰始。（王充論衡自紀篇。口論以分明为公。笔辯以荴露为通。吏文以昭察为良。吏文与口論笔辯对举。又以昭察为吏文之良。未尽其蘊。）文心雕龙别文笔之体。曰檄移。曰章表。曰奏啓。曰議对。其論移檄必事昭而理辨。气盛而辞断。論章表必要而非略。明而不淺。言必貞明。义則宏偉。論奏必以明允篤誠为本。辨析疏通为首。酌古御今。治繁总要。論議对必樞紐經典。标以显义。約以正辞。以辨潔为能。不以繁縟为巧。以明覈为美。不以深隐为奇。而总为之説曰。务先大体举要治繁。思無定契。理有恒存。刘氏論文。华实兼綜。此数篇則専以理明辞要为主。可知文体随时变迁。而要义千古不易。

自汉魏以迄于今。官文書格式。沿革变迁之迹多矣。而大要不外三类。曰行上。曰行下。曰平行。行上之文。刘氏明允篤誠。辨析疏通。数語尽之矣。下吏之于上官。与臣工之于君上。其为文之理一也。移檄則下行之一种。汉时移檄之文。虽兼后世牒劄牌票之用。而刘氏所謂移檄者。則指出师誓众而言。刘氏自是論文。無关治事。夫百工熙績。同寅和衷。南面临民。居敬行簡。先民精語。要义已赅。本此旨以为文辞。自举措而無扞格。然而簿書期会。談名理者不以关怀。牒訴倥偬。賦招隐者从而騰笑。賢者心知其意。而不屑笔之于書。于是經世宰物之具。視为勦襲之陈言。断爛之朝报。公牘之体日卑。政治之途日敝。吏道猥下。职此之由。將欲挽末流。求上理。則必公牘与文章鎔为一爐。政事与学問合为一体。然后精思貫注。义理周融。此非不佞之私言。固文事之通誼也。

刘氏理明辞要之說善矣。犹未極其至也。立言之道必折衷于孔子。左丘明之說春秋也。曰。微而显。婉而成章。尽而不汚。又曰。微而显。婉而辨。春秋涵养至广。左氏独举微显婉尽四字反复申說者。必亲聞孔子笔削之微言。而确有見于憂患著書之本意。自古及今。治日苦少。而乱日常多。士大夫居官。無日不在憂患之中。凡处高明之域。而侈然自得者。不旋踵而复敗随之。然則泰而不驕。滿而不溢。其發于声。徵于言。必有所以自处者矣。微显婉尽者。上行平行之文之要义也。显言之而受者無以自容。不如巽言之而可以泯然無迹也。虽然。言之者意有余。听之者不足以相感动。是失言也。情深而文明。詞达而理举。是之謂微而显。凡事敗于庸闇者。其害淺。誤于意气者。其害深。投水于石則逆。投石于水則受。匪刚柔之性殊。乃迎距之势異也。是故平心靜气者。立言之方也。比物类情者。論事之妙也。至誠惻怛往复而不能已者。仁人君子之所以获于上而信于朋友也。正言之而不足。則反言之。一言之而不足。則再言之三言之。必是非得失使听者了然而后已。是之謂婉而辨。杜元凯釋尽而不汙之义。謂直言其事。尽其事实。無所汙曲。直言其事者。事之得失利害。本自灼然可見。天下自有公是公非。辞婉可也。曲为之說不可也。当官論事。直道而行。其成也。不居其功。其敗也。虽身死而無所悔。是之謂尽而不汙。推此三者。可以处危疑。可以垂不朽。（朱駿声釋說文諷字。謂風动物而無形。故微言婉辞謂之風。）

詩大雅板之二章曰。辞之輯矣。民之洽矣。辞之懌矣。民之莫矣。严粲釋之曰。首章責同寮出話不然。为犹不远。二章因戒之以言論之間。宜相和协。謂尔之出話为猷。徒执一己之見者。未必有深長之慮。惟僚友之間。和同商洽。庶几合謀并智。可以措民于安耳。和协非苟同之謂。不爭意气謂之和。不立同異謂之协。自来朋党之禍。其原由于成見太深。責人太刻。皆不輯不洽之害也。王船山曰。凡爭之兴。皆有名可据。有故可循。而上不見信。下不相从。乃相持而不下。殆乎爭矣。則意短而言長。言順而气烈。得失利害。存亡生死。皆以不問。而僨兴于不自已。故盤庚之誥曰。而胥动以浮言。言勿問是非。一浮而是者已非。有道者甚畏天下之有此（宋論）。

范蔚宗自述作后汉書之旨。謂吾思乃無定方。特能济难适輕重。但多公家之言。少于事外远致。以此为恨。蔚宗所謂輕重。对沈約等四声之說而發。文句別輕重。而讀者不覚。后汉書所長在此。蔚宗自病其多公家之言。不知此正公家之言之所貴也。詩文之訣。意翻空而易奇。辞征实而难巧。公牘不貴奇。愈平实。愈有力量。故言高下淺深者。必計其实数。謂壁立千仞下临無地則誕矣。言洪纖广狹者。必适如分际。謂大含元气細入無間則謬矣。蔚宗作史。穷覽旧籍。取資实宏。东京章奏文移。本自黜浮崇实。而士大夫又类以名节自厉。又有清剛之气。故蔚宗据以成書。遂为一朝良史。陈蘭浦先生尝語学者。宜多讀后汉書。可以培植文章志节。治牘而多讀后汉書。所成就必有超出于流俗者。

議論当平易近人。識見須放高一著。武侯出师伐魏。临發上表。以一隅之蜀。而有此非常之举。在后人必鋪叙用兵方略。前敌布置。后路接济之事。而武侯唯言志气宜恢閎。刑賞宜平允。亲君子远小人。宫中府中宜为一体而已。盖軍旅之事。既已躬任其难。所虑者惟主德之不修。臣职之不举。若君臣苟安。刑賞失当。近讒慝而远忠良。即討贼而胜。終無济于恢复大業。武侯所虑。固不在成敗利鈍間也。（黃巖王志千（驤）尝为余言出师表。許先帝以馳驅句。許字当著眼前此之不求聞达。后此之鞠躬尽瘁。其轉捩即在此一字。）

辞胜于理。不若理胜于辞。通鑑。周高祖即位。詔文武有益国利民之术。各具对以聞。咸宜直書其事。勿事辞藻。世宗显德二年詔內外文武臣寮有所見聞。并許上章論諫。但求名实。豈尙虛华。或素不工文。可直書其事。明余繼登典故紀聞。太祖謂中書省臣曰。唐虞三代典謨訓誥之詞。質实不华。誠可为万世法。汉魏之間。犹为近古。晋宋以降。文体日衰。駢丽綺靡。而古法蕩然矣。唐宋之时。名儒輩出。虽欲变之而卒未能尽变。近代制誥表章之类。仍蹈旧習。朕尝厭其雕琢。殊異古体。且使事实为浮文所蔽。其自今凡誥諭臣下之辞务从簡古。以革弊習。尔中書宜播告中外臣民。凡表箋奏疏。毋用四六对偶。悉从典雅。五代承六朝三唐之后。戒章奏勿事辞藻。可謂救时之敝矣。明祖既戒臣民奏疏勿用四六。又令其悉从典雅者。典雅之与質实。其义一貫。句句皆有著落。字字皆有来历。即典也。不必繁征博引也。出言有章。措詞得体。即雅也。不必雕章琢句也。汉書司馬迁傳贊曰。自刘向。揚雄。皆称迁有良史之材。服其善序事理。辨而不华。質而不俚。其文直。其事核。不虛美。不隐善。故謂之实录。政書本屬于史部。有典雅質实之政書。則他日之史。即可取材于此矣。

穷理致知之学不可目为迂談。曾文正論古今奏議。推賈長沙。陆宣公。苏文忠三人为超前絕后。長沙明于利害。宣公明于义理。文忠明于人情。陈言之道。縱不能兼此三者。亦須有一二端明达深透。庶無格格不吐之态（鳴原堂論文）。言义理最难。言利害則有成見者或不之省。惟明于人情者。指陈事理。婉切动人。东坡上丞相書云。軾为学至今。十有五年。以为凡学之难者。难于無私。無私之难者。难于通万物之理。故不通万物之理。虽欲無私。不可得也。己好則好之。己惡則惡之。以是自信則惑也。是故幽居默处而观万物之变。尽其自然之理而断之于中。其所不然者。虽古之所謂賢人之說。亦有所不取。东坡之明于人情。由于静观物理。此与格物致知之說。可以互相發明。朱子摘其易解疑似之言而辯析之。此蜀洛之学所以判若水火也。

公牘修辞之法。可以吕叔簡語括之。曰。文章有八要。簡。切。明。尽。正。大。温。雅。不簡則失之繁冗。不切則失之浮泛。不明則失之含胡。不尽則失之疏遺。不正則理不足以服人。不大則失冠冕之体。不温則暴厉刻削。不雅則鄙陋淺俗（呻吟語）。

学問功夫。由博返約。必兼具众長。而后能專精一体。曾南丰序强几聖文集云。其在魏公幕府。每上奏天子。以岁时庆賀候問。及为書記。通四方之好。几聖为屬草。必声比字屬。曲当繩墨。然气質渾渾。不見刻画。远近多称誦之。及为他文。若志銘序記。策問学士大夫。則簡古典則。不少貶以就俗。其所長兼人如此。几聖屬草所以曲当繩墨。不見刻画者。即从簡古典則中脫化而出。譬如範金为器。方圓大小。無施不可。由其渣滓去而品質純也。功詣至此。乃臻化境。

法后第二

荀卿有言曰。欲观聖王之迹。則于其粲然者矣。后王是也。舍后王而道上古。犹舍己之君而事人之君也。以近知远。以一知万。以微知明。司馬迁曰。法后王者。以其近己而欲相类。議早而易行也。生于今日而远論上古三代。其微言精义可师也。其致治之迹不可泥也。生于今日而上論汉唐宋明。其治乱之迹可驗也。其为治之具不可襲也。夫公牘者。亦为治之具也。汉唐宋明之形迹尚不可拘。而况于上古三代乎。

然則。居今日而論治牘之要。將何道之由。曰。法近代而已矣。曰。国体改矣。政論異矣。犹規規焉尺寸而模倣之。不亦謬乎。曰。非此之謂也。法近代者。法其精神意境而已。汉唐宋明之学术。至近代学者而融会之。闡發之。詞章考据。形声訓詁。独辟蹊徑。几于前無古人。措諸实用。其收效若何姑不論。若以文字言之。則前史所称名臣良吏。吾未見其能胜于乾嘉諸老也。咸同以后。曾胡左李諸公。飽經患难。尤多甘苦之言。公牘之文。至此而登峰造極。凡文章通例。后人不如前人。惟公牘則異是。故論詩必追汉魏。論文必溯周秦。而論牘則必宗近代。

康熙二十三年。御制五台山各寺碑文。諭大学士等曰。朕所撰碑文。一时結搆。尔等可与汉大学士詳加斟酌。近見汉人自負才高。每一文出。不容人点竄。此習俗之可鄙。文之所以不工也。又曰。文章貴于簡当。可施于日用。如章奏之类。亦須詳明簡要。明朝典故。朕所悉知。其奏多排偶蕪詞。甚或一二千言。每日积滿几案。人主豈能尽覽。势必委之中官。中官复委之門客。此輩何知文义。訛舛必多。奸弊冗生。事权旁落。皆文章冗穢以至此也（西巡盛典）。康熙六十年間。主德清明。中官斂迹。讀此知防微杜漸。始于文字簡明。

魏文毅裔介云。古来文章之大者。必以奏疏为重。謂其有关于天下之安危。民生之治乱。而非若詞賦之杂于駢丽。議論之托于空言也。然非有济世之才。与救世之識。則其所言者必瑣屑苟且。

而無关于当世之务。有其才与識矣。而意見不化。偏私未除。則其所言者或至于憤爭矯飾。而开斯世以党同伐異之端（兼济堂集許傳巖疏藁序）。奏疏之体。于公牘中最为謹严。文毅此言。能抉其奥。六朝駢丽。兩宋空言。明人意气。其間豈無救世之識。济世之才。所以不可为法者。正为此耳。

古者师箴。瞍賦。矇誦。瞽献典。史献書。盖記載闕遺。世官所典守者。人君不能徧观而尽識。故臣下規諫。必称先則古以詔之。左傳国語所載諷諫之言皆如是。为其事非人君之所習聞也。后世卷帙确繁。取携甚便。苟非中主以下。其于往事得失。不应一無所知。其自作聰明者。方且予智自雄。而百司論奏。犹复摭拾陈編。浮言滿紙。宜其如水投石而莫之受也。一日万几。虽堯舜不能無叢脞之戒。进言之体。惟富簡明精切。要言不煩。道咸間。京师士大夫議論。謂順康以后奏議。以孙文定三習一弊疏为第一。曾文正特著其語于讀書录中。文定此疏。即宋儒誠意正心之說。特語語精切。不似宋人作空泛話耳。文定生平。有得力四語。曰。势避其所爭。事止于能去。功藏于無名。言刪其無用。此疏于無用語可謂刪削淨尽。綜論有清一代奏議。虽純疵不一。而皆有簡練洗伐之功。此胜于前代者也。（陈文恭为刘清慤墓志。公自掌台院。历大司寇。敷陈章奏。剀切不为浮辞。多蒙俞允。）

近代章奏。卓然可傳者。不可胜数。惟咨移之文。則無以胜于前人。盖此等文字。率由書吏起草。幕僚复核。只期平稳妥貼。不以議論見長。其有辨析事理。商量办法者。亦适如題分而止。惟張文襄督兩广日。咨粤撫論懲办盜匪事例。逐層辨駁。列举不可解者十八条。为咨文之創格。此則督撫同城之不便。郭筠仙疏論其必当变通。謂同为君子而意見各持者也。檄示之文。則可以称心而談。往往有名言精理。批判之文。簡貴不如汉。华藻不如唐。而說理透辟則远过之。以余所見。告諭之文。辞理俱足。以湯文正为最。批判之文。辞理俱足。以曾文正为最。湯文为盛世之音。曾文則憂患之作也。

曾文正論湯潛庵告諭書牘。皆有誠意挾正气以行。学問本極淵博。講学又甚公允。故不可及（乙巳三月日記）。薛庸庵論曾文正奏疏。参用近时奏牘之式。运以古文峻潔之气。为六七百年奏疏絕調（出使四国日記序）。曾文非独奏疏度越前人也。批牘之文与湯文正之告諭均足不朽千古。其文載兩公本集。而讀者蓋尠。兹刺取其尤精湛者。略論于后。

湯文正撫江苏。在康熙二十三四年。維时海宇初平。八方無事。而江左民風士習。犹承晚明之敝。文正設施自察吏治盗清訟恤商諸事外。尤以正人心厚風俗为急。其文曰。化民成俗。莫先于兴学育才。本城内外及乡区村鎮。大約二十家以上者。設社学一处。本乡子弟。年八岁以上。二十岁以下。除能自备束脩外。如果家貧無資者。該府州县量为設处廩谷。本院亦捐俸相助。再行儒学教官。通查該学諸生中。有学問純正。品行端謹者。开送。聘以为师。当此任者。須能端肅謹慎。为后生模楷。先講明孝經小学。教之歌詩習礼。問安視膳进退揖讓之节。循循善誘。使知存心敦行之学。然后进以四書五經。以程朱傳注为主。大抵社学为教習学業。専以养蒙为育德。其行止不端。及出入衙門。囑托公事。不能安貧守道者。虽文詞优長。教官不得开报。其剿袭異端邪說。炫事立異。蠱惑后生者。即革去館谷另选（兴复社学告諭）。又曰。聖学明則風俗淳。蒙养正則士習端。訓練勤則艺業精。吳中人士。文章藻丽。为天下冠。而敦本正俗明倫敬身之道。犹有未尽講明者。夫本始之教。莫重于孝經。而养蒙育德。莫切于小学。合行定期开講。仰該学教官。即聘者儒。每月十一日。在明倫堂講孝經小学。長吳二县各社学教讀。俱率生徒听講。月課之日。教讀一体听候課試（明正学勤課艺告諭）。又曰。人才者。天下理乱之由。学校者。人才邪正之本。今安定之風既远。蒲藿之敎無聞。学路久迷。人心日坏。浮伪之習益甚。奔竞之术益工。士子終日聚談。無一語講求道义。終日誦讀。無一字照管身心。为正言者。則笑为道义。吹求其短。不詭随者。則惡为古板。厭棄其人。不知世道人心。何所底止。本院承乏三吳。立意略浮华而重实行。諸生中有孝友礼讓。踐履篤实者。当致式廬之礼。有研究濂洛关閩之学。躬行心得者。当执經問道。处之师友之間。（原文以下列举士習之坏凡十一端。令儒学敎官严加戒諭。兹不录。申飭学校告諭。）又曰。为政莫先于正人心。正人心莫先于正学术。除十三經二十一史及性理通鑑綱目等書外。如宋元明以来大儒注解經学之書及理学經济文集語录未經刊版或版籍毁失者。照依原式翻刻。不得听信狂妄后生。輕易增删。致失古人著述意旨。今当修明正学之时。此等書出。远近購之者众。其行广而且久。尔等計利。亦当出此。若曰古書深奥。难以通俗。或請老誠純謹之士。选取古今忠孝廉节敎化尙讓实事。善惡感应懔懔可畏者。編为醒世訓俗之書。既可化导愚蒙。亦足檢点身心。若仍前編刻淫詞小說。坏乱人心。伤败風俗者。許人据实出首。將書版立行焚毁。其編次者刊刻者發卖者。一并重責。枷号通衢。仍退原工价。勒限另刻古書一部。完日發落（严禁私刻淫邪小說戏文告諭）。以上言敎士之法。以正人心正学术为重。其列举应刻之書。則經史集部書及子部儒家一类。数已不少。非專以理学書四書五經义課士。其言刻古書須依原式。不得增删。实开汉学家校讎之先声。而刻淫詞小說者。其編刻發卖之人。一并治罪。亦与今出版法相类。毁其版而罰刊古書一部。尤可为倡刻古書之法。

湯文正告諭之整飭風俗者。其实事則黜邪崇正。其要义則以天理克人欲而已。举行乡約示云。

俗尚浮华。人情嚣詐。訐訟見于宗族。仇杀起于比閭。泰伯季子之風微。而尃諸要离之習胜。欲挽末俗。馴致循良。条約頻頒。未見省改。人心本善。豈尽下愚不移。从容漸磨。自当感动。严禁妇女入寺燃身諭云。聞妖僧創为报母之說。煽惑民間妇女百十成群。裸体燃臂。謂之点肉身灯。夜以繼日。伤風敗俗。良可哀悯。即曰亲恩当报。生养死葬。自有定礼。違礼辱身。是謂不孝。何名报恩。严禁賭博諭云。开賭棍徒。但知招头取利。孰論奸良。以致賭博之場。竟成盜藪。貽禍地方。深可痛恨。至于紳衿讀書明礼。尤当砥礪廉隅。戒絕怠荒。名教自有乐地。何乃亦以斗馬弔为事。禁賽会演戏諭云。以此無益之費而周恤乡党亲族。刊布嘉言懿行。則人頌好善。积累陰功。何苦以終岁勤劬所获。輕擲于一日。深为民痛。严禁停柩不葬諭云。古者葬有定期。在礼。未葬不除服。誠以父母窀穸未安。为人子者。悲情哀緒。無一日可自釋也。在律。經年暴露不葬者杖八十。所以使人子及时举葬。不忘其亲也。吳下風俗澆薄。俗多禁忌。有累世暴露。未封馬鬣者。不知称家而葬。負土可成。种种繁費。原屬無益。穷通得丧。有命在天。身世浮名。誰能自必。禁過邪淫諭云。吳民好事鬼魅。俗多淫邪。而上方山为最。邪魅惑人。其来已久。本院下車之始。即行禁止妇女燒香。上年复將上方山五显神像投畀水火。改塑关帝神像以鎮压之。但吳中淫祠。在在不乏。今窟穴虽已蕩除。誠恐市鎮村落。仍有师徒煽惑。深为民賊。除行苏州等府。通查境內淫祠。尽將塑像撤毁。酌議改立社学义倉。或取其材料助修学宮賢祠外。合行出示曉諭。嗣后民間婚嫁大事。以及岁时。伏腊。止須祭其祖先。不許备設茶筵。邀請淫邪鬼魅。恣意糜費。店鋪刷印紙馬。尽行毁板灭迹。如有故違。許地鄰保甲人等据实呈报查拿。枷責示众。其师巫邪术。亦即报官驅逐不許容留。至于地方祠宇。除历代先賢忠孝及土谷正神。仍旧奉祀不議外。其余凡系淫祠。概赴有司举报。以憑委官勘明。酌議更改。

文正撫苏只二年。旧染汙俗。一时禁革殆尽。遂导民于正軌。其軼事吳民至今犹能道之。張养浩云。毁淫祠非獨理明而信道篤者不能。非行己端而处心正者不敢（牧民忠告）。撤上方山五通祠一事。非文正不能为。亦不敢为也。禁止略販子女告諭。列举奸媒牙保之害。又言为富不仁之輩。收买人家子女。教習吹彈技艺。通同媒媼。卖为姬妾。此种澆風。苏郡淮陽江甯为甚。愚民誤墮其术。生离远别。而若輩坐享其利。天理王法。皆所难容。盖唐以后商家蓄声伎之俗。至是乃尽革之。易俗移風。其澤广矣。

曾文正批牘。多叮嚀誥誡之辞。如批喻吉三禀云。勤以治事。恕以待人。廉以服众。明以应务。四字兼全。可为名將。可为好官。勤恕廉三字。皆可勉强做得。惟明字甚不易学。必凡事精細考究。多看多做。多問多想。然后漸成个明字。故求明之訣。仍不外从勤字下功夫。批监利县禀云。作官須以明为主。不則寬固非。严亦非也。批韓进春禀云。新集之勇。未經訓練。頗以为虑。吾嘗謂当营官統領者。有四个不字訣。曰。不要錢。不怕死。不偸懶。不扰民。該軍此时。尤以不偸懶。不扰民为要。批吳廷华禀云。得廉明二字为之基。則智仁勇諸美德。可积累而漸臻。若不从此下手。則諸德亦茫無把握。批崔秀春等禀云。廉則己身与随从之人一塵不染。自無蒙蔽偏袒之虞。勤則身到。眼到。暗訪明察。自無黑白倒置之事。批陈之蓮禀云。勤可以得名。廉則不宜有名。批刘松山禀云。打仗貴于自立。不可存借助將伯之心。使弁勇稍生怠忽。謀事貴于謙下。須常存广詢求助之心。使他軍乐于亲附。二者看似相反。实則相成。批阜宁县禀云。勤廉二字。看似平淺。实則获上在此。信友在此。服民亦在此。舍此二字。上司即偶然青盼。亦不耐久。欲求寅僚之敬佩。百姓之爱戴。即襲取于偶然。亦不可得矣。文正好以勤廉二字教人。以为此二字乃护身之符。立身之根。自来長官之告僚屬。其說理从無如此精切者。

曾文正批牘。每于極平易处發絕大議論。如批黃令元稟云。天下絕大事实。多从不妨二字做出。天下無旁进境。多从不自足三字做出。批天津河防同知稟云。自明以来。治黃非难。治黃而兼治运。且治黃运午貫之处。乃極难矣。批黃沅稟云。文以載道。未有文理不通而能通知道理者。近来講学之人。务为高論。未通章句。先鄙文辞。文風日衰。儒术日陋。弊皆坐此。批吳長庆稟云。帶兵本近于不仁之事。能时时以爱民为心。則仁术存乎其中矣。批黃勛稟云。湘省功名太盛。元气發泄。漸少誠朴之風。本部堂时切隐憂。可虑者不独哥老会也。老成心事。躍然紙上。

曾文正批牘。有知言养气之功。如批刘忠壎稟云。閱此具見血性过人。然語太激切。便涉客气。古来忠臣孝子。多半是处逆境磨煉出来。若一片順境。有何难处。若不遏抑客气。一念之差。大不幸則为李怀光。小不幸則为胜克帅。可戒也。門人吳希顏稟陈时务。批云。以古兵書考核將才。分派正副文武營官。皆書生之見。讀書之与用兵。判然兩途。古来名將。如前汉之皇甫嵩。朱儁。未聞其著書。近世戚繼光能著書。而战功又甚平平。孙武之不能自踐其言。則老苏已譏之矣。主簿吳国佐帶义字營。兵敗。乞撤遣批云。少兵以嘗賊。伪退以誘賊。二者皆士識將心至精至熟之所为。非新營所可学也。批县丞王鑫稟云。該丞以久履行間。不得养静为虑。則尙有所未达。須知千軍万馬。金鼓喤聒之中。未始非凝靜致远精思通神之地。諸葛武侯王文成之气象。至今宛然在人心目。彼何嘗以劳乏自汩其神哉。此等語皆从知言养气中得来。置之学案。亦为粹語。

生辰令节屬吏例有頌禱之辞。謂之賀稟。此体沿自宋人。而每况愈下。受之者所不屑一顧者也。惟曾文正不然。批郭式源賀午节稟云。历叙旧事。讀之增感。該丞备尝艰險。百折不回。卒能树立声績。久而弥芬。所謂盤錯足以别利器也。批孙昌国賀秋节稟云。做官之道。惟廉字勤字慎字三者。終身可行。走徧天下。总無差錯。該將今年获咎。亦以不慎之故也。痛加懲改。自有長进。尝聞人言。文正閲賀稟。見文辞工雅者。手加圈点。或問公何劳苦若此。曰。不然。今俗吏不知重讀書人。穷秀才終老牖下。有不得一飽者。我以此倡諸守令。冀其物色文人。开秀才生路耳。其体恤寒畯如此。

批牘之辞。可以言公义。而不可以通情愫。执三尺法以馭群吏。正言庄論。是非可否。無纖毫輕重于其間。此公义也。然吏事莫病于隔閡。莫不善于陽奉陰違。欲济公义之穷。惟有手札与公牘并用。

晋書刘弘傳。弘拜鎮南大將軍。有兴廢。手書守相。丁宁款密。人皆感悦。争赴之。咸曰。得刘公一紙書。賢于十部从事。言一紙手書。胜于遣十吏督促也。曾文正論古文。謂古文中惟書牘一門竟鮮佳者。可知此事之难。胡文忠云。州县疲玩。公文絡驛。大抵絕不关心。付之幕友書吏之手。即迫于程限。亦且含糊上复耳。惟擇案之紧要者。諭以手札。明撮其要。直抉其隐。亦以处置之方。責以稟复之日。公文同而手札專。則有不敢輕視之心。公文严而手札亲。則有不忍膜視之心。尝見一老吏言。生平所畏惟此。明相張太岳之鼓动人。卓然为救时之相者。亦惟此耳。文忠此語。見本集上皖撫書。是时文忠方为貴州守。未大用也。其后巡撫湖北。治軍皖中。所以察吏任將协恭僚寀者。大率借公牘以代面談。無不达之情。無不可告人之事。余尝謂古今人才。負王霸大略。而支拄艰苦者三人。曰。諸葛武侯。張太岳。胡文忠。而武侯手教。太岳尺牘。文忠書札。亦为古今之冠。其精神所注。可以感天地。泣鬼神。讀此未有不感憤奋發者。然則。書札之用。以視咨移批判。广狭精粗。夐乎远矣。

胡文忠書劄恳切动人者。如致郑譜香云。罗山方伯之师已到。林翼派兵到蒲圻迎战。或言只此三千人。不宜先进。然我是主人。尽以难事諉之客兵。非也。且廉耻安在。成败利鈍。古之賢者。尚不能逆覩。胜当战。败亦当战也。致郭筠仙云。林翼精力。殆將不支。然無法可避。只合幹去。譬之大海遭風。不行亦未必活命也。致彭云芹云。近年营中非营官之少。所乏者統將耳。求之而得。命也。求之不得。命也。求之不得。而此心此志。百年不懈。始終以求才为主。此亦命也。复孙树人云。天下事。何处更容世故。何处更煩俗例。奋然果毅。自行其保境安民之志。成功。天也。謀忠。則人也。何畏何恐。何疑何忌。而不一振斯民之困乎。复荆州府唐际雲云。抽厘助餉。知我罪我。皆所不辞。此一片救人之苦心。要可以对蚩蚩之氓而無愧。致閻丹初云。憂边無术。結病已深。与公申約。弟朝死。公夕行。始終不違前議也。此等文字。其精神魄力。真可涵盖一切。張太岳当国与人書云。二十年前。曾有一宏願。願以其身为蓐荐。使人寢处其上。溲溺之。垢穢之。吾無間焉。有欲割吾耳鼻者。亦欢喜施与。况詆毁而已乎。胡文忠任事之勇。謀国之忠。流露于字里行間。亦頗类此。

胡文忠論吏事兵事。精言最多。如云。兵不可貧。亦不可富。不宜無伤。不可过伤。夫战。勇气也。当以节宣蓄养提振为先。又陰事也。当以固塞坚忍蛰伏为事。又云。近日武营。遇恃火器而不練杀手。兵以火器强。亦以火器弱矣。又云。人才随取才者之分量而生。亦视用才者之輕重而至。又云。財用如精血。古人以四海困穷为戒。良有深意。盖財用竭則如精血之枯。身亦不得自活也。又云。俗吏無清刚之气。無远大之志。除却幕友家丁書差。一筹莫展。寸鉄莫持。一物無所見。一步不能行。是可憂也。托此以人民。民何由治。又云。民乱必由官貪。使早劾黷貨之人。豈不賢于十万兵哉。又云。軍事以用財养賢为正藏法眼。世無不用錢之豪杰。亦决無自貪自汙自私自肥之豪杰。以上皆与人書札中語。發前人之所未發。文忠自謂平日办事。終日手不停披。口不絶音。而精神志趣。專注于片紙之外。又謂智如精衛。愚如杞人。其論大局。謂及是时二百余年之恩澤未泯。尽人事之当然。为愚公之移山。为精衛之銜石。过是欲少味矣。憂深思远。与曾文正之論湘中元气發泄。可虑者不独哥老会。皆逆料未来之事于数十年前。办大事者。必具此心胸眼界。而后可以持危扶傾。幹济天下。

言为心声。学曾胡治事之言。当先学曾胡治事之法。曾胡之学無他。敬慎果毅而已矣。事之未發。小心謹慎以处之。殫精竭虑以赴之。及其临事决机。踔厉風發。不拘成例。不泥死書。而細按之無一不脚踏实地。脚踏实地。中人以下之所能也。其临事决机。而踔厉風發者。則由于見理之明。明由于天才。而亦出于学問。积于經驗。能遇事留心。不肯輕易放过。积之既久。必有豁然貫通之一日。張文襄敎僚屬必以勤。曰。勤生明。能勤則自有进境。勤之一字。中人以下之所能也。故曰。以近知远。以一知万。以微知明。此之謂也。

通俗第三

自六朝有文笔之分。后世論文。遂分駢散二体。宋初柳仲塗始为古文。楊大年尙声偶之辞。及欧陽永叔以古文名于当世。而散文之中。又有古文之目。語其实际。則文無駢散今古之殊。惟通俗与否而已。凡指陈事理。施于实用。不事雕飾者。大而万言書。小而尺牘小簡。皆通俗之文也。恒言以俚俗并称。俚俗二字。意义迥别。俚。鄙也（史記五帝本紀司馬貞正义）。俗。欲也。人所欲也（刘熙釋名）。田夫村妇。出言鄙俚。謂之俚語。在位之君子。以風化下。其言明白曉暢。人人易知易从。謂之通俗之文。風俗随时变迁。故文字古今之体不同。然所不同者。造句用字之工拙。格式体制之疏密。与夫語气之輕重。用心之厚薄。而田夫村妇之口吻無与焉。曾子有言。君子所貴乎道者三。动容貌。斯远暴慢矣。正顏色。斯近信矣。出辞气。斯远鄙倍矣。容貌辞气。息息相关。未有出言鄙倍而不招慢侮者。通俗者。平易近人。非鄙倍之謂也。

汉应劭撰風俗通义。其自序云。謂之風俗通义。言通于流俗之过繆。而事核之于义理也。劭为營陽令。營陽旧有朱虛侯刘章祠。王服帶綬。备置官屬。烹杀謳歌。紛籍連日。乐安太傅陈蕃。济南相曹操禁絕之。劭以为章封朱虛。并食此县。宜常血食。乃移書曰。到問此俗。旧多淫祀。靡財妨农。長乱积惑。其侈可忿。其愚可愍。城陽景王。县甚尊之。惟王弱冠。內侍帷幄。呂氏恣睢。將危汉室。独見先識。权發酒令。抑邪扶正。忠义洪毅。其歆禋祀。礼亦宜之。三边紛拏。师老器弊。朝廷旰食。百姓囂然。礼兴在有。年飢則損。自今听岁再祀。备物而已。不得杀牛。远迎他倡。賦会宗落。造設紛华。方廉察之。此書全篇見風俗通卷九。应氏著書通俗。而作令移書。典雅乃尔。盖朱虛侯有功社稷則宜祀。而流俗淫侈則宜禁。許其立祀。所以順民俗也。禁其杀牛迎倡。所以救流俗之失也。此通俗之义也。

三国志諸葛亮傳。陈寿表上諸葛氏集云。論者或怪亮文彩不豔。而过于丁宁周至。臣愚以为咎繇大賢也。周公聖人也。考之尚書。咎繇之謨略而雅。周公之誥煩而悉。何則。咎繇与舜禹共談。

周公与群下矢誓故也。亮所与言。尽众人凡士。故其文指不得及远也。陈氏論謨略誥煩之故。其义甚确。韓昌黎云。周誥殷盤。詰屈聱牙。昌黎讀之而以为詰屈聱牙者。自唐人視上古則然。若殷周之民則必讀盤誥而有家喻戶曉者矣。何也。殷周之語言風俗。自異于唐。殷盤周誥。固当时之通俗文字也。晋人怪武侯文彩不豔。而丁嚀周至。此自是清談簡貴一派議論。文彩不豔。而丁宁周至。此境正不易到。前人文字亦惟武侯足以当之。如与群下敎云。夫参署者。集众思。广忠益也。然人心苦不能尽。惟徐元直处兹不惑。又董幼宰参署七年。事有不至。至于十反。来相啓告。苟能慕元直之十一。幼宰之殷勤。有忠于国。則亮可少过矣。又云。昔初交州平。屡聞得失。后交元直。勤見啓誨。前参事于幼宰。每言則尽。后从事于偉度。数有諫止。虽姿性鄙暗。不能悉納。然与此四子者。終始好合。亦足以明其不疑于直言也。与廖平子丰敎云。吾与君父子戮力以奬汉室。此神明所聞。非但人知之也。謂至心感动。終始可保。何圖中乖乎。若都护思負一意。君与公琰。推心从事者。否可复通。逝可复还也。詳思所戒。明吾用心（以上节录蜀志董和廖平傳）。二書至誠悃款。淡而弥永。建安七子。虽風骨遒上。而委婉动人。遜此远矣。

王充論衡曰。高士之文雅。言無不可曉。指無不可睹（自紀篇）。高士之文。宜無取通俗矣。而王充之言若是。然則文之雅俗。当以可曉与否为准。其言易曉。其指易睹。虽通俗而無伤于雅道。沈休文曰。文章当从三易。易見事。易識字。易讀誦。邢子才極称之。云。沈侯文章。用事不使人覚。若胸臆語（顏氏家訓文章篇）。曾文正曰。姚惜抱文不用一古字。自然古雅。此風气开得極好（柏堂师友言行記）。不用古字。則易識易讀。字不古而文自雅。則造詣自高。笔札之式。当如是。

昔人称白乐天詩。老嫗都解。而唐書本傳。載乐天与元微之書。論作文之大旨。其略曰。年齿漸長。閱事漸多。每与人言。多詢时务。每讀書史。多求理道。始知文章合为时而著。歌詩合为事而作。又曰。聖人感人心。而天下和平感人心者。莫先乎情。莫始乎言。莫切乎声。莫深乎义。詩者根情苗言。华声实义。上自聖賢。下至愚騃。微及豚豕。幽及鬼神。群分而气同。形異而情一。未有声入而不应。情交而不感者。聖人知其然。因其言經之以六义。緣其声緯之以五音。音有韻。义有类。韻协則言順。言順則声易入。类举則情見。情見則感易交。于是乎孕大含深。貫微洞密。上下通而二气泰。憂乐合而百志熙。二帝三王所以直道而行。垂拱而理者。揭此以为大柄。决此以为大竇也。又曰。僕之詩。人所愛者。不过杂律与長恨歌已下耳。至于諷諭者意激而言質。閑适者思澹而辞迂。宜时人之不愛也。乐天自道其詩。根情苗言。华声实义。而諷諭閑适之詩。为最愜意之作。乃不为时俗所愛。長恨歌則文浮于質矣。而时俗所重在此而不在彼。然則老嫗所以能解白詩者。非因淺近而易解也。为其情文相生。声义并茂。而感动于不自知也。史称乐天文辞富豔。奏議極文章之壼奥。尽治乱之根荄。微之序白氏長庆集云。啓奏表狀長于直。書檄辞册剖判長于尽。今讀全唐文白氏表狀書辞。其言良允。剖判皆用四六。乃悬擬而非实事。惟錢塘湖石記列刺史要知者四条。其一曰。錢塘湖一名上湖。周迴三十里。北有石函。南有筧。凡放水溉田。每減一寸。可溉十五余頃。每一复时。可溉五十余頃。先須別选公勤軍吏二人。立于田次。与本所由田户。据頃亩。定日时。量尺寸。节限而放之。若岁旱。百姓請水。須令經州陈狀。刺史自便押帖。所由即日与水。若待狀入。司符下县。县帖乡。乡差所由。动經旬日。虽得水。而旱田苗無所及也。大抵此州春多雨。秋多旱。若隄防如法。蓄泄及时。即瀕湖千余頃田無凶年矣（全唐文卷六百七十六）。此白氏文之最通俗者。其末有自記云。欲讀者易曉。故不文其言。通俗之文。如是而已矣。

張文潜（来）。北宋詩人也。論文有独到处。答汪信民書云。古之文章。虽制作之体不一。大抵不过記事辨理而已。記事而可以垂世。辨理而足以开物。皆辞达者也。虽然有道。詞生于理。理根于心。苟邪气不入于心。僻学不接于耳目。中和正大之气溢于中。發于文字。未有不明白条暢。盍观于語者乎。直者文簡事核而明。虽使妇女童子听之而喻。曲者枝詞游說。文繁而事晦。讀之三反而不見其情。答李推官書云。理胜者文不期工而工。理詘者巧为粉澤。而間隙百出。此犹兩人持牒而訟。直者操笔自中节目。曲者如列五味而不能調和。食之無一可口。况可使人玩味之乎（柯山集卷四十六）。

宋时程朱弟子。直記师生問答之辞。名曰語录。后又謂此体始于禪家。非也。語录之名。不始于禪家。史通言孔思尙語录。揚玠松談藪。此之謂瑣言。又云。近者宋氏年唯五紀。地止江淮。書滿百篇。号为繁富。作者犹广之以拾遺。加之以語录。然則語录者。拾遺談藪之类也。郡齋讀書志有張忠定公語录四卷。入傳記类。生辰国信使語录一卷。富公語录一卷。入伪史类。名臣言行录引張忠定語录二則。其一云。初知益州。斬一猾吏。前后郡守所倚任者。吏称無罪。公封判令至市曹讀示之。既聞断辞。告市人曰。尔輩得好知府矣。盖李順尝有死罪。此吏縱之也。北宋人語录之文。其体如是。何尝如伊川紫陽門人。記其师說。描摹口吻。不易一字乎。是故通俗之文。貴在义理显明。不在口吻曲肖。謂此心光瞪瞪地。不如言此心光明也。謂此理活潑潑地。不如言道理即在目前也。公牘而用語录之体。元明以前。盖未之聞。程朱公牘文。亦不如是。朱子文移。已采入余所为牘史中。兹节录伊川官国子监教授时回礼部取問狀一段于此。文曰。勘会学制。尊賢堂以延天下道德之士。学者所矜式者。長貳以下尊礼之。学录一人。專主供亿。無其人則虛之。所謂道德之士。不必远引古者。以近时言之。如胡太常瑗。張著作載。邵推官雍之輩。所居之乡。学者不远千里而至。願一識其面而聞其言。以为模楷。有如此之人至于京师。則長貳造門求見。道学者願得矜式之意。延請居于堂中。或一至。或时来。或淹留旬时。不可必其久速也。不独学者得以矜式而已。又以見長貳之为教。不敢足諸己。取善服义。如恐不及。如此待之。即是尊礼。所謂供亿。只是洒扫堂室。供給飲食。所貴整肃。不須更立条目。無人則虛。理自当尔。此文釋学制尊賢之意。不唯無一俗語。且無不典之言。模楷出后汉書李膺傳。服义出春秋文公十四年經注。而运用無迹。此邢子才所謂用事不使人覚者也。

或曰。平行之文。不必用語录之体。斯固然矣。以此体施于示俗之文可乎。曰。毋庸也。語录之体。似得言語之眞。而实易失其眞。四庫提要云。二程語录。各随学者之意。其記录往往不同。观尹焞以朱光庭所鈔伊川語录質諸伊川。伊川有若不得某之心。所記者徒彼意耳之語。則程子在时。已失其眞。故朱子語录。謂游录語慢。上蔡語險。刘質夫語簡。李端伯語宏肆。永嘉諸公語絮（子部儒家类二）。宋元学案引何基語。亦謂朱子語录。既出众手。不無失眞（北山四先生学案）。所以然者。言語过而不留。臆記而追述之。即不能無私意夾杂。一涉私意。則毫厘之失。差以千里矣。即自述己意。自以語录之体为文。信笔所至。亦必涉于偏宕。海忠介为南京戶部侍郎。出示禁革积弊。云。如若仍前被害。可自放胆来告。做百姓不可做刁頑不听法度的百姓。亦不可做軟弱听人打听人杀而不言的百姓。百姓不言自苦。苦何日止。忠介之意。不过导之使言耳。不知民所以受胥吏之害而不敢告者。非畏禁網森严。乃畏怨家报复。出示招告。作惡者虽斂迹于一时。后日寻仇陷害。良民受禍益烈。若民之桀黠者。則恃上官文告而牽連誣控者矣。不澄其源而揚其波。

未見其能革积弊也。使以文言为之。則語有含蓄。当不至漫無边际若是。明史海瑞傳。瑞巡撫应天十府。力摧豪强。撫穷弱。下令飈發凌厉。所司惴惴奉行。而奸民多乘机告訐。故家大姓时有被誣負屈者。陈眉公見聞录。言海公瑞为直隶巡撫。意在鋤奸。而刁風四起。有投匿名狀以諷海。云告狀人柳跖为势吞血产事。極惡伯夷叔齐兄弟二人。倚父孤竹君历代声势。發掘許由墳塚。今某月日挽出惡徒柳下惠捉某箍禁孤竹水牢。逼献首陽薇田三百余亩云云。海見狀頗悔前事。此可为下笔孟浪之戒。

陈止齋知桂陽軍。为榜文劝农云。当职以里巷通曉之言。劝諭汝等。一閩浙之土。最是瘠薄。必有鋤耙数番。加以糞溉。方为良田。此間不待施糞。鋤耙亦稀。所种禾麦。自然秀茂。則知其土膏腴。胜如閩浙。然閩浙上田收米三石。次等二石。此間所收。却無此数。当是人力不到。子課遂減。来劝自今更加勤勉。勿为惰农（止齋文集卷四十四）。原文凡八条。止齋自謂此里巷通曉之言。而其体与語录迥別。盖其事其文。切于民用。則民間自然易曉。榜文劝农。如是足矣。

清代官書参用語录体者。經义則經筵日講。風俗書則聖諭广訓直解。而其書皆流傳不广。日講犹有文言。而已不足沾溉多士。則下此可知也。坊刻宦海五种。有白話告示数篇。語質而俚。为此体者。意在曉諭愚民。冀其尽人可解。究之空文不如实政。实心爱民者。蚤作夜思。心精力果。則可不言而治。若乃筋骨弛懈。精神頹靡。观其文告。則苦口婆心。究其設施。則捕風捉影。此乃老妇含飴之語。野人負曝之談。何謂民牧哉。宋辛幼安帅湖南。賑济榜文。只用八字。曰劫禾者斬。閉糶者配。朱晦庵亟称之。曰。此便見幼安之才。庚子拳匪之乱。东南各省。伏莽思起。張文襄督湖广。頒四言韻示于境內。其文曰。諭旨欽遵。剿匪安民。造謠聞教。正法示懲。时駐汉各領事。有来問弭患之策者。辜鴻銘以英語譯述之。皆欣然以去。于是中外帖服。人心遂安。吾师施仲魯先生。知六合县。有积匪楊二者。获訊得实。徇于通衢。揭榜文曰。匪徒楊二。站籠游示。三日以后。再行严治。越三日。斃之杖下。境內肃然。如此之类。简明扼要。虽韻語而人人能解。皆通俗之文也。

文字以孳乳而寖多。荀子正名篇云。有王者起。必將有循于旧名。有作于新名。新名之作。出于时势之自然。人事日繁。新义日广。謂旧名可以該一切未来之事物。此不可通也。曾文正評賈長沙治安策云。奏議以明白显豁人人易曉为要。后世讀此文者。疑其称名甚古。其用字甚雅。若倉卒不能解者。不知在汉时乃人人共称之名。慣用之字也。以称名而論。其称淮南济北。如今日称端华肃順也。其称樊酈絳灌。犹今日称江塔罗李也。其称傅相丞尉。犹今日称司道守令也。以用字而論。其用厝字。犹今日用置字也。其用慮字。犹今日用大致也。其用亶字。犹今日用但字也。由此类推。則当日断無不共喻者。居今日而講求奏章。亦用今日通称之名。通用之字可矣。文正論文之言如此。然其自为奏議。未見有称名用字。文义不安者。盖名詞可以日出不穷。文义則古今一致。故名詞不嫌其新。而文理則惟求其是。無所謂新旧也。世人称張文襄不喜新名辞。以余所知。亦不尽然。如議廢粤汉鉄路合同。自称曰代表。收回青島德国学校。定名曰特別学堂。代表。特別。皆新創之名。未尝立異。惟运动会之名。嫌其不雅。改为游艺会。陆軍学生开会者。名曰决胜会。此与邮傳部不称交通部。用意相同。以运动交通。均非美名也。

明会典。凡表箋。洪武間。止令作散文。不許循習用四六旧体。务要言詞典雅。不犯应合迴避凶惡字样。仍用朱笔圈点句讀（卷七十五）。表箋之文。可以圈点句讀。古所未聞。玩仍用朱笔四字。似元时已有此例。元人起自漠北。不諳四六文字。用朱笔断句。借便省覽。無怪其然。明祖躬攬万几。圈点之法。仍而不改。且用之于散文。可謂开風气之先。然其后惟試場考卷。許考生点句。而奏牘公文。無圈点者。則此法固未通行也。清代外官示众以四言为句者。用朱笔加圈。庚子以后。張文襄在湖广。凡刊布通行告示。或以圈断句。用朱色套版。沈濤园官江西藩司。令各县呈文。均須点句。此为創例。公牘期官民易曉。断句則文字清醒。原自無妨。特此法推行既广。又多为格式。遍于上行平行。則治牘者乐于簡便。不复用心講求。凡文章脉絡筋节起伏照应之法。可無所用。必每况而愈下。曾文正論制艺云。制艺家之治古文。往往取左氏。司馬迁。班固。韓愈之書。繩以举業之法。为之点。为之圓圍。以賞異之。为之乙。为之纖圍。以識別之。讀者囿于其中。不复知点圍評乙之外。別有所謂屬文之法也者。虽勤剧一世。犹不能以自拔。故僕尝謂末世学古之士。一厄于試艺之繁多。再厄于俗本評点之書。此天下之公患也。俗本評点之書。为天下之公患。此語質之学究。未必首肯。然致力既深。必有悟文正之言为不誣者。

公牘句讀之法不必有。加注之法不可無。凡未尽之意。旁見側出之語。不便入于正文者。用小注以足之。最为省力。宋人疏狀。此例頗多。东坡論給田募役狀。辨試館职策問箚子。申三省起請开湖狀。即其一証。朱晦翁上戊申封事。加注者凡十六处。或正文引書义。而注中引申闡發之。或正文泛言时弊。而注中举事实以証之。述祖訓以戒之。正文凡一万余言。而双行夾注者几三千言。其公移之文。加注有多于正文者。清代奏本。偶用此体。而不多見。惟名臣奏議录錢載請厘定堯陵疏。引集古录堯母碑跋。其下自注此似憑空附会之辞云云。頗类經生考据。胡文忠札諸將領之文。此例亦有之。如云。南漳地处万山。大兵进剿。覓路甚难。更恐匪人导引。奸計不可不防。其下注云。从前川楚教匪滋事。官兵深受其害。又正文道途叢杂溪澗甚多二句。其下注云。前汉檀溪即此。俗指为荆州北門外者非。此因諸將領習聞躍馬檀溪故事。故指出实地。而辨流俗之訛。欲其易于領会。不为小說所誤。用此法則意义周匝。而文字不繁。亦是一法。

小注之外又有貼黃之法。此例始于唐人。陸宣公奏李建徽楊惠元兩节度兵馬狀。今刻本奏議其末別綴一段。中說未尽之意而低一格。即宋人貼黃所昉也。貼黃者。以正文为主。而粘签于其下。別附一說。其例甚寬。凡正文所不及詳或不便言者。皆具于此。今刻本宋賢諸集。其奏議每篇之后。多附貼黃原文。上尙書省書亦有之。即清代奏折之附片。尺牘之再啓也。又有以貼黃为注者。如东坡淮备賑济第四狀。其貼黃在正文之間。略似近代之粘签。又有正文繁多。不便省覽。以貼黃为提要者。如东坡上尙書省書。录进單鍔著書。言吳中水利。撮举要义十条。亦名貼黃。頗为醒目。近代公牘。凡附有圖表者。粘紅黃于其上。标举名称。揭明大旨。盖即貼黃之遺意。

書法为六艺之一。文字点画。自篆隶以逮今之楷法。皆有变迁之迹可寻。改篆为隶。起于官獄多事。苟趨省易。六書之指。犹未失也。蕭何。刀笔吏也。而造律著学童諷書九千字。乃得为史之法。汉初草創。其重書学如此。汉書貢禹傳。言郡国擇便巧史書者以为右職。史書者。史籀篇也。作字必識史書。乃探源之論。故写官之职。以字体不誤为上。笔法工拙次之。玉海。元丰七年。判国子监孙奭言。准詔校定律文。旧本多用俗字。改从正体。作律文音义一卷。明会典。凡表箋字画。俱用洪武正画写进。律文音义。洪武正韻。非能合于六書之指也。然以此为准。則字之繆誤者已尠。居今日而言字体。縱不能上溯三蒼。远追史籀。亦当不悖于通行文字。通行之字書。則康熙字典其最著者矣。陆耳山（錫熊）督学福建。示禁生童書俗文別字。其略曰。六書之学。义在同文。点画偏旁。咸昭定式。康熙字典。义例精詳。旁源正訛。統匯百代。自当恪守。無軼范圍。至于俗間伪体。謬种流傳。只可听諸市廛。宁得登于簡策。士子詳稽字画。細核部分。辨析豪芒。折衷今古。洞悉乎諸声会意之原。方不悖主敬正心之訓（宝奎堂集）。字典分部不合六書。然即此求之。道不远矣。据此以治声韻訓詁之学則不可。据此以为治中掌固。則未为失也。顏之推曰。吾昔看說文。蚩薄世字。从正則惧人不識。随俗則意嫌其非。所見漸广。更知通变。救前之执。將欲半焉。若文章著述。犹擇微相影响者行之。官曹文書。世間尺牘。幸不違俗也（顏氏家訓）。張文襄为公牘。頗厭俗字。如次不从冫。盗不从次。絓誤不作罣誤。槍礮不作鎗炮。时为掾吏說之。期合故訓。余曩在法律館。分纂律例。易鎗字为槍字。总纂某君言刑例鎗为火器。槍为金刃。罪名出入懸殊。必不可用。其言甚当。折衷今古而行之。其顏氏救半之說乎。

酌雅第四

旁河源者。必于昆侖。匯百川者。必于溟渤。經史百家之于公牘。犹昆侖溟渤也。刘彥和曰。稟經以制式。酌雅以富言。是仰山而鑄銅。煮海而为鹽也（文心雕龙宗經篇）。遐覽陈編。近搜遺牘。稟經酌雅。不乏其儔。采彼菁英。昭茲矩矱。

汉人深于經术。上奏之文。闡發經义者最多。六朝人深于礼学。杜君卿通典。引議礼之言。往往可以补注疏之所不及。然其文本为議礼而作。則博采前人成說。而折衷之。犹是題中应有之义。若告諭吏民。則理明詞达而止。原不必引經据典。而亦有發揮經义者。如朱子漳州示俗文。引孝經庶人章五句。逐句注解。用天之道因地之利二句注云。謂依时及节。耕种田土。謹身节用句注云。謹身謂不作非違。不犯刑宪。节用謂省使險用。不妄耗費。以养父母句注云。人能行此三句之事。則身安力足。有以奉养其父母。使其父母安稳快乐。此庶人之孝也句注云。庶人謂百姓也。能行此上四句之事。方是孝順。虽是父母不存。亦須如此。方能保守父母产業。不至破坏。乃为孝順。此皆準括注疏之意。而以簡明出之。父母不存。亦須如此。則注家之所未言。而朱子补为之說。虽示俗之文。亦說經而加密者矣。

胡文忠泛舟黄州。讀小宛之五章。而疑傳箋釋义未尽。謂交交桑扈。率場啄粟。喻今日之差胥。周圍民居所在而啄食之。哀我填寡。宜岸宜獄。喻今日之官長。不問黑白。凡到案即先羈押班房也。詩人自知孤弱無可訴。而以岸獄为宜。其忠厚悱惻。哀而不怨。亦可伤矣。因致書司道。屬其作函札訓勉府州县。以时省覽。文忠之意。謂差役宜約束。罪囚宜矜恤也。此之謂誦詩达政。

曾文正批陈国瑞稟云。聞該鎮好讀孟子养气之章。須知孟子之养气。行有不慊則餒。曾子之大勇。自反不縮則惴。縮者。直也。慊者。足也。惴則不壯。餒則不强。盖必理直而后气壯。必理足而后自强。又云。貧家之子。自恃竭力养亲而不知敬畏。則孔子比之于犬馬。乱世之臣。自恃打仗立功而不知敬畏。則陷于大戾而不知。国瑞驕悍难馴。文正因其好讀孟子之書。即以孟子养气之言告之。犬馬皆能有养。用論語赵注第一說。而不从朱注。文正之教將士。即文正之講学也。

鑒往可以知来。前史所紀兴亡治乱之迹。皆后人鑒戒之資也。公牘征引史事。其例最多。而反复申明。無过于宋黄震乞免再起化人亭狀。其文云。照对行香寺在城外西南隅可一里。久为焚人空亭。約十間。以網利邪說謬見入溺人心。合城愚民。悉为所誘。亲死骨肉未寒。即举而付之烈火。

以燔以炙。余骸不化。則又举而投之深淵。哀哉斯人。何辜而遭此身后之大戮耶。某久切痛心。每念革絕。五月六日之夜。風雷驟至。独尽撤所謂焚人之亭而去之。意者此亭穢气彰聞。皇天震怒。为絕此根。越明日。据寺僧發覚。陈乞为之权申大使府。盖亦幸此亭之坏耳。案吏何人。敢受寺僧之嘱。欲为影榜抄住張本。节节不住。行下本司。勒令覽造。急于星火。某窃謂此亭为焚人之亲設也。人之焚其亲。不孝之大者也。此亭其可再也哉。敢以焚人不可之事。百拜为大使府告。某謹案。古者小殓大殓以至殯葬。皆辟踊。謂迁其亲之尸而动之也。况可得而火之耶。举其尸而畀之火。天下惨虐之極。無复人道。虽蚩尤作五虐之法。商紂作炮烙之刑。皆戮之于生前。未至戮之于身后也。展禽謂夏父弗忌必有殃。既葬。禁烟徹于上。或者天实灾之。未可知。然宋之殃則凶可知也。司馬子期欲焚麇之师。子西戒不可。虽敌人之必犹有所不忍也。伍員以父之仇。尝掘荆王之墓而鞭其尸。員之倒行逆施極矣。然虽鞭之。犹未至焚之也。衛人掘褚师定子焚之平庄之上。殆开辟以来所未有之怪事。田單守即墨之孤邑。当燕將下齐七十城之后。积五年。思万死一生之計。以激其民之奋死。則襲用其毒。誘燕人掘齐墓。燒死人。齐人望之涕泣。怒十倍。而齐灭燕矣。尉佗在汉。聞汉掘燒其先人冢。故叛。陆賈明其不然。乃服。与之要約。亦曰反則掘燒王先人冢耳。举至不可聞之事以相恐。非忍为之也。东海王越乱晋。胡羯石勒剖越棺。焚其尸曰。乱天下者此人也。吾为天下报之。夫越之惡固宜至此。亦夷狄之酷而忍为此也。其余誰忍为之。王敦叛逆。有司出其尸于瘞。焚其衣冠。敦之所焚。犹衣冠耳。惟苏峻以反誅。焚其骨。楊玄感反。隋亦掘其父楊素冢。而焚其骸骨。惨虐之門既开。因以施之極惡之人。然非治世法也。隋为仁寿宮。役夫死道。楊素焚之。上聞不悦。夫淫刑如隋。且不忍焚人。則痛莫甚于焚人者矣。蔣玄暉瀆乱宮闈。朱全忠既杀而焚之。一死不足以尽其罪也。然杀之者常刑。焚之者非法。非法之虐。且不可施之誅死之罪人。况可施之父母骨肉乎。世之施此于父母骨肉者。复往往拾其遺燼而棄之水。則宋誅太子劭逆党王鸚鵡严道育。既焚而揚灰于河之故智也。惨益甚矣。而或乃以焚人为佛法。然聞佛之說。戒人自焚也。今之焚者。戒火耶。自焚耶。子孫焚之耶。佛者夷狄之法。天幸廢之。何可兴之。欲望鈞慈。矜生民之無知。念死者之何辜。备榜通济寺風雷已坏之焚人亭。今后不許再行起置。其于存念死生。轉移風俗。实非小补（黄氏日抄）。此文列举前代焚人之事。層層推勘。以見再起此亭之不可。于寻常例案中發絕大議論。可备一格。

乾隆間。秀水錢侍郎載。奏請厘定堯陵。釋史記五帝書葬不書葬之例。謂周以前本記。古帝王都于其所。崩葬于其所者。皆不書葬。何以明之。即以其不崩于其都者必書葬知之。故堯陵应在平陽。不应在濮州。其說疏通証明。累数千言。可作史記注解讀（文見名臣奏議）。然其下涉及堪輿家言。謂今曹濮間之堯陵。無山川形势之結構。窃計非帝堯諸臣大聖人之所营建。若平陽堯陵。乃地中有山。从山口大轉大折于高壁大峽中始見陵山。上平如地。后拥五峰。垂下結为翠阜。陬山灵境。春气尚在。此則議論紕繆。非学者之言。故盧紹弓痛駁之（文見抱經堂集）。大抵公牘引用史事。当精切不浮。別具只眼。如裘文达公曰修治河策云。必不得已而思北归次策。汉明帝永平时。德棣之間。河播为八。王景因之以成功。历汉唐至后周。八百余年無河患。今寻其故道而疏之。河流通暢。可庆安瀾。又孙文定嘉淦請开减河疏云。大清河之东南。皆泰山之基脚。故其道亘古不坏。亦不迁移。从前南北分流。已受黄河之半。嗣后張秋潰决。已受黄河之全。史言其由此入海。并未聞有冲城郭淹人民之事。則此河之有利而無害。亦百試而足征矣。此二疏引古証今。确然不易。

論事之文。神似史汉者。惟欧陽永叔最为擅長。如上宰相論河北財产書云。西山之長数百里。其产金銀銅鉄丹砂之类。無所不有。光气苗矿。往往溢發而出地。官禁之不許取。故舍此唯有平地耳。河北之地。四方不及千里。而緣边广信安肅順安雄霸之間。尽为塘水。民不得耕者十八九。擅衛德博濱滄通利大名之界。东与南岁岁河灾。民不得耕者十五六。今年大丰。秋税尙放一百万石。滄深冀邢洺大名之界。西与北鹹鹵大小鹽池。民不得耕者十三四。又有泊淀不毛。监馬棚牧。与夫貧乏之逃而荒棄者。不可胜数。大山大海之利。既不可取。而平地堪出財賦者。又有限而不取。其取者不过酒税之入耳。其入有数。而用度無常也。此一段曲折奥衍。地方利病財賦盈絀之故。了然可覩。而其文不过一百余言。东坡奏狀則不然。不規規于文字。而渾灝流轉。动与古会。如中三省起請开湖狀云。今西湖水貫城以入于淸湖河者。大小凡五道（原文此句下有小注）。皆自淸湖河而下。以北出余杭門。不复与城中运河相灌輸。此最可惜。宜于涌金門小河中置一小堰。使暗門涌金門二道。所引湖水。皆入法慧寺东溝中。南行九十一丈。則鑿为新溝二十六丈以东达于承天寺东之溝。又南行九十丈。复鑿为新溝一百有七丈。以东入于猫兒桥河口。自猫兒桥河口入新水門以入于鹽桥河。此河下流則江潮淸水之所入。上流則西湖活水之所注。永無乏絕之憂矣。曾文正公牘。亦有类此者。如批安平县禀云。滹沱源出山西繁峙县泰戲山。經代州。三里河七里河注之。又經崞县。北桥河板桥河注之。又經定襄县。牧馬川忻川水注之。入直隶平山县境。始会冶河。入井陘县境。始会甘陶河。綿蔓河。此三河同出山西平定州。不远而合者也。自此以下。仍会灵寿县之嵩陽河。泥河。雷溝河。又会正定县之西韓河。柏棠河。林济河。淸水河。旺泉河。及藁城县之只照河。然后下抵晋州。此二段文似水經注。左文襄平金积堡。疏陈处置回民事宜。而推論其敎旨。有云。其教以識至为宗旨。似儒者所言明心見性。以敬事为工夫。似儒者所言制外养中。其教規所謂天道者五。一日念。謂誦經。一日礼。謂报恩。一日齋。謂絕物。一日課。謂忘己。一日朝。謂归眞。所謂人事者五。謂倫常之理。此一段似汉唐注疏家語。

公牘有可作史論观者。如胡文忠复衛靜瀾書云。南以舟师为要。北以騎兵为要。史于刘項战事。于楼煩善騎射。擇軍中可为騎將及騎將灌嬰各事。均大書之。是刘項之兴敗。在有騎無騎矣。致严渭春書云。襄陽被圍五年。隔杭州二千里。然襄陽失而宋亡。賈秋壑特以酣歌湖上为乐耳。胡三省注通鑒。于此事深致怨恨。三省浙人也。知南宋之大局。在蜀。在襄陽。在淮甸地也。文忠熟于史事。故率然下笔。皆有断制。致唐义渠蔣之純書云。讀尽一部念三史。古今兵事。有战法。無攻法。惟近九年之官軍異是。此則全史在胸。乃能为此言。刘知儿論作史。須有才学識三長。治牘亦当如是。才以应物。学以树本。識以燭理。三者闕一。未可語于立言也。

有引用詩句者。如晁景迁論荊公三經新义封事云。三經之学。义理必为一說。辞章必为一体。以为一道德。道德如是。其多忘乎。古人謂宁道孔聖誤。諱言郑服非。正今日之患也。胡文忠批孝感县禀得雨云。昔年未入士途。不复关心晴雨。近年則憂患乃深。杜老所謂在家常早起。憂国願年丰者。誠为切至之言。曾文正批吳国佐禀云。名望愈隆。則物情之詰責愈刻。志趣愈亢。則鬼神之伺察愈严。近人落第詩云。也应有淚流知己。祇覺無顏对俗人。軍事之一胜一敗。情况亦頗类此。批席宝田禀云。营官于勇之飢寒困苦。漠不关心。激乱之端。往往以此借口。杜陵所謂安得廉耻將也。

有引說部故事者。如張文襄致楊玉書电云。苏文忠在琼日。一黎叟問苏何故行新法。苏曰。朝廷因民間貧富不齐。此以齐之耳。叟曰。天生万民。安能齐同。强欲齐之。如兩瓦相磨。欲令其厚薄相等。然厚者固薄。而薄者已穿。仍不能齐也。此乃琼州故实。該道亦何为强齐之以牌甲之数乎。原文語尽于此。而楊玉書牌甲之議之不可行。已不煩言而解。此文字含蓄之妙。

引經典而不通于事理者。亦有之矣。鄰几杂志載宋人陆参宰邑判訟因狀云。汝不聞虞芮之事乎。耆司不受。再就詣知。云不曉会得。再判云。十室之邑。必有忠信。当时以为笑談。乾隆十八年。御史曹秀先奏請举行蜡祭。其略曰。礼言蜡祭。七日昆虫。宋儒陈澔注为螟蝗之屬。知螟蝗有灵。亦得与祭。敬悬御制祭文一道。頒發郡县。遇有蝗蝻之地。即敬謹謄黃。虔具酒楮。張幕焚香。告祭于神。蠢兹蝗蝻。限以一日二日。遯迹于荒曠之野。宿莽之墟。各逃生命。逾期不用命。官吏乡保。竭力扑灭。曹氏讀礼記。惟知有陈澔集說。宜其迂繆若此。

先哲名言精理。有顛扑不破者。亦有涵义未中待后人闡發者。如虞書言出納朕命。蒸民之詩言出納王命。旧說皆釋納为复。謂复命也。宋刘黻上書理宗云。出納朕命載于書。出納王命咏于詩。不専言出而必言納者。命令不能皆中乎理。于是有出而复有納。此以納字作封駁解。于义为長。又如尚書言敬敷五教在寬。而張太岳答周乾明書云。所謂寬者。殆以人之才質。有昏明强弱之不同。須涵育薰陶。从容引掖。使賢者俯而就焉。不肖者企而及焉。如是而已。今人不解寬义。一切务为姑息弛縱。以致士習驕侈。風俗日坏。間有一二力欲挽之。則又祟飾虛談。自开邪徑。所謂以肉驅蝇。負薪救火也。本朝监規及臥碑所載。凛若冰霜。督学使者俱用宪臣为之。皆有深意（張文忠集卷二十三）。陆賈对汉高祖云。天下安。注意相。天下危。注意將。而宋王迈輪对箚子云。安当注意將。所以为有备無患之圖也。危当注意相。所以重扶顛持危之責也（南宋文鑒）。江陵論敎士主于严。王迈論备豫注意將。皆与前人之說相反。而理自不易。

沿用成語而易一二字。有突过前人者。有語多流弊者。陈止齋乞病劄子云。內疚初心。外慚公論。曾文正奏結天津教案折云。內疚神明。外慚清議。易初心为神明。易公論为清議。造語精湛。此胜于前人者也。光緒間。湖北巡撫譚繼洵。兴蚕桑之利。其奏折云。偏僻地方。如絲茧遽难銷售。令州县垫价收买。解省織綢。俾蚕戶見利勇为。見义勇为。儒家法語也。見利勇为。則斷章取义。流弊百出矣。

光緒初。山西大飢。曾忠襄奏疏有云。山西民气純良。甲于天下。餓死而不敢为非。医創而犹肯剜肉。此就前人語翻进一層。亦佳。模仿前人成句法。須身分相称。出师表云。臣本布衣。躬耕南陽。苟全性命于乱世。不求聞达于諸侯。先帝不以臣卑鄙。猥自枉屈。三顧臣于草廬之中。咨臣以当世之事。宋王弘敬表云。臣躬耕南澧。不求聞达。先帝拔臣于蛮荆之域。賜以国士之遇。讀諸葛表。覚其肫誠。讀敬弘表。見其淺陋。此身分不相称也。身分称矣。則亦宜变化出之。陆宣公均节賦税狀。东坡代張方平諫用兵書。一言秦汉隋三朝用財之濫。一言秦汉隋唐用兵之濫。皆以数語总結。宣公句云。秦隋不悟而遂灭。汉武中悔而获存。东坡則云。汉唐用兵于寬仁之后。故其胜而幸存。秦隋用兵于殘暴之余。故其胜而遂灭。东坡之文。即脫胎于宣公。而全不著迹。賈誼陈政事疏云。臣窃惟事势可为痛哭者一。可为流涕者二。可为長太息者六。王十朋論用兵事宜劄子云。臣窃以今日之事。有不可輕改者曰用人。有不可不決策者曰进躍。有不可不深慮者曰荆襄。有不可不急治者曰兵賦。賈疏突兀而起。非讀下文不明。王劄开門見山。大旨已具。此善学古人者也。

因事立制。固無定名。然必求其明白易曉。宋史选举志。元祐中。左司諫王岩叟言。自罢辟举。用选格。可以見功过。而不可以見人材。不得已別为之名。以用其平日之所信。故有踏逐申差之目。踏逐实荐举。而不与同罪。且选才荐能。而謂之踏逐。非推名也。遂复内外举官法。不名荐举而名踏逐。豈惟不推。直是不倫。

代言之文。虽不得自專。亦須略存公道。顏氏家訓曰。陈孔璋居袁裁書。則呼操为豺狼。在魏制檄。則目紹为蛇虺。在时君所命。不得自專。然亦文人之巨患也。当务从容消息之（文章篇）。汪藻浮溪集。賀李綱右丞啓云。精忠貫日。正二仪傾倒之中。凛气横秋。揮万騎笑談之頃。得文武弛張之樞要。独运胸中。明古今治乱之淵源。不專紙上。气吞異类。寇輒請盟。身且九隕以一生。国則崇朝而再造。可謂極推崇之至。及草綱落职制詞。則云。朋奸罔上。有虞必去于驩兜。欺世盗名。孔子首誅于正卯。具官某。空疏而不学。凶愎而寡謀。志輕天下而自謂無人。权震朝廷而不知有上。靡顧国家之大計。但荣市井之虚名。專杀尚威。伤列聖好生之德。信狂喜佞。为一时群小之宗。伊举錯之非常。于所聞而实驗。宜鐫寵秩。移置偏州。其丑詆一至于此。藻以草秦檜入相制詞及此篇。賢奸顛倒。为千古口实。此不善消息之病也。

甄微第五

治牘要义略具于前。善学者可黽勉而至。进而求之。曰胸襟广大。曰气象光明。曰气息深厚。曰得風人之旨。曰有自然节奏。曰有言外味。此則視乎其人。略陈固陋。庶資揚榷。

孔子贊易之辞曰。妙万物而为言。万物之理。至賾也。至微也。而易之为書。周流上下。發揮旁通。万物之情。無不畢达。故曰。易也者。聖人經世宰物之書也。万物之于人。一体也。其为文章。則人得之以类万物之情。而使之各得其所者也。發万物之理于吾文。即以吾文之功归之于万物。而于我無与焉。吾不有吾文。人亦不得而名之。其可見者。則飢有食。寒有衣。栖息有所。以至飞潛动植。各适其性。如是而已。陆宣公未覺其用者也。請罢瓊林大盈二庫狀云。生之長之而不恃其为。成之收之而不私其有。付物以道。混然忘情。取之不为貪。散之不为費。以言乎体則博大。以言乎道則精微。此数句言理財之道極大極精（求闕齋讀書記）。韓魏公。以文名者也。喜雨詩云。須臾慰滿三农望。却斂神功寂似無。二句能寫出眞宰相本領（韓魏公遺事）。閱古堂詠溝泉云。誰知到此幽閑地。多少余波济物来。其意气所怀見于造次（石林詩話）。有此胸襟气象。可以言文。可以言事業。

曾文正云。文章之道。以气象光明俊偉为最难而可貴。如久雨初晴。登高山而望曠野。如楼俯大江。端座明窗净几之下。而可以远眺。如英雄俠士。褐裘而来。絕無齷齪猥鄙之态。文中有此气象者。大抵得于天授。不尽关乎学术。自孟子韓子之外。惟賈生及陆敬与苏子瞻得此气象最多。陽明之文。亦有光明俊偉之象。虽辞旨不甚淵雅。而其軒爽洞达。如与曉事人語。表里燦然。中边俱澈（鳴原堂論文）。吾尝以此意求之于公牘文字。凡下笔爽朗。气象光明者。其成就必远。其所見必加人一等。是故主司以此衡文。必有佳士。銓部以此察吏。必有眞才。此鶴唳九皐。鷄鳴風雨。所以为納誨之詩。思賢之作也。

柳子厚云。吾每为文章。未嘗敢以輕心掉之。惧其剽而不留也。未尝敢以怠心易之。惧其弛而不严也。未嘗敢以昏气出之。惧其昧没而杂也。未嘗敢以矜气作之。惧其偃蹇而驕也。抑之欲其奥。揚之欲其明。疎之欲其通。廉之欲其节。激而發之欲其淸。固而存之欲其重（答韋中立論师道書）。气象得于天授。不可强儿。其可以学力致者。則莫如子厚論文之說矣。剽而不留。弛而不严。昧沒而杂。偃蹇而驕。皆公牘之大病。惟子厚此言。可以藥之。

詩三百篇。古人以之明得失。美敎化。达于事变。以風其上。此非虛言也。詩之声容。別其名为風雅頌。而为詩之体。則別之为賦。为比。为兴。朱子集傳。取郑箋而引申之。曰。賦者。敷陈其事而直言之者也。比者。以彼物比此物也。兴者。先言他物。以兴起所詠之詞也。名家文字。無論为詩文。为公牘。其能感动人心者。必于陈事直言之外。兼比兴二义。特讀者不覚耳。汉人言賈君房下笔。語言妙天下。君房罢珠厓对云。孝武皇帝。探平城之事。籍兵秣馬。西連諸国。北却匈奴。当此之时。寇賊并起。軍旅数發。父战死于前。子斗伤于后。女子乘亭障。孤兒号于道。老母寡妇。飲泣巷哭。遙設虛祭。想魂乎万里之外。又云。人情莫亲父母。莫乐夫妇。至嫁妻卖子。法不能禁。义不能止。此社稷之变也。今陛下不忍悁悁之忿。欲驅士众。挤之于大海之中。快心幽冥之地。非所以保全元元也。此段文字。如香山新乐府。令人惊心动魄。此賦而兼兴者也。东坡言制置条例司之害。其文云。制置三司条例司。求利之名也。六七少年与使者四十余輩。求利之器也。驅鷹犬而赴林藪。語人曰。我非獵也。不如放鷹犬而獸自馴。操網罟而入江湖。語人曰。我非漁也。不如捐網罟而人自信。故臣以为消讒慝而召和气。复人心而安国本。則莫若罢制置三司条例司。又言用兵之害云。战胜之后。陛下可得而知者。凱旋捷奏。拜表称賀。赫然耳目之观耳。至于远方之民。肝腦屠于白刃。筋骨絕于餽餉。流离破产。鬻卖男女。熏眼折臂自經之狀。陛下必不得而見也。慈父孝子孤臣寡妇之哭声。陛下必不得而聞也。譬犹屠杀牛羊。刳臠魚鼈。以为膳羞。食者甚美。死者甚苦。使陛下見其号呼于梃刃之下。宛轉于刀几之間。虽八珍之美。必將投箸而不忍食。而况用人之命。以为耳目之观乎。前一段为比体。后一段为比而兼兴。曾文正云。东坡之文。其長处在証引史事。初实精当。又善設譬喻。凡难显之情。他人所不能达者。坡公輒以譬喻明之。善設譬喻。即比兴之旨也。同治十三年詔修圓明园。言路交章諫阻。皆不省。內閣学士李文田在籍。千里入都。上書数千言。首言今有三大害。一民穷已極。二伏莽徧天下。三国家要害尽为西夷盤踞。中言焚圓明园之巴夏礼等其人尚在。昔既焚之而不惧。安能禁其不复为。常人之家。或被盗刼。犹必固其門牆。慎其筦鑰。未有更出其財物。以夸富于盜賊之前者。疏入。詔罢园工。三害之說。犹难动听。至夸富盜賊之前云云。則語意悚切。虽欲不听而不得矣。此善設譬喻之效也。故明于詩意者。必通于政事。

声音之道与政通。高下疾徐抑揚輕重者。声音之自然。人不能外自然而生存。故文章之妙。至于高下疾徐抑揚輕重。無不应弦合节。則可以入人肺腑。讀者感动鼓舞而不自知。其为之之道奈何。曰。奇耦相生。高下相成。調以响逸。气以神行。齐梁初唐之駢体。音声之至美者也。其敝也。累于塗澤。病于隶事。于是四六之文兴焉。陆敬輿之秉笔。巨細必陈。李文饒之精思。襟灵独断。夫其軍書旁午。籌笔紛綸。匪有寬閑。可容揚搉。然而山南下詔。將士傾心。回紇傳書。名王稽顙。同符異代。許为藥石之言。托契当年。答以韋弦之佩。豈非正声相感。通律呂于神明。令德不瑕。中和平之节奏。故知理万殊而共貫。音十积而成章。鳴韶虞陛。則鳳皇翺翔。張乐洞庭。則魚龙出听。物犹如此。何况于人。

曾文正論陆宣公文云。駢体文为大雅所羞称。以其不能發揮精义。并恐以蕪累而伤气也。陆公則無一句不对。無一字不諧平仄。無一联不調馬蹄。而剖析事理。精当不移。吾輩学之。亦須略用对句。稍調平仄。庶笔仗整齐。令人刮目。文正論奏議。不重四六之文。而不薄平仄对仗。犹杂鈔經史百家。而不廢詞賦一类也。

陆宣公奏議。膾炙人口。节录奉天論赦書事條狀一篇于此。履非常之道者。不可以常道安。解非常之紛者。不可以常語諭。自陛下嗣承大宝。志壹中区。旁用甲兵。竭取財賦。甿庶未达于暫劳之旨而怨咨已深。昊穹不假以悔禍之期而患难繼起。复以刑謫太峻。禁防伤严。上下不亲。情志多壅。乃至变生都輦。盜据宫闈。九庙鞠陷于匪人。六师出治于郊邑。奔逼憂厄。言之痛心。今重圍虽解。逋寇尙存。裂土假王者四凶。滔天僭帝者二豎。又有顧瞻怀貳。叛援党奸。其流实繁。不可悉数。皇輿未复。国柄未归。劳者未获休。功者未及賞。困穷者未暇恤。滯抑者未及伸。將欲紓多难而收群心。惟在赦令誠言而已。动人以言。所感已淺。言又不切。人誰肯怀。悔过之意。不得不深。引咎之辞。不得不尽。招延不可以不广。潤澤不可以不弘。宣暢鬱堙。不可不洞开襟抱。洗刷疵垢。不可不蕩去瘢痕。使天下聞之。廓然一变。若披重昏而覩朗曜。人人得其所欲。則安有不从者乎。应須改革事条。謹具別狀同进。除此之外。尙有所虞。窃以知过非难。改过为难。言善非难。行善为难。假使赦文至精。止于知过言善。犹願聖慮。更思所难。易曰。聖人感人心而天下和平。夫感者。誠發于心而形于事。人或未諭。故宣之以言。言必顧心。心必副事。三者符合。不相越踰。本于至誠。乃可求感。事或未致。則如勿言。一亏其誠。終莫之信。伏惟陛下先断厥志。乃施于辞。度其可行而宣之。其不可者措之。無苟于言。以重其悔。宣公此文。乃轉危为安之樞紐。意極警切而語極婉轉。令人百讀不厭。又。請罢瓊林大盈二庫狀云。窃惴軍情。或生觖望。試詢侯館之吏。兼采道路之言。果如所虞。积憾已甚。或忿形謗讟。或丑肆謳謠。頗含思乱之情。亦有悔忠之意。頃者六师初降。百物無儲。外扞凶徒。內防危堞。晝夜不息。殆將五旬。冻餒交侵。死伤相枕。畢命同力。竟夷大艰。良以陛下不厚其身。不私其欲。絕甘以同卒伍。輟食以啗功劳。無猛制而人不携。怀所感也。無厚賞而人不怨。悉所無也。今者攻圍已解。衣食已丰。而謠讟方兴。軍情稍阻。豈不以勇夫恒性。嗜貨矜功。其患难既与之同憂。而好乐不与之同利。苟異恬默。能無怨咨。此理之常。固不足怪。曾文正評此段文字。語語入情。婉婉动听。此等处最不易及。文正奏疏。則間用对偶而变其格調。如議复兼攝通商大臣折云。違一言而嫌隙遽开。牽一髮而全神俱动。关道以洋人恃其凶横而不敢誰何。督撫以洋务非其専責而不肯深究。势必至睚眦小忿。皆取决于总理衙門。且立法之初。当规久大之計。柔远之事。必擇専精之人。窃謂此缺似不可裁。辞节制三省成命折云。博观史册。通閱世情。無才而位高于众。則轉瞬必致禍灾。無德而权重于人。則群情必生疑忌。查复何桂清退守情形折云。疆吏以城守为大节。不宜以僚屬之一言为进止。大臣以心迹定罪狀。不必以公禀之有無为权衡。于一篇中偶著数联。亦自音調鏗鏘。琅琅可誦。安乡薛叔耘先生出使英法时。奏言各省火藥庫。宜建于空曠处。有句云。夫狃取携之便者。未遑顧及生灵。味久远之圖者。鮮不安于玩愒。猝然震發。其患有不及防。無故罹凶。其事尤为可憫。先生早岁。薰陶于文正幕府。故下笔得其神似。

清代章奏通篇用四六者。惟进書賀典礼謝恩賞报到任用之。而亦有不尽然者。順治間。魏文毅請褒幽忠疏云。自明政失御。寇焰滔天。龙髯飲恨于鼎湖。坤配遺絃于椒殿。君死社稷。臣罹凶灾。仗节殉君。横尸阙下。金石可勒其貞。松筠不改其色。摧蘭蕙于一朝。流芳馨于千載。明人請卹之疏。例用四六之文。故文毅犹沿其体。亦以易代之际。人所难言。故潤飾其辞。俾讀者味其造語之工。而不覺其用心之苦。李天生以博学鴻儒征。固辞不获。及应試授职。疏請归养。其警句云。臣母迟暮之年。不幸身婴残疾。衰龄七十。久困扶床。辇路三千。难通齧指。一旦禱北辰而已远。回西景以無期。即臣永为名教罪人。非臣愚之所敢出也。又云。趋朝之限。虽迫于戴星。問寝之私。倍悬于爱日。低头轉瞬。輒見臣母在前。寝食俱忘。肝腸迸裂。其不可奕官常而干祿位也明矣。天生立身。自有本末。此疏上遞。聞者危之。既而竟邀允許。則誠能感动之所致也。（朱長源为李天生行狀。言秦隴乱。邑大夫議待决于公者。邮使相問。所至监司守令皆倚如長城。天生以經史詞章之学名海內。而不知其嫻于吏事若此。）若一折参用数联。于分肌析理之中。有蕩气迴腸之致。自上条所引外。其例良多。而亦有轉嫌失体者。

林文忠撫江苏。奏报陰雨連綿田稻歉收情形。中杂駢語。有云。晝則雾气迷濛。夜則霜威严重。一穗所結。多屬空稃。半熟之禾。变成焦黑。又云。晝見陰霾之象。自省愆尤。宵聞風雨之声。难安枕席。疏入。竟以晝見宵聞四語。致遭薄譴。則小民暑雨怨咨之日。非大吏文墨优游之时也。下行之文。通体为四六者。惟学政观風課士用之。替撫行文而参用儷体者。則不多見。張清恪撫江苏。有禁鬻女为尼示。文曰。釋門三宝。乃老嫗懺悔之場。净土孤灯。豈少艾焚修之地。而况無知遭陷。原非甘心。及至有覺性情。誰能堪此。胡文忠撫湖北札催州县解款文曰。牙纛各款。已告罄于襄樊。風鶴之声。更阻餉于秦晋。陆軍以藜藿和羹。水师或豆渣为食。犹复軍無懈志。勇不鬧粮。但以餉之不来。弥恨賊之久踞。兩公偶然涉笔。頓絕恒蹊。可謂名士風度矣。

杜元凱春秋左傳集解序。优而柔之。使自求之。饜而飫之。使自趋之。若江海之浸。膏澤之潤。渙然冰釋。怡然理順。韓退之进学解。沈浸醲郁。含英咀华。作为文章。其書滿家。皆謂义理文章之可味也。作公牘而有言外之味。非肴核百家。沈酣六籍。不能有此境界。畢秋帆論陝西水利疏云。秦中地厚水深。山澤之气不通。每有恒暘之咎。又云。小民心知其利。道謀筑室。不潰于成。此运用成語而变化出之。經籍之光。熠然紙上。李因培督学浙江。請正文体疏云。浙西杭嘉湖三府。連接江苏。風俗相等。其人清柔畏事。好議論。多机巧。其民之秀者。喜为文辞。然华而少实。慮其喜新好異。不衷于理。至浙东除宁紹二府略同浙西外。余則漸趋樸实。然山高水駛。其人多尙义。褊急險愎。慮其粗率而撓法。此通省士气也（名臣奏議）。論兩浙民風士气。得汉書食貨志神理。又有似是而实非者。如樊樊山官陝西布政使。札秦报館文云。本司最服膺聖訓。曰。人莫不飲食。鮮能知味。吾师張抱冰先生論詩。亦曰。講神韻不若講神味。由是以思。無味之人不可交。無味之事不必做。無味之文不足观也。秦报刊刻公牘批判。要必有異于寻常通稿者。始足令閱者醒目。昨見三十三册秦报內。有批咸宁所上張梁氏一案詳文。此書办照例拟批。而竟鈔之送之选之刻之。不解諸君子何以深賞此無味之味也。此后倘再染書办習气。將無味之例稿。塡入秦报。取人憎厭者。本司惟有一字訣。曰撤。樊山以例稿为無味。是以非循例之稿为可味也。有味無味之別。殆不在此。然論牘以味为貴。具有至理。

慮远第六

有一时之言。有百世之言。循法。奉职。补闕。拾遺。一时之言也。百世之言則異是。兴一利則皆思利中有害而預防之。除一弊則当推致弊之由而杜絕之。陈义高而不可行者勿言。名甚美而不能副者勿言。取悦于众人返之吾心而不安者勿言。曰。必如是而后言。則可言者仅矣。曰。是不然。事之利害相因者。無巨細一也。言之要于可行。行之要于可久。無輕重一也。視之易。則斯难矣。知其难。則斯易矣。記曰。聖人能以天下为一家于国为一人者。非意之也。必知其情。辟于其义。明于其利。达于其患。然后能为之。又曰。可言也。不可行。君子弗言也。可行也。不可言。君子弗行也。故言必慮其所終。而行必稽其所敝。

六經之治。貴于未乱。經义备矣。不必論。論一二事可为法戒者。商鞅之議变法也。与甘龙杜摯执論于秦孝公之前。而鞅卒以强辯胜。法非不可变也。而商鞅之說則非也。鞅之言曰。有高人之行者。固負非于世。有独知之慮者。必見警于民。商鞅之术。非能高出一切也。严刑峻法以箝秦民之口。而令民于死中求生。其視秦民。直犬馬草芥之不如。如是而謂有高人之行。独知之慮。吾不信也。（刘向新序。商君一日临渭而論囚七百余人。渭水尽赤。号哭之声。动于天地。）令既具而慮民之不吾从也。則募民徙木而应者予十金。以不測之賞。示必信之法。徙木微劳也。十金厚賞也。微劳而厚賞。是失平也。立法之始而示人以失平。非所以取信也。然則其立信也。乃失信也。善治民者。劳其身而措民于至安之地。鞅不惜其身而貽秦民以至危。国之富兵之强非有深固不拔之基也。强兵富国而以严刑峻法济之。其終必敗。其民他日受国富兵强之禍必烈。是兩失也。刘向說苑。武王問于太公曰。为国而数更法令者何也。曰。更法令者。以其所善为法者也。故令出而乱。乱則更为法。是以其法令数更也。張江陵之当国也。曰。事無大小。必默告于天地祖宗列聖而后行。不敢以己意为輕重（答陈公文書）。若商鞅者。以其所善为法者也。以己意为輕重者也。独知之慮。私慮也。非远慮也。（馬端临之父廷鸞著讀史旬編。其論商鞅。謂农战篇之說以为豪杰皆学詩書以避农战。則国削且貧。秦人狃其說。卒至于焚詩書而后快。不知隴上輟耕太息而起者。皆农战之人也。張文潛商君論亦云。商君之术。秦之所由亡也。善养生者。和其血气。平其心志。安养而徐用之。故無后害。有賤丈夫焉。不能忍岁月之勤。而急其效于耳目之前。服毒石。餌惡石以激之。方其效也。力倍于平时。数年之后。遺毒余孽。潰裂四出。至是而不死者。未之有也。商君朝有所为而夕望其利。斬艾懲創。以肃其怠惰之气。方其效也。所求者得。所敌者破。徭役使令。莫不如意。至于天下已定。而前日怨毒之气。大發而不可制。其取怨于下者。豈一日之积哉。）

周礼大司徒。以保息六安万民。四曰恤貧。六曰安富。郑注。保息。安之使蕃息也。恤貧。貧無財業稟貸之。安富。平其徭役。不專取。賈疏。徭役均平。又不專取。則富者安。一国之民。貧多富少。国家恤貧之法。財有穷。惟令富者得安其生。出其余饒。尽地利。务工商。則財貨流通。而貧民食其利。故安富即所以恤貧。后世懲豪强兼并之害。为限民名田之法。意欲抑富济貧。不知富者既貧。貧者無所持以为生。流而为盜賊。則貧富同归于尽。故不專取于富民者。所以为貧民計。陆宣公論兼并之家。私斂重于公税。惟請約为条限。裁减租价。务利貧人。微損有余。稍优不足。損不失富。优可振穷。曰微損。曰稍优。下笔極有斟酌。朱子南唐救荒牓。劝上戶售米。莫增价例。莫减升斗。而劝下戶不得向上戶需索搶夺。亦恤貧安富并行。明崇禎时。有請按富戶报名輸官。行首实籍沒之法者。礼部尚書錢士升疏言。郡邑有富家。貧民衣食之源也。地方水旱。有司令出錢粟。均糶济飢。一遇寇警。令助城堡守御。富家未尝無益于国。今以兵荒归罪于富家朘削。議括其財而籍沒之。此秦皇不行于巴淸。汉武不行于卜式。而欲行于聖明之世乎（明史錢龙錫傳）。此皆計慮深長。看似無奇。而所关甚巨。中智之所忽。固上哲之所謹也。（刘晏掌国計。未尝有所假貸。有尤之者。晏曰。使民僥倖得錢。非国之福。使吏倚法督責。非民之便。)

礼記檀弓下。季子皐葬其妻。犯人之禾。申祥曰。請庚之。子皐曰。以吾为邑長于斯也。买道而葬。后难繼也。庚者。償也。邑宰以葬妻故。損及民田。从而償之。宜也。使民由此而事事責償于官。其术必穷。孔穎达曰。买道而葬。清儉太过。其事难繼。秦繼宗曰。买道則沽名。后必难繼。言其行小惠失大体也。說苑。魯国之法。魯人有贖臣妾于諸侯者。取金于府。子貢贖人于諸侯而还其金。孔子曰。賜失之矣。聖人之举事也。可以移風易俗。而教导可施于百姓。非独适其身之行也。今魯国富者寡而貧者众。贖而受金。則为不廉。不廉。則后莫复贖矣。出私財以脱民于賤役。仁心也。亦义举也。而孔子非之。为其不可以經久也。汉昭烈曰。吾周旋陈元方郑康成間。每見啓告治乱之道数矣。未尝語赦也(蜀志)。赦。仁澤也。而元方康成論治道不及于此。为其失平允而長乱源也。張文襄巡撫山西。尽裁撫署公費。归之庫用。有言宜为后任留余地者。文襄札曰。人之欲善。誰不如我。豈可厚誣来者。自便私圖。卒裁之。及总督兩广。惟以公費交善后局另存而不复裁。曰。我素性儉約。無所用之。他人应酬多。自当別論(事見張文襄公牘)。不受公費。廉也。廉由于能儉。他人不能儉。則必取償于公費之外。而害有甚于公費者矣。李恕谷曰。用財有度。为善亦有度。用財無度。則費不可支。为善無度。則繼不能行(恕谷日記)。又曰。施仁政勿高兴。水利农桑武备諸政。須酌量时可以为。力可以为。乃出号令。不然。言之不能行之。無以取信于民。即行而鹵莽灭裂。或兴利而反貽害(富平贈言)。嗟乎。为善犹不可以不审。况可以为惡哉。

善善惡惡。为政之常經也。虽然。犹有說。管仲之論鮑叔牙也。曰。鮑叔。君子也。虽然。不可以为政。其为人也。好善而惡惡已甚。見人惡。終身不忘。孔子曰。人而不仁。疾之已甚。乱也。彼管仲者。其知之矣。唐安史之乱。王官陷賊者。崔器建議皆抵死。李峴执奏。犹以六等定罪。陆宣公論之曰。众心既偷。賊势愈固。不忍一朝之忿。而貽累岁之憂。苟循匹夫之談。以兴亿众之役。为計若此。何利之有。李楚琳作乱叛附朱泚。及奉天圍解。遣使入貢。德宗不引見。宣公論之曰。当事之要。虽罪惡不得不容。适时之宜。虽仇讎不得不用。必欲精求素行。追抉宿疵。則是改过不足以补愆。自新不足以贖罪。凡今將吏。豈尽無瑕。人皆省思。孰免疑畏。降臣叛將。擯之絶之。不为过也。而事势苟有不可。不得不屈法以示含容。誠以所屈者小而所全者大也。（宋高宗时。朝臣受伪命者众。右正言邓肃請分三等定罪。見宋史邓肃傳。比較李峴之議为寬。）

陆宣公奏議。思深虑远。于極难措置之事。批却导窾。析理極精。而用心極細。如收河中后請罢兵狀。沿边儲蓄軍粮狀。沿边守备事宜狀。料敌审势。酌理度情。驟讀之覚其言之过繁。細按之直無一語妄下。唐季維州之事。李德裕上書言受降之利。牛僧孺駁之云。吐蕃疆土。四面万里。失一維州。無損其势。朝議竟棄維州。其后德裕入相。乃具言形势險要。与取地之利。棄地之害。牛李之爭。虽由私怨。然使德裕詳陈地势于受降之初。僧孺豈得騰其口說。左文襄平陝甘回匪。先筹后路。筹餉源。可謂周密矣。及攻金积堡。累疏奏捷。而城坚不拔。中旨責其劳师糜餉。有云。一賊堡耳。何以屡攻不下。文襄复奏。言堡城周九里。高四丈。厚三丈余。堡中有堡。为逆賊老巢。其东至灵州堡寨四百五十余。西至陝口。堡寨关卡一百二十余。盖此数百里之地。統称金积堡。迥非乡村聚落之比。使其先事詳陈。必無詰責之事。是文襄能料敌审势。而計虑犹未周也。是故虑远之与虑周。相資为用。师宣公意以为之。必不至此。李沆謂王旦曰。我死。公必为相。切勿与虏講和。吾聞出則無敌国外患者。国常亡。孝宗时。詔以和戎遣使大計詢于庭。主和者半。可否者半。

言不可和者。胡銓一人而已。乃独上一議曰。京师失守。自耿南仲主和。二聖播迁。自何㮚主和。維揚失守。自汪伯彥黃潜善主和。完顔亮之变。自秦檜主和。議者乃曰。外虽和而內不忘战。此向来权臣誤国之言也。一溺于和。不能自振。尙能战乎。宋自孝宗以后。銳气尽挫。每战輒敗。胡忠簡之言。切中当日事势。及端平間。朝議收复三京。乔行簡疏言。不憂出师之無功。而憂事力之不可繼。有功而不可繼。其憂始深。已而果然。則非国仇之不当复。而国势士气異也。

近代文章論事思慮深远者。無如曾文正。咸同之际。苏人議借洋兵。文正复書云。金陵非通商子口。借兵助剿。不胜为笑。胜則后患不測。目前权宜之計。只宜借守滬城。切勿遽务远略。謂金陵苏常。可以幸襲。非徒無益。而又有害。既已借兵守滬。則当坦然以至誠相待。不可稍涉猜疑。嗣三口通商大臣崇厚。請許英人兴兵助剿。文正复奏言。彼以助我而来。我若猜忌太深。則無以导迎善气。若推誠相与。又恐其包藏禍心，嫌衅一开。全局瓦裂。时又有节制四省之命。幷以調任督撫事密詢所見。文正奏言泛論人才以备采擇則可。指明某缺徑請迁除則不可。四方多故。疆臣既有征伐之权。不当更分黜陟之柄。宜防外重內輕之漸。兼杜植私树党之端。又言。历观前史明訓。軍事之进退緩急。战守屯駐。統帅主之朝廷之上。不宜遙制。庙堂之黜陟將帅。賞罰百僚。天子与左右大臣主之。閫外之臣。不宜干預。朝廷而遙制兵事。其患犹淺。閫外而干預內政。其害实深。从古統兵重臣。遙执国命。未有能善其后者。李文忠智深慮沈。过于文正。而無其学养。庚子之变。奉召入都。手疏劾庇匪誤国之王大臣。請置重典。謂非此則和局不能开議。此疏与刘張袁三人联名。事先幷無接洽。刘忠誠佩其魄力沈毅。而張文襄則慮其近于挾制。事至危急存亡。固不能拘文牽义。而庚子以后。封疆权重。卒之遙执国命。舟壑潜移。履霜而坚冰至。是豈無自哉。

一言可以兴邦。一言可以丧邦。天下事誤于無知妄作者。十之二三。誤于放言高論者。十之七八。賈生。王佐才也。論匈奴云。窃料匈奴之众。不过汉一大县。陛下何不試臣以屬国之官。以主匈奴。行臣之計。必系單于之頸而制其命。匈奴控弦百万。地方南北五千里。东西二千里。而賈生易言之。以为不过汉一大县。使其輕發难端。必僨国事。唐元万頃。善屬文。从李勣征高丽。为总管記室。勣令作文檄高丽。其語有譏高丽不知守鴨綠之險。高丽报云。謹聞命矣。遂發兵固守鴨綠。官軍不得入（唐書文苑傳）。一言之失。影响于軍国若此。預人家国事。豈易言哉。

一語足以僨事固已。一字之誤。亦有为害無穷者。尙書予則孥僇汝。郑康成不釋孥为奴。而釋为妻孥之孥。平章九族。許叔重不釋九族为高曾祖父子孙曾玄。而釋为緦麻以上兼內外亲言。后世之言法律者。不就本义解釋。而惟許郑之是从。遂有緣坐之法。門房之誅。此一字之誤也。三国志鍾会傳注。会母好書籍。每讀易孔子說鳴鶴在陰。劳謙君子。借用白茅。不出戶庭之义。使会反复讀之。会为尙書郞。司馬景王命中書令虞松作表。再呈輒不可意。会取視。为定五字。以呈王。曰。不当尔耶。旧唐書馬周傳。周少好学。尤精詩傳。为中書舍人。敷奏深識事理。动無不中。中書侍郞岑文本謂所亲曰。吾見馬君論事多矣。援引事类。揚榷古今。举要删蕪。会文切理。一字不可加。一言不可損。昔苏張終賈。正应此耳。鍾会。馬周。皆弱冠登朝。而深識事理。下笔精当。至一字不能增損。此关天分。亦讀書明理之效。

一字之誤。不可不愼。一字之安与未安。亦不可不講也。余为讀史引陆象山与庙堂乞筑城箚子。先言权今費役曾不毫末。后言諸支当用緡錢三万。乞撥支銀五千。則所費不止毫末而已。又前篇引魏文毅疏。有寇焰滔天句。烈焰可以燎原。不可以滔天。此于句法皆为疵累。然本义犹無害也。張江陵与人書。自称曰孤。曰不穀。如与薊鎮总兵戚南塘書云。孤之此行。甚非得已。上恩深重。不敢抗違。答楚学道金省吾云。不穀素無学术。謬膺重任。思所以佐明主者。惟日取祖宗之法度修明之。窃以为今之教士。与士之为学。皆不如不穀之所以事上致理。其称孤犹可言在夺情之时。称不穀則直以南面自居。已可怪矣。与王見峰書。属为已革举人黄九思昭雪。有云。一夫不获。时予之辜。若果冤枉。宜从辨豁。此語尤謬。幸而言路糾彈。不及于此。不然。破家灭門之禍。豈待身后哉。明显官自称不穀。盖当时習用之語。顧文端集中亦有之。（此节举例以明文字之不可不愼。若平时見有此等文字。治牘者愼勿苛求。恐兴大獄也。）

一字不可不愼。固已。犹有进者。文人著書。喜翻旧案。其說不幸而采入官書。登之簡牘。必至無端生事。九江太陽山。有岳武穆夫人墓。下有陈岩叟墓。嘉靖六年。何某修县志。謂武穆夫人与武穆之母姚太夫人合葬于其东之株嶺。不应在此。自此說出而陈氏遂葬于岳墓之下。兩家構訟。历一百余年。乾隆五年。九江知府施廷翰断为岳夫人实葬在此。陈氏墓历年已久。許其不迁。始为定案。此一事也。咸陽野韭澤。为汉上林苑十池之一。县志云。东西長八里。南北闊六里。今东西不及三里。南北一里半里不等。官产处据方志。欲尽括澤旁三十余村为官产。紳民力爭而止。此又一事也。余見詞訟之案。类此者甚多。前人著書。豈能無誤。时移势異。即不誤亦当有所別擇。若謂語有来历。断以不疑。謬矣。

字之誤者易知。字之难辨者。亦不可不愼也。旧唐書。王君廓为幽州都督。李玄道为長史。君廓入朝。玄道附書与其从甥房玄龄。君廓私發之。不識草字。疑其謀己。惧而奔叛。玄道坐流巂州。笔画难辨。其害至此。北齐書赵彥深傳。彥深子仲將。博学涉群書。善草隶。虽与弟書。書字楷正。云。草不可不解。若施之于人。即似相輕易。若与家中卑幼。又恐其疑。所在宜尔。是以必須隶笔。新唐書席豫傳。豫与子弟屬吏書。不作草字。或曰。此細事耳。答曰。細不謹。況大事耶。余襄在武昌。有知府徐家幹者。好临淳化閣帖。公私函牘。以草法書之。受者不知所謂。猝難作答。东坡詩云。何用草書夸神速。开卷惝怳令人愁。此虽小节。誤事不淺。所当深戒。

語曰。勿謂何傷。其禍將長。勿謂何害。其禍將大。勿謂何殘。其禍將然。熒熒不灭。炎炎奈何。涓涓不壅。將成江河。緜緜不絕。將成網罗。信哉斯言也。君子作事謀始。謀之不臧。复敗随之。是故恐惧所以修身。揚厉所以致治。謹慎所以立言。文章学术。致治立言之基也。不佞为此書。無新奇可喜之說。上推經史。旁逮名公文牘。要以明斯义而已矣。一言以蔽之曰。敬慎不敗。

附录 治牘須知

初学来問治牘之法。余曰。公牘無定法也。其精要处。余所为牘史牘髓諸書。已詳言之。若行文格式。如等因奉此之类。則近时坊刻之公文程式。备載無遺。一覽了然。不待辞费。無已。則擇其必应注意而人所忽略者。列举于后。

凡初入仕途之人。于公事素未学習。执笔办稿。往往不知所措。此未閲成案故也。大凡一事之起。有近因。有远因。近因易知。已有成案。檢閲尤易。远因者。或伏根于数十年前。或牵涉于于本案范圍之外。經若干人之手。繳繞錯互。猝难得其端緒。須息心静气。逐一檢閲。其間亦必有提綱挈領之文。閲一二件而全案可以識其涯略者。亦有因一二件之錯誤而踵謬襲訛。全案俱錯者。識其涯略。則端緒易寻。就此下手。事半功倍。若發見全案俱錯而思有以补救之。則推翻成案。力持己見。非老于公事者不办。初学不求翻案。且就易知易行之事量力为之。尤須虛心就老辈請益。切勿意气驕矜。妄發議論。

檢閲成案之时。閲一件訖。且掩卷思索。此事須如何答复。如何应付。若我意以为必应如是。而檢閲下文。截然相反者。則其中必有原因。問之經办之人。而得其症結所在。則举一反三。必有領悟。若經办之人已去。或此案無端發生变化。不便深究。則就己見陈述于長官請示办法。亦可自立于不敗之地。

凡办一事。須面面顧到。不可但計目前。如講求水利。必須顧及水患。剿办土匪。必須慮及騷扰良民。筹議捐稅。先須計及民力能否担負。若率然下笔。以后波瀾迭起。必致束手無策。或謂举办一事。自有長官負責。是非得失。于我無預。不知長官一时兴到。不及深思熟慮。事所恒有。正賴僚屬随事补救。不然。事敗而累及办稿之人。失职之咎。百喙無以自解。幸而無事。則暗中受害者。不止一人一时。于心何安。必不得已而为之。則須預留伸縮地步。以后方可补救。老子公牘者。参以活笔。不肯說呆。正为此也。

公牘須参活笔。指收束結穴处言之。若中間議論事之利害。理之是非。則必須反复透澈。不可为模糊影响之談。其事有害無利而又不能不办者。則將所以不得不办之故。詳悉言之。取益防損。兼筹并顧。則人亦可以相諒。仍于文末声明。俟某事平靖某案結束之时。此事即行停办。則縱有弊害。尚有尽时。不然。永留禍根。貽害無穷矣。

事理必与时势相因。时势变化不常。則事理亦不可拘于一隅。不知应变。就目前而論。此事必須如是。此文亦必应如此措詞。方合分际。然时移势異。又將如何。故下笔不可說呆。尤不可說尽。長官行文下屬。或責以必不可行之事。受者于此。宜先事陈明。只可云尽力办理。若阿意曲从。是違心之論也。若長官并未責以程限。而下屬自告奋勇。謂可办至如何地步。及智尽能索。捉襟肘見。續办不可。求去不能。是作茧自縛也。近人好为大言。不計究竟。执笔者切宜留意。毋至竭蹶。毋廢中途。善留有余。乃可以补不足。孔子不云乎。先行其言。而后从之。先行其言者。行之于未言之先。而后从之者。言之于既行之后。齐家治国。其理相同。聖人之言。不可易也。

一事举办業已發端。則随时檢点。随事补救。乃当然之理。自来通病。一案办訖。即置之腦后。不問其究竟若何。即有良法美意。終归無用。苟如是。則不如不办之为愈矣。以文件論。即使此案办結。亦未可謂之一了百了。何也。案虽办結。而編档儲藏。复檢录副。其事正多。其重要者。且为地方文献。史館資料。岂可漠不关心。等之于烟消云散耶。

所謂办公者。非止办理公牘而已。自收文起草核稿签判以至繕校封發。皆办公以内之事。凡文稿之重要者。層層核閱。字字斟酌。即有錯誤。亦不能归咎一人。惟寻常例案。人所忽視。起草者掉以輕心。核稿者甚至漫不省察。其錯誤即由此而出。不知大事半由小事积漸而成。一字之誤。影响所及。亦有不可思議者。故事無大小。皆須全神貫注。如他处来文。偶有錯誤。苟事理無甚出入。不必过于挑剔。一則文字过誤。人所时有。我以此施之于人。人亦必以此报之于我。徒生意見。無益实际。一則为之掩复。其人不致因此获譴。論忠厚之道。亦当如此。若前任之事。后任有意为难。字字挑剔。更失同寅协恭之誼。所当深戒。吾見有举發前任弊端而兴大獄者。落井下石。非君子所当出也。

初学为公牘者。恒苦有意义而不能發揮。此由不知用笔之法也。用笔之法有正面。有反面。有旁面。从正面說去。則意尽而詞亦尽。从反面旁面著笔。則層出不穷矣。論正理当如是。反而言之。謂不如是則將如何。是反面著笔。就側面言之。謂某事犹且如何。况于此事。是旁面著笔。又有进一步說法。退一步說法。如云縱使事事順手。如願以償。犹不能必此事之有益于国。有益于民。而况成功与否。毫無把握。何可遽作此想。此进一步著笔也。如云凡事至剋期告成之日。往往横生波折。敗于垂成。今甫見端倪。且多掣肘。事之棘手。乃意中事。若其机緣湊泊。竟底于成。則是天幸而非人力云云。此退一步著笔也。文章家千变万化。其要訣不外乎此。明此法則曲暢旁通。發揮尽致矣。

初学为文。有摹拟前人名作之法。就古人詩文題目。为之設身处地。拟作一篇。初时笔下生疏。去題甚远。久之而神与境会。恍如置身其間。精神面目。不謀而合。如此为之。不数月間。进步必速。以此法学为公牘。取前人成案。为之辨論。为之决断。初时必不切合。久之而事理融合。豁然貫通。則其成就必在常人之上。治事之暇。盍倣为之。

为文之体。初学所当講求者。曰謀篇。曰段落。曰字句。治牘之法。与为文無以異也。不明乎此。則結構渙散。層次不明。字句累贅。虽有崇論宏議。妙理精思。皆为之減色矣。茲分別解釋之。

一事而寥寥数語可以了之者。無所謂篇章段落也。惟遇大案件發大議論。則此义必不可略。何謂謀篇。則于下笔之先。通盤打算。如何入手。如何分类。如何結束。胸有成竹。然后放笔为之。所謂全局在胸者是已。大凡头緒多者。須于入手处先提綱挈領。令閱者一望而知其大概。如賈誼治安策云。臣窃惟事势。可为痛哭者一。可为流涕者二。可为長太息者六。若其他背理而伤道者。难徧以数举。所謂痛哭流涕者。虽未明言何事。然已涵盖一切。此之謂开門見山。何謂段落。則就所言之事。分为若干节。以一二三四別之。如一为内治。二为外交之类。分类显明。則意义显豁。其总結处則总叙一段。以与上文相应。此之謂骨节灵通。何謂字句。則造句煉字之法是已。句法欲其簡。不欲其繁。欲其显。不欲其晦。簡非艰深隐僻之謂也。語有举甲而可以例乙丙者。如云英美为民主之国。其政治如何。教育如何。凡欧美民主之国。大率类是。此举英美以例其余也。有举重可以明輕者。如云某甲公然杀人。則其平日横行乡里积惡多端可知。如云年荒食尽至于树皮草根剜掘無遺。則告貸無門。典質俱尽可知。显非俚俗之謂也。如言守御。則云深溝高壘。虽只四字。而意义無所不包。言錢法則云子母相权。用一权字。則輕重之等。多寡之数。亦無所不包。此之謂造句。字法則以意义坚卓声音响亮为貴。如言数目。則以强字弱字示多寡之数。言服制則以等字差字示亲疏之别。言性情則以勇怯明昧等字示性格之異。又如同一語句。而音調有抑揚高下。便覚易于动听。否則格格不吐。听者厭倦。功用全失。此等处全在心領神会。难以言傳。为文牘者。句法能做到简显二字。字法能做到一雅字。則于此道思过半矣。

公牘以名正言順为主。若名不正。言不順。縱使千言万語。終無是处。如禁止吸食鴉片。因而議及專卖。虽非正办。然就禁烟著笔。究属义正詞严。又如管理妓女。因而議及妓捐。則娼妓不禁。已非正本清源之道。若就娼妓本身議及捐税。更失政体。試問如何措辞。易之系辞。有曰理財正辞禁民为非曰义。凡不禁民为非而言理財者。皆不能正辞者也。

公牘不独須正辞。兼須正字。凡字有本体。有俗体。本体者如盜字从次不从次。次字从二旁不从冫旁。皆是。俗体者。如国字書作国。厅字書作广之类皆是。又有与本义全無关涉者。如近人公牘。凡發端必用关于字样。其第一句之第一字。必以查字發端。直不知其何指。凡文内用关字者。因为其項目甚多。不能列举。故以关字賅之。若只有一事。則关字無所取义矣。查字必用之于办理有案之件。前此有案而复述之。故曰查。若本無旧案。今甫开端。則所查何事耶。又如彼此之称。今人喜用該字。招集会議。今人喜用召集字。該者上官对下之詞。施之拜行。便为不敬。召者。以上命下之詞。若开会之召集人。則地位相等。豈有同等之人可以一呼而集之理。又如呈文中用仰祈伏乞等字。此因前代用拜跪之礼。故俯伏而請。仰首而求。所以示敬。今拜跪之礼已廢。又何必用此等字句耶。

公牘运用典实。以不著痕迹为貴。凡难言之景。难达之情。能以比喻出之。則不煩言而解。如言才难則稀如星鳳。寥若晨星。言財政則無米为炊。点金乏术。言拘泥則刻舟求劍。膠柱鼓瑟。言苛虐則剝膚敲髓。挖肉补瘡。諸如此类。用之得当。則一二語可以包括一切。惟用典宜用人所習知者。不可征引僻典。自矜博雅。

公牘之体。曰上行。曰平行。曰下行。凡屬于上行者。前此有奏摺。有咨呈。有呈。有禀帖。今惟呈文一种而已。屬于平行者。前此有牒。有咨。有照会。有函。今惟公函一种而已。照会則專用之于国际交涉。屬于下行者。前此有札。有批。有示。今改札为令。又別令为訓令指示。而批示之外。又有布告。有公告。法庭則有判决書。此其大較也。

上行之文。不易为也。上官为政。有寬严緩急之不同。其發号施令。亦有疏密輕重之殊異。下吏奉法守职。但当論事理如何。不宜窺上官意指。上官而賢。縱下吏侃侃而談。必不見責。若其有意挑剔。遇事吹求。則必別有用心。無論如何迁就。終不得当。下吏遇此。宜察其指意所在。如并非因公起見。則奉身而退。不值于文字間計較是非。如上官平日刮目相待。有知己之感。則遭际迥異于人。献可替否。直道正辞。乃其分也。呈文之体。务在辞約指明。婉而不詭。不可一字虛飾。若規避处分。冒功邀賞。或希圖卸責。或故事鋪張。則一經發覺。譴責随之。無立足之余地矣。

人民之于長官。有所陈請。其辞亦呈文也。訟师包攬詞訟。顛倒是非。致当事者受其害而不之悟。此不足責。若辯护之律师。嫻習法令。其职以保障当事人权利为重。則接受案件之初。即当研究案情。如逆料其敗訴。惟有劝其息事。不可徇其所請。舞文弄法。以致身名俱損。呈辞不易措手。犹細事也。

呈为自下而上。若今日之商業机关。其职員地位相等。不当以呈行之。而积漸成風。儼如官府。有所干請必以呈。第受者不逕用指令尔。此所当矯正者。

平行之文。大抵公牘往来。叙述他人語气为多。我据此人之詞而为之咨商。为之陈請。原冀于此人有益。然此人原文。对我而言。其間或有指摘他人及文字違碍之处。若全文照录。一無翦裁。則不惟無益。而反有害。不可不知。至于兩处行文。或道里远隔。文到之时。情形已变。亦非可以一概照轉。遇此等事。当叙其曲折以补之。如云。系某月日所發。而本处接某月日某处来文又与貴处不同。自系貴处未經接洽之故。或云。本处前致貴处之文。系某月日所發。其时情形未变。故措詞如此。乃某月日又接某处来文。則情形頓異。权衡事理。自当以后者为主。应請貴处照案施行。此因事实变动。办法不得不然。非前后歧異也。平行之文。用之于同僚。則措詞宜謙和婉轉。不可直情徑行。若一时意气未平。放笔为之。則受者以惡声相报。必成嫌隙矣。

叙来文不妨删节。彼处有案。我但摘其案由。录其要語可也。若直录全文。則彼此均費日力。無謂甚矣。

下行之文。人所輕易視之者也。不知立国以民为本。上下之情隔。則国之与民。漠不相关。一切弊竇。自此而起。故治公牘者。于下行之文。当以全力注之。凡办一事。必就人民身上着想。执笔者一字之輕重。民之利害随之。造福在此。造孽亦在此。

批示之詞。当令妇孺易曉。不嫌其俗。不厭其煩。惟不可嬉笑怒罵。今时流傳之樊樊山公牘。非不淺近入理。而好为漫罵之詞。是其一失。民之呻吟于积威之下者久矣。何忍玩弄于笔墨之間耶。

告示之文。所以曉諭远近。榜之通衢。万人屬目。而雨淋日炙。甫張貼而字迹模糊者。往往而有。故紙必堅厚。字必淸楚。不可用草書。不可用淡墨。草書难識。淡墨易黯。非便民之道也。

訓令指令之文。指陈事理。务須明白易曉。下吏所以呈請指示者。为其有疑义也。若含胡出之。則受者無所适从。債事之咎。不在下而在上。其事理繁重者。如逐条声叙。当列入正文。不可作为附件。以附件率用油印。受者視为通行例案。不甚措意。易于擱置也。

長官与下吏。虽有統屬之分。其奉职于国家則一。上官行文。当于体制之中。寓謙遜之义。宋时公牘。上官于下僚只称其姓。曰某姓某官。無連書姓名者。其称姓名者惟人民耳。今日政体。凡服务于公家者。同为公僕。則語气尤宜謙謹。此节有关治道。勿以細故忽之。

照会之文。用之于国际交涉。别为一格。其所应注意者。則文字切实而須凌空。稍一不愼。便成大錯。外交礼节。于称謂最为講求。如大使公使总領事。身分既殊。待遇亦異。办稿者稍有疏忽。受者退还重繕。縱不敗事。已損国体矣。

文字一道。須就性之所近而試为之。不必勉强。往时为幕友者。必讀書不成。然后讀律。故幕友之籍紹兴者。盈千累万。而知者寥寥可数。以性不相近故也。若自問不宜于仕途。便当及早抽身。不必随人俯仰。如其性情相近。則經人指点。事半功倍。公牘文字。本極枯燥無味。無味之味。得之者有几人。勉强而行。不如生知者之得于天授也。

敬啟

『民國專題史』叢書，乃民國時期出版的著名學者、專家在某一專題領域的學術成果。所收圖書絕大部分著作權已進入公有領域，但仍有極少圖書著作權還在保護期内，需按相關要求支付著作權人或繼承人報酬。因未能全部聯系到相關著作權人，請見到此説明者及時與河南人民出版社聯系。

聯系人　楊光
聯系電話　0371-65788063